ÉTHIQUE

Histoire, politique, application

André Duhamel et Noureddine Mouelhi
avec la collaboration de Syliane Charles

ÉTHIQUE

Histoire, politique, application

gaëtan morin
éditeur

Données de catalogage avant publication (Canada)

Duhamel, André, 1955-

   Éthique : histoire, politique, application

   Comprend un index.

   ISBN 2-89105-782-1

   1. Morale.   2. Éthique appliquée.   3. Morale – Histoire.   4. Morale politique.   5. Morale sociale.   6. Morale – Problèmes et exercices.   I. Mouelhi, Noureddine, 1951-   .   II. Charles, Syliane, 1973-   .   III. Titre.

BJ1063.D83   2002   170   C2001-940496-4

Tableau de la couverture : Sans titre
        Œuvre de **Dimitri Loukas**

Né dans l'île de Chio, en Grèce, Dimitri Loukas a passé son enfance en France ; il est maintenant citoyen canadien.

Peintre autodidacte intéressé au post-cubisme et à la géométrisation du gestuel, il produit des œuvres contenant de multiples déformations spatiales et chromatiques des objets et des personnages à travers une organisation logique de lignes fluides.

On trouve ses toiles dans plusieurs musées et collections privées et publiques, tant en Amérique du Nord qu'en Europe. Elles sont présentées à la Galerie Michel-Ange de Montréal.

Consultez notre site,
www.groupemorin.com
Vous y trouverez du matériel
complémentaire pour plusieurs
de nos ouvrages.

Gaëtan Morin Éditeur ltée
171, boul. de Mortagne, Boucherville (Québec), Canada   J4B 6G4
Tél. : (450) 449-2369

Imprimé au Canada 2 3 4 5 6 7 8 9 0 1   11 10 09 08 07 06 05 04 03 02

Dépôt légal 2e trimestre 2001 – Bibliothèque nationale du Québec – Bibliothèque nationale du Canada

À Sihem, Elsa
et Angèle

À France

À mes parents,
Evelyne et Jean

Remerciements

Nos remerciements s'adressent à Angèle Rondeau, à Elsa Mouelhi-Rondeau et à Sébastien Charles pour leurs commentaires et leur appui dans la réalisation de ce projet. Nous remercions également Stéphane Lavoie et Christiane Desjardins, respectivement éditeur et chargée de projet, pour leurs conseils et leur précieuse collaboration.

Nous voudrions témoigner toute notre gratitude aux personnes suivantes, qui nous ont permis, par leurs observations et suggestions, d'enrichir et d'adapter le manuel à divers champs d'intérêt de l'enseignement de l'éthique :

- Christian Boissinot, du Cégep François-Xavier-Garneau ;
- Monique Lauzon, du Cégep André-Laurendeau ;
- Yves Savary, du Collège de Limoilou ;
- Sylvain St-Jean, du Collège de Bois-de-Boulogne ;
- Yves Vaillancourt, du Collège Ahuntsic.

Photographies et illustrations

Avant-propos

Le troisième cours de philosophie au collégial possède une spécificité que le présent ouvrage reflétera. Il s'agit d'un cours de philosophie morale et, à ce titre, il reprend les objectifs généraux des deux autres cours, au premier chef desquels se trouve l'initiation à l'expérience de la raison par l'apprentissage de la démarche philosophique. Mais il s'agit aussi d'un cours d'éthique, avec toute la connotation pratique que revêt l'usage actuel de ce terme. Un objectif particulier de formation morale s'ajoute donc à celui d'introduction à la théorie philosophique et à la fréquentation des œuvres. Les compétences en raisonnement pratique, celles consistant à analyser des situations problématiques dans leurs dimensions personnelles, sociales et politiques, doivent donc être stimulées par l'examen de problèmes moraux. Le troisième cours de philosophie poursuit ainsi un objectif général, transmettre des connaissances de base en philosophie morale (étudier l'éthique), et un objectif particulier, contribuer à la formation des sujets moraux (faire de l'éthique). Il articule ainsi la double dimension, théorique et pratique, qui forme le ressort même de l'éthique aujourd'hui.

Nous organisons en conséquence notre ouvrage autour de ce centre de gravité pédagogique : 1) la question pratique « comment doit-on vivre ? » ou « que devons-nous faire ? » sollicite l'engagement de la raison, et 2) l'expérience philosophique de la raison possède elle-même une portée pratique, car « une vie sans examen ne vaut pas la peine d'être vécue[1] ». Les orientations qui structurent notre travail en découlent. Nous choisissons surtout des questions éthiques et des débats philosophiques contemporains, c'est-à-dire datant des dernières décennies. Nous pensons qu'il n'y a là nul oubli de l'histoire ni réduction à l'événement, mais qu'on y trouve au contraire la source du besoin actuel de philosophie et une voie pertinente pour y initier les étudiants. Ainsi, la partie historique de notre ouvrage,

---

1. Platon, 1965, p. 51.

plus brève, permet d'abord de se familiariser avec les grandes traditions éthiques de la philosophie occidentale (partie I). Ces grandes traditions se trouvent ensuite actualisées et discutées dans les débats contemporains touchant la question de la justice sociale (partie II). Et finalement, en éthique appliquée, nous partons des situations problématiques pour déboucher sur les questions philosophiques fondamentales (partie III).

Notre ouvrage se divise en 12 chapitres relativement autonomes, et il se prête à un double usage.

L'initiation à l'éthique pourra ainsi passer davantage par l'étude et la discussion des théories philosophiques. Dans ce cas, on choisira le parcours suivant : histoire (chapitres 1 et 2), éléments d'éthique sociale (chapitre 3) pour s'initier à une ou deux théories de la justice (chapitres 4 à 7) et enfin étude d'une éthique sectorielle (chapitres 9 à 12). Si on décide, par contre, d'aborder la formation en partant de l'analyse et de la discussion des problèmes moraux, on optera pour un autre parcours : démarche éthique (chapitre 8) pour s'initier à l'étude d'une ou deux éthiques sectorielles (chapitres 9 à 12), histoire (chapitres 1 et 2) et enfin examen d'une théorie de la justice (chapitres 4 à 7). Autrement dit, notre ouvrage se prête aussi bien à une démarche pédagogique allant du général au particulier – étude de la philosophie morale, puis de son application actuelle – qu'à la démarche inverse, du particulier au général – émergence de l'interrogation philosophique à partir de problèmes concrets. En éthique, croyons-nous, le désir de raison et le souci d'autrui engagent des expériences et des démarches parallèles. Notre ouvrage respecte, de cette manière, les objectifs de formation générale et de formation propre.

Table des matières

PARTIE I

La philosophie morale et son histoire

PARTIE II

Éthique sociale et philosophie politique

PARTIE III
Éthique appliquée et philosophie

CHAPITRE 10   L'ÉTHIQUE DES AFFAIRES   219

CHAPITRE 11   LA BIOÉTHIQUE   243

CHAPITRE 12 L'ÉTHIQUE DE L'ENVIRONNEMENT 269

Introduction

L'éthique concerne nos actions, nos façons d'agir et la manière de régler notre vie, tant individuelle que sociale ; elle relève donc de la dimension **pratique** de l'existence humaine. Plus précisément, l'éthique concerne l'**évaluation** ou l'**appréciation** de nos actions, de notre conduite et de nos règles de vie, selon le registre du bien ou du mal, du juste ou de l'injuste, etc. C'est cette démarche proprement réflexive que la philosophie prend en charge, pour la systématiser, en chercher les fondements et en mesurer la légitimité. Dans le domaine moral, la philosophie est souvent elle-même nommée « éthique » ; ce mot désigne alors une des branches les plus anciennes de la philosophie, la **philosophie morale**.

Le terme « éthique » apparaît ainsi chargé de plus d'un sens. Dans cette introduction, nous entendons clarifier les usages actuels du terme « éthique » et définir les mots courants qui lui sont associés, afin de leur donner un contenu intellectuel stable et de permettre une meilleure lecture de ce manuel. Nous chercherons ainsi à mieux comprendre 1) les notions d'éthique et de morale, et le vocabulaire qui les accompagne, 2) la spécificité de la philosophie morale (ou éthique philosophique), distincte de sa proche parente, l'idéologie, et finalement 3) les différents domaines de cette discipline, comme l'éthique sociale et l'éthique appliquée.

L'ÉTHIQUE ET LA MORALE

Étymologiquement, « éthique » et « morale » désignent la même chose : « éthique » vient du grec *ethos* et réfère au comportement habituel ou au caractère de la personne agissante, ce que le latin traduit par *mores*, les « mœurs » ou la « conduite ». Dans cet ouvrage, nous emploierons souvent l'un ou l'autre terme, sans préférence ni distinction ; nous parlerons ainsi du « jugement moral » ou de la « démarche éthique ». Pourtant, l'usage actuel de ces mots montre une certaine préférence pour le terme « éthique », et c'est pourquoi notre ouvrage porte ce titre. Cela

tient sans doute au fait que le mot « morale » a parfois une connotation négative :
la morale, pense-t-on, nous dit ce qu'il faut faire, nous « fait la leçon », et on y obéi-
rait pour ne pas être mal vu. On associe ainsi la morale avec les comportements
conventionnels, le discours moralisateur et le poids de l'autorité ou de la tradition.
Pour éviter ces associations négatives, on préfère donc parfois le terme « éthique »,
qui paraît plus neuf et moins compromettant.

Nous venons de dire que l'un et l'autre termes désignent l'appréciation de
l'action et des règles de conduite ; cette appréciation se fait à l'aide de critères,
comme le bien ou les valeurs, les normes et les principes. On parlera ainsi d'une
bonne action, d'un jugement de valeur ou de principes de justice. Ces termes ont
chacun un sens et un usage propres qu'il convient de préciser.

Le terme « bien », associé à une action ou à une situation, réfère le plus souvent à ce qui est digne d'être désiré, à ce qui mérite d'exister ; il représente ce
que l'on cherche à réaliser et il sert ainsi de mesure à nos désirs, à nos actions et
à notre conduite. Est « bien » ce qui répond le plus à ce modèle, et « mal » ce qui
s'en écarte. De ce point de vue, « bien » se rapproche de l'idée de **valeur**, que
l'on utilise le plus volontiers quand il s'agit des questions morales. Ce dernier
terme comporte cependant deux aspects nouveaux : celui de la comparaison et
celui de la relativité. Ce qui a valeur morale, c'est ce qui compte et a de l'importance, et donc vaut plus (ou moins) qu'autre chose : l'idée de valeur implique une
comparaison et une mesure, et c'est pourquoi on parlera d'échelle ou de hiérarchie de valeurs. Ce qui a de la valeur morale, c'est aussi ce qui compte pour
nous, ce à quoi nous attribuons une valeur ; la valeur semble ainsi relative à la
personne agissante, à sa société ou à son époque, et se rapproche de l'idée de
préférence. Cette relativité semble s'opposer à l'idée de valeurs partagées, de
valeurs universelles ; pourtant, à peu près tout le monde valorise la dignité,
l'amitié, la justice, etc. Les désaccords apparaissent lorsqu'il s'agit de préciser les
moyens de les réaliser.

C'est aussi à une certaine universalité ou généralité que renvoient d'autres
termes du vocabulaire moral, comme celui de « droit », de « norme » et plus
encore celui de « principe » ; ils découpent un domaine moral plus restreint que
celui du bien ou des valeurs, mais au contenu d'autant plus exigeant. Les **droits** et
les **normes** sont un peu comme des règles ou des lois : ils expriment la ligne à
suivre pour différentes personnes et ont un caractère d'obligation pour tous. En
ce sens, ce qu'ils exigent de nous ne dépend pas des préférences, des désirs ni des
valeurs de chacun. C'est pourquoi le vocabulaire relatif aux normes s'emploie
avant tout dans le domaine de la vie sociale et professionnelle ; c'est par elles, en
effet, que l'on peut juger ce qui est correct, juste et équitable. Il y a bien sûr des
normes plus importantes ou plus générales que d'autres : par exemple, la norme
du secret professionnel en médecine dépend de normes plus larges que l'on
nomme **principes**, comme ceux de bienfaisance ou d'autonomie. Ce sont des
principes moraux de ce genre que la philosophie morale a recherchés, examinés
et critiqués au cours de son histoire (voir la partie I).

L'ÉTHIQUE ET LA PHILOSOPHIE MORALE

L'éthique concerne la dimension pratique de l'existence et implique un travail d'évaluation et de réflexion ; cela la rapproche de l'éthique comprise comme branche de la philosophie, la philosophie morale ou éthique philosophique. Il existe pourtant entre l'une et l'autre une différence importante. L'éthique, même si elle appelle la réflexion, fait partie de la pratique et demeure liée aux actions, à la conduite et à ses règles. La philosophie, quant à elle, est moins étroitement liée à la pratique et aux diverses situations morales ; elle fait de l'usage de la raison une entreprise soutenue, permanente et quasi autonome, un but en soi, qui consiste à **savoir** ce qu'est et devrait être la morale ou l'éthique. Elle élabore des concepts généraux, les passe au crible de la critique rationnelle et les systématise en des ensembles de pensées cohérents : une doctrine, un système, une **théorie**. C'est pourquoi elle produit des œuvres (textes, traités, etc.) et peut devenir l'occupation principale de certaines gens, les philosophes et professeurs de philosophie.

La philosophie représente ainsi l'effort de réflexion rationnelle poussée à son degré maximal et tend à produire des théories morales. Dans le monde des idées, d'autres entreprises portent aussi sur la pratique et prétendent faire des systèmes : ce sont les **idéologies**. On parlera ainsi de l'idéologie du laisser-faire (en économie), de celle du progrès social (en politique) ou encore de l'idéologie scientiste (en sciences et techniques). Une idéologie concerne bien les actions et la conduite, comme l'éthique, mais elle énonce le plus souvent à leur sujet une série de réponses toutes faites et définitives ; elle possède une dimension réflexive, mais fait taire la critique plus qu'elle ne l'encourage. L'idéologie, par ailleurs, a aussi une ambition théorique ; elle offre, comme la philosophie, un ensemble cohérent d'explications et de légitimations susceptibles de convaincre. Cependant, rien ne lui répugne autant que le doute, la contradiction et la critique : l'idéologie forme un discours fermé, le contraire d'une démarche de réflexion et de questionnement. Ce dernier trait rapproche l'idéologie des discours partisans que l'on entend souvent en politique. En effet, les idéologies les plus courantes concernent la dimension collective de l'action, et leur sujet est la société ; en ce domaine, l'idéologie est un discours de combat, fait pour s'opposer à des adversaires. La philosophie a pourtant sa place aussi bien dans le domaine social que dans celui de la conduite individuelle.

L'ÉTHIQUE SOCIALE ET L'ÉTHIQUE APPLIQUÉE

L'éthique concerne autant l'agir individuel que celui des institutions publiques. Elle possède donc une dimension sociale et collective que l'on rattache habituellement à la politique. La politique (du grec *polis*, « cité ») couvre un domaine plus étendu que la politique partisane, qui est liée aux partis. La politique concerne les projets de société aussi bien que les raisons de vivre ensemble, les croyances et les valeurs (égalité, liberté, etc.) qui nous lient malgré nos différences ; en ce sens, elle est déjà proche de la démarche philosophique. La philosophie se distinguera cependant des discours politiques de la même manière qu'elle se distingue de la simple morale : par l'attention qu'elle prête aux raisons, par son souci critique, son ambition de cohérence et, surtout, par son ouverture au dialogue rationnel. Elle prendra ici la figure de l'**éthique sociale** et de la **philosophie politique**, qui s'attachent à comprendre les formes de pouvoir légitimes (comme la démocratie) et les principes raisonnables de répartition de la richesse collective. Ces questions ont passionné les philosophes contemporains, qui ont produit à ce sujet de nombreuses théories, en particulier des théories de la justice (voir la partie II).

L'éthique sociale, comme on le voit, a une portée certaine concernant les problèmes plus concrets, comme celui de savoir comment décider de ce qui est équitable en matière d'aide sociale, de politique salariale ou de programme d'aide aux étudiants. La philosophie peut ainsi retrouver, après le détour des théories morales et des théories de la justice, la dimension pratique de l'existence dont nous sommes partis. C'est surtout le fait, depuis une trentaine d'années, de certaines études spécialisées, que l'on nomme pour cette raison **éthiques sectorielles** ou **appliquées**, comme en médecine ou en environnement. Ce sont des discours très particuliers, car ils intègrent le souci de bien agir propre à l'éthique et à la morale, tout en entretenant les ambitions théoriques de la philosophie morale (voir la partie III).

Cette introduction nous a permis de montrer pour quelles raisons le terme « éthique » est souvent préféré à celui de « morale », et pourquoi, par exemple, « éthique appliquée » est plus usuel que « morale appliquée », même si les deux réfèrent au bien et au juste, à des valeurs et à des normes. Nous avons également montré que l'éthique a une dimension critique, dimension que la philosophie reprend à son compte de manière systématique pour produire un savoir sur la morale ; ce savoir est toujours révisable et ouvert aux critiques, contrairement à celui des idéologies. Finalement, nous avons distingué les différents domaines propres à la philosophie morale contemporaine dont nous traiterons dans cet ouvrage, l'éthique sociale et l'éthique appliquée. Ces notions définies et ces précisions faites, voyons maintenant leur usage plus précis dans chacun des domaines, à commencer par celui de l'histoire de la philosophie morale.

La philosophie morale
et son histoire

La philosophie morale est aussi ancienne que la philosophie occidentale elle-même. Elle commence avec Socrate et Platon et constitue jusqu'à nos jours une longue tradition. Cette tradition nous interpelle toujours, car la philosophie morale répond aussi à une expérience personnelle, à un engagement pour la raison. Il suffit d'être curieux, de s'étonner du monde et de vouloir donner du sens à ce qui nous arrive pour faire un pas vers la philosophie. En ce sens, la philosophie morale est une exigence toujours actuelle, qui surgit du besoin permanent de comprendre et de surmonter les conflits de la vie.

En fait, la tradition philosophique et l'expérience personnelle ne vont pas l'une sans l'autre : l'histoire est morte et insignifiante si nous ne la faisons pas vivre de nos propres questions, et l'engagement personnel peut ne mener à rien si on ne s'instruit pas de l'expérience des autres. Le besoin de philosophie morale naît de notre expérience pratique ici et maintenant ; mais seule la rencontre avec la tradition transforme ce besoin en une recherche, car elle nous fournit des outils et des acquis. L'apprentissage de l'éthique et de la philosophie morale commence lorsque se rencontrent ces deux exigences, celle de connaître les philosophies et celle de commencer à philosopher.

Nous ne partons d'ailleurs pas de zéro en ce qui regarde notre expérience. Nous disons parfois que tout le monde philosophe. Le plus souvent, nous voulons souligner que n'importe qui peut réfléchir, ou encore que tout le monde en a le droit ; nous signifions aussi par là que nous avons déjà des idées, et même une philosophie (« vivre et laisser vivre : voilà ma philosophie »). Mais si tout le monde philosophe en ce sens, cela ne veut pas dire que chacun fait de la philosophie, et pas davantage que chaque personne est un philosophe, un « ami de la sagesse ».

Il faut en effet plus d'une idée pour faire une philosophie, et l'expérience personnelle seule ne suffit pas à faire de nous des philosophes. Faire de la philosophie est plus exigeant : il s'agit d'un véritable travail de la pensée, qui consiste à questionner l'expérience, à vérifier les idées, à les discuter avec autrui et à tenter de les systématiser. On n'y arrive pas spontanément : un entraînement et une formation sont nécessaires, et le travail ne se fait pas tout seul mais à plusieurs. Faire de la philosophie est une activité publique et collective : nous avons besoin de l'expérience et du savoir d'autrui pour progresser. C'est pourquoi l'exigence actuelle de philosopher passe par l'appropriation de la tradition philosophique.

Cette tradition est, dans cet ouvrage, celle de la philosophie morale occidentale. En un sens, nous ne partons pas de zéro en ce qui la concerne, car nous la connaissons déjà un peu : elle vit toujours dans notre culture et dans notre langage. Trois courts exemples suffiront à l'illustrer.

1. Nous entendons parfois dire, à la suite d'un malheur, qu'une personne prend cela « avec philosophie » : nous voulons dire par là qu'elle prend la vie du bon côté, ne s'en fait pas pour rien et se raccroche à ce qui dépend d'elle. Cette attitude, dans ses grandes lignes, est celle du stoïcisme, une philosophie morale apparue au IVe siècle avant l'ère chrétienne. Elle a été relayée dans notre culture par le christianisme, qui a beaucoup retenu de la philosophie grecque.

2. Même si nous ne sommes pas croyants, ou si notre foi s'appuie sur une autre tradition que celle du christianisme, celui-ci continue à nous influencer en Occident. Notre vocabulaire courant du bien et du mal, lorsque nous parlons de fautes ou de culpabilité (du latin *culpa*, « faute »), reflète bien cette influence. Les anciens Grecs ne connaissaient pas cette idée : ils parlaient plutôt de manque ou d'excès, et la honte leur importait davantage.

3. Il est très fréquent, à notre époque et quand on atteint sa majorité, de vouloir être libre et de dire à ses parents ou à la société : « Je veux ma liberté ! » C'est une idée neuve et très importante pour nous. Mais il s'agit aussi d'une idée neuve dans l'histoire, et tout à fait moderne en éthique, car elle date de deux siècles à peine : elle est apparue au XVIIIe siècle environ. Avant cette époque, le respect de la famille ou de la tradition importait davantage.

Comme on le voit, nous ne vivons pas aujourd'hui dans n'importe quel monde et, en ce sens, la tradition philosophique nous a déjà faits tels que nous sommes. Connaître cette tradition consistera en quelque sorte à mieux se connaître soi-même.

La culture morale occidentale s'abreuve à plusieurs sources importantes. Nous en définirons et en retiendrons quatre : la philosophie grecque, avec Aristote (p. 6 à 14), la tradition chrétienne, des Évangiles au Moyen Âge (p. 14 à 21), puis la philosophie des Lumières et de la période moderne, avec Kant et Mill (p. 32 à 47), et enfin la critique des valeurs appartenant à ces trois premières sources, effectuée par Nietzsche (p. 48 à 54). La première partie de ce volume fera connaître leurs œuvres et exposera leur théorie éthique respective. Dans chaque cas, l'objectif principal sera d'aller à la rencontre de la tradition pour reconnaître des exigences actuelles dans l'histoire et pour parvenir ainsi à mieux se situer dans le présent.

La civilisation de la Grèce antique atteint le sommet de son développement économique,
politique et culturel au Vᵉ siècle avant Jésus-Christ. C'est alors la cité d'Athènes qui domine,
étendant son empire sur tout le bassin de la mer Égée, de la Macédoine au nord à
l'Asie mineure (empire perse) à l'est.

CHAPITRE 1

D'Aristote aux temps modernes

Introduction

Les textes et les discours les plus éloignés de nous dans l'espace et dans le temps paraissent souvent les moins accessibles et les plus difficiles à comprendre. Ce n'est pas tout à fait le cas en ce qui concerne les deux sources de la culture morale occidentale que sont l'éthique grecque antique et la doctrine morale du christianisme. L'une et l'autre sont en effet à l'origine d'une bonne partie de notre vocabulaire moral et politique, qui s'alimente, on le sait, à la langue grecque et à la langue latine. Mais il y a plus. Ces deux éthiques apportent également une première réponse à la question philosophique du principe et du fondement de la morale. Cette réponse, axée sur la visée du bien, du bonheur et du salut, structure un type particulier de théorie éthique, que l'on nomme pour cette raison **téléologique**, comme nous le verrons plus loin. Ce fut le type de philosophie morale le plus important à partir d'Aristote jusqu'à la fin du Moyen Âge.

Dans ce chapitre, nous exposerons les caractéristiques principales de ce type de théorie. Dans une première section, nous montrerons comment Aristote, à titre de représentant de la source grecque de notre culture morale, conçoit le bonheur et sa réalisation, c'est-à-dire la pratique des vertus. Nous décrirons par la suite l'influence de cette doctrine en Grèce, puis comment elle fut reprise et transformée par le christianisme et la théologie du Moyen Âge, deuxième source de la culture morale occidentale. Nous examinerons brièvement, dans une dernière section, les grandes transformations provoquées par l'avènement de la modernité.

LES VERTUS ET LE BONHEUR : ARISTOTE

La philosophie occidentale de même que la philosophie morale naissent en Grèce au Ve siècle avant l'ère chrétienne et se développe au moment où la cité d'Athènes est au sommet de sa puissance. La civilisation de la Grèce antique est bien loin de nous, même si elle nous a légué beaucoup ; il vaut donc la peine d'en connaître un peu plus à son sujet, afin de mieux comprendre les théories éthiques de cette époque.

La cité antique et la démocratie athénienne

Du temps des grands philosophes comme Socrate et Platon, la Grèce ne forme pas une nation avec un État central, comme c'est le cas de la plupart des pays aujourd'hui. L'organisation politique de base est la cité (*polis*, en grec), entité de la taille de nos villes actuelles, mais autarcique, c'est-à-dire autonome et autosuffisante. Les cités étaient nombreuses, de taille et de puissance variables, et souvent en guerre l'une contre l'autre. La cité d'Athènes était la principale et la plus influente d'entre elles ; de plus, elle a instauré à cette époque un nouveau régime politique, la démocratie.

ARISTOCRATES
Du grec *aristos*, « les meilleurs ». Membres d'une classe favorisée par la naissance et détentrice du pouvoir politique.

Le terme « démocratie » provient de deux mots grecs, *demos*, « peuple », et *kratos*, « pouvoir ». Il désigne donc, à cette époque comme aujourd'hui, une forme de gouvernement où le pouvoir appartient au peuple, et non seulement aux riches ou aux aristocrates*. La démocratie antique différait beaucoup de la démocratie que nous connaissons aujourd'hui. Tout d'abord, seuls les citoyens pouvaient participer aux affaires de la *polis*, et donc faire de la politique ; cela excluait les esclaves, les femmes et les métèques*.

MÉTÈQUES
Du grec *meta oikos*, « changer de maison » : les étrangers à la cité, les immigrants.

Ensuite, il ne s'agissait pas d'une démocratie représentative ni parlementaire : les Athéniens n'élisaient pas de représentants en place pour plusieurs années. La démocratie athénienne était une démocratie directe : chacun pouvait occuper une fonction publique durant le temps de l'assemblée (quelques jours), et cette fonction revenait à quelqu'un d'autre lors de l'assemblée suivante. Durant les assemblées, les citoyens se réunissaient sur la place publique (*agora*) et discutaient des affaires de la cité (la guerre contre Sparte*, la condamnation de Socrate, etc.) ; lorsque tous les citoyens concernés avaient fait entendre leurs points de vue, la question était soumise au vote.

SPARTE
Cité grecque à régime militaire, ennemie d'Athènes.

Enfin, la démocratie à Athènes est ce qui définit le citoyen autant dans son aspect public que dans son aspect privé : pour les Grecs, la politique ou la cité forment les citoyens à la vertu et assurent leur bonheur. La séparation moderne du public et du privé n'existait pas chez les Grecs, car le bien de l'individu s'identifiait au bien commun. Pour un citoyen, être libre et agir moralement ne signifiait pas vivre à l'écart de l'État et s'en protéger ; au contraire, la liberté consistait à participer aux affaires publiques, et le citoyen ne se réalisait personnellement que dans sa contribution au bien commun (voir la p. 78). Bref, pour les Grecs du temps de Platon et d'Aristote, l'éthique et la politique formaient un tout.

Aristote et l'éthique

On comprendra facilement que, dans le contexte de cette démocratie directe et participative, l'art de discourir et de convaincre ait été important. En fait, la philosophie grecque se développe dans cette activité de parole publique ; dès le départ, elle constitue une entreprise collective dont l'outil principal est la discussion et l'argumentation. C'est pourquoi un des premiers soucis des philosophes consistait à distinguer les bons arguments des paroles séduisantes mais creuses ; par exemple, Platon met en scène un Socrate s'efforçant de confondre les sophistes* et de faire triompher la raison. Cette distinction était particulièrement importante dans les matières éthiques et politiques, et il revient à Aristote d'avoir créé une nouvelle branche de la philosophie, la philosophie morale ou, comme disaient les Grecs, l'**éthique**.

Aristote naît en 384 av. J.-C. à Stagire, en Macédoine*, d'un père médecin (Nicomaque) ; il n'est donc pas un citoyen d'Athènes, mais un métèque, sans droit de participation politique, lorsqu'il séjourne dans cette ville de 367 à 347 av. J.-C. pour suivre l'enseignement de Platon. Après la mort de ce dernier, il devient le précepteur d'Alexandre le Grand*. Aristote fonde ensuite son école à Athènes, le Lycée* (c'est encore le nom des écoles secondaires en France), où il enseigne de 335 av. J.-C. jusqu'à la mort d'Alexandre en 323 av. J.-C. À cette date, l'Empire macédonien conquiert la Grèce, et l'indépendance des cités prend fin ; Aristote s'exile alors et meurt l'année suivante à Chalcis.

Peut-être est-ce parce qu'il n'était pas citoyen qu'Aristote s'est à ce point intéressé à l'éthique et à la politique. Il a laissé plusieurs ouvrages (des notes de cours de ses élèves pour la plupart), comme *La Politique, La Constitution d'Athènes, Éthique à Eudème, Éthique de Nicomaque*. C'est dans ce dernier ouvrage que l'on trouve sa théorie du bonheur et des vertus, une philosophie morale dont l'influence a été considérable jusqu'à l'époque moderne et se fait sentir encore de nos jours. Elle est moins abstraite que bien d'autres philosophies et elle nous semble aussi étrangement familière. Quoi de plus familier en effet que de rechercher le bonheur ? La démarche philosophique suivie par Aristote pour arriver à répondre à cette question connue est toutefois plus singulière.

Le bonheur

Pour Aristote, comme pour beaucoup de penseurs de son temps, **la nature d'une chose est sa fin**[1]. Ce principe métaphysique* signifie que ce qu'est une chose réside dans le but qu'elle poursuit ; quand la fin est atteinte, la chose réalise son

SOPHISTES

Personnes qui enseignaient l'art de parler aux foules et de les persuader de n'importe quelle idée. Platon fait de Socrate leur adversaire.

MACÉDOINE

Région au nord-est de la Grèce antique, soumise à un souverain absolu.

ALEXANDRE LE GRAND
(356-323 av. J.-C.)

Conquérant de la Grèce, de l'Égypte et de l'Inde, il donna son nom à de nombreuses cités.

LYCÉE

Du grec *Lukeion*, « lieu où se rassemblent les savants ».

MÉTAPHYSIQUE

Branche de la philosophie qui étudie les réalités qui dépassent les choses sensibles et les représentations du sens commun.

---

1. Aristote, 1977, p. 27.

Aristote : l'activité et la finalité

Tout art et toute recherche, de même que toute action et toute délibération réfléchie, tendent, semble-t-il, vers quelque bien. Aussi a-t-on eu parfaitement raison de définir le bien : ce à quoi on tend en toutes circonstances. [...]

S'il est exact qu'il y ait quelque fin de nos actes que nous voulons pour elle-même, alors que les autres ne sont recherchées que pour cette première fin même, s'il est vrai aussi que nous ne nous déterminons pas à agir en toutes circonstances en remontant d'une fin particulière vers une autre — car on se perdrait dans l'infini et nos tendances se videraient de leur contenu et deviendraient sans effet —, il est évident que cette fin dernière peut être le bien et même le bien suprême.

Source : Aristote, 1989, livre I, p. 19-20.

plein potentiel, parvient à la perfection de son être. Les penseurs modernes ont plutôt tendance à ne parler de finalité que dans le cas de l'activité humaine ; pour les penseurs de l'Antiquité, au contraire, ce principe vaut pour l'ensemble des choses, qu'elles soient humaines, végétales ou minérales. Quelle est la nature d'une plante, en effet ? Rien d'autre que sa fin, c'est-à-dire survivre, croître et se multiplier – voilà ce qu'elle est, sa nature. Parce que ce principe métaphysique fait de la fin poursuivie l'essence d'une chose, on dit de la philosophie qui l'énonce qu'elle est **téléologique** (du grec *telos*, « fin », et *logos*, « raison, discours »).

La pensée d'Aristote appartient à cette variété de philosophie et sa philosophie morale est aussi téléologique. Il s'agira alors pour lui de trouver réponse à la question de la nature de l'être humain en découvrant à quelle fin il est ordonné. L'action humaine tend vers le bien, parce qu'ainsi l'homme réalise sa nature et devient ce qu'il est. Mais quel est ce bien ?

Le souverain bien

La démarche d'Aristote consiste à distinguer les biens que l'on vise pour en atteindre un autre et ceux que l'on a en vue pour eux-mêmes. La première sorte de biens est un outil pour autre chose, comme peuvent l'être l'argent ou la santé ; ces biens sont utiles au bonheur, mais ils sont « extérieurs » ou « instrumentaux » (voir l'encadré p. 189). Le bien de la seconde catégorie ne dépend d'aucun autre, il n'y en a pas de plus élevé, aussi est-ce pour lui-même que nous le voulons : il représente la fin dernière ou le but ultime poursuivi par l'être humain. Il s'agit, selon Aristote, du bien suprême ou du souverain bien, lequel n'est autre que le bonheur (*eudemomia*, en grec). Ainsi, si nous demandons à quelle fin l'homme est ordonné, quelle est sa fonction ou à quoi il sert, Aristote répond : la nature de l'homme est de poursuivre cette fin parfaite, le souverain bien, et de parvenir au bonheur.

Pour Aristote, c'est seulement ainsi que l'homme accomplira sa nature et parviendra à la perfection de son être. Pour cette raison, on dit que la théorie éthique d'Aristote est une théorie **perfectionniste** : la fin vers laquelle tend notre être représente sa perfection, le meilleur état ou degré auquel il puisse atteindre. Ce sont encore ces expressions que nous employons aujourd'hui lorsque nous disons que nous cherchons à nous réaliser, à déployer notre potentiel, à nous perfectionner : nous visons un bien ou une fin digne de nous.

La vie bonne

La pensée éthique d'Aristote, comme celle des philosophes de l'Antiquité en général, met ainsi l'accent sur l'ensemble d'une vie plus que sur l'évaluation des actions particulières ou des intentions d'agir. Lorsque les Grecs et Aristote parlent du souverain bien qu'est le bonheur, ils désignent la totalité d'une vie, une vie bonne, sensée, réussie, qui mérite d'être vécue. Et tout comme une hirondelle ne fait pas le printemps, une bonne action ou deux ne sauraient apporter le bonheur ; la visée du bonheur devient dans cette optique une préoccupation permanente, qui fait corps avec la vie même de l'individu-citoyen. Cet individu-citoyen aura donc à cœur de réussir sa vie, de réaliser la perfection de son être ; il sera donc animé d'un important **souci de soi**.

Voilà un autre trait important de la pensée éthique des Grecs et de celle d'Aristote : elles ne sont pas exclusivement axées sur l'altruisme, c'est-à-dire le souci de faire du bien aux autres ou de se sacrifier pour eux, mais elles sont plutôt centrées sur l'accomplissement de notre nature et le développement de notre caractère. D'un point de vue moderne, ce souci de soi semble le contraire de l'altruisme, c'est-à-dire l'égoïsme. Ce n'est pourtant pas le cas : pour les Grecs, le souci de réussir sa vie relève bien de la moralité et ne lui est pas contraire. Ce fait se démarque davantage dans la pensée d'Aristote concernant la vertu.

Aristote
(384-322 av. J.-C.)

Le bonheur comme exercice des vertus

Jusqu'ici, nous n'avons pas précisé ce qu'est ce bonheur que tout humain vise de par sa nature. Il n'est pas difficile d'imaginer la variété de réponses que l'on peut apporter à la question « où se trouve le bonheur ? ». Il se trouve dans une vie de plaisirs, diront les uns, ou encore dans la fortune. Mais non, répliqueront les autres, « l'argent ne fait pas le bonheur » ; celui-ci réside dans les honneurs, la gloire et la bonne réputation. D'autres encore diront que le bonheur, le souverain bien, se trouve plutôt dans le savoir et la contemplation de la vérité.

La réponse d'Aristote ne se ramène à aucune de celles-là, même si elle demeure très générale. Qu'est-ce qui est propre à l'homme, demande Aristote, quel est pour lui le bien « qui se suffit à soi-même [et] qui par soi seul rend la vie souhaitable et complète[2] » ? Comme le cordonnier ou le menuisier, l'homme en lui-même a une fonction propre, qui n'est pas seulement de vivre, comme les plantes et les animaux, mais de bien vivre (bonheur), c'est-à-dire d'avoir « une vie active propre à l'être doué de raison[3] ». Pour Aristote, en effet, l'être humain est un animal rationnel, ce qui le distingue des autres animaux ; sa fonction, son « métier d'homme », consistera

---

2. Aristote, 1989, p. 28 ; voir le texte à la fin de ce chapitre.
3. Aristote, 1989, p. 29.

à mener une vie conformément à cette partie de l'âme qu'est la raison. Aristote poursuit sa démarche et apporte sa définition du bonheur :

> [...] S'il en est ainsi, nous supposons que le propre de l'homme est un certain genre de vie, que ce genre de vie est l'activité de l'âme, accompagnée d'actions raisonnables, et que chez l'homme accompli tout se fait selon le Bien et le Beau, chacun de ses actes s'exécutant à la perfection selon la vertu qui lui est propre. À ces conditions, le bien propre à l'homme est l'activité de l'âme en conformité avec la vertu[4].

Le souverain bien est le bonheur, et le bonheur pour l'individu-citoyen consiste dans l'activité de l'âme conforme à la vertu. Mais qu'est-ce que la vertu ? Aristote doit encore préciser ce qu'il entend par ce nouveau mot ; cette façon de procéder, à savoir utiliser des termes généraux, puis d'autres plus précis nécessaires pour leur donner un sens et le statut de concepts, caractérise justement la démarche philosophique d'Aristote et des philosophes grecs. Il s'agit, par définitions successives, de parvenir à cerner la différence essentielle, la caractéristique de la chose.

La vertu

Cette différence essentielle, nous la trouvons dans la définition de la vertu. Aristote en distingue deux genres principaux. Il y a les vertus intellectuelles, que nous acquérons par instruction et que nous mettons en pratique lorsque nous voulons connaître, telles la rigueur, l'exactitude, l'honnêteté intellectuelle. Et il y a la vertu morale qui, comme le dit Aristote, est fille de bonnes habitudes. Ainsi, si le bonheur pour l'homme consiste en l'activité de l'âme conformément à la vertu, la vie bonne et parfaite consistera à vivre selon ces vertus. Mais quel genre de vertu l'emporte sur l'autre ? Aristote et les Grecs paraissent tiraillés sur cette question. Si l'homme est un animal rationnel, la vertu intellectuelle sera la plus importante, et la vie bonne sera la vie contemplative (*theoria*). Mais « de par sa nature, l'homme est un être sociable[5] », un animal politique, de sorte que la vie dans la cité, la vie menée conformément aux vertus morales, peut aussi être considérée comme la meilleure.

Cet embarras quant à la meilleure vie, la vie la plus parfaite, touchait surtout les philosophes : mais même ceux-ci avaient besoin de richesses pour vivre, d'amis pour discuter et d'une bonne santé pour penser, avantages que seule la cité apporte. C'est pourquoi Aristote prend plus de soin à définir la vertu morale et ses différentes espèces.

La vertu morale ou l'excellence de caractère

Le terme « vertu » nous paraît étrange aujourd'hui, un peu désuet, un peu ridicule, sans doute par sa longue association à la morale catholique, et en particulier à la

---

4. Aristote, 1989, p. 29.
5. Aristote, 1989, p. 28.

morale sexuelle (« une personne de petite vertu »). Ce mot traduit le plus souvent le terme grec *aretè*, qui signifie « excellence de caractère ». En fait, une vertu morale, c'est un trait de caractère qui est estimable et louable, comme le courage, la maîtrise de soi et la justice. Voilà ce qu'Aristote désigne lorsqu'il traite de la vie moralement vertueuse ; il ne s'agit nullement d'une vie chaste et morne.

Ces vertus morales ou les « excellences » se rattachent davantage à la personne et à son caractère qu'à ses actions particulières. C'est ce que veut dire Aristote lorsqu'il écrit que les vertus morales ne sont pas innées, données, « mais que nous sommes naturellement prédisposés à les acquérir, à condition de les perfectionner par l'habitude[6] ». La vertu n'est pas une action ni un désir ; la vertu forme en nous une **disposition** à agir de telle ou telle manière, une disposition qui s'acquiert et se perfectionne, jusqu'à former un trait de caractère stable, régulier et prévisible : une (bonne) habitude.

Retenons donc ceci : les vertus, les excellences de caractère, sont des dispositions acquises que nous pouvons cultiver par la pratique. Ainsi, personne ne naît juste ou courageux, mais tous sont disposés à l'être : il suffit – mais c'est déjà la tâche d'une vie – de s'y efforcer en accomplissant des actes courageux et des actions justes. Bref, c'est en forgeant qu'on devient forgeron, et c'est en réalisant des actions vertueuses qu'on en prend l'habitude et qu'on devient quelqu'un de bien, qui mène une bonne vie.

Il ne suffira donc pas de simplement connaître la définition du courage, il faudra encore agir en personne courageuse ; de même, il ne suffira pas de compter sur ses seuls talents, puisque ceux-ci sont naturels et ne nous apportent aucun mérite (voir les p. 96-97). Chez Aristote et chez les Grecs, la vie morale consiste à se soucier de cultiver la vertu morale et à réaliser pour soi un excellent caractère. Voilà le sens plus précis du souci de soi dont nous parlions plus haut, qui n'est donc pas une forme d'égoïsme.

Le nombre de vertus morales et leur unité

Le vocabulaire grec des vertus est riche et en distingue un bon nombre : la magnanimité (la grandeur d'âme), l'affabilité (être à l'écoute des autres), la douceur, le bon goût, etc. La société grecque appréciait cependant quatre vertus en particulier : la prudence, la justice, le courage et la maîtrise de soi (ou tempérance). C'est ce que l'on appelle le « carré » des vertus – les penseurs du Moyen Âge diront « les vertus cardinales », qui orientent notre vie comme les quatre points cardinaux. Pour Aristote, elles forment un tout, une unité : on ne peut en posséder une sans posséder les autres. Ainsi, un homme tempérant, qui fait preuve de maîtrise de soi, ne saurait être un lâche selon Aristote ; de même, un homme prudent, qui sait distinguer ce qui est le meilleur pour lui et la cité, ne pourrait être injuste. Les vertus forment le caractère et aucune excellence n'est isolée des autres.

---

6. Aristote, 1989, livre II, p. 47.

Le juste milieu

« Toute vertu [écrit Aristote], selon la qualité dont elle est la perfection, est ce qui produit cette perfection et fournit le mieux le résultat attendu[7]. » Un bon marteau, qui remplit bien sa fonction, ne peut avoir un manche de deux centimètres ou de deux mètres : il y a dans un cas un manque, et dans l'autre un excès. Il en va de même de la fonction de l'homme chez Aristote : l'homme bon, qui remplit bien sa fonction, c'est-à-dire l'homme vertueux, accomplit des actes qui ne manifestent ni un manque ni un excès. Aristote nomme mesure, bonne moyenne ou juste milieu cet équilibre entre le trop et le trop peu. « La vertu est donc une sorte de moyenne, puisque le but qu'elle se propose est un équilibre entre deux extrêmes[8]. » Par exemple, la vertu de courage se manifestera dans des actes qui ne sont ni de la témérité (excès de confiance devant le danger) ni de la timidité (excès de précaution).

Il est intéressant de constater que la théorie éthique d'Aristote ménage une place de choix aux désirs et aux émotions, lesquels accompagnent l'action vertueuse. La pratique de la vertu consiste à les cultiver, à les éduquer par notre intelligence pratique, et non pas à les réduire au silence par la force de la raison ni à les laisser nous envahir. Selon Aristote,

> si nous éprouvons ces sentiments au moment opportun, pour des motifs satisfaisants, à l'endroit des gens qui le méritent, pour des fins et dans des conditions convenables, nous demeurons dans une excellente moyenne, et c'est là le propre de la vertu[9].

On évitera de confondre ce juste milieu, cette « excellente moyenne », avec la moyenne au sens statistique, la normalité. De même, on ne le réduira pas à la médiocrité : la vertu n'est pas un entre-deux, mais une perfection. Le juste milieu, l'équilibre dont parle Aristote, correspond en fait au bon jugement, à la décision raisonnable, celle qui tient compte de l'individu et de la situation qui est la sienne.

La théorie éthique d'Aristote ménage ainsi une grande place aux variations de contextes et à la particularité des individus. En effet, du courage dans une certaine situation pourrait très bien être de la témérité dans une autre, lorsque par exemple il est clair qu'on n'a aucune chance de s'en tirer à cause d'ennemis ou de dangers trop nombreux. Comment fait-on pour savoir ce qui, dans une situation donnée, représente le « juste milieu » ou l'acte le meilleur, le plus parfait en son genre ?

La prudence

Nous trouvons ici une autre caractéristique majeure de la pensée éthique d'Aristote, qui fait pendant à la place qu'il laisse aux sentiments : l'importance accordée à la raison. Car la raison intervient dans la détermination de la juste mesure ; la raison n'est pas seulement une faculté théorique, elle gouverne aussi la pratique. C'est pourquoi Aristote peut conclure que « la vertu est donc une

---

7. Aristote, 1989, p. 52 ; voir le texte à la fin de ce chapitre.
8. Aristote, 1989, p. 53.
9. Aristote, 1989, p. 53.

disposition acquise volontaire, consistant par rapport à nous, dans la mesure, définie par la raison conformément à la conduite d'un homme réfléchi[10] ». Aristote nomme prudence (*phronesis*) cette raison ou intelligence pratique, et homme prudent (*phronimos*) l'homme réfléchi dont on prend la conduite en exemple.

Une intelligence pratique

Dans le langage courant, la prudence est synonyme de précaution, d'attention prêtée aux risques : si on veut demeurer en vie, on est prudent et on regarde avant de traverser la rue. La prudence, en ce sens, concerne le choix des meilleurs moyens en vue d'une fin donnée. On trouve certes ce sens chez Aristote, mais il y a plus chez lui : la prudence intervient aussi dans le débat sur les fins de l'action et les biens de la vie. La prudence est « une disposition, accompagnée de raison juste, tournée vers l'action et concernant ce qui est bien et mal pour l'homme[11] ». Elle constitue ainsi une véritable sagesse pratique, et l'homme prudent représente lui-même une espèce de sage.

Un philosophe peut être prudent, mais le sage pratique peut ne pas être philosophe. Aristote donne souvent en exemple le stratège Périclès*, militaire et homme politique. Le savoir de l'homme prudent est pratique et non théorique ; cet homme possède une sagacité, une habileté à bien délibérer et à déterminer la juste mesure en chaque situation. La prudence est cette capacité de l'homme prudent à faire intervenir la raison ou la droite règle dans le choix de l'action. En ce sens, la prudence est essentielle à toutes les vertus et permet de les ordonner en un tout harmonieux. Elle est essentielle au bonheur dans la cité.

PÉRICLÈS
(495-429 av. J.-C.)

Homme politique et général athénien, très réputé et influent durant l'âge d'or des cités grecques.

Une vertu politique

La prudence représente pour Aristote la vertu politique par excellence, celle qui permet le gouvernement de soi aussi bien que le gouvernement de la cité. Nous avons déjà souligné que, dans le monde grec, éthique et politique étaient étroitement liées. La discussion des vertus confirme ce fait : seule la cité rend les citoyens vertueux, et seuls les hommes vertueux sont pleinement citoyens. Les vertus morales débouchent sur la politique et l'organisation de la société ; plus précisément, comme l'écrit Aristote,

> même si le bien de l'individu s'identifie avec celui de l'État [la cité], il paraît bien plus important et plus conforme aux fins véritables de prendre en main et de sauvegarder les biens de l'État. Le bien est certes désirable quand il intéresse un individu pris à part ; mais son caractère est plus beau et plus divin quand il s'applique à un peuple et à des États entiers[12].

Dans la pensée éthique des Grecs et dans la théorie éthique d'Aristote, seule la cité permet d'atteindre l'idéal d'autarcie et d'indépendance : l'individu libre et autonome que nous connaissons de nos jours, qui revendique ses droits face à l'État, n'existe pas pour Aristote. Nous pouvons ainsi mieux comprendre le « souci

---

10. Aristote, 1989, p. 54.
11. Aristote, 1989, p. 158.
12. Aristote, 1989, livre I, p. 20.

de soi » et de la vie bonne chez les Grecs : il ne s'agit pas d'une forme d'égoïsme, car l'homme ne peut être heureux qu'à titre de citoyen, et la cité juste sera celle qui formera les citoyens vertueux. Le souci de soi demeure lié au bien commun ; c'est pourquoi Aristote pouvait présenter l'*Éthique de Nicomaque* comme un traité de politique.

Les maîtres du Lycée transmirent l'héritage d'Aristote au cours des siècles suivants. Mais plus tard, bon nombre des manuscrits des principales œuvres du maître furent égarés ou détruits ; durant plus de mille ans, l'éthique d'Aristote ne fut donc connue que par des commentateurs et, plus tard, par l'entremise des traductions arabes. Ce n'est qu'au XIIIᵉ siècle qu'une traduction latine devint disponible ; depuis lors, son influence s'est maintenue, même si, comme toute philosophie influente, l'aristotélisme a été critiqué par beaucoup de penseurs. Nous verrons plus loin comment Kant, notamment (voir la p. 36), construisit une éthique qui rejette l'idée de bonheur.

L'ÉTHIQUE ANTIQUE APRÈS ARISTOTE

Dans l'histoire de la civilisation grecque antique, la démocratie athénienne, et plus largement l'indépendance des cités, ne durera qu'un temps. Nous avons déjà mentionné ce fait : tout juste avant la mort d'Aristote, la Grèce est absorbée par l'Empire macédonien légué par Alexandre le Grand. Les cités ne gouvernent plus complètement leurs propres affaires, qui sont décidées à l'étranger dans les palais des empereurs. Un autre empereur ou un autre empire changera peu à l'affaire : quand la Grèce devient province romaine, en 146 av. J.-C., l'idéal d'autarcie des cités et celui de la belle unité de l'éthique et du politique demeurent choses du passé. Si le citoyen ne peut prétendre au bonheur et à la vie vertueuse qu'en communauté, que devient l'éthique ? Le bonheur est-il impossible lorsque l'organisation politique des cités s'effondre et laisse place à celle de l'Empire ?

Dans les siècles qui suivent l'âge d'or de la Grèce, les philosophes, d'abord grecs puis romains, tentent de comprendre la recherche du bonheur autrement. La pensée éthique d'Aristote et la théorie des vertus morales en sortent profondément modifiées. De même, la façon d'enseigner et d'écrire change : la philosophie devient un art de vivre quotidien, et les philosophes n'écrivent plus des traités, mais des lettres ou de brèves « pensées ». Deux mouvements de pensée caractérisent cette époque : l'épicurisme et le stoïcisme.

L'épicurisme : l'usage des plaisirs

L'épicurisme doit son nom au philosophe grec Épicure (341-270 av. J.-C.) et à l'école qu'il a fondée à Athènes, le « Jardin ». Dans le langage courant d'aujourd'hui, être épicurien consiste à apprécier les plaisirs de la vie, en particulier ceux du ventre : bien boire et bien manger. C'est vrai dans la mesure où Épicure définissait bel et bien le bonheur par le plaisir, au contraire d'Aristote. L'idée contemporaine s'éloigne cependant totalement de la pensée éthique d'Épicure lorsqu'elle associe les plaisirs au contentement du corps.

Pour le philosophe du Jardin, le plaisir doit être le vrai plaisir, celui qui est digne d'être recherché, un plaisir stable, actif et non passif. Ce qui compte en effet pour lui et qui permet d'atteindre le bonheur, c'est un état de paix du corps et de l'âme, une absence de trouble et de dérangement que l'on nomme « ataraxie ». Le bonheur et le souverain bien vers lesquels tend l'homme ne se trouvent plus dans la vie citoyenne active, mais dans la vie personnelle caractérisée par un état d'équilibre et de stabilité. Selon l'épicurisme, les plaisirs du corps comptent peu sur ce plan : il est en effet des plaisirs de ce genre qui n'apportent pas le bonheur, puisqu'ils incitent sans cesse la personne à les satisfaire, et il y a des souffrances qui ne méritent pas d'être évitées, car cela causerait encore plus de trouble. Le plaisir dont parle Épicure est davantage un plaisir de l'âme, un plaisir en repos (absence de douleur), qui procure apaisement et bien-être.

Épicure (341-270 av. J.-C.)

Dans une lettre qui est passée à la postérité, la *Lettre à Ménécée*, Épicure distingue entre les désirs naturels et les désirs nécessaires, auxquels correspondent des types identiques de plaisirs. Certains désirs sont à la fois naturels et nécessaires : ce sont ceux qui font cesser la douleur ou le manque naturel, ceux qui doivent être comblés pour que le corps soit bien portant (un vêtement qui protège du froid, une boisson qui étanche la soif) et pour que l'âme soit heureuse (la philosophie et l'amitié). Certains désirs sont naturels mais non nécessaires, par exemple le jeu, le plaisir de la beauté ou encore le désir sexuel. Enfin, certains désirs ne sont ni naturels ni nécessaires et correspondent à tout ce dont on pourrait aisément se passer : Épicure dit que ce sont des désirs vains, c'est-à-dire vides d'objet, car à peine satisfaits ils entraînent un autre désir ; ce sont le luxe, telle boisson ou tel aliment, la gloire, etc. L'éthique épicurienne nous demande de limiter nos désirs et, idéalement, de n'avoir que des désirs naturels et nécessaires, dont la satisfaction apporte la santé et le bonheur.

La pensée éthique d'Épicure fait la promotion d'un bonheur plus individuel que celui de Platon ou d'Aristote ; c'est sans doute pourquoi nous nous y reconnaissons davantage. Épicure n'élabore d'ailleurs pas vraiment de pensée politique. La justice demeure pour lui un pacte utile, mais non un bien supérieur. De même, l'amitié, lien civil par excellence chez Aristote, prend davantage chez Épicure une forme privée et interpersonnelle comme aujourd'hui : il s'agit pour lui d'un grand bien, mais il n'est pas politique. Pour cette raison, Épicure comptait parmi ses amis et disciples aussi bien des femmes que des esclaves, bien que ces derniers ne fussent pas citoyens.

Le stoïcisme : « supporte et abstiens-toi »

La deuxième théorie importante de cette époque est le stoïcisme, ainsi nommé parce que son fondateur, Zénon (335-264 av. J.-C.), enseignait à Athènes sous le Portique (*stoa*, en grec). Le stoïcisme a une longue histoire et est surtout connu par les écrits des philosophes romains Cicéron (106-43 av. J.-C.), Sénèque

(4 av. J.-C.-65 apr. J.-C., précepteur de l'empereur Néron), Épictète (vers 50-130, un ancien esclave) ou encore Marc-Aurèle (121-180, empereur). Cette grande diversité sur le plan du statut social indique déjà que, comme l'épicurisme, le stoï-cisme offre surtout une pensée éthique axée sur la recherche du bonheur indi-viduel. Le statut de citoyen importe moins ; d'ailleurs, dans un monde où la *polis* est noyée dans un grand empire, le philosophe se déclare aisément un « citoyen du monde » (*kosmou politês*, « cosmopolite »). Les êtres humains sont considérés comme égaux en tant qu'êtres rationnels, même s'ils sont inégaux dans la cité ; le christianisme reprendra à sa façon cette idée importante.

Comme dans l'épicurisme, le bonheur reçoit, dans le stoïcisme, une définition négative : il s'agit d'éviter ce qui peut troubler la paix de l'âme. Cet état de tran-quillité se nomme **apathie** ; il ne s'agit pas d'une absence de réaction, comme on pourrait le penser, mais de l'absence d'illusions ou de fausses représentations. Pour les stoïciens, il y a dans la nature une raison universelle, qui s'exprime dans le cours nécessaire des choses ; c'est pourquoi ils élaborent une « physique », une science de la nature susceptible de nous faire comprendre les causes obligées des phénomènes. Si nous connaissons correctement la nature et son ordre, sans nous

Épicure : la *Lettre à Ménécée*

Il faut réfléchir à ceci : parmi les désirs, les uns sont naturels, les autres sont vains, et parmi les désirs naturels, les uns sont nécessaires, les autres purement naturels. Parmi ceux qui sont nécessaires, il y en a qui sont nécessaires en vue du bon-heur, il y en a d'autres qui sont nécessaires pour la tranquillité du corps, d'autres pour la vie elle-même. Une doctrine non erronée de ces plaisirs sait rapporter toute préférence aussi bien que toute aver-sion à la santé du corps et à la sérénité de l'âme, puisque voilà la finalité de la vie bienheureuse. [...] Et nous considérons l'autarcie comme un grand bien, non pas qu'il faille absolument chercher à se contenter de peu, mais afin que, si nous ne dis-posons pas éventuellement de beau-coup, nous nous contentions de peu, fermement convaincus que ceux-là jouissent le plus de l'abondance qui ont le moins besoin d'elle. [...] Quand donc nous disons que le plai-sir constitue la finalité ultime, nous ne parlons pas des plaisirs des dé-bauchés ni de ceux qui résident dans la jouissance matérielle, comme le pensent ceux qui ne connaissent pas notre pensée, ou qui ne sont pas d'ac-cord avec nous, ou encore qui nous interprètent incorrectement, mais nous le disons dans le sens suivant : le fait pour le corps de ne pas souffrir et pour l'âme de ne pas être troublée.

Source : Épicure, 1998, p. 174-175.

QUESTION

Donnez des exemples de désirs « vains » selon Épicure. Êtes-vous d'accord avec lui pour dire qu'ils écartent du vrai bonheur ? Et pour dire qu'il est facile de s'en abstenir ?

faire de fausses idées à son sujet, alors nous pourrons vivre heureux en agissant en conformité avec elle.

L'homme heureux, le sage, ne s'attarde pas à ce qu'il ne peut pas influencer, à ce qui ne dépend pas de lui, comme la mort, l'action des dieux ou les revers de fortune ; il ne se préoccupe pas davantage de ce qui est moralement indifférent, de ce qui ne fait pas de différence pour la réussite de sa vie, comme marcher avec ces souliers-ci plutôt qu'avec ceux-là. Le sage trouvera son bonheur dans ce qui dépend de lui, en adoptant une attitude de fermeté et de quiétude face aux événements. Par la raison, nous pouvons agir conformément à la nature, conserver en toutes choses une intention droite, une volonté pure et, face aux infortunes, « faire de nécessité vertu » ou « faire contre mauvaise fortune bon cœur » : consentir l'esprit en paix à ce qui ne peut être évité. Il y a dans le stoïcisme une pensée éthique du devoir et de l'intériorité qui sera reprise en partie par le christianisme et plus tard par Kant, car déjà ici le bonheur réside moins dans le monde que dans une attitude envers lui. Le stoïcisme préconise une forme de détachement dans lequel l'individu retrouve une liberté, une autonomie que ne possède plus la cité. On pourra ainsi très bien être esclave mais heureux.

Épictète (vers 50-130)

L'ÉTHIQUE CHRÉTIENNE

Des Grecs jusqu'à la période moderne, la civilisation occidentale connaît deux transformations majeures. La première est l'apparition, le développement, puis la domination exclusive d'une nouvelle religion monothéiste : la religion chrétienne, une autre des quatre sources de la culture morale contemporaine. La deuxième transformation réside dans le passage du Moyen Âge aux temps modernes et la modification du rapport entre éthique et politique qu'il a entraînée.

Nous examinerons ces changements dans les deux sections suivantes, mais sans étudier un philosophe ou une théorie éthique en particulier. C'est la culture morale dans son ensemble qui retiendra notre attention.

Le message du Christ : le commandement d'amour

Le message de Jésus de Nazareth, le Messie (le Sauveur ou le Christ : du grec *christos*, « qui a reçu l'onction », donc roi et prêtre) annoncé par les prophètes, est avant tout spirituel. Sa portée morale ne provient pas d'une philosophie, et Jésus ne se prétend pas philosophe, mais réformateur religieux. Lui-même Juif, il s'oppose à la morale et à la religion judaïques* de son époque et leur reproche leur artifice et leur inauthenticité : bref, de s'être corrompues et d'être devenues un instrument de pouvoir. Il cherche à raviver et à purifier la foi juive en insistant sur sa motivation première, l'amour de Dieu et du prochain. Dans une perspective religieuse, l'individu, pas plus que la cité ou l'empire, n'est une fin en lui-même : cette fin ne se trouve pas non plus dans la nature, mais dans une « surnature », en Dieu.

JUDAÏSME

Religion monothéiste des Hébreux ou des Juifs.

Épictète : le *Manuel*

Éloigne donc ton aversion de toutes ces réalités qui ne dépendent pas de nous et transfère-la sur ces choses qui sont contraires à la Nature parmi celles qui dépendent de nous. Quant au désir, supprime-le complètement pour le moment ; si tu désires en effet quelque chose qui ne dépend pas de nous, tu seras nécessairement malheureux, et en ce qui concerne les choses qui dépendent de nous, ces choses qu'il serait beau de désirer, aucune n'est encore à ta portée. Fais usage uniquement de la tendance et de son contraire, et que ce soit légèrement, avec discernement et souplesse. [...]

Ce ne sont pas les choses qui troublent les humains, mais les jugements relatifs aux choses. Par exemple, la mort n'a rien d'effrayant, car en ce sens elle serait apparue telle à Socrate, mais c'est le juge-ment qui voit dans la mort quelque chose d'effrayant. Toutes les fois donc que nous sommes contrariés, que nous sommes troublés ou affligés, n'en rendons pas autrui responsable, mais nous-mêmes, c'est-à-dire les jugements qui nous sont propres. C'est manquer d'éducation que d'ac-cuser les autres des échecs qui sont notre fait. Celui qui entreprend de s'éduquer s'en prend d'abord à lui-même. Quant à celui qui a achevé son éducation, il n'accuse ni les autres ni lui-même.

Source : Épictète, 1998, p. 114-115.

QUESTION

Imaginez un dialogue entre Aristote, Épicure et les stoïciens sur ce qu'est le bonheur. Laquelle des trois éthiques vous paraît la meilleure ?

Saint Paul (5-62) prêchant à Éphèse. Gravure par Eustache Le Sueur.

En conséquence, l'enseignement moral du Christ ne repré-sente pas une éthique autonome, mais il vise, au-delà de la moralité, le salut de l'âme en Dieu. C'est dans cette optique que l'on doit comprendre le grand principe chrétien du commande-ment d'amour : aimer Dieu de toute son âme et aimer son pro-chain comme soi-même. Précisons d'abord que l'amour auquel fait référence ce principe n'a évidemment rien à voir avec l'amour sexuel ou le désir, l'*eros* des Grecs ; l'amour chrétien consiste plutôt en une bienveillance universelle, que les Latins appellent charité (*caritas*). La première partie de l'énoncé du commande-ment d'amour concerne Dieu : Dieu est amour. Dieu est le créa-teur et l'homme, sa créature ; le lien qui les unit est celui de l'amour. Dans la pensée chrétienne, chacun est à égalité devant Dieu : le croyant établit avec Lui une relation personnelle, intime, une relation de personne à Personne.

C'est le christianisme qui donne son contenu à l'idée de per-sonne et qui proclame, après les stoïciens, l'égalité spirituelle des personnes. La seconde partie de l'énoncé du commandement d'amour le montre bien : aime ton prochain comme toi-même. Nous devons donc montrer de la bienveillance non seulement envers notre parenté ou nos coreligionnaires, mais envers toutes les personnes, amies ou ennemies, voisines ou étrangères. La morale chrétienne nous dit que même la personne la plus lointaine est notre prochain et nous ordonne de l'aimer comme un autre soi-même. La bienveillance s'étend à tous les humains (elle est universelle), en même temps qu'elle demeure attentive à la particularité de chaque personne (le prochain). Ce principe a révolutionné la pensée morale et la théologie de l'époque : beaucoup de croyants et maints penseurs, au premier chef les dignitaires de la religion juive, s'y sont opposés, car il remettait en cause la loi ancienne et les pouvoirs établis. On connaît la suite : la condamnation à mort de Jésus et la crucifixion, ce que les chrétiens appellent depuis la Passion et le sacrifice du Fils de Dieu.

La religion et l'Église chrétienne

Jésus, en un sens, n'a pas lui-même fondé une nouvelle religion. Ce n'est qu'après sa mort et la proclamation de sa résurrection par les apôtres que son enseignement a connu un destin particulier, notamment avec Saül de Tarse (saint Paul*). Celui-ci commence en effet à répandre la « bonne parole » en Grèce et à Rome, mais il entre alors en conflit avec les autorités religieuses juives de Jérusalem : faut-il convertir les païens ou enseigner aux seuls Juifs ? Faut-il s'accommoder de la domination romaine sur Israël ou bien la combattre ? Ces questions trouveront leur réponse en l'an 70, lorsque les troupes de Rome détruiront le temple de Jérusalem ; les premiers chrétiens fuient alors la ville, et leur rupture avec le judaïsme devient officielle.

Saint Augustin (354-430)

SAINT PAUL

Important propagateur du christianisme auprès des Romains et des Juifs.

Saint Augustin : l'amour chrétien ou la charité

Celui qui a vaincu ses propres vices ne peut être vaincu par un homme. N'est vaincu que celui à qui son adversaire enlève ce qu'il aime. Mais celui dont le seul amour est ce qu'on ne peut enlever à celui qui l'aime, celui-là est sans aucun doute invincible, et n'est torturé par aucune envie. Ce qu'il aime, plus il voit de gens y venir pour l'aimer et y avoir part, plus il les félicite généreusement. Il aime Dieu, en effet, de tout son cœur, de toute son âme, et il aime son prochain comme lui-même. Il n'envie donc pas ce prochain d'être ce qu'il est lui-même ; au contraire, il l'aide autant qu'il le peut. Il ne peut pas non plus perdre ce prochain qu'il aime comme lui-même ; ce qu'il aime en lui, ce n'est pas ce qui tombe sous les yeux, ou sous les autres sens du corps. Il possède donc en lui-même ce qu'il aime comme lui-même.

Source : Saint Augustin, 1965, p. 192.

QUESTION

Expliquez en quoi la charité est un bien pour l'homme et comment on pourrait la considérer comme une vertu.

Saint Thomas d'Aquin (1228-1274)

BARBARES

Nom donné par les Grecs
et les Romains de l'Anti-
quité aux peuples de l'est
et du nord de l'Europe.

SAINT AUGUSTIN
(354-430)

Évêque et docteur de
l'Église, il contribua à
affirmer théoriquement la
doctrine de la religion
chrétienne.

**SAINT
THOMAS D'AQUIN**
(1228-1274)

Auteur de la *Somme
théologique* (1266),
théologien et docteur de
l'Église. Il entreprit de
concilier la doctrine chrétienne et la philosophie
d'Aristote.

THÉOLOGIE MORALE

Du grec *theos*, « dieu », et
logos, « discours ».
Discipline étudiant
la nature de Dieu,
les dogmes religieux
et les textes bibliques.

À partir de cette date, la religion chrétienne se distingue du judaïsme et devient autonome. Au cœur même de l'Empire romain, elle rassemble une nouvelle communauté (*ecclesia*, en latin ; racine du mot « église »). Avec le temps, cette communauté se donne des ressources, nomme des dignitaires, établit une hiérarchie, et tout cela finira par constituer l'Église au sens où nous l'entendons aujourd'hui : une institution. Celle-ci est encore fragile dans les premiers siècles, car la religion chrétienne demeure minoritaire et ses adeptes subissent les persécutions de Rome. Mais les païens se convertissent et elle gagne en force : elle devient religion légale de l'Empire romain en 313, puis l'empereur Constantin se convertit en 330, et finalement l'empereur Théodose interdit les religions païennes en 392.

Ainsi, dès le IVᵉ siècle, le christianisme forme la religion officielle de l'Occident latin ; aussi, quand l'Empire romain s'effondrera sous la pression des peuples barbares* (Vᵉ siècle), il en conservera tout le bagage culturel. Son association avec le pouvoir politique favorisera par la suite, durant tout le Moyen Âge, sa prédominance et son expansion en Europe.

La théologie morale et la tradition des vertus

L'enseignement moral de Jésus, avons-nous dit, cherchait d'abord à réveiller les énergies morales et la foi religieuse, et s'attachait moins à la justification rationnelle. La rencontre des traditions philosophiques grecque et romaine allait cependant transformer cette situation, et en retour le christianisme marquera les théories éthiques de l'Antiquité. Les penseurs chrétiens et des docteurs de l'Église comme saint Augustin* (354-430) et plus tard saint Thomas d'Aquin* (1228-1274) utilisent et conservent le cadre métaphysique général de la philosophie antique, mais, comme ils affirment l'existence d'un Dieu créateur, leur discours prend la forme d'une théologie morale*.

Dans la théologie morale chrétienne, tout d'abord, le monde naturel n'existe pas de tout temps, mais il a été créé par Dieu, lequel représente désormais le souverain bien et la fin à laquelle l'homme est ordonné. La perfection et le bonheur résident donc hors de l'homme, et il n'est de véritable bonheur qu'auprès de Dieu : c'est ce que l'on nomme la **béatitude** ou félicité. Le christianisme reprend aussi la théorie éthique des vertus, mais la transforme tout autant. Le classique **carré des vertus** subsiste (justice, courage, tempérance, prudence), mais celles-ci sont désormais subordonnées à de nouvelles vertus dont la pratique est essentielle pour assurer le salut de l'âme : la foi, l'espérance et la charité. Aux quatre **vertus cardinales** s'ajoutent donc trois **vertus théologales**.

Le commandement d'amour du christianisme modifie aussi la structure générale de la pensée éthique, en l'axant sur le bien d'autrui et les motivations altruistes : le « souci de soi » des Grecs apparaît, dans cette perspective, comme un amour de soi mal placé, contraire à l'humilité. La charité exige ainsi un don de soi qui peut mener au sacrifice de soi, tout comme le pardon demande de faire passer l'amour du prochain avant le désir de vengeance.

Finalement, le christianisme rattache l'éthique et la politique, la religion et l'État, d'une manière originale. Puisque la fin de l'homme est en Dieu, on comprendra que le bonheur ne réside plus dans la participation politique aux affaires de la cité. La seule cité qui importe est la « cité de Dieu », pour reprendre le titre d'un grand ouvrage d'Augustin consacré à cette question. Pour lui, la cité terrestre doit certes être ordonnée en fonction du bien commun, comme le disaient Aristote et les Grecs, mais ce bien ne réside plus en elle. En matière politique, le christianisme subordonne le **pouvoir temporel**, c'est-à-dire celui de ce monde, au **pouvoir spirituel**, celui de Dieu que l'Église représente sur Terre. La politique est rattachée à une fin plus haute, et c'est pourquoi durant des siècles les rois devaient recevoir la consécration de l'Église pour régner légitimement.

LA MODERNITÉ : ÉTHIQUE ET POLITIQUE

On le voit, le christianisme déplace le centre de gravité de la pensée éthique grecque de l'homme et de la cité vers Dieu et l'Église. Cette pensée, comme sa systématisation par la théologie morale, occupe l'essentiel de l'histoire de l'Occident jusqu'à l'époque moderne. Mais à partir du XVIᵉ siècle, de nouveaux phénomènes émergent et conduisent à une rupture avec cette tradition. C'est ce que nous appellerons la Renaissance*, puis la modernité, qui marquent la deuxième grande transformation de la civilisation occidentale. La rupture opérée par la modernité nous conduira jusqu'à la troisième source de la culture morale occidentale : les Lumières*. Cependant, de l'« obscurité » du Moyen Âge jusqu'au siècle des Lumières le chemin est long. Ce chemin consiste principalement à articuler d'une nouvelle manière l'éthique et le politique.

RENAISSANCE

Période de transition entre le Moyen Âge et les temps modernes, marquée par un mouvement intellectuel de retour à la culture antique.

LUMIÈRES

Mouvement philosophique européen du XVIIIᵉ siècle, qui mettait l'accent sur les facultés rationnelles de l'homme et le progrès scientifique et social.

Saint Thomas d'Aquin : les vertus théologales

Il y a pour l'homme une double béatitude ou félicité. L'une est proportionnée à la nature humaine, c'est-à-dire que l'homme peut y parvenir par les principes mêmes de sa nature. L'autre est une béatitude qui dépasse la nature de l'homme : il ne peut y parvenir que par une force divine, moyennant une certaine participation de la divinité. [...] Et parce que c'est là une béatitude qui dépasse les capacités de la nature humaine, les principes naturels, à partir desquels l'homme réussit à bien agir à sa mesure, ne suffisent pas à l'ordonner à cette autre béatitude. Aussi faut-il que Dieu surajoute à l'homme des principes par lesquels il soit ordonné vers la béatitude surnaturelle. [...] Ces principes surajoutés sont appelés « vertus théologales ».

Source : Saint Thomas d'Aquin, 1984, I-2, question 62, p. 377-378.

QUESTION

Quelles modifications le christianisme apporte-t-il à la théorie des vertus d'Aristote ?

Une conception nouvelle de la politique : Nicolas Machiavel

Machiavel (1469-1527), un haut fonctionnaire de la ville de Florence*, commence à poser les premiers jalons du changement dans *Le Prince* (1513), un ouvrage de bons conseils destiné au prince Laurent de Médicis. *Le Prince* ne se veut pas une œuvre philosophique, mais un ensemble de réflexions sur les valeurs du gouvernement et la conduite de l'État. On y trouve bien autre chose que ce que l'histoire populaire en a retenu, ce **machiavélisme** voulant que la fin (conquérir ou garder le pouvoir) justifie les moyens (la violence et le mensonge). En fait, Machiavel propose une nouvelle conception du pouvoir et de la politique.

Rappelons que, chez Aristote, la politique consiste dans le bien commun et se trouve dans un rapport de continuité avec l'éthique. Le christianisme affirme aussi cette continuité, même si c'est pour subordonner et l'éthique et la politique à la fin ultime, Dieu. Machiavel n'ignore pas cette tradition, mais il connaît bien les affaires de l'État, et sait qu'il y a loin de la réalité à l'idéal. Son audace consistera non seulement à reconnaître leur distance, mais à inverser leur ordre habituel : il est inutile de vouloir hausser la réalité au niveau de l'idéal ; il s'agit plutôt d'utiliser la croyance des gens en ce dernier pour transformer la réalité. Chez Machiavel, la politique répond moins au bien commun moral qu'aux nécessités pratiques du pouvoir, même si, ultimement, le renforcement du pouvoir politique servira à assurer l'ordre public.

Machiavel en appelle à un « prince nouveau », un homme qui saura agir et redéfinir la situation politique à l'avantage de la souveraineté de Florence et de l'Italie (alors occupée par les Allemands). Cette action suppose chez le « prince nouveau » une habileté particulière, un talent de **stratège** politique. Dans la pensée de Machiavel, la politique ne répond pas à une fin naturelle ou divine, mais à ce que historiquement elle accomplit : la préservation de soi, c'est-à-dire la conservation du pouvoir. La politique devient autonome au regard de l'éthique. Désormais, l'agir stratégique, c'est-à-dire le calcul des meilleurs moyens pour assurer le succès d'une action, se distingue de l'agir moral et de la prudence, cette « sagesse pratique » selon Aristote. La prudence devient simple « précaution », une habileté technique, et perd sa signification morale. Voilà pourquoi Machiavel représente une étape importante dans la longue transformation qui aboutira aux temps modernes et à l'époque actuelle.

TABLEAU RÉCAPITULATIF

Les grandes époques philosophiques

Antiquité : VIe siècle av. J.-C. – IVe siècle apr. J.-C. En Grèce, puis dans le monde romain. Développements en éthique, en philosophie politique, en métaphysique, en logique et en philosophie du langage.

Moyen Âge : IVe – XVe siècles. En Europe et en Afrique du Nord. Pensée marquée par la réflexion métaphysique et religieuse ainsi que la logique.

Renaissance : XVe – XVIe siècles. En Italie, puis dans le reste de l'Europe. Redécouverte des sagesses antiques et recentrement sur l'être humain.

Modernité : XVIIe – XIXe siècles. En Europe. Mathématisation de la nature et désenchantement du monde. Foi dans le pouvoir de la raison humaine. Philosophie de l'histoire, éthique sociale, anthropologie et théorie de la connaissance.

Époque contemporaine : XXe siècle. En Europe et en Amérique du Nord. Scepticisme quant au pouvoir de la raison. Éclatement de toutes les disciplines de pensée.

La modernité, dans la continuité de la Renaissance, amène donc un nouveau type de relation entre l'éthique et le politique. Cette nouvelle relation dépend en partie des nouvelles institutions politiques apparues dans la modernité. Tout d'abord, les empires (romain, puis germanique, etc.) laissent peu à peu la place aux États-nations tels que nous les connaissons aujourd'hui : un appareil politique centralisé, qui administre un territoire et l'unifie sur le plan des coutumes, des lois et même de la langue. L'État-nation dépasse de beaucoup en dimension la cité antique, et ses buts ne sont pas les mêmes, comme nous venons de le voir chez Machiavel.

Nicolas Machiavel
(1469-1527)

Ensuite, l'apparition de l'économie de marché (voir la p. 220) ouvre aux individus un domaine d'activités en marge de la participation aux affaires politiques : la société se distingue peu à peu de l'État. Ce domaine de la vie quotidienne prend une valeur indépendamment de la politique (c'est l'économie, le monde du travail) et de l'éthique (on ne s'y consacre pas à la vertu). Tout se passe comme si, à l'époque moderne, les sphères d'activité humaine se séparaient : la politique ne répond plus autant aux idéaux éthiques, les « affaires » deviennent une question économique en marge des décisions du pouvoir et la visée du bonheur devient une préoccupation de plus en plus individuelle relevant du domaine privé. La relation de l'éthique et du politique en sort de nouveau transformée.

Machiavel et le réalisme politique

Je m'écarte, surtout dans la discussion de cette matière, du chemin suivi par les autres. Mais mon intention étant d'écrire chose utile à qui l'entend, il m'a paru plus pertinent de me conformer à la vérité effective de la chose qu'aux imaginations qu'on s'en fait. Et beaucoup se sont imaginé des républiques et monarchies qui n'ont jamais été vues ni connues pour vraies. En effet, il y a si loin de la façon dont on vit à celle dont on devrait vivre, que celui qui laisse ce qui se fait pour ce qui se devrait faire apprend plutôt à se détruire qu'à se préserver : car un homme qui en toute occasion voudrait faire profession d'homme de bien, il ne peut éviter d'être détruit parmi tant de gens qui ne sont pas bons. Aussi est-il nécessaire à un prince, s'il veut se maintenir, d'apprendre à pouvoir ne pas être bon, et d'en user et n'user pas selon la nécessité.

Source : Machiavel, 1980, p. 155.

QUESTION

Quel est le but ou la finalité de la politique selon Machiavel ? Partagez-vous cette conception, et pourquoi ?

John Locke (1632–1704)

John Locke et le problème de la légitimité de l'État

Ce changement consiste à soutenir que l'État devrait intervenir le moins possible dans les activités des individus, sinon pour les protéger les uns des autres. Voilà l'idée centrale du **libéralisme** politique (voir la p. 76), dont le philosophe anglais John Locke (1632-1704) fut l'un des principaux défenseurs. En vertu du libéralisme, le but de l'État ne consiste plus à tendre vers le meilleur ou la perfection de soi des citoyens. Ce but doit être beaucoup plus modeste et en quelque sorte négatif : éviter des maux comme la guerre et garantir la préservation de soi. L'État a pour mission la sécurité, non la moralité, et encore moins la vérité (religieuse) : toute prétention en ce sens conduit au désastre, comme les guerres de religions l'ont montré aux XVIe et XVIIe siècles. Le libéralisme consacre la distinction et la séparation du public et du privé : il « privatise » le bien et « politise » le juste. La justice consiste dès lors à assurer la coexistence pacifique des individus, et le bien sera ce que chacun juge nécessaire pour assurer son propre bonheur.

Nous sommes donc bien loin de la belle unité de l'éthique et du politique selon la pensée antique : leur relation n'est plus « naturelle », mais répond à une décision, à un contrat, à un consentement (sur la tradition du contrat, voir les

---

Locke : le consentement et le gouvernement légitime

La liberté naturelle de l'homme consiste à ne connaître aucun pouvoir souverain sur la Terre, et de n'être point assujetti à la volonté ou à l'autorité de qui que ce soit ; mais de suivre seulement les lois de la nature. La liberté, dans la société civile, consiste à n'être soumis à aucun pouvoir législatif, qu'à celui qui a été établi par le consentement de la communauté [...].

Quiconque donc sort de l'état de nature, pour entrer dans une société, doit être regardé comme ayant remis tout le pouvoir nécessaire, aux fins pour lesquelles il y est entré, entre les mains du plus grand nombre des membres [...]. Tellement que ce qui a donné naissance à une société politique n'est autre chose que le consentement d'un certain nombre d'hommes libres, capables d'être représentés par le plus grand nombre d'eux, et c'est cela, et cela seul, qui peut avoir donné commencement dans le monde à un gouvernement légitime.

Source : Locke, 1984, p. 191 et 253.

QUESTION

Pensez-vous que l'on puisse encore justifier les gouvernements en suivant les idées de Locke de nos jours ? Expliquez à l'aide d'un exemple.

p. 87 à 89). Pour les modernes, l'état social ou civil ne relève pas de la nature des choses ; l'homme est si peu un animal politique que, laissé à lui-même, il vit dans un état de nature marqué certes par la liberté, mais aussi par l'insécurité et le risque permanent. En conséquence, la liberté individuelle « naturelle » ne se confond pas avec la liberté politique, car la politique elle-même naît d'un accord mutuel.

Le libéralisme préconise une certaine forme d'exercice du pouvoir : un pouvoir limité et restreint, qui ne tient son autorité que de la confiance des citoyens et qui empiète le moins possible sur leurs activités et leurs propriétés. À l'époque moderne, le fait politique ne constitue plus autant une fin morale, mais plutôt un cadre d'interaction et de protection des libertés ; il est davantage un simple instrument au service des individus. Eux et eux seuls sont dits souverains et autonomes.

Conclusion

Ce chapitre avait pour but d'exposer deux des principales sources de la culture morale occidentale : la pensée éthique des Grecs et le christianisme. Nous avons vu que selon l'éthique d'Aristote le but de la vie humaine est le bonheur, compris comme la pratique des vertus morales ; le christianisme reprend cette conception générale et l'adapte à l'idée de charité, de foi et d'espérance dans le salut de l'âme.

Parvenu au terme de ce rapide parcours qui a couvert près de deux millénaires, l'étudiant devrait maintenant pouvoir comprendre la philosophie morale de cette époque et saisir pourquoi la pensée éthique d'Aristote est encore importante de nos jours. De même, il devrait être en mesure d'apprécier, quelle que soit sa foi, l'influence pénétrante de la morale chrétienne, y compris dans notre monde moderne marqué par la séparation de l'Église et de l'État.

EXERCICES

SYNTHÉTISEZ VOS CONNAISSANCES ET DÉVELOPPEZ UNE ARGUMENTATION

1. Énumérez quelques-uns de vos traits de caractère (vertus ou vices). Sont-ils acquis ou innés ?

2. « Prudence est mère de sûreté. » Dites si ce proverbe correspond à la définition de la prudence chez Aristote. Expliquez.

Éthique de Nicomaque (extraits)

Livre I, chapitre VII

Mais en voilà assez sur ce sujet. Revenons maintenant à la question du souverain bien et à sa nature. Il est évident qu'il varie selon les activités et selon les arts. Par exemple, il n'est pas le même pour la médecine et la stratégie, et ainsi de suite. Quel est donc le bien pour chacun ? N'est-ce pas celui en vue duquel on fait tout le reste ? Or pour la médecine, c'est la santé, pour la stratégie la victoire, pour l'architecture la maison et ainsi de suite ; bref, pour toute action et tout choix réfléchi, c'est la fin, puisque c'est en vue de cette fin que tout le monde exécute les autres actions. Aussi, s'il y a une fin, quelle qu'elle soit pour toutes les actions possibles, ce serait elle le bien réalisé. S'il y a plusieurs fins, ce sont précisément ces fins. Ainsi donc notre raisonnement, à force de progresser, revient à son point de départ. Mais il faut tenter de donner de plus amples éclaircissements. Il y a donc un certain nombre de fins, et nous cherchons à atteindre certaines d'entre elles non pour elles-mêmes, mais en vue d'autres fins encore, par exemple l'argent, les flûtes et en général tous les instruments ; puisqu'il en est ainsi, il est évident que toutes les fins ne sont pas des fins parfaites. Mais le bien suprême constitue une fin parfaite, en quelque sorte. Si bien que la fin unique et absolument parfaite serait bien ce que nous cherchons. S'il en existe plusieurs, ce serait alors la plus parfaite de toutes. Or nous affirmons que ce que nous recherchons pour soi est plus parfait que ce qui est recherché pour une autre fin ; et le bien qu'on ne choisit jamais qu'en vue d'un autre n'est pas si souhaitable que les biens considérés à la fois comme des moyens et comme des fins. Et, tout uniment, le bien parfait est ce qui doit toujours être possédé pour soi et non pour une autre raison. Tel paraît être, au premier chef, le bonheur. Car nous le cherchons toujours pour lui-même, et jamais pour une autre raison. Pour les honneurs, le plaisir, la pensée et toute espèce de mérite, nous ne nous contentons pas de chercher à les atteindre en eux-mêmes – car même s'ils devaient demeurer sans conséquences, nous les désirerions tout autant –, nous les cherchons aussi en vue du bonheur, car nous nous figurons que par eux nous pouvons l'obtenir. Mais le bonheur n'est souhaité par personne en vue des avantages que nous venons d'indiquer, ni, en un mot, pour rien d'extérieur à lui-même. Or il est évident que ce caractère provient du fait qu'il se suffit entièrement. Le bien suprême, en effet, selon l'opinion commune, se suffit à lui-même. Et quand nous nous exprimons ainsi, nous entendons qu'il s'applique non pas au seul individu, menant une vie solitaire, mais encore aux parents, aux enfants, et, en un mot, aux amis et aux concitoyens, puisque, de par sa nature, l'homme est un être sociable. Mais il faut fixer à cette notion une limite, car, en l'étendant aux ascendants et aux descendants, et aux amis de nos amis, on recule à l'infini. Eh bien ! il nous faudra examiner ce point plus tard. Mais nous posons en principe que ce qui se suffit à soi-même, c'est ce qui par soi seul rend la vie souhaitable et complète. Voilà bien le caractère que nous attribuons au bonheur ; disons aussi celui d'être souhaité de préférence à tout et sans que d'autres éléments viennent s'y ajouter ; dans le cas contraire, il est évident que le moindre bien le rendra encore plus désirable. Car le bien ajouté produit une surabondance et plus grand est le bien, plus il est souhaitable. Donc, de l'aveu général, le bonheur est complet, se suffit à lui-même puisqu'il est la fin de notre activité. Mais, peut-être, tout en convenant que le bonheur est le souverain bien, désire-t-on encore avoir quelques précisions supplémentaires. On arriverait rapidement à un résultat en se rendant compte de ce qu'est l'acte propre de l'homme. Pour le joueur de flûte, le statuaire, pour toute espèce d'artisan et en un mot pour tous ceux qui pratiquent un travail et exercent une activité, le bien et la perfection résident, semble-t-il, dans le travail même. De toute évidence, il en est de même pour l'homme, s'il existe quelque acte qui lui soit propre. Faut-il donc admettre que l'artisan et le cordonnier ont quelque travail et quelque activité particuliers, alors qu'il n'y en aurait pas pour l'homme et que la nature aurait fait de celui-ci un oisif? Ou bien, de même que l'œil, la main, le pied et en un mot toutes les parties du corps ont, de toute évidence, quelque fonction à remplir, faut-il admettre pour l'homme également quelque activité, en outre de celles que nous venons d'indiquer? Quelle pourrait-elle être? Car, évidemment, la vie est commune à l'homme ainsi qu'aux plantes; et nous cherchons ce qui le caractérise spécialement. Il faut donc mettre à part la nutrition et la croissance. Viendrait ensuite la vie de sensations, mais, bien sûr, celle-ci appartient également au cheval, au bœuf et à tout être animé. Reste une vie active propre à l'être doué de raison. Encore y faut-il distinguer deux parties: l'une obéissant, pour ainsi dire, à la raison, l'autre possédant la raison et s'employant à penser. Comme elle s'exerce de cette double manière, il faut la considérer dans son activité épanouie, car c'est alors qu'elle se présente avec plus de supériorité. Si le propre de l'homme est l'activité de l'âme, en accord complet ou partiel avec la raison; si nous affirmons que cette fonction est propre à la nature de l'homme vertueux, comme lorsqu'on parle du bon cithárède et du cithárède accompli et qu'il en est de même en un mot en toutes circonstances, en tenant compte de la supériorité qui, d'après le mérite, vient couronner l'acte, le cithárède jouant de la cithare, le cithárède accompli en jouant bien; s'il en est ainsi, nous supposons que le propre de l'homme est un certain genre de vie, que ce genre de vie est l'activité de l'âme, accompagnée d'actions raisonnables, et que chez l'homme accompli tout se fait selon le Bien et le Beau, chacun de ses actes s'exécutant à la perfection selon la vertu qui lui est propre. À ces conditions, le bien propre à

l'homme est l'activité de l'âme en conformité avec la vertu; et, si les vertus sont nombreuses, selon celle qui est la meilleure et la plus accomplie. Il en va de même dans une vie complète.

[...]

Livre II, chapitre VI

Voilà notre explication sur la nature de la vertu. Mais il ne suffit pas de dire que c'est une disposition; encore faut-il préciser de quelle sorte elle est. Il faut dire que toute vertu, selon la qualité dont elle est la perfection, est ce qui produit cette perfection et fournit le mieux le résultat attendu. Par exemple la vertu de l'œil exerce l'œil et lui fait remplir sa fonction d'une façon satisfaisante; c'est par la vertu de l'œil que nous voyons distinctement. De même la vertu du cheval fait de lui un bon cheval apte à la course, à recevoir le cavalier et capable de supporter le choc de l'ennemi. S'il en va ainsi de même pour tout, la vertu de l'homme serait une disposition susceptible d'en faire un honnête homme capable de réaliser la fonction qui lui est propre. Comment y parviendra-t-on? Nous l'avons déjà dit; mais on le verra plus clairement, si nous déterminons la nature de la vertu. Dans tout objet homogène et divisible, nous pouvons distinguer le plus, le moins, l'égal, soit dans l'objet même, soit par rapport à nous. Or l'égal est intermédiaire entre l'excès et le défaut. D'autre part j'appelle position intermédiaire dans une grandeur ce qui se trouve également éloigné des deux extrêmes, ce qui est un et identique partout. Par rapport à nous, j'appelle mesure ce qui ne comporte ni exagération, ni défaut. Or, dans notre cas, cette mesure n'est ni unique, ni partout identique. Par exemple, soit la dizaine, quantité trop élevée, et deux, quantité trop faible. Six sera le nombre moyen par rapport à la somme, parce que six dépasse deux de quatre unités et reste d'autant inférieur à dix. Telle est la moyenne selon la proportion arithmétique. Mais il ne faut pas envisager les choses de cette façon par rapport à nous. Ne concluons pas du fait que dix mines de nourriture constituent une forte ration et deux mines une faible ration, que le maître de gymnastique en prescrira six à tous les athlètes. Car une semblable ration peut être, selon le client, excessive ou insuffisante. Pour un Milon, elle peut être insuffisante, mais pour un débutant elle peut être excessive. On peut raisonner de même pour la course et pour la lutte. Ainsi tout homme averti fuit l'excès et le défaut, recherche la bonne moyenne et lui donne la préférence, moyenne établie non relativement à l'objet, mais par rapport à nous. De même toute connaissance remplit bien son office, à condition d'avoir les yeux sur une juste moyenne et de s'y référer pour ses actes. C'est ce qui fait qu'on dit généralement de tout ouvrage convenablement exécuté qu'on ne peut rien lui enlever, ni rien lui ajouter, toute addition et toute suppression ne pouvant que lui enlever de sa perfection et cet équilibre parfait la conservant. Ainsi encore les bons ouvriers œuvrent toujours les yeux fixés sur ce point d'équilibre. Ajoutons encore que la vertu, de même que la nature, l'emporte en exactitude et en efficacité sur toute espèce d'art ; dans de telles conditions, le but que se propose la vertu pourrait bien être une sage moyenne. Je parle de la vertu morale qui a rapport avec les passions et les actions humaines, lesquelles comportent excès, défaut et sage moyenne. Par exemple, les sentiments d'effroi, d'assurance, de désir, de colère, de pitié, enfin de plaisir ou de peine peuvent nous affecter ou trop ou trop peu, et d'une manière défectueuse dans les deux cas. Mais si nous éprouvons ces sentiments au moment opportun, pour des motifs satisfaisants, à l'endroit de gens qui les méritent, pour des fins et dans des conditions convenables, nous demeurerons dans une excellente moyenne, et c'est là le propre de la vertu : de la même manière, on trouve dans les actions excès, défaut et juste moyenne. Ainsi donc la vertu se rapporte aux actions comme aux passions. Là l'excès est une faute et le manque provoque le blâme ; en revanche, la juste moyenne obtient des éloges et le succès, double résultat propre à la vertu. La vertu est donc une sorte de moyenne, puisque le but qu'elle se propose est un équilibre entre deux extrêmes. Ajoutons que nos fautes peuvent présenter mille formes (la faute, selon les Pythagoriciens, se caractérisant par l'illimité, le bien par ce qui est achevé), en revanche, il n'y a qu'une façon de réaliser le bien. C'est pourquoi il est facile de manquer le but et difficile de l'atteindre. Toutes raisons qui font que l'excès et le défaut dénoncent le vice, tandis que la juste moyenne caractérise la vertu :

> Il n'est qu'une façon d'être bon,
> il y en a mille d'être mauvais.

La vertu est donc une disposition acquise volontaire, consistant par rapport à nous, dans la mesure, définie par la raison conformément à la conduite d'un homme réfléchi. Elle tient la juste moyenne entre deux extrémités fâcheuses, l'une par excès, l'autre par défaut. Disons encore ceci : tandis que dans les passions et les actions, la faute consiste tantôt à se tenir en deçà, tantôt à aller au-delà de ce qui convient, la vertu trouve et adopte une juste mesure. C'est pourquoi si, selon son essence et selon la raison qui fixe sa nature, la vertu consiste en une juste moyenne, par rapport au bien et à la perfection, elle se place au point le plus élevé.

Source : Aristote, 1989, livre I, chap. VII, et livre II, chap. VI, p. 27-29 et 52-54.

QUESTIONS

1. Quel est l'objet de la philosophie morale selon Aristote ? Expliquez.

2. Que veut dire Aristote lorsqu'il parle de la « fonction propre de l'homme » ?

3. La beauté physique est-elle une vertu morale ? Développez votre réponse selon la définition de la vertu donnée par Aristote.

Lectures suggérées

BALAUDÉ, J.-F. (1996), *Les théories de la justice dans l'Antiquité*, Paris, Nathan.

DIOGÈNE, Laërce (1980), *Vies, doctrines et sentences des philosophes illustres* [début IIIe siècle], Paris, Garnier-Flammarion.

DODD, C.H. (1979), *La morale de l'Évangile*, Paris, Plon.

GAUTHIER, René-Antoine (1973), *La morale d'Aristote*, Paris, PUF.

PIOTTE, Jean-Marc (1999), *Les grands penseurs du monde occidental. L'éthique et la politique de Platon à nos jours*, Montréal, Fides.

PLATON (1966), *La République* [vers 380 av. J.-C.], trad. de R. Baccou, Paris, Garnier-Flammarion.

CHAPITRE 2

Des Lumières
à la critique des valeurs

Introduction

Les philosophies morales des temps modernes sont nombreuses et variées, et ce pour plusieurs raisons. Tout d'abord, l'augmentation du nombre de gens instruits favorise l'éclosion d'une plus grande variété d'idées. Les libertés individuelles modernes (liberté de religion, liberté de parole) permettent ensuite davantage leur expression et leur discussion publiques. Enfin, les progrès techniques dans l'imprimerie et les transports multiplient leur édition et accélèrent leur diffusion. Quelques théories et pensées éthiques se démarquent malgré tout dans ce foisonnement et sont particulièrement importantes.

Dans ce chapitre, nous exposerons d'abord deux philosophies morales représentatives de ce que nous avons appelé la troisième source de la culture morale occidentale, les Lumières. L'éthique du devoir de Kant, qui met l'accent sur l'autonomie, fut une contribution marquante de cette époque. Elle constitue le meilleur exemple d'un type particulier de théorie éthique que l'on nomme « déontologique ». L'idée du plus grand bonheur pour le plus grand nombre représente une autre contribution majeure et forme un autre type de théorie : une théorie « conséquentialiste ». Comme nous le verrons, l'éthique de Mill met l'accent sur le principe moral d'utilité : est bien et préférable ce qui entraîne le plus de résultats favorables.

Dans la troisième section, nous examinerons une pensée typique du soupçon que fait peser le XXe siècle sur l'éthique et la philosophie, celle de Nietzsche. Ce penseur marque une rupture dans la tradition philosophique de l'Occident en matière d'éthique, car il s'intéresse à tout ce qu'elle peut masquer et refouler : la force vitale, l'affirmation de soi et la volonté de puissance. Nietzsche représente ainsi une dernière source de la culture morale actuelle, celle qui procède au renversement des valeurs puisées dans les sources précédentes.

L'AUTONOMIE ET LE DEVOIR : EMMANUEL KANT

Les Lumières

La troisième source importante de la culture morale occidentale se trouve dans la philosophie des Lumières. Ce mot est suffisamment évocateur pour suggérer l'idée générale du mouvement philosophique qu'il désigne : sortir des ténèbres (en particulier religieuses) et éclairer la condition humaine sous son vrai jour. Le mouvement des Lumières s'étend sur une assez longue période et dans différents pays : les Lumières italiennes sont un peu plus précoces (Vico*), les Lumières françaises correspondent à la période de Voltaire* et de Rousseau (les « philosophes ») vers 1760, de même que les Lumières anglaises (*Enlightenment*), avec Hume, Bentham, Mill et les Lumières allemandes (*Aufklärung*). Les philosophes des Lumières entendent apporter les lumières de la raison à la fois dans le domaine de la connaissance et dans le domaine de l'éthique et de la politique. On peut cerner trois thèmes principaux de la période des Lumières : **la raison**, **la liberté et l'autonomie** et **la souveraineté populaire**.

VOLTAIRE
(FRANÇOIS MARIE
AROUET, dit)
(1694-1778)
Philosophe et écrivain
français. Critique de la
religion et défenseur de la
tolérance.

VICO, GIAMBATTISTA
(1668-1744)
Philosophe italien, auteur
de *Principes d'une science
nouvelle* (1725), ancêtre
des philosophies de
l'histoire.

La raison

Après une très longue période de domination de la religion chrétienne et de la théologie morale, qui toutes deux s'étaient figées au cours des siècles en une lourde tradition, les philosophes des Lumières affirment la nécessité de penser par soi-même, de se faire sa propre idée dans les matières religieuses, morales, politiques et scientifiques. Il s'agit, comme le dira Kant, d'avoir le courage de se servir de son **propre** entendement, de ne pas s'en laisser imposer par les autorités, les traditions et les habitudes, et de développer son sens critique. Ce n'est que de cette façon, dit-il, que l'on peut quitter son état de minorité et devenir pleinement majeur, libre et autonome.

La liberté et l'autonomie

Pour les philosophes des Lumières, la liberté, plus qu'une affaire intellectuelle (liberté de pensée) ou de croyance (liberté de conscience), est surtout une question éthique. En effet, atteindre sa majorité, pour un individu comme pour un peuple, consiste à faire usage de sa capacité de choix autonome pour diriger lui-même sa vie et agir sur sa destinée. L'importance que l'on accorde à la liberté individuelle et à la capacité de juger moralement par soi-même date de cette époque : c'est l'individu qui est le centre premier de décision, et c'est sa volonté qui compte avant tout – avant celle de la tradition, de la religion, de la société ou de l'État.

Les Lumières selon Kant

Les Lumières, c'est la sortie de l'homme hors de l'état de tutelle dont il est lui-même responsable. L'état de tutelle est l'incapacité de se servir de son entendement sans la conduite d'un autre. On est soi-même responsable de cet état de tutelle quand la cause tient non pas à une insuffisance de l'entendement mais à une insuffisance de la résolution et du courage de s'en servir sans la conduite d'un autre. *Sapere aude!* Aie le courage de te servir de ton propre entendement! Voilà la devise des Lumières. [...] Mais pour ces Lumières, il n'est rien requis d'autre que la **liberté**; et la plus inoffensive parmi tout ce qu'on nomme liberté, à savoir celle de faire un usage public de sa raison sous tous les rapports [...] ce penchant a progressivement des répercussions sur l'état d'esprit du peuple (ce qui le rend peu à peu plus apte à **agir librement**) et finalement même sur les principes du gouvernement, lequel trouve profitable de traiter l'être humain [...] conformément à sa dignité.

Source : Kant, 1991, p. 43, 45 et 51.

QUESTION

Dites si les pratiques suivantes correspondent à la définition des Lumières par Kant en précisant pourquoi : le droit de vote à 18 ans, suivre la mode, écouter son médecin, respecter ses parents, obéir aux lois, faire preuve de solidarité syndicale, aller à l'église.

La souveraineté populaire

Cette relation à la religion et à l'État montre que la liberté revêt enfin une dimension sociale et politique. La liberté intellectuelle de se servir de sa raison et la liberté morale de pouvoir décider par soi-même ne signifieraient pas grand-chose dans une société qui figerait les rôles sociaux en un ordre immuable ou dans un régime politique qui ne donnerait aucune voix au peuple mais seulement aux nobles*. Les philosophes des Lumières favorisaient le peuple souverain (la volonté populaire) plutôt que le souverain du peuple (la volonté du roi) ou la Providence (la volonté divine). Les philosophes des Lumières étaient des critiques sévères de la société de l'Ancien Régime* et ont ainsi préparé, dans les idées et dans les faits, l'événement politique majeur des temps modernes : la Révolution française* (1789). La Révolution a renversé la société hiérarchique et entendait instaurer une société libre axée sur le progrès.

Une révolution de la méthode en philosophie

Kant et l'idée critique

C'est dans ce contexte général favorable aux lumières de la raison et à l'affirmation de la liberté humaine qu'Emmanuel Kant (1724-1804) élabore sa philosophie et sa

NOBLE

Membre d'une classe sociale dont les privilèges étaient fixés par l'hérédité, la naissance.

ANCIEN RÉGIME

Se dit de la société hiérarchique organisée en castes avant la Révolution française.

RÉVOLUTION FRANÇAISE (1788-1799)

Période de changements politiques durant laquelle la France mit fin à l'Ancien Régime et proclama l'égalité des citoyens.

Emmanuel Kant (1724-1804)

théorie éthique. Kant naît en Allemagne, plus précisément en Prusse, à Königsberg, et il enseigne toute sa vie à l'université de cette ville. Il n'est pas citoyen français et ne participe pas à la Révolution française, mais les philosophes comme Voltaire et surtout Rousseau l'influencent profondément, si bien qu'il applaudit la chute de l'Ancien Régime et de la monarchie*.

À cette époque, Kant est âgé et a déjà publié de nombreux ouvrages, mais ses contributions philosophiques majeures datent de ces années : *Critique de la raison pure* (1781), *Fondements de la métaphysique des mœurs* (1785), *Critique de la raison pratique* (1788), *Critique de la faculté de juger* (1790). La répétition du mot « critique » dans ces titres indique bien la visée et la portée de son travail : passer au crible les prétentions de la métaphysique, faire la part des choses sur ce que la philosophie dit des facultés humaines (connaître, agir, juger).

MONARCHIE

Forme de gouvernement où le pouvoir est détenu par un monarque.

La philosophie de Kant constitue, dans son ensemble, une critique de la métaphysique et de la théologie, qui prétendaient connaître l'essence des choses (le monde, l'âme, Dieu) par la seule puissance de la pensée. C'est pourquoi on l'appelle parfois « criticisme ». Kant ramène la raison humaine à plus de modestie, il en indique les limites, même s'il la situe au cœur de sa philosophie, et de sa théorie éthique en particulier. Kant présente sa pensée en disant qu'il effectue une révolution copernicienne en philosophie, c'est-à-dire une révolution analogue à celle produite par Copernic lorsqu'il avait affirmé que la Terre tournait autour du Soleil et non l'inverse. La révolution de Kant en philosophie a pour effet de modifier la façon de penser les problèmes, aussi bien celui de la connaissance que celui de l'éthique.

Avant Kant, en effet, les philosophes prétendaient que l'esprit humain pouvait découvrir la vérité dans les choses, révéler leur être véritable et décider de la nature de l'homme. Kant demeure sceptique à cet égard, car il assiste au triste spectacle de désaccords incessants en ces matières depuis des siècles : les uns prétendent démontrer rationnellement l'immortalité de l'âme, les autres rejettent leurs preuves, certains affirment que la liberté humaine existe dans le mécanisme de la nature, d'autres le nient et défendent le déterminisme, etc. Face au scandale de la raison divisée en elle-même, Kant cherche à savoir si la raison humaine a vraiment la capacité de connaître toutes ces choses ou si cela est définitivement hors de son pouvoir.

A PRIORI

Terme latin signifiant « ce qui vient avant ». Ici, ce qui vient avant l'expérience, donc provient de la seule raison. S'oppose à a *posteriori*.

Ces questions, on le voit, tournent l'attention du philosophe vers les facultés humaines, le sujet connaissant et agissant, et la détournent des choses ou des êtres, donc des objets de la connaissance et de l'action. Kant s'intéresse au processus de construction des connaissances et affirme que « nous ne connaissons a priori* des choses que ce que nous y mettons nous-mêmes[1] ». C'est ce renversement d'attention de l'objet vers le sujet, cette révolution dans la méthode, qui constitue sa révolution copernicienne en philosophie.

---

1. Kant, 1990, préface de la deuxième édition [1785], p. 47.

Une philosophie morale centrée sur le sujet libre

L'accent mis sur la critique et la subjectivité est aussi très évident dans le domaine de la philosophie morale. Ici également, Kant rencontrait le scandale d'une raison divisée et cherchait à retrouver son unité. D'un côté, la modernité vide la nature de ses finalités et la transforme en une vaste mécanique (voir la p. 270). D'un autre côté, les humains poursuivent des fins qu'ils estiment définir et choisir eux-mêmes. Mais alors, si la nécessité physique et le déterminisme règnent dans la nature, comment pouvons-nous nous considérer comme des êtres libres ?

Nicolas Copernic (1473-1543), astronome polonais, observant une éclipse de Lune à Rome. Gravure du XIXᵉ siècle.

La révolution kantienne en philosophie permet de vider cette querelle d'une manière originale : les deux camps ont en partie raison, car il n'y a pas de contradiction réelle entre l'affirmation du déterminisme et celle de la liberté. L'être humain est un être naturel comme un autre, et à ce titre il obéit aux lois physiques universelles de la nature. L'homme, considéré comme un phénomène physique, répond au déterminisme de la nature et peut devenir l'objet d'une connaissance par expérience.

L'être humain, cependant, est aussi un être rationnel, et il obéit à ce titre à la nécessité de sa propre nature raisonnable. L'homme, considéré comme un sujet et une chose en soi*, se situe hors de la nature, sur un autre plan de l'existence, qui ne peut devenir objet d'expérience sensible et de connaissance théorique. L'affirmation de la liberté se situe hors du domaine de l'expérience possible, aussi ne peut-on en fournir aucune preuve. Le pari consiste à « faire comme si » : la raison échappe à la contradiction seulement si nous pensons **comme si** nous étions libres. Kant affirme ainsi la primauté de la raison pratique sur la raison théorique, de la liberté sur la preuve de la liberté.

CHOSE EN SOI

Se dit des choses telles qu'elles sont, indépendamment des facultés humaines de connaître. Chez Kant, choses telles qu'elles nous apparaissent, par opposition aux phénomènes.

L'autonomie morale

La philosophie morale de Kant tient tout entière dans cette identification de la raison et de la liberté, de la rationalité et de l'éthique : Kant présente une théorie éthique **rationaliste**. Voilà une affirmation générale et abstraite qu'il faut préciser, et Kant s'y emploie dans son petit ouvrage populaire *Fondements de la métaphysique des mœurs*, écrit en 1785. Il s'agit bien d'un ouvrage philosophique (métaphysique) et non d'une étude empirique des mœurs ou des coutumes humaines. Kant précise de plus que ces fondements « ne sont rien de plus que la recherche et l'établissement

---

2. Kant, 1971, p. 84.

du principe suprême de la moralité[2] » ; il ne cherche pas ici à examiner ses applications pratiques.

La moralité et le bonheur

Cela étant dit, voyons comment le philosophe de Königsberg distingue sa théorie éthique rationaliste de celle de ses prédécesseurs. Il le fait tout au début des *Fondements* :

> De tout ce qu'il est possible de concevoir dans le monde, et même en général en dehors du monde, il n'est rien qui ne puisse sans restriction être tenu pour bon, si ce n'est seulement une **bonne volonté** [...]. Ce qui fait que la volonté bonne est telle, ce ne sont pas ses œuvres ou ses succès, ce n'est pas son aptitude à atteindre tel ou tel but proposé, c'est seulement le vouloir ; c'est-à-dire que c'est en soi qu'elle est bonne[3].

Selon Kant, le principe suprême de la moralité ne consiste pas dans la vie bonne et le bonheur, mais dans la volonté bonne et la raison. Il prend bien soin de montrer pourquoi il se distingue de la théorie éthique eudémoniste d'Aristote : pour lui, si le bonheur avait été la finalité réelle de l'être humain, la nature aurait mieux fait de le doter d'un instinct infaillible que du pouvoir de la raison. Pour Kant, le bonheur équivaut au bien-être, lequel dépend plus de notre être physique que de notre raison. Le bien suprême ne réside pas dans le bonheur ni dans une vie conforme à la vertu ; il se trouve dans une volonté bonne et un agir conforme à la raison, dans un accomplissement du devoir.

La motivation morale et les inclinations

La volonté rationnelle est bonne en soi et non pour autre chose, comme le bonheur. En effet, dans la philosophie morale kantienne, ce sont les motivations ou les raisons de l'action qui comptent, plutôt que l'action elle-même, ses buts ou ses résultats. La moralité concerne le vouloir, le principe de détermination de l'action, et nullement son succès dans le monde concret. Kant souligne qu'une action accomplie pour des motifs qui relèvent de ce monde de l'expérience et des sens n'a aucune valeur morale, puisqu'elle demeure toujours conditionnelle au fait que nous éprouvons ces motifs.

La volonté rationnelle n'a rien à voir avec les émotions, les sentiments et les passions, ce que Kant nomme les **inclinations**. Voilà un point essentiel de la théorie de Kant, qu'il importe de bien comprendre. Ce que la moralité recommande peut aller à l'encontre de ce qu'on préférerait faire, et, bien sûr, agir moralement, ce n'est pas seulement faire ce qui nous tente. Mais Kant radicalise cette idée en séparant complètement la motivation morale ou volonté rationnelle d'agir par devoir, et les inclinations ou passions naturelles.

---

3. Kant, 1971, p. 87 et 89.

Le devoir

Cette opposition entre devoir et inclination est difficile à comprendre car, il faut bien l'admettre, le fait que nous ayons tendance à faire facilement ce que la moralité exige (nous avons une « bonne nature », nous sommes « bien élevés ») ne confère pas pour autant une valeur morale à nos actions. Il ne suffit donc pas de faire ce qui est bien, mais de le vouloir pour la bonne raison, de le vouloir selon l'exigence de la raison. On ne peut se contenter d'agir seulement en conformité avec les préceptes de la morale, ce qui peut s'obtenir par simple imitation, par peur, etc. Il faudra encore agir par respect de la moralité, avec le motif approprié : une volonté bonne. Respecter ainsi en nous la volonté rationnelle, c'est agir, dit Kant, par devoir ou pour le devoir, et non pas seulement par conformité extérieure avec ce que la moralité exige.

C'est cette insistance sur le devoir, sur l'obligation d'agir selon une volonté rationnelle, qui fait de la philosophie morale de Kant une **éthique déontologique** (du grec *deon*, « devoir », et *logos*, « raison »). Voilà une autre manière de marquer sa différence par rapport à l'éthique aristotélicienne du bonheur et de la vertu.

L'impératif catégorique et l'impératif hypothétique

Pour Kant, le devoir est une nécessité inconditionnelle de la moralité. Il ne dépend pas des sentiments ni des inclinations, mais représente en chacun l'œuvre de la raison. Kant présente le devoir comme un commandement ou un ordre, comme un impératif qui ne souffre pas de condition, n'est soumis à aucun « mais », à aucun « si » : le devoir s'impose absolument.

Et Kant précise que l'impératif moral est catégorique, pas hypothétique :

> Si l'action n'est bonne que comme moyen pour quelque **autre chose**, l'impératif est **hypothétique** ; si elle est représentée comme bonne en soi, par suite comme étant nécessairement dans une volonté qui est en soi conforme à la raison, le principe qui la détermine, alors l'impératif est **catégorique**[4].

Supposons qu'une personne âgée me demande de l'aider à monter des escaliers. Je peux décider de l'aider pour deux raisons très différentes : ou bien parce que je veux me donner bonne conscience et que j'aurais une mauvaise estime de moi-même si je ne le faisais pas, ou bien parce que je crois que les personnes doivent s'entraider le plus possible, et alors je n'aide pas la personne à monter **pour moi**, pour mon bonheur, mais je l'aide **pour elle**, par respect pour elle. Si c'est pour la première raison que j'agis, alors l'impératif est hypothétique, puisqu'il naît d'une motivation extérieure à l'action, en l'occurrence mon bonheur, l'estime de moi-même, mais si j'agis réellement par pur respect pour la personne, alors je fais ce qu'exige la morale, j'obéis à un impératif catégorique.

---

4. Kant, 1971, p. 125.

Pour Kant, l'action est morale seulement si elle est faite pour les bonnes raisons, par volonté d'obéir à la raison. L'impératif catégorique aide à déterminer la seule et unique motivation morale dans une situation donnée ; si j'accomplis une action parce que j'accepte de faire mon devoir, alors mon action est pleinement morale. Toute la valeur morale d'une action réside dans les intentions de celui qui la fait et non dans ses conséquences.

De plus, l'action morale correspond seulement à ce qui doit être, et à rien d'autre : « Tu dois parce que tu dois. » Ce précepte paraît extrêmement sévère, puisque aucun autre motif, même l'amour, puisque aucune autre fin, même le bonheur, ne peut satisfaire la rigueur de l'obligation, du devoir. Il se peut très bien, selon Kant, que le respect de la loi morale ne me rende pas heureux ou ait des conséquences néfastes. Je dois pourtant faire mon devoir, sans m'occuper des conséquences. On appelle **rigorisme** cette sévérité, cette rigueur de la moralité dans la conception kantienne.

L'autonomie

La philosophie morale de Kant constitue cependant une éthique de la liberté en même temps qu'une éthique du devoir. Même en se conformant à la loi morale, on reste parfaitement libre : car la loi à laquelle on se soumet, c'est la loi que l'on découvre en soi en tant qu'être doué de raison. C'est le concept d'**autonomie** (du grec *auto*, « soi-même », et *nomos*, « loi »). Moralité et liberté se confondent donc dans l'idée d'autonomie : on agit par devoir en vue de respecter la loi morale, mais ce devoir représente la **loi** que l'on **se** donne comme être rationnel.

Les formulations de l'impératif catégorique

Mais en quoi consiste mon devoir, qu'est-ce que la raison me prescrit ? Pour Kant, il existe une seule morale, quels que soient le lieu, la culture ou l'époque envisagés : sa morale est donc de type universaliste. C'est la même pour tout le monde, car tout le monde a la même raison et la même faculté de penser. Il importe donc de savoir écouter le commandement universel de cette raison en nous. Kant en donne trois formulations dans les *Fondements de la métaphysique des mœurs*. Nous expliquerons deux d'entre elles.

L'universalisation de la maxime de l'action en loi universelle

Examinons de plus près la première formulation de l'encadré intitulé « L'impératif catégorique ». La maxime de l'action, c'est la règle générale que l'on se donne pour agir (ne pas parler sans savoir, mentir quand c'est profitable, etc.). Kant dit tout simplement que l'on doit pouvoir vouloir que cette règle soit une loi universelle, c'est-à-dire que la règle d'action du sujet agissant devrait pouvoir être valable pour tout le monde, partout et en tout temps. Kant en donne lui-même quatre exemples.

Le suicide. Admettons qu'une personne ne supporte plus la vie et décide d'en finir. Son action s'appellerait suicide, et la maxime correspondante serait: « Par amour de moi-même, je pose en principe d'abréger ma vie si en la prolongeant j'ai plus de maux à en craindre que de satisfactions à en espérer[5]. » Peut-il être souhaitable que tout le monde veuille se tuer? Non, car ce serait reconnaître comme morale la possibilité que l'humanité entière disparaisse, soi-même compris, ce qui est contradictoire. Kant écrit:

> ## L'impératif catégorique
>
> Il n'y a donc qu'un impératif catégorique, et c'est celui-ci : agis uniquement d'après la maxime qui fait que tu peux vouloir en même temps qu'elle devienne une loi universelle.
> [...]
>   Agis de telle sorte que tu traites l'humanité aussi bien dans ta personne que dans la personne de tout autre toujours en même temps comme une fin, et jamais simplement comme un moyen.
>
> Source: Kant, 1971, p. 136 et 150.

> On voit bientôt qu'une nature dont ce serait la loi de détruire la vie même [...] serait en contradiction avec elle-même, et ainsi ne subsisterait pas comme nature; que cette maxime ne peut donc en aucune façon occuper la place d'une loi universelle de la nature[6].

Par conséquent, cette maxime est immorale, et l'action qui y correspond (le suicide) aussi.

L'emprunt ou la promesse non respectés. Un deuxième exemple est celui d'un homme qui a terriblement besoin d'argent et décide de faire un emprunt, tout en sachant qu'il ne pourra pas le rembourser. En empruntant, il fait une promesse de remboursement, mais sa promesse n'a aucun sens puisqu'il sait très bien qu'il ne l'honorera pas. Est-il moral de promettre sans chercher à tenir sa promesse, d'emprunter sans chercher à rendre? Kant répond que non: on ne pourrait vouloir que ces maximes deviennent des lois universelles, car si chacun ne remboursait jamais ses emprunts ou ne respectait jamais ses promesses, il n'y aurait même plus d'emprunt ou de promesse: ces mots n'auraient plus de sens, et on ne pourrait plus faire confiance au langage. L'universalisation de ces maximes, parce qu'elle les rend contradictoires et donc non rationnelles, indique qu'elles sont immorales.

Les talents non exploités. Si une personne, par paresse, choisissait de ne pas exploiter les talents que lui a donnés la nature (par exemple, des talents artistiques, son intelligence, une habileté pratique quelconque), elle n'agirait pas moralement. Pourquoi? Parce qu'on ne peut imaginer un monde où chacun ne ferait rien de ses talents: ce serait un monde indésirable. La notion même de « talent » perdrait d'ailleurs son sens, et l'humanité dépérirait.

L'indifférence aux autres (l'égoïsme). Le quatrième exemple que donne Kant est celui d'une personne indifférente au malheur de quelqu'un qui aurait besoin d'aide. Certes, en ne l'aidant pas elle ne lui fait pas de mal, mais il est pourtant immoral de passer son chemin de manière égoïste. Kant dit qu'on ne pourrait vouloir que chaque être humain n'aide personne ou ne se soucie des autres: on ne peut univer-

---

5. Kant, 1971, p. 138.
6. Kant, 1971, p. 138-139.

saliser l'indifférence mutuelle et l'égoïsme, car on vivrait dans un monde indésirable. Il est beaucoup plus rationnel de poser comme idéal moral un monde où tous porteraient secours à tous. Par conséquent, l'indifférence égoïste est immorale tandis que le souci altruiste et l'entraide sont moraux.

Le respect de la personne

Suivant l'autre formulation de l'impératif catégorique citée dans l'encadré, on ne doit jamais considérer autrui comme un simple moyen pour réaliser ses propres fins, et on doit toujours respecter l'humanité en l'autre. Et cela s'applique aussi bien aux autres qu'à soi-même : on doit se respecter soi-même comme être humain, et on doit respecter les autres humains. On doit toujours se souvenir que l'on est, comme les personnes que l'on a en face de soi, digne de respect parce qu'humain. Et respecter les autres, ce n'est pas les considérer comme de simples objets utiles à autre chose.

Certes, on utilise les autres et on s'utilise soi-même pour réaliser ses buts : par exemple, un chef d'entreprise **utilise** ses employés tout comme il **utilise** ses talents de gestionnaire pour faire du profit, et il n'y a là rien d'immoral (voir les p. 237-239). Mais cette utilisation devient immorale si le chef d'entreprise **ne voit** en ses employés **que** des moyens de rentabiliser son entreprise, et non plus des personnes qui ont une valeur en elles-mêmes : si, par exemple, il ne les paye pas suffisamment, les contraint à faire des heures supplémentaires épuisantes ou les traite de manière arrogante.

L'humanité est une fin en soi, qui doit toujours être poursuivie ; on ne doit jamais la subordonner aux autres fins qu'on poursuit parallèlement. C'est ainsi que l'on peut comprendre tous les éléments de la deuxième formulation de l'impératif catégorique. Et concrètement, obéir à ce commandement du respect revient, d'après Kant, à se soumettre au test de l'universalisation de la maxime, puisque ce sont deux expressions différentes du même impératif catégorique.

L'héritage de la théorie kantienne

La théorie éthique de Kant situe donc la moralité des actions dans leur conformité à la raison (rationalisme), dans la motivation à agir par devoir ou pour le devoir (déontologie) et dans le respect rigoureux de la loi morale (rigorisme). Il s'agit d'une moralité de l'intention droite avant tout, même si, comme l'écrit Kant, il est impossible de savoir si une action réellement morale a jamais existé dans le monde, puisqu'on ne peut pas sonder les intentions des personnes pour voir si elles sont parfaitement pures. Or cette conception d'une moralité de principe est très puissante.

Sa force réside dans son potentiel critique. En effet, puisque le principe de la moralité, la raison, n'est pas de l'ordre de l'expérience sensible, des faits empiriques, on pourra toujours y faire appel pour critiquer la réalité, que ce soit celle des actions individuelles, des décisions politiques ou du cours de l'histoire. Par exemple, la nécessité d'agir par devoir nous permettra de rejeter comme non conforme à la raison, et donc sans valeur morale, toute action qui utilise la personne d'autrui comme un moyen (le mensonge, la manipulation, le vol, etc.).

Se servir des autres pour atteindre ses buts personnels les transforme en objets ; on ne respecte pas alors leur propre capacité de décider, leur autonomie rationnelle. L'idée que l'être humain possède une dignité et mérite respect en tant qu'être moral rationnel doit beaucoup à la philosophie de Kant, et on retrouve cette idée dans la formulation et la justification des droits de la personne encore aujourd'hui.

Une moralité de principe comme celle de Kant permet aussi la critique sociale et politique. Le fait que, dans une société, un groupe de gens en exploite un autre ne respecte pas la dignité humaine et constitue une maxime d'action qui ne peut être universalisée. De même, si un régime politique ne permet pas la libre expression des opinions et interdit la participation des citoyens aux décisions politiques qui les concernent, il enfreint la loi morale et ne représente pas un régime de liberté publique. Cette conception a largement inspiré les déclarations modernes des droits, comme celle adoptée après les horreurs et les crimes commis durant la Seconde Guerre mondiale.

Dans le domaine politique, la philosophie de Kant, comme celle des autres penseurs des Lumières, favorise l'idée républicaine* et tend vers l'adoption de procédures démocratiques. Plus encore : comme le respect dû aux humains a une valeur universelle, il ne se limite pas à un cadre national, mais possède une portée internationale. Le point de vue moral est ainsi d'emblée cosmopolite (il s'applique à l'ensemble de la planète) et il favorise la constitution d'une république universelle, d'une fédération d'États répondant aux exigences de la paix et de la liberté. Le projet d'une Société des Nations* puis celui de l'ONU* se sont inspirés de la philosophie de Kant, en particulier d'un petit écrit intitulé *Projet de paix perpétuelle* (1795).

La déclaration universelle des droits de l'homme – 1948

Article premier
Tous les êtres humains naissent libres et égaux en dignité et en droits. Ils sont doués de raison et de conscience et doivent agir les uns et les autres dans un esprit de fraternité.

Article 4
Nul ne sera tenu en esclavage ni sous servitude ; l'esclavage et la traite des esclaves sont interdits sous toutes leurs formes.

Article 5
Nul ne sera soumis à la torture, ni à des peines ou des traitements cruels, inhumains ou dégradants.

RÉPUBLICAIN

Partisan de la République, étymologiquement « chose publique » : forme de gouvernement non monarchique.

SOCIÉTÉ DES NATIONS (SDN)

Organisation créée après la Première Guerre mondiale (1914-1918) pour promouvoir la paix et la coopération internationales.

ONU

Organisation des Nations Unies, qui succéda en 1945 à la SDN.

L'UTILITÉ ET LA BIENVEILLANCE : JEREMY BENTHAM ET JOHN STUART MILL

La théorie éthique du devoir de Kant n'est pas la seule à avoir marqué les temps modernes et influencé notre manière de penser et d'agir moralement aujourd'hui. Une autre philosophie morale a acquis ses lettres de noblesse à la même époque et s'impose depuis comme une concurrente sérieuse du kantisme : il s'agit de la philosophie utilitariste ou, plus brièvement, de l'utilitarisme. L'idée générale selon laquelle la valeur morale s'attache à ce qui est utile ou à ce qui produit des conséquences avantageuses ne date pas d'hier.

La tradition utilitariste

MATÉRIALISTES
FRANÇAIS

Philosophes du XVIIIᵉ siècle
qui proposaient une
conception scientifique et
non religieuse de l'homme.

HELVÉTIUS,
CLAUDE ADRIEN
(1715-1771)

Philosophe matérialiste
français, pour qui la
société et l'éducation
forment l'individu.

On rencontre déjà cette philosophie chez les interlocuteurs de Socrate, les sophistes, où elle sert à critiquer la moralité au nom de l'égoïsme ; ou encore à l'époque des Lumières, quand il s'agit de rejeter les vieilles croyances. L'idée d'utilité prend son sens moderne tout d'abord chez des philosophes matérialistes français*, comme Helvétius*, qui, contre la religion, s'efforcent d'élaborer une philosophie de l'utile et de l'intérêt propre à expliquer l'action humaine et à satisfaire les besoins des populations.

L'idée de plus grand bonheur du plus grand nombre

C'est cependant dans les pays anglo-saxons que la théorie utilitariste connaîtra sa plus grande force et sa plus grande popularité. Dès 1725, un philosophe écossais, Francis Hutcheson, lance la formule typique de cette pensée :

> Le mal moral ou le vice d'une action donnée est proportionnel au degré de misère ou au nombre de ceux qui souffrent, de sorte que cette action est la meilleure qui réalise le plus grand bonheur du plus grand nombre[7].

Cette formulation du critère de la moralité permet déjà de constater trois choses. Premièrement, l'utilitarisme repose sur le principe du bonheur. Il s'agit donc d'une philosophie semblable à celle d'Aristote à cet égard. Cependant, le bonheur reçoit ici une définition toute différente : Hutcheson ne parle pas de vertu mais de misère et de souffrance évitées – nous y reviendrons. Deuxièmement, Hutcheson écrit que l'action bonne **réalise** le plus grand bonheur : l'important pour les utilitaristes n'est pas l'intention de l'action, mais ses effets, ses résultats ou ses conséquences réelles sur les gens. On dit alors que l'utilitarisme est **conséquentialiste**. Troisièmement, le bonheur concerne, selon l'utilitarisme, le plus grand nombre. On ne parle pas ici du bonheur individuel ni de la seule réalisation de soi, mais du bonheur de la collectivité, de la société dans son ensemble.

Dès ses origines, donc, la pensée utilitariste fait du bonheur de tous le critère de la moralité et l'objet d'un calcul : le bien, c'est l'utile au plus grand nombre. Les utilitaristes se veulent des réformateurs sociaux, ils entendent proposer une philosophie morale qui pourra justifier des politiques sociales susceptibles d'atténuer la misère et d'améliorer le sort de la majorité.

Bentham : le calcul des plaisirs et des peines

Cette orientation ressort nettement de l'œuvre et de l'action du fondateur de l'utilitarisme anglais, Jeremy Bentham (1748-1832). Pour lui, la société de son temps doit changer pour que le bonheur d'ensemble s'accroisse. Il faut dire que son époque est celle de la révolution industrielle en Angleterre, avec l'exploitation ouvrière qui l'accompagne, les périodes de famine dans les campagnes et la misère dans les

---

7. Hutcheson, 1980, p. 129.

quartiers populaires des grandes villes. Dans ce contexte, Bentham veut faire de la morale et de la politique une « science rigoureuse », c'est-à-dire quantifiable et mesurable. Pour lui, une action, et à plus forte raison l'adoption d'une loi ou l'instauration d'une politique sociale, comme celle limitant la journée de travail des ouvriers à douze heures, s'évalue selon ses effets bénéfiques sur le bonheur des gens.

Le bonheur se définit en termes de plaisir et de peine : « À eux seuls, il leur appartient de nous indiquer notre devoir et de déterminer notre action, d'eux dépendent la norme du bien et du mal et l'enchaînement des causes et des effets[8]. » Pour cette raison, on dit que l'utilitarisme de Bentham est **hédoniste**, car, comme la philosophie d'Épicure, il fait du plaisir un principe essentiel.

Les meilleures actions, et même l'idée de justice, se mesurent à ce qui apporte le plus de plaisir pour le plus grand nombre. Voilà ce qui définit l'idée d'utilité selon Bentham :

Jeremy Bentham (1748-1832)

> Par principe d'utilité on entend le principe qui approuve ou désapprouve une action quelconque, selon la tendance qu'elle paraît avoir à augmenter ou à diminuer le bonheur de la partie dont l'intérêt est pris en considération ou selon sa tendance à promouvoir ce bonheur ou à s'y opposer[9].

Premièrement, on doit vouloir le bien du plus grand nombre : le principe d'utilité est un principe de bienveillance. Deuxièmement, on peut calculer les plaisirs et les peines pour choisir les actions qui produisent le plus de plaisirs et évitent le plus de souffrances : le principe d'utilité se présente comme une procédure de décision. Bentham avait retenu sept indices des plaisirs et des peines pour permettre leur calcul et leur comparaison : la durée, l'intensité, la certitude (d'un plaisir à venir), la proximité (par rapport au présent), la fécondité (un plaisir en entraîne d'autres), l'étendue (le nombre de personnes touchées) et la pureté (un plaisir libre de peine future).

On le voit, il s'agit d'une méthode complexe, qui pose elle-même des problèmes moraux sérieux. Par exemple, même si on peut mesurer le plaisir de lire et celui de jouer aux cartes, peut-on dire que l'un est préférable à l'autre ? De plus, à supposer que le plaisir de jouer aux cartes apporte un plus grand bonheur, cela signifie-t-il qu'il faille sacrifier celui de la lecture ou négliger les individus qui y trouvent leur bonheur ? Toutes ces questions poussent l'utilitarisme dans de nouvelles directions.

Mill : un utilitarisme idéal

L'Anglais John Stuart Mill (1806-1873) est le deuxième représentant important de la théorie utilitariste au XIXᵉ siècle ; il appartient à la génération qui suit celle de Bentham. Le père de Mill l'éduque sévèrement selon les principes de Bentham,

---

8. Bentham, 1980, p. 130.
9. Bentham, 1980, p. 130.

John Stuart Mill
(1806-1873)

jusqu'à ce que Mill se révolte et élabore sa propre doctrine. Il conserve de la tradition utilitariste l'attention portée aux conséquences de l'action et l'importance accordée aux faits de l'expérience.

Lui aussi est un partisan des réformes et se soucie de justice sociale. Sa compagne, Harriet Taylor, rédige d'ailleurs avec lui un des premiers textes féministes modernes[10], que Mill fera paraître sous son nom en 1869, alors qu'il militait en tant que député pour obtenir le droit de vote pour les femmes. Il est l'auteur de nombreux ouvrages de philosophie morale et politique, comme *Les principes de l'économie politique* (1848), *Sur la liberté* (1859), *Du gouvernement représentatif* (1861), et d'un petit ouvrage de vulgarisation publié en 1861 et intitulé justement *L'utilitarisme*. Dans ce texte, Mill s'efforce de préciser sa compréhension particulière de l'utilitarisme et cherche à répondre aux nombreuses objections qui le concernent.

Mill commence par se distinguer des théories éthiques déontologiques en critiquant le test d'universalité proposé par Kant. Il soutient que « tout ce [que le test] montre, c'est que les conséquences de l'adoption universelle [de règles de conduite] seraient telles que personne ne jugerait bon de s'y exposer[11] ». Mill entreprend ensuite de donner un sens plus précis aux termes employés depuis longtemps par les utilitaristes, afin d'en faire des concepts utiles à sa propre théorie : plaisir et bonheur.

Le plaisir

Mill admet que, quelle que soit la définition du plaisir qu'on présente, le sens général de la pensée utilitariste demeure le même :

> [...] à savoir que le plaisir et l'absence de douleur sont les seules choses désirables comme fins, et que toutes les choses désirables [...] sont désirables, soit pour le plaisir qu'elles donnent en elles-mêmes, soit comme des moyens de procurer le plaisir et d'éviter la douleur[12].

Définir le bonheur en termes de plaisir ne consiste ni à le réduire à des plaisirs vulgaires ni à proposer un unique plaisir suprême. Entre ces deux extrêmes, il y a place pour une discussion concernant la **qualité** des plaisirs, et c'est en cela que Mill se distingue de Bentham. Pour ce dernier, seule comptait la quantité des plaisirs ou des peines, mesurée selon sept indices (voir la p. 43). Pour Mill, au contraire, nous devons tenir compte de la qualité des plaisirs ou des peines, parce que certains d'entre eux sont plus désirables et plus précieux que d'autres. Il existe donc selon Mill des espèces de plaisirs qui peuvent servir de mesure aux autres, des espèces de plaisirs que nous devrions désirer ou préférer. Bref, il est des plaisirs qui ont presque valeur d'idéal, et c'est pourquoi on appelle la théorie de Mill **utilitarisme idéal** ou utilitarisme de la perfection.

10. Taylor, 1992.
11. Mill, 1968, p. 42.
12. Mill, 1968, p. 49 ; voir le texte 2 à la fin de ce chapitre.

Cette nouvelle définition des plaisirs permet d'en élargir la gamme et de rallier des philosophes et des penseurs qui autrement s'élevaient contre l'utilitarisme. Ainsi, à l'instar d'Épicure, Mill reconnaît que nous assignons « aux plaisirs que nous devons à l'intelligence, à la sensibilité, à l'imagination et aux sentiments moraux une bien plus haute valeur qu'à ceux que procure la pure sensation[13] ». Mais le penseur utilitariste doit maintenant préciser ce qu'il entend par **qualité**, tout comme Bentham l'avait fait en parlant de quantité. Mill propose-t-il des critères de la qualité des plaisirs ?

Mill répond indirectement à cette question. En effet, il ne s'engage pas à définir tous les plaisirs ni à décider lesquels sont les plus élevés, ce qui serait, en quelque sorte, faire tout l'effort à la place des autres, et évaluer leur vie de l'extérieur. Mill ne nous dit pas quels plaisirs sont supérieurs à d'autres ; il entreprend plutôt de montrer qu'il y a entre eux des différences qualitatives que la plupart des gens admettraient. Il en appelle donc à ce que diraient les gens eux-mêmes :

> De deux plaisirs, s'il en est un auquel tous ceux ou presque tous ceux qui ont l'expérience de l'un et de l'autre accordent une préférence bien arrêtée, sans y être poussés par un sentiment d'obligation morale, c'est ce plaisir-là qui est le plus désirable[14].

La hiérarchie dans la qualité des plaisirs correspond à celle que fixeraient des gens qui ont l'expérience de la plus large variété possible de plaisirs. On ne demanderait pas, en effet, à un illettré de se prononcer sur la qualité du plaisir de la lecture, puisqu'il ne peut l'éprouver ni avoir idée de ce que c'est ; il peut seulement souffrir d'ignorer quelque chose que d'autres savent, valorisent et préfèrent.

Ainsi, pour Mill, il n'y a pas de critères totalement objectifs (c'est-à-dire en dehors de tout jugement humain) de la qualité des plaisirs. En cette matière, on ne peut faire appel qu'à des gens d'expérience, ce qu'il nomme des juges compétents : non les juges d'une cour de justice quelconque, mais les personnes qui ont l'autorité en cette matière : « [...] il n'existe pas d'autre tribunal à consulter [conclut Mill], même sur la question de quantité[15] ». On le voit, l'utilitarisme entend demeurer sur le terrain de l'expérience, celle du sujet qui éprouve plaisir et peine.

Le bonheur

Cette façon de procéder pour définir et comparer les plaisirs introduit toutefois en retour une modification dans l'idée même de bonheur. En effet, si un « juge compétent », une personne d'expérience trouve son bonheur dans une qualité supérieure de plaisir, cela peut impliquer qu'il n'éprouve pas de plaisir de certaines autres espèces et qu'il en souffre. Le bonheur s'accompagnerait ainsi de souffrance, ce qui paraît en contradiction avec l'adage général de l'utilitarisme : chercher le plaisir et éviter la souffrance. Il n'y a là nulle contradiction selon Mill, qui distingue à ce

---

13. Mill, 1968, p. 51.
14. Mill, 1968, p. 52.
15. Mill, 1968, p. 56.

propos le bonheur et la satisfaction. Il le fait en comparant non seulement les aspects qualitatifs des plaisirs éprouvés, mais aussi la supériorité et l'infériorité des êtres qui les éprouvent :

> L'être dont les facultés de jouissance sont d'ordre inférieur a les plus grandes chances de les voir pleinement satisfaites, tandis qu'un être d'aspirations élevées sentira toujours que le bonheur qu'il peut viser [...] est un bonheur imparfait [...]. Il vaut mieux être un homme insatisfait qu'un porc satisfait[16].

L'utilitarisme idéal de Mill rapporte la différence des plaisirs à la différence des êtres. On peut être d'accord quand il s'agit de comparer des porcs aux humains. Mais quand Mill compare les humains entre eux (par exemple, quand il compare Socrate aux imbéciles), ne fait-il pas de l'utilitarisme idéal un utilitarisme élitiste ? Ne vaudrait-il pas mieux, au nom de la démocratie, mettre toutes les personnes sur le même plan ?

La justice selon Mill

Nous touchons ici à la portée sociale et politique que l'utilitarisme revendique. Rappelons que cette théorie éthique considère avant tout le bonheur du plus grand nombre : il s'agit d'une mesure du bonheur général, du bien-être du plus grand nombre. La question des plaisirs supérieurs et celle des êtres humains qui les éprouvent demandent à être situées dans cette perspective collective. Il peut en effet se faire que l'augmentation du bonheur d'une seule personne – un « bienfaiteur de l'humanité » – ait des conséquences positives sur le bien-être de toutes les autres :

> L'idéal utilitariste n'est pas le plus grand bonheur de l'agent lui-même, mais la plus grande somme de bonheur totalisé ; si l'on peut mettre en doute qu'un noble caractère soit toujours plus heureux que les autres en raison de sa noblesse, on ne peut douter qu'il rende les autres plus heureux, et que la société en général en retire un immense bénéfice[17].

Cela signifie-t-il que certains individus pourraient légitimement prétendre à un bonheur plus grand, du moment que le bonheur totalisé s'en trouve aussi augmenté ? Ou encore que la souffrance de certains serait justifiable si le bonheur général augmente ?

La thèse de l'utilitarisme pose ici des difficultés qui tiennent toutes non au calcul de la somme du bonheur total, mais à sa répartition entre les individus. Pour régler ces difficultés, Mill insiste sur le fait que l'individu est un être social qui manifeste le désir de vivre en harmonie avec ses semblables. Mais cela résout-il l'épineux problème de l'égalité et de la justice sociale ? Des réflexions et des développements importants sont nécessaires pour traiter de la justice distributive, et il en sera amplement question dans la deuxième partie de cet ouvrage.

---

16. Mill, 1968, p. 54.
17. Mill, 1968, p. 57.

L'héritage de l'éthique utilitariste

L'attrait et le succès de l'utilitarisme depuis deux siècles tient pour beaucoup au fait qu'il se situe à l'échelle humaine et qu'il propose une procédure de décision permettant de mesurer la contribution des politiques publiques au progrès social. À cet égard, le principe d'utilité et le calcul utilitariste constituent une défense de la démocratie et du suffrage universel. « Chacun compte pour un, et aucun pour plus d'un » constitue une règle de base de la démocratie élective, formulée d'abord par Bentham ; nous disons aujourd'hui « une personne, un vote ». Cette idée s'opposait alors au suffrage censitaire, c'est-à-dire celui reposant sur le cens*, le critère de fortune. Le calcul des majorités électorales s'inspire aussi de la philosophie utilitariste : comment savoir en effet ce qui est le meilleur pour la population, sinon en lui demandant ce qu'elle pense et ce qu'elle veut ? En cas de préférences contradictoires ou divisées, on se rabattra sur l'expression des préférences du plus grand nombre : la majorité.

CENS
Valeur d'une terre, d'une propriété ou de biens donnant droit de voter et d'être éligible.

L'affaire de l'assurance

À la suite de la vente de sa copropriété, monsieur M. continue sans le savoir à se faire débiter régulièrement de son compte bancaire le coût de l'assurance immobilière qui ne le concerne plus, mais qu'il a oublié de résilier. Il possède plusieurs appartements et copropriétés et fait affaire avec la même compagnie d'assurances, qui prélève chaque mois un montant global pour la totalité, de sorte qu'il ne se rend pas compte du détail. Le nouveau propriétaire de la copropriété, recevant régulièrement l'avis de prélèvement automatique adressé à monsieur M., mais n'ayant aucun moyen de le joindre, contacte la compagnie d'assurances et l'informe du changement de propriétaire. Un représentant de la compagnie se déplace même pour constater le changement de nom et, donc, l'inutilité de continuer à faire payer monsieur M. pour l'assurance d'une copropriété qui ne lui appartient plus. Pourtant, malgré la recommandation de son représentant, la compagnie choisit, et ce de son plein gré, de continuer les prélèvements automatiques.

QUESTIONS

1. Quelle évaluation morale de la décision de la compagnie d'assurances pourrait-on faire à partir des deux formulations de l'impératif catégorique de Kant ?

2. La décision de la compagnie d'assurances pourrait-elle se justifier selon l'éthique utilitariste ? Justifiez votre réponse à l'aide du calcul d'utilité de Bentham.

3. Le nouveau propriétaire avait-il raison, selon l'éthique utilitariste, de contacter la compagnie d'assurances ? Sachant qu'elle va continuer ses prélèvements en toute connaissance de cause, devrait-il chercher à intervenir encore ? Si oui, que devrait-il faire ?

4. En vous servant de l'éthique de votre choix parmi celles étudiées jusqu'ici, montrez à partir du présent cas pourquoi l'attitude « légaliste » (faire tout ce que dit la loi, mais rien de moins, rien de plus) peut paraître insuffisante d'un point de vue moral.

LA CRITIQUE DE LA CULTURE MORALE ET DE SES VALEURS : FRIEDRICH NIETZSCHE

Les conséquences des transformations accomplies dans les temps modernes et par les philosophies de Kant et de Mill apparaissent progressivement à la fin du XIXᵉ siècle : certaines formes de vie ne semblent plus possibles, la science semble condamner toute autre forme de connaissance, etc. Une réaction prend alors forme, réaction qui va à l'encontre non seulement des conceptions morales grecques et chrétiennes, mais aussi des idéaux mêmes des Lumières. Cette réaction critique jette le doute sur la valeur et la vérité de la tradition morale occidentale, un doute qui persiste encore aujourd'hui. En ce sens, elle constitue une quatrième et dernière source de notre culture morale. Un de ses représentants les plus marquants fut Friedrich Nietzsche.

SCHOPENHAUER, ARTHUR (1788-1860)
Philosophe allemand, auteur de *Le monde comme volonté et comme représentation* (1818). Sa doctrine pessimiste faisait du vouloir vivre la source de nos malheurs.

APHORISME
Formule ou note brève exprimant une pensée, un point de morale.

PROPHÈTE
Du grec *prophêtês*, « interprète d'un dieu », personne qui prédit l'avenir au nom de vérités révélées.

Nietzsche et le nihilisme européen

Nietzsche naît en 1844 en Allemagne, où il étudie la philosophie et la philologie, la science des textes anciens. Influencé par Schopenhauer*, il s'enthousiasme pour l'œuvre des poètes tragiques grecs (*La naissance de la tragédie*, 1872), se passionne pour les arts et la musique, et devient très critique face à la science et à la civilisation de son temps. Après avoir obtenu, puis abandonné un poste universitaire en philologie, il voyage en Europe et rédige en dix ans ses principales œuvres : *Humain trop humain* (1878), *Ainsi parlait Zarathoustra* (1885), *Par-delà bien et mal* (1886), *La généalogie de la morale* (1888). Il s'effondre psychologiquement en 1889 et meurt en 1900. L'œuvre de Nietzsche contraste avec celle des philosophes présentés jusqu'à maintenant. Elle est souvent plus littéraire qu'argumentative et emprunte davantage la forme de l'aphorisme* que celle du traité systématique. Elle est également très polémique et se veut visionnaire et prophétique*. Tout cela rend son interprétation plus hasardeuse, mais fait également de sa lecture une expérience créative.

Le climat intellectuel qui règne en Europe à cette époque aide à comprendre la teneur et la portée du projet philosophique de Nietzsche. Le développement même de la connaissance scientifique et les bouleversements sociaux qui l'accompagnent engendrent en effet chez plusieurs penseurs une perte de confiance dans les sources de la culture morale européenne. C'est ce que Nietzsche appellera, après d'autres, le **nihilisme**. Cette attitude de défiance, ou plus encore cette conviction du néant des valeurs morales, se manifeste sur plusieurs plans.

Tout d'abord à l'égard de la religion, qui semble vide et mensongère : « Dieu est mort », proclame-t-on, en concluant : « alors tout est permis », puisque la morale n'a plus de fondement. Le nihilisme concerne aussi la recherche de la vérité par le philosophe et celle de l'objectivité par le savant ; il est le lieu d'un scepticisme persistant en ce qui a trait aux idéaux de la connaissance. Enfin, le nihilisme touche au domaine moral et politique, que les valeurs d'égalité et le mouvement démocratique ont transformé.

Friedrich Nietzsche (1844-1900)

L'égalitarisme (voir l'encadré de la p. 136) ne condamne-t-il pas la valeur du mérite, le mode de vie héroïque et une vision plus élevée de l'existence ?

Sur tous ces plans, la culture morale européenne apparaît à plusieurs comme une immense déception, une illusion qui ne convainc plus personne. Nietzsche partage ce diagnostic sceptique et se réjouit de ce climat intellectuel, car pour lui, loin de conduire au néant des valeurs, à la décadence sociale et au pessimisme historique, le nihilisme est porteur d'un important potentiel de régénération. Voyons tout d'abord le volet négatif de sa propre critique, pour aborder ensuite son aspect plus positif et créatif.

La généalogie de la morale

Une histoire naturelle de la morale

La manière dont Nietzsche procède à la critique de la culture morale et des valeurs possède des caractéristiques particulières, même si on ne peut la qualifier de « méthode ». Son approche est, en premier lieu, **historique** : il s'agit de montrer comment et par quelle voie la culture morale et le nihilisme ont vu le jour. Nietzsche remonte aux origines, à l'Antiquité grecque et au christianisme primitif sans toutefois prêter attention aux phénomènes politiques ni à l'histoire des idées. Nietzsche cherche à révéler des racines, non des raisons objectives ; il tente de débusquer des motivations cachées, non des causes observables. Il présente une contribution à l'**histoire naturelle** de la morale, qui permettrait de découvrir les forces, les désirs et les pulsions qui l'amenèrent à être la culture dominante.

Remarquons, en deuxième lieu, que ces désirs et ces instincts sont ceux d'une forme de vie dans son ensemble, et non ceux d'un individu ou d'un autre. C'est pourquoi on dit que l'approche de Nietzsche est **généalogique** et non psychologique : elle retrace le fil et la filiation de modes de comportements et de modèles de pensée tenus pour fondamentaux. En ce domaine, Nietzsche prétend faire œuvre de pionnier :

> Par une étrange anomalie, ce qui a toujours fait **défaut** à la « science de la morale », c'est le problème même de la morale : on n'a jamais soupçonné qu'il y avait là quelque chose de problématique. Ce que les philosophes ont désigné du nom de « fondement de la morale » et qu'ils se sont crus obligés de fournir, n'a jamais été, si on y regarde de près, qu'une forme raffinée de la **foi** naïve dans la morale établie[18].

Nietzsche considère plutôt les morales comme un ensemble de signes ou de symptômes à partir desquels il juge le type de vie qui les a produites. Pour lui, il s'agit de poser la question de la valeur des **valeurs** morales et de leur utilité pour la vie.

---

18. Nietzsche, 1977b, p. 99 ; voir le texte 3 à la fin de ce chapitre.

La philosophie et la tragédie

Nietzsche voit dans la Grèce antique un premier ensemble de symptômes à examiner. Pour lui, la naissance de la tragédie (le théâtre grec) et l'apparition de la philosophie témoignent de l'opposition de deux attitudes devant la vie, l'une qui la célèbre dans l'extase et la passion (ce qu'il nomme « élément dionysiaque »), l'autre qui la retient et la contemple dans la pensée (« attitude apollinienne »). La tragédie appartient surtout à la première attitude, laquelle sera bientôt refoulée par la seconde, la racine de la philosophie. Nietzsche voit le personnage de Socrate comme le premier symptôme de ce changement : l'idéal de réflexion critique lui apparaît comme le retournement du sentiment tragique de la vie, ou son détournement dans la quête du savoir.

Selon Nietzsche, l'esprit de Socrate a signé l'arrêt de mort de la tragédie. Nietzsche souhaite la renaissance de la tragédie après plus de deux millénaires de philosophie morale axée sur l'idéal de sagesse. Il remet donc en cause la primauté de la connaissance théorique dans notre civilisation et lui oppose un modèle esthétique.

L'art et le savoir

Il n'en reste pas moins que la science, éperonnée avec toute la vigueur de sa puissance d'illusion, se précipite sans cesse à ses limites contre lesquelles vient se briser l'optimisme qui se cache dans l'essence de la logique [...]. Et lorsque là, transi d'effroi, il [l'homme noble] découvre qu'à cette limite la logique s'enroule sur elle-même et finit par se mordre la queue – alors surgit une nouvelle forme de connaissance, la connaissance tragique, qui réclame, pour être supportable, le remède et la protection de l'art. [...]

Si ce qui a dévoyé l'ancienne tragédie, c'est l'impulsion dialectique au savoir et à l'optimisme scientifique, on pourrait conclure qu'il existe un éternel combat entre conception théorique et conception tragique du monde et qu'il ne sera possible d'espérer une renaissance de la tragédie que du jour où l'esprit scientifique aura atteint ses limites [...]. J'entends par esprit scientifique cette croyance, venue tout d'abord au jour dans la personne de Socrate, dans la pénétrabilité de la nature et dans la vertu de panacée* du savoir.

Source : Nietzsche, 1977a, p. 94 et 103.

PANACÉE
Remède universel, qui agirait sur toutes les maladies.

QUESTION

Que pensez-vous de cette opposition entre l'art et le savoir ? Retrouvez-vous cette critique dans le monde contemporain ?

La perspective de la vérité

On comprend alors que Nietzsche n'ait aucune sympathie pour les recherches philosophiques qui, de Platon à Aristote et de Kant à Mill, portaient sur le principe de la morale. Il remet d'ailleurs en cause l'idée traditionnelle de vérité et de réalité. Pour lui, la recherche de la vérité découle d'une volonté, et elle renvoie à une évaluation : la vérité n'est, chaque fois, que le **tenu pour vrai**. Nietzsche subordonne la vérité en éthique à la vérité au sens moral, c'est-à-dire au point de vue, toujours partiel et partial, que nous adoptons. Ainsi, il n'y a pas **une** vérité préexistante à dévoiler ou **une** réalité objective à découvrir, mais une multitude de perspectives et d'interprétations à créer. La réalité ne se cache pas derrière ces interprétations, pas plus que la vérité ne se trouve dans un point de vue sans perspective. Voilà une conception très particulière de la vérité, que Nietzsche nomme le **perspectivisme**. Il ne croit pas en effet à l'opposition de la vérité et de l'erreur, ou encore à l'antinomie des valeurs bien et mal :

> La croyance fondamentale des métaphysiciens, c'est la **croyance aux oppositions des valeurs**. [...] Quelque valeur qu'il convienne d'attribuer à la vérité, à la véracité et au désintéressement, il se pourrait qu'on dût attacher à l'apparence, à la volonté de tromper, à l'égoïsme et aux appétits une valeur plus haute et plus fondamentale pour toute vie[19].

Nietzsche entreprend par exemple la critique de l'éthique de Kant et de celle de Mill en prétendant que ce qu'elles nient ou refoulent importe peut-être plus que ce qu'elles affirment et défendent. Que signifie l'impératif catégorique, demande-t-il, sinon que l'obéissance est respectable ? Que veut dire le principe utilitariste du plus grand bonheur du plus grand nombre, si ce n'est la promotion de ce qui est utile à la masse ? On le voit, Nietzsche décèle dans les prétentions des philosophes une autre vérité qu'ils ne souhaitent pas entendre. De même, il voit dans la culture morale l'exercice d'une contrainte, l'œuvre d'une négation : « Les morales ne sont autre chose que le langage symbolique des passions[20]. » La généalogie de la morale et la conception perspectiviste de la vérité permettent ainsi d'atteindre la « vérité extra morale » de l'éthique.

La morale du ressentiment

Quelle est cette vérité, nécessairement partielle, et quelles sont ces passions, par définition partiales, qui animent la philosophie et habitent les morales ? Afin d'apporter la réponse à cette question, il nous faudra encore exposer un moment essentiel de l'« histoire naturelle de la morale », celui que représente la religion chrétienne et son origine dans le judaïsme (voir la p. 17). Pour Nietzsche, le commandement d'amour du christianisme, son affirmation de l'égalité des personnes et son espoir du rachat des fautes par le salut (voir la p. 18) sont l'exemple même d'une morale de faibles, de dominés (que Nietzsche appelle la morale des esclaves). À

---

19. Nietzsche, 1977b, p. 22.
20. Nietzsche, 1977b, p. 100.

l'intérieur de ces préceptes se trouve une morale du **ressentiment**, de la rancœur et de la vengeance refoulée qui associe force, maîtrise et richesse à leurs contraires, le mal et la faute. Par ce procédé, l'esclave et le faible peuvent prétendre l'emporter sur le maître ou le fort, car celui-ci associera sa domination au péché :

> Les Juifs ont réussi ce prodigieux renversement des valeurs [...] leurs prophètes ont fondu en une seule notion celle de « riche », « impie* », « méchant », « violent », « sensuel » et pour la première fois ont donné un sens infamant au mot « monde ». Ce renversement des valeurs (qui veut aussi que « pauvre » soit synonyme de « saint » et d'« ami ») fait toute l'importance du peuple juif : avec lui commence dans l'ordre moral la révolte des esclaves[21].

Cette révolte, parce qu'elle est trop crainte dans le monde de la vie et des passions, s'est donc déplacée dans celui des croyances et des valeurs morales. Pour Nietzsche, on trouve également dans le christianisme cette leçon que la crainte ou la faiblesse est la mère de la morale. Le contenu positif de la critique de Nietzsche se trouvera au-delà de cette opposition entre le bien et le mal.

IMPIE
Se dit des gens incroyants, sans religion.

L'idée de transmutation des valeurs

Par-delà bien et mal

« La morale est aujourd'hui en Europe la morale du troupeau[22]. » Nous sommes maintenant en mesure de comprendre le sens des affirmations nietzschéennes de ce genre. Tout d'abord, nous venons de le voir, la morale de l'entraide et de l'égalité représente celle des esclaves. Nous savons, par ailleurs, que le nihilisme proclame la mort du maître suprême de ces esclaves, la mort de Dieu. Il ne reste qu'un pas à franchir pour reconnaître la tâche positive que cet « échec » de la morale du ressentiment indique à l'esprit clairvoyant.

Cette tâche consiste en un renversement des perspectives, une « transmutation » des valeurs morales, une opération qui fera apparaître au grand jour l'instinct vital dont elles sont issues. Nietzsche ne propose donc pas, comme les réformateurs religieux ou sociaux, un nouvel ensemble de valeurs morales ou, comme les philosophes, une autre théorie éthique. Ce qu'il annonce se situe dans un cadre **amoral**, c'est-à-dire au-delà des notions usuelles de **bien** et de **mal**, de **bon** et de **mauvais** : il s'agit de reconnaître que nous sommes créateurs des valeurs.

> [... où] placerons-nous notre espérance ? Dans de **nouveaux philosophes** [...]; dans des esprits assez vigoureux et intacts pour amorcer l'avènement de valeurs opposées, pour réévaluer et renverser les « valeurs éternelles » [...]. Pour enseigner à l'homme l'avenir de l'homme, avenir qui sera sa **volonté** et qui dépendra d'elle[23].

---

21. Nietzsche, 1977b, p. 108.
22. Nietzsche, 1977b, p. 114.
23. Nietzsche, 1977b, p. 116.

Une fois terminé le travail de généalogie de la morale, une fois acquis que ses sources réelles ne proviennent pas de ce que nous croyons que les autres (les maîtres) souhaitent, se révèle enfin le principe **extra moral** (au-delà de la morale) que Nietzsche met de l'avant : c'est ce qu'il appelle la **volonté de puissance**, une capacité de créer des valeurs, d'être un **surhomme**.

La volonté de puissance et le surhomme

Il peut sembler paradoxal d'appeler « versant positif » de la critique nietzschéenne cette idée de volonté de puissance, tant elle paraît justement négative ou contraire à la morale. Reconnaissons en effet la difficulté de penser les notions d'affirmation de soi, de force et de domination en dehors du cadre habituel qui les présente comme étant l'expression d'une inégalité injustifiable. C'est pourquoi il nous faut clarifier, en terminant, le sens de ces expressions chez Nietzsche.

Précisons tout d'abord que l'idée de volonté diffère de celle de Kant (voir la p. 36) : il s'agit d'un vouloir affirmatif, un principe interne des vivants exprimant leur souveraineté, et non d'une raison pratique ni d'un vouloir rationnel. C'est dans cette perspective qu'il faut ensuite entendre le terme « puissance », c'est-à-dire comme une abondance de forces et d'énergie qui s'épand et se déploie. La puissance est également présente dans la morale de l'esclave, mais elle s'y trouve tournée contre elle-même, non créatrice, répressive.

Enfin, le terme « surhomme », qui désigne les nouveaux chefs, les libres esprits que Nietzsche appelle de ses vœux, signifie moins « le plus fort » que « homme hors du commun », celui qui dépasse le vulgaire par sa maîtrise de soi :

> [...] les conflits agissent sur de tels individus comme un aiguillon de plus, comme une incitation à vivre davantage ; lorsque, d'autre part, ils ont hérité et cultivé en eux, à côté de leurs instincts vigoureux et inconciliables, une authentique maîtrise dans l'art de se combattre, donc de se dominer et de ruser avec eux-mêmes, alors on voit apparaître ces hommes fascinants, insaisissables, insondables, ces êtres nés pour vaincre et pour séduire dont Alcibiade* et César constituent les plus belles expressions [...] et parmi les artistes peut-être Léonard de Vinci*[24].

Le surhomme est celui qui reconnaît le libre jeu de ses instincts, ne fait plus d'autrui un obstacle et assume en maître son destin. Son modèle est aussi l'artiste et le créateur de sens, pas seulement le militaire et le seigneur de la guerre.

L'héritage de la pensée nietzschéenne

L'influence de Nietzsche au XXe siècle fut profonde. Il a légué à la philosophie contemporaine son amour des Grecs et sa passion pour l'art, ainsi que sa pratique du soupçon à l'égard de la raison et de la science (voir les p. 211 à 213). De plus, si nous interprétons la volonté de puissance en termes de capacité esthétique, plutôt

ALCIBIADE
(450-404 av. J.-C.)
Général grec qui a fasciné ses contemporains par son intelligence et son audace.

LÉONARD DE VINCI
(1452-1519)
Ingénieur, architecte, sculpteur et peintre italien. On lui doit la célèbre *Joconde.*

---

24. Nietzsche, 1977b, p. 111.

qu'en termes politiques de domination, elle concorde alors avec des valeurs et des aspirations modernes très profondes, comme celles d'intégrité, d'authenticité et de réalisation de soi. Mais la pensée de Nietzsche demeure chaudement débattue, car ce dernier n'adhérait pas, par exemple, à l'idéal moderne d'égalité entre les individus, les races et les sexes. C'est pourquoi certains ont vu dans sa philosophie un modèle de vie aristocratique et élitiste (voir l'encadré de la p. 136), désormais considéré comme dépassé dans le contexte du monde contemporain.

Conclusion

La liberté est au centre de la pensée éthique des Lumières, et plus généralement de celle des temps modernes, et la société est susceptible de réforme et de progrès moral. Cette position colore la manière dont les diverses philosophies morales comprennent le rôle de la raison en éthique.

Pour Kant, l'éthique est affaire de volonté rationnelle et de devoir. Ce qui détermine les actions importe plus que les actions elles-mêmes, et cette idée a une grande portée critique. Pour Mill et les utilitaristes, au contraire, la raison est comprise comme un calcul rationnel portant sur les résultats des actions, étant entendu que l'action la plus utile socialement est bonne et préférable. Le principe du devoir et le principe d'utilité peuvent ainsi conduire à justifier des choix différents, ou à justifier différemment une même action.

Au tournant de la période contemporaine, Nietzsche rejette cette croyance en la raison et abandonne la quête du principe de la morale. Il recherche dans les sources de la culture morale une vérité au sens extra moral : il soupçonne cette culture de reposer sur des motifs tout autres que ceux qu'elle défend et de représenter un obstacle à la vie de l'individu libre et souverain. En ce sens, il amorce une mutation profonde dans la tradition occidentale.

Au terme de ce chapitre, l'étudiant devrait pouvoir mieux comprendre les discussions éthiques de notre temps et être davantage outillé pour y prendre position, y compris dans les domaines plus particuliers, comme ceux de l'éthique sociale et de l'éthique appliquée. Nous retrouverons en effet ces doctrines éthiques dans le débat philosophique contemporain concernant les principes de justice (partie II) et dans la démarche qui caractérise l'éthique appliquée (partie III).

Synthétisez vos connaissances et développez une argumentation

1. Trouvez quelques exemples qui illustrent la différence entre une action conforme au devoir et une action accomplie par devoir. Lesquels répondent à la définition des Lumières selon Kant ?

2. Déterminez à l'aide de la première formulation de l'impératif catégorique si les actions suivantes seraient morales ou immorales aux yeux de Kant :

   a) Tuer quelqu'un

   b) Tuer un assassin

   c) Polluer les océans et les cours d'eau

   d) Tricher aux examens

   e) Porter secours à quelqu'un qui se noie

   f) Dire la vérité même si on sait que les conséquences seront graves

   g) Mentir pour protéger la vie de quelqu'un

   h) Se prostituer

   i) Travailler sans relâche, ne plus penser qu'au travail

   j) Légaliser l'aide au suicide

3. Reprenez les exemples de l'exercice précédent en utilisant cette fois la formulation de l'impératif catégorique selon le respect de la personne. Aboutissez-vous aux mêmes résultats ? Certains cas sont-ils plus faciles à élucider avec une formulation plutôt que l'autre ?

4. À l'aide de la technique du calcul d'utilité (calcul des plaisirs et des peines), déterminez si les décisions suivantes seraient jugées morales par un utilitariste. Pour chaque cas, établissez une comparaison rapide avec l'éthique kantienne :

   a) En temps de guerre, un commandant décide de confier les manœuvres les plus dangereuses aux soldats qui n'ont ni conjoint ni enfants.

   b) Le seul témoin d'un vol commis par son meilleur ami choisit de ne pas dénoncer ce dernier.

   c) Votre patron, que vous savez être très à l'aise financièrement, vous donne dix dollars de trop en vous confiant de l'argent pour faire une course. Vous choisissez de garder cet argent pour vous offrir un petit plaisir.

   d) Même cas, mais avec un patron dont le commerce se porte mal.

   e) Votre grand-mère hospitalisée vous demande si tout va bien ; sachant que son état de santé se détériore rapidement, vous lui avouez quand même que vous allez bientôt divorcer.

   f) Vous devez nécessairement choisir entre secourir un jeune chien-guide dressé pour conduire les aveugles et secourir un vieillard abandonné de tous et vivant de l'assistance sociale. Vous choisissez de secourir le vieillard.

5. Que doit-on comprendre par l'expression « nihilisme » ? Nietzsche souscrit-il à cette idée ?

6. Expliquez en quoi le christianisme est une morale des esclaves et du ressentiment selon Nietzsche.

7. À votre avis, est-ce que les idéaux de « volonté de puissance » et du « surhomme » pourraient se réaliser dans le monde contemporain ? Justifiez votre réponse.

Repérez les idées et analysez les textes

Texte 1 – *Fondements de la métaphysique des mœurs* (extraits)

Puisque, en effet, la raison n'est pas suffisamment capable de gouverner sûrement la volonté à l'égard de ses objets et de la satisfaction de tous nos besoins (qu'elle-même multiplie pour une part), et qu'à cette fin un instinct naturel inné l'aurait plus sûrement conduite ; puisque néanmoins la raison nous a été départie comme puissance pratique, c'est-à-dire comme puissance qui doit avoir de l'influence sur la **volonté**, il faut que sa vraie destination soit de produire une **volonté bonne**, non pas **comme moyen** en vue de quelque autre fin, mais **bonne en soi-même** ; c'est par là qu'une raison était absolument nécessaire, du moment que partout ailleurs la nature, dans la répartition de ses propriétés, a procédé suivant des fins. Il se peut ainsi que cette volonté ne soit pas l'unique bien, le bien tout entier ; mais elle est néanmoins nécessairement le bien suprême, condition dont dépend tout autre bien, même toute aspiration au bonheur. Dans ce cas, il est parfaitement possible d'accorder avec la sagesse de la nature le fait que la culture de la raison, indispensable pour la première de ces fins qui est inconditionnée, quand il s'agit de la seconde, le bonheur, qui est toujours conditionné, en limite de bien des manières et même peut en réduire à rien, au moins dans cette vie, la réalisation. En cela la nature n'agit pas contre toute finalité ; car la raison qui reconnaît que sa plus haute destination pratique est de fonder une bonne volonté, ne peut trouver dans l'accomplissement de ce dessein qu'une satisfaction qui lui convienne, c'est-à-dire qui résulte de la réalisation d'une fin que seule encore une fois elle détermine, cela même ne dût-il pas aller sans quelque préjudice porté aux fins de l'inclination.

Il faut donc développer le concept d'une volonté souverainement estimable en elle-même, d'une volonté bonne indépendamment de toute intention ultérieure, tel qu'il est inhérent déjà à l'intelligence naturelle saine, objet non pas tant d'un enseignement que d'une simple explication indispensable, ce concept qui tient toujours la plus haute place dans l'appréciation de la valeur complète de nos actions et qui constitue la condition de tout le reste ; pour cela nous allons examiner le concept du **devoir**, qui contient celui d'une bonne volonté, avec certaines restrictions, il est vrai, et certaines entraves subjectives, mais qui, bien loin de le dissimuler et de le rendre méconnaissable, le font plutôt ressortir par contraste et le rendent d'autant plus éclatant.

Je laisse ici de côté toutes les actions qui sont au premier abord reconnues contraires au devoir, bien qu'à tel ou tel point de vue elles puissent être utiles ; car pour ces actions jamais précisément la question ne se pose de savoir s'il est possible qu'elles aient eu lieu **par devoir**, puisqu'elles vont même contre le devoir. Je laisse également de côté les actions qui sont réellement conformes au devoir, pour lesquelles les hommes n'ont **aucune inclination** immédiate, qu'ils n'en accomplissent pas moins cependant, parce qu'une autre inclination les y pousse. Car, dans ce cas, il est facile de distinguer si l'action conforme au devoir a eu lieu **par devoir** ou par vue intéressée. Il est bien plus malaisé de marquer cette distinction dès que l'action est conforme au devoir, et que par surcroît encore le sujet a pour elle une inclination **immédiate**. Par exemple, il est sans doute conforme au devoir que le débitant n'aille pas surfaire le client inexpérimenté, et même c'est ce que ne fait jamais dans tout grand commerce le marchand avisé ; il établit au contraire un prix fixe, le même pour tout le monde, si bien qu'un enfant achète chez lui à tout aussi bon compte que n'importe qui. On est donc **loyalement** servi ; mais ce n'est pas à beaucoup près suffisant pour qu'on en retire cette conviction que le marchand s'est ainsi conduit par devoir et par des principes de probité ; son intérêt l'exigeait, et l'on ne peut pas supposer ici qu'il dût avoir encore par surcroît pour ses clients une inclination immédiate de façon à ne faire, par affection pour eux en quelque sorte, de prix plus avantageux à l'un qu'à l'autre. Voilà donc une action qui était accomplie, non par devoir, ni par inclination immédiate, mais seulement dans une intention intéressée.

[…] Voici la seconde proposition : une action accomplie par devoir tire sa valeur morale **non pas du but** qui doit être atteint par elle, mais de la maxime d'après laquelle elle est décidée ; elle ne dépend donc pas de la réalité de l'objet de l'action, mais uniquement du **principe du vouloir** d'après lequel l'action est produite sans égard à aucun des objets de la faculté de désirer. Que les buts que nous pouvons avoir dans nos actions, que les effets qui en résultent, considérés comme fins et mobiles de la volonté, ne puissent communiquer à ces actions aucune valeur absolue, aucune valeur morale, cela est évident par ce qui précède. Où donc peut résider cette valeur, si elle ne doit pas se trouver dans la volonté considérée dans le rapport qu'elle a avec les effets attendus de ces actions ? Elle ne peut être nulle part ailleurs **que dans le principe de la volonté**, abstraction faite des fins qui peuvent être réalisées par une telle action ; en effet, la volonté placée juste au milieu entre son principe *a priori*, qui est formel, et son mobile *a posteriori*, qui est matériel, est comme à la bifurcation de deux routes ; et puisqu'il faut pourtant qu'elle soit déterminée par quelque chose, elle devra être déterminée par le principe formel du vouloir en général, du moment qu'une action a lieu par devoir ; car alors tout principe matériel lui est enlevé.

Quant à la troisième proposition, conséquence des deux précédentes, je l'exprimerais

ainsi : **le devoir est la nécessité d'accomplir une action par respect pour la loi.** Pour l'objet conçu comme effet de l'action que je me propose, je peux bien sans doute avoir de l'**inclination**, mais **jamais du respect**, précisément parce que c'est simplement un effet, et non l'activité d'une volonté. De même je ne peux avoir de respect pour une inclination en général, qu'elle soit mienne ou d'un autre ; je peux tout au plus l'approuver dans le premier cas, dans le second cas aller parfois jusqu'à l'aimer, c'est-à-dire la considérer comme favorable à mon intérêt propre. Il n'y a que ce qui est lié à ma volonté uniquement comme principe et jamais comme effet, ce qui ne sert pas à mon inclination, mais qui la domine, ce qui du moins empêche entièrement qu'on en tienne compte dans la décision, par suite la simple loi pour elle-même, qui puisse être un objet de respect et par conséquent être un commandement. Or, si une action accomplie par devoir doit exclure complètement l'influence de l'inclination et avec elle tout objet de la volonté, il ne reste rien pour la volonté qui puisse la déterminer, si ce n'est objectivement la **loi**, et subjectivement un **pur respect** pour cette loi pratique, par suite la maxime* d'obéir à cette loi, même au préjudice de toutes mes inclinations.

* On entend par maxime le principe subjectif du vouloir ; le principe objectif (c'est-à-dire le principe qui servirait aussi subjectivement de principe pratique à tous les êtres raisonnables, si la raison avait plein pouvoir sur la faculté de désirer) est la loi pratique.

Source : Kant, 1971, 1re section, p. 93-95 et 99-101.

QUESTIONS

1. En suivant le texte de Kant, expliquez pourquoi les inclinations et les penchants ne confèrent aucune valeur morale à nos actions.

2. « L'autonomie consiste à faire ce que l'on veut. » Cette affirmation s'accorde-t-elle avec l'idée d'autonomie chez Kant ? Dites pourquoi.

3. Expliquez ce que signifie, selon Kant, la **dignité** de la personne.

TEXTE 2 – *L'utilitarisme* (extraits)

L'utilitarisme soutient au contraire que la seule chose désirable comme fin est le bonheur, c'est-à-dire le plaisir et l'absence de douleur.
La doctrine qui donne comme fondement à la morale l'utilité ou le principe du plus grand bonheur, affirme que les actions sont bonnes [*right*] ou sont mauvaises [*wrong*] dans la mesure où elles tendent à accroître le bonheur, ou à produire le contraire du bonheur. Par « bonheur » on entend le plaisir et l'absence de douleur ; par « malheur » [*unhappiness*], la douleur et la privation de plaisir. Pour donner une vue claire de la règle morale posée par la doctrine, de plus amples développements sont nécessaires ; il s'agit de savoir, en particulier, quel est, pour l'utilitarisme, le contenu des idées de douleur et de plaisir, et dans quelle mesure le débat sur cette question reste ouvert. Mais ces explications supplémentaires n'affectent en aucune façon la conception de la vie sur laquelle est fondée cette théorie de la moralité, à savoir que le plaisir et l'absence de douleur sont les seules choses désirables comme fins, et que toutes les choses désirables (qui sont aussi nombreuses dans le système utilitariste que dans tout autre) sont désirables, soit pour le plaisir qu'elles donnent elles-mêmes, soit comme des moyens de procurer le plaisir et d'éviter la douleur.
[...]

Conditions d'une expérience valable en matière de qualité.

On pourrait me demander : « Qu'entendez-vous par une différence de qualité entre les plaisirs ? Qu'est-ce qui peut rendre un plaisir plus précieux qu'un autre — en tant que plaisir pur et simple — si ce n'est qu'il est plus grand quantitativement [*greater in amount*] ? » Il n'y a qu'une réponse possible. De deux plaisirs, s'il en est un auquel tous ceux ou presque tous ceux qui ont l'expérience de l'un et de l'autre accordent une préférence bien arrêtée, sans y être poussés par un sentiment d'obligation morale, c'est ce plaisir-là qui est le plus désirable. Si ceux qui sont en état de juger avec compétence de ces deux plaisirs placent l'un d'eux tellement au-dessus de l'autre qu'ils le préfèrent tout en le sachant accompagné d'une plus grande somme d'insatisfaction [*discontent*], s'ils sont décidés à n'y pas renoncer en échange d'une quantité de l'autre plaisir telle qu'il ne puisse pas, pour eux, y en avoir de plus grande, nous sommes fondés à accorder à la jouissance ainsi préférée une supériorité qualitative qui l'emporte tellement sur la quantité, que celle-ci, en comparaison, compte peu.

Or, c'est un fait indiscutable que ceux qui ont une égale connaissance des deux genres de vie, qui sont également capables de les apprécier et d'en jouir, donnent résolument une préférence très marquée à celui qui met en œuvre leurs facultés supérieures [*higher*]. Peu de créatures humaines accepteraient d'être changées en animaux inférieurs sur la promesse de la plus large ration de plaisirs de bêtes ; aucun être humain intelligent ne consentirait à être un imbécile, aucun homme instruit à être un ignorant, aucun homme ayant du cœur et une conscience à être égoïste et vil, même s'ils avaient la conviction que l'imbécile, l'ignorant ou le gredin sont, avec leurs lots respectifs, plus complètement satisfaits qu'eux-mêmes avec le leur. Ils ne voudraient pas échanger ce qu'ils possèdent de plus qu'eux contre la satisfaction la plus complète de tous les désirs qui leur sont communs. S'ils s'imaginent qu'ils le voudraient, c'est seulement dans des cas d'infortune si extrême que, pour y échapper, ils échangeraient leur sort pour presque n'importe quel autre, si indésirable qu'il fût à leurs propres yeux. Un être pourvu de facultés supérieures demande plus pour être heureux, est probablement exposé à souffrir de façon plus aiguë, et offre certainement à la souffrance plus de points vulnérables qu'un être de type inférieur ; mais, en dépit de ces risques, il ne peut jamais souhaiter réellement tomber à un niveau d'existence qu'il sent inférieur. Nous pouvons donner de cette répugnance l'explication qui nous plaira ; nous pouvons l'imputer à l'orgueil – nom que l'on donne indistinctement à quelques-uns des sentiments les meilleurs et aussi les pires dont l'humanité soit capable ; nous pouvons l'attribuer à l'amour de la liberté et de l'indépendance personnelle, sentiment auquel les stoïciens faisaient appel parce qu'ils y voyaient l'un des moyens les plus efficaces d'inculquer cette répugnance ; à l'amour de la puissance, ou à l'amour d'une vie exaltante [*excitement*], sentiments qui tous deux y entrent certainement comme éléments et contribuent à la faire naître ; mais, si on veut l'appeler de son vrai nom, c'est un sens de la dignité [*sense of dignity*] que tous les êtres humains possèdent, sous une forme ou sous une autre, et qui correspond – de façon nullement rigoureuse d'ailleurs – au développement de leurs facultés supérieures. Chez ceux qui le possèdent à un haut degré, il apporte au bonheur une contribution si essentielle que, pour eux, rien de ce qui le blesse ne pourrait être plus d'un moment objet de désir.

[…]

L'idéal utilitariste, c'est le bonheur général et non le bonheur personnel.

J'ai insisté sur ce point ; parce que, sans cela, on ne pourrait se faire une idée parfaitement juste de l'utilité ou du bonheur, considéré comme la règle directrice de la conduite humaine. Mais ce n'est aucunement une condition indispensable dont devrait dépendre l'adhésion à l'idéal utilitariste, car cet idéal n'est pas le plus grand bonheur de l'agent lui-même, mais la plus grande somme de bonheur totalisé [*altogether*] ; si l'on peut mettre en doute qu'un noble caractère soit toujours plus heureux que les autres en raison de sa noblesse, on ne peut douter qu'il rende les autres plus heureux, et que la société en général en retire un immense bénéfice. L'utilitarisme ne pourrait donc atteindre son but qu'en cultivant universellement la noblesse de caractère, alors même que chaque individu recueillerait seulement le bénéfice de la noblesse des autres, et que sa noblesse personnelle – à ne considérer que son propre bonheur –

ne devrait lui procurer aucun bénéfice. Mais la seule énonciation d'une telle absurdité rend superflue toute réfutation.

Selon le principe du plus grand bonheur, tel qu'il vient d'être exposé, la fin dernière par rapport à laquelle et pour laquelle toutes les autres choses sont désirables (que nous considérions notre propre bien ou celui des autres) est une existence aussi exempte que possible de douleurs, aussi riche que possible en jouissances, envisagées du double point de vue de la quantité et de la qualité ; et la pierre de touche de la qualité, la règle qui permet de l'apprécier en l'opposant à la quantité [*for measuring it, against quantity*], c'est la préférence affirmée [*felt*] par les hommes qui, en raison des occasions fournies par leur expérience, en raison aussi de l'habitude qu'ils ont de la prise de conscience [*self consciousness*] et de l'introspection [*self observation*] sont le mieux pourvus de moyens de comparaison. Telle est, selon l'opinion utilitariste, la fin de l'activité humaine, et par conséquent aussi, le critérium de la moralité.

Définition de la morale utilitariste.

La morale peut donc être définie comme l'ensemble des règles et des préceptes qui s'appliquent à la conduite humaine et par l'observation desquels une existence telle qu'on vient de la décrire pourrait être assurée, dans la plus large mesure possible, à tous les hommes ; et point seulement à eux, mais, autant que la nature de choses le comporte, à tous les êtres sentants de la création.

Source : Mill, 1968, p. 48-49, 51-53 et 56-58.

QUESTIONS

1. Expliquez, d'après Mill, la portée sociale du principe d'utilité.

2. Définissez le problème de la qualité des plaisirs dont discute Mill.

3. Discutez les différences et les similitudes entre le plaisir selon Épicure (voir les p. 14-15) et le plaisir tel qu'il est défini par Mill.

TEXTE 3 – *Par-delà bien et mal : Prélude d'une philosophie de l'avenir* (extraits)

PREMIÈRE PARTIE
Des préjugés des philosophes

[...]

2.

« Comment une chose **pourrait**-elle procéder de son contraire, par exemple la vérité de l'erreur ? Ou la volonté du vrai de la volonté de tromper ? Ou le désintéressement de l'égoïsme ? Ou la pure et radieuse contemplation du sage de la convoitise ? Une telle genèse est impossible ; qui fait ce rêve est un insensé, ou pis encore ; les choses de plus haute valeur ne peuvent qu'avoir une autre origine, un fondement **propre**. Elles ne sauraient dériver de ce monde éphémère, trompeur, illusoire et vil, de ce tourbillon de vanités et d'appétits. C'est bien plutôt au sein de l'être, dans l'impérissable, dans le secret de Dieu, dans "la chose en soi" que doit résider leur fondement, et nulle part ailleurs. » Ce genre de jugement constitue le préjugé typique auquel on reconnaît les métaphysiciens de tous les temps. Cette manière de poser les valeurs se dessine à l'arrière-plan de toutes les déductions de leur logique. Forts de cette « croyance », ils partent en quête de leur « savoir », de ce qu'ils baptiseront solennellement, en fin de compte, « la vérité ». La croyance fondamentale des métaphysiciens c'est la **croyance aux oppositions des valeurs**. Même les plus prudents, ceux qui s'étaient jurés « de omnibus dubitandum » [de douter de tout], ne se sont pas avisés d'émettre un doute sur ce point, au seuil même de leur entreprise, alors que le doute était le plus nécessaire. Car on peut se demander, premièrement, s'il existe des oppositions en général, et deuxièmement, si ces appréciations populaires, ces oppositions de valeurs sur lesquelles les métaphysiciens ont imprimé leur sceau, ne sont peut-être pas de simples jugements superficiels, des perspectives provisoires, peut-être par surcroît prises sous un certain angle, de bas en haut, des « perspectives de grenouille » en quelque sorte, pour employer une expression familière aux peintres. Quelque valeur qu'il convienne d'attribuer à la vérité, à la véracité et au désintéressement, il se pourrait qu'on dût attacher à l'apparence, à la volonté de tromper, à l'égoïsme et aux appétits une valeur plus haute et plus fondamentale pour toute vie. Il se pourrait même que ce qui constitue la valeur de ces choses bonnes et vénérées tînt précisément au fait qu'elles s'apparentent, se mêlent et se confondent insidieusement avec des choses mauvaises et en apparence opposées, au fait que les unes et les autres sont peut-être de même nature. Peut-être... Mais qui se soucie de ces dangereux « peut-être » ? Pour cela il faudra attendre la venue d'une nouvelle race de philosophes, de philosophes dont les goûts et les penchants s'orienteront en sens inverse de ceux de leurs devanciers – philosophes du dangereux peut-être, dans tous les sens du mot. Sérieusement, je vois poindre au loin ces philosophes nouveaux.

3.

Après avoir assez longtemps lu entre les lignes des philosophes et épié tous leurs tours et détours, j'en arrive à la conclusion que la majeure partie de la pensée consciente doit être imputée aux activités instinctives, s'agît-il même de la pensée philosophique ; sur ce chapitre nous devons réviser nos jugements, comme nous avons dû les réviser en matière d'hérédité et de « qualités innées ». De même que le fait de la naissance ne tient aucune place dans l'ensemble du processus de l'hérédité, de même la « conscience » ne s'**oppose** jamais à l'instinct d'une manière décisive, – pour l'essentiel, la pensée consciente d'un philosophe est secrètement guidée par des instincts qui l'entraînent de force dans des chemins déterminés. À l'arrière-plan aussi de toute la logique et de son apparente liberté de mouvement, se dressent des évaluations, ou pour parler plus clairement, des exigences physiologiques qui visent à conserver un certain mode de vie. On affirme, par exemple, que le déterminé a plus de valeur que l'indéterminé, ou que l'apparence vaut moins que la

« vérité » ; mais quelle que soit, pour **nous**, la valeur normative de pareilles appréciations, il se pourrait qu'elles ne soient que des jugements superficiels, une sorte particulière de **niaiserie***, celle justement que peut réclamer la conservation d'individus de notre espèce. À supposer tout au moins que l'homme ne soit pas « la mesure des choses »...

4.

Nous ne voyons pas dans la fausseté d'un jugement une objection contre ce jugement ; c'est là, peut-être, que notre nouveau langage paraîtra le plus déroutant. La question est de savoir dans quelle mesure un jugement est apte à promouvoir la vie, à la conserver, à conserver l'espèce, voire à l'améliorer, et nous sommes enclins à poser en principe que les jugements les plus faux (et parmi eux les jugements synthétiques à priori) sont les plus indispensables à notre espèce, que l'homme ne pourrait pas vivre sans se rallier aux fictions de la logique, sans rapporter la réalité au monde purement imaginaire de l'absolu et de l'identique, sans fausser continuellement le monde en y introduisant le nombre. Car renoncer aux jugements faux serait renoncer à la vie même, équivaudrait à nier la vie. Reconnaître la non-vérité comme la condition de la vie, voilà certes une dangereuse façon de s'opposer au sens des valeurs qui a généralement cours, et une philosophie qui prend ce risque se situe déjà, du même coup, par-delà bien et mal.

[...]

CINQUIÈME PARTIE
Contribution à l'histoire naturelle de la morale

Dans l'Europe d'aujourd'hui, la sensibilité morale est aussi délicate, atavique, complexe, susceptible, raffinée, que la « science de la morale » qui doit aller de pair avec elle est encore jeune, tâtonnante, lourde et grossière, contraste excitant qui se matérialise quelquefois dans la personne même d'un moraliste. Par rapport à ce qu'elle désigne, l'expression « science de la morale » est encore beaucoup trop ambitieuse et choquante pour le bon goût, lequel préfère toujours des formules plus modestes. Il conviendrait de se l'avouer en toute rigueur : ce qui nous manque pour longtemps encore, ce qui pour le moment doit nous retenir à l'exclusion du reste, c'est de rassembler le matériel, de définir et d'ordonner l'infinie multiplicité des sentiments de valeur et de leurs subtiles nuances en continuelles métamorphoses, – et peut-être de mettre en lumière les formes les plus fréquentes de ces cristallisations vivantes – afin de préparer une **typologie** de la morale. Il est vrai que personne n'a encore été assez modeste pour entreprendre une pareille tâche. Sitôt qu'ils se sont occupés de la morale en tant que science, tous les philosophes se sont astreints avec un bel ensemble et un sérieux qui prête au rire à une tâche bien plus relevée, bien plus ambitieuse, bien plus pompeuse : ils ont voulu **fonder** la morale, – et n'importe quel philosophe du passé a cru qu'il avait fondé la morale, celle-ci passant toujours pour un « donné ». Leur sot orgueil se souciait fort peu d'une tâche qui leur paraissait sans gloire et qui attendait dans la poussière qu'on voulût bien s'en charger : la simple description du phénomène moral, alors que les mains les plus fines et l'esprit le plus délié sont à peine assez délicats pour elle. C'est parce que les philosophes de la morale ne se sont fait qu'une idée grossière des faits moraux, en les isolant arbitrairement ou en les réduisant à la moralité de leur entourage, de leur état, de leur époque, de leur climat et de leur contrée, – parce qu'ils étaient mal informés du passé des peuples et qu'ils se souciaient peu de le connaître, qu'il ne leur a pas été donné d'apercevoir les vrais problèmes de la morale, qui ne se laissent saisir qu'en comparant **diverses** morales. Par une étrange anomalie, ce qui a toujours fait **défaut** à la « science de la morale », c'est le problème même de la morale : on n'a jamais soupçonné qu'il y avait là quelque chose de problématique. Ce que

---

* En français dans le texte.

les philosophes ont désigné du nom de « fondement de la morale » et qu'ils se sont crus obligés de fournir, n'a jamais été, si on y regarde de près, qu'une forme raffinée de la foi naïve dans la morale établie ; c'était présenter comme un donné une morale déterminée, et même en fin de compte une manière de nier que l'on **eût le droit** d'envisager cette morale comme un problème ; c'était dans tous les cas le contraire d'un examen, d'une analyse, d'une mise en doute, d'une vivisection de cette foi. Écoutons par exemple avec quelle ingénuité presque vénérable un Schopenhauer définit encore sa tâche et tirons les conclusions qui s'imposent touchant le sérieux d'une « science » dont les plus récents maîtres parlent encore comme des enfants ou de vieilles femmes : « Le principe, dit-il (p. 136 des *Grund-probleme der Moral*), sur le contenu duquel tous les moralistes sont **en somme** d'accord : *neminem laede, immo omnes, quantum potes, juva,* est le **véritable** principe que tous les moralistes s'évertuent à fonder... Tel est le **véritable** fondement de l'éthique que l'on cherche depuis des millénaires comme la pierre philosophale. » Il n'est pas facile, à coup sûr, de fonder une telle proposition – comme on sait, Schopenhauer n'y est pas plus parvenu qu'un autre –, et une fois qu'on a bien senti à quel point elle est insipide, fausse et sentimentale dans un monde dont l'essence est la volonté de puissance, il est bon de se souvenir que Schopenhauer, encore que pessimiste, jouait **en somme** de la flûte... Chaque jour, en sortant de table : lisez son biographe. Et, soit dit en passant, un pessimiste, un négateur de Dieu et du monde qui s'**incline** devant la morale, qui dit oui à la morale et joue un air de flûte à la morale du *laede neminem,* est-ce en somme – un pessimiste ?

[...]

203.

Nous qui appartenons à une autre foi, nous qui tenons le mouvement démocratique non seulement pour un stade décadent de l'organisation politique, mais pour un stade décadent où l'homme s'amoindrit, tombe dans la médiocrité et

se déprécie, où placerons-nous notre espérance ? Dans de **nouveaux philosophes**, nous n'avons pas le choix ; dans des esprits assez vigoureux et intacts pour amorcer l'avènement de valeurs opposées, pour réévaluer et renverser les « valeurs éternelles » ; dans des précurseurs, des hommes de l'avenir, capables de river le temps présent à la chaîne qui contraindra la volonté des millénaires à s'engager dans de **nouvelles** voies. Pour enseigner à l'homme l'avenir de l'homme, avenir qui sera sa **volonté** et qui dépendra d'elle, pour réaliser une grandiose entreprise d'éducation et de sélection et mettre fin par là à l'effroyable règne du non-sens et du hasard qui s'est appelé « histoire » jusqu'à présent – le non-sens du « plus grand nombre » n'en est que la plus récente expression –, pour accomplir de tels actes il faudra un jour ou l'autre une nouvelle sorte de philosophes et de chefs, auprès desquels tous les esprits secrets, terribles et bienveillants qui ont paru sur la terre sembleront pâles et mesquins. C'est la vision de tels chefs qui flotte devant **nos** yeux, puis-je vous le dire tout haut, à vous, les esprits libres ? Tantôt créer, tantôt utiliser les circonstances qui rendraient possible leur venue ; explorer, éprouver les chemins qui conduiraient une âme à ce degré d'élévation et de fermeté où elle ressentirait la **nécessité** de telles tâches ; forger, par un renversement des valeurs, des cœurs et des consciences d'airain, capables de porter le poids d'une pareille responsabilité ; envisager, d'autre part, à la fois la nécessité de semblables chefs et le risque effrayant qu'ils viennent à manquer ou qu'ils échouent et dégénèrent – tels sont **nos** soucis et **nos** angoisses propres, vous le savez, libres esprits, telles sont les pensées lointaines qui sillonnent comme un orage le ciel de **notre** vie. Il est peu de douleurs aussi poignantes que d'avoir vu, deviné, pressenti, comment un homme hors du commun a pu s'égarer et déchoir ; mais ceux qui ont le don peu répandu d'apercevoir le danger d'une **déchéance générale** de « l'homme » même, ceux qui, comme nous, ont mesuré l'incroyable hasard qui a présidé jusqu'ici aux destinées de l'humanité – selon un jeu que ne dirigeait nulle main, pas même la « main de Dieu » –, ceux qui devinent l'inconscience fatale que recèlent la sotte candeur et l'optimisme des « idées modernes », plus encore de toute la morale chrétienne et européenne, ceux-là souffrent d'une angoisse à laquelle aucune autre ne peut se comparer. Ils saisissent d'un seul regard tout ce qu'il serait possible d'**éduquer dans l'homme** par un rassemblement et une stimulation favorables des énergies et des tâches ; ils savent que l'homme n'a pas encore épuisé ses possibilités les plus hautes et que le type homme s'est déjà plusieurs fois trouvé à la croisée des chemins, face à des décisions pleines d'incertitudes ; ils savent mieux encore, par leurs plus douloureux souvenirs, que ces contingences misérables ont habituellement brisé et anéanti jusqu'ici un être riche d'avenir et de premier ordre. La **dégénérescence générale de l'humanité**, son abaissement au niveau de ce que les rustres et les têtes plates du socialisme tiennent pour « l'homme futur » –

leur idéal ! –, cette déchéance et ce rapetissement de l'homme transformé en bête de troupeau (l'homme, comme ils disent, de la « société libre »), cette bestialisation des hommes ravalés au rang de gnomes ayant tous les mêmes droits et les mêmes besoins, c'est là une chose **possible**, nous ne pouvons en douter ! Quiconque a pensé jusqu'au bout cette possibilité connaît un dégoût de plus que les autres hommes – et peut-être aussi une **tâche** nouvelle !

Source : Nietzsche, 1977b, 1re et 5e parties, p. 22-24, 98-99 et 116-117.

QUESTIONS

1. Nietzsche se demande : « Qu'est-ce qui proprement en nous aspire à la vérité ? » Répondez à cette question en expliquant la **valeur** qu'il accorde à la vérité.

2. Nietzsche souhaite la venue de nouveaux « philosophes », de nouveaux « chefs ». Expliquez ce que cela signifie pour lui.

Lectures suggérées

BOSS, Gilbert (1990), *John Stuart Mill : induction et utilité*, Paris, PUF (coll. Philosophies, 28).

DELATTRE, Michel (1991), *Le devoir*, Paris, Quintette (coll. Philosophie, 20).

HAYMAN, Ronald (2000), *Nietzsche : les voix de Nietzsche*, trad. de C. Cler, Paris, Gallimard (coll. Les grands philosophes).

HUME, David (1991), *Enquête sur les principes de la morale* [1751], trad. de P. Baranger et P. Saltel, Paris, Garnier-Flammarion.

KANT, Emmanuel (1986), « Projet de paix perpétuelle » [1795], « Sur un prétendu droit de mentir par humanité » [1797], dans *Œuvres philosophiques*, tome III : *Derniers écrits*, Paris, Gallimard (Bibliothèque de La Pléiade).

MILL, John Stuart (1993), *Autobiographie* [1870], trad. de G. Villeneuve, Paris, Aubier.

NIETZSCHE, Friedrich (1992), *La généalogie de la morale* [1888], trad. de C. Heim, Paris, Gallimard.

WALKER, Ralph (2000), *Kant*, Paris, Gallimard (coll. Les grands philosophes).

WILLIAMS, B. et J.J.C. Smart (1997), *Utilitarisme. Le pour et le contre* [1993], trad. de H. Poltier, Genève, Labor et Fides.

Éthique sociale et philosophie politique

Cette deuxième partie du manuel porte essentiellement sur le débat contemporain entourant la nature de la société juste.

Les bouleversements politiques du XXe siècle ont ravivé le débat sur la justice sociale. Au lendemain des révolutions russe et chinoise, et à la suite des deux guerres mondiales, nous avons assisté à un important questionnement en philosophie morale et politique. On contestait très vivement la capacité des modèles libéraux de répondre aux besoins de bien-être et de justice dans les sociétés occidentales. Les problèmes de pauvreté, les écarts entre les classes sociales (en matière de revenu, de santé, d'espérance de vie, etc.), les injustices commises à l'endroit des classes défavorisées et des minorités ethniques et religieuses ont été à la fois l'origine d'une nouvelle volonté de défense des droits fondamentaux (Déclaration universelle de 1948, Convention européenne de 1950) et la source d'une nouvelle interrogation morale et politique sur la nature de la société juste. Au cœur de ces préoccupations se trouvaient un projet de redéfinition des droits qui permettrait d'assurer une bonne vie à tous et un large débat sur le meilleur modèle politique et la meilleure organisation sociale compatibles avec l'idéal de justice et de liberté.

Dans la deuxième moitié du XXe siècle, plusieurs philosophes se sont intéressés à ces questions. Certains ont renouvelé leur foi dans le modèle libéral traditionnel mis en place en Europe aux XVIIIe et XIXe siècles. D'autres ont exprimé la nécessité d'abolir ce modèle, le jugeant tout à fait inadéquat.

Cependant, des expériences socialistes et contestatrices du modèle libéral dominant et une littérature philosophique et politique abondante vantant les mérites du socialisme comme modèle de justice ont suscité chez les défenseurs du modèle libéral le besoin de défendre plus énergiquement les valeurs du libéralisme des Lumières dans toutes ses variantes. Sans rejeter les accusations d'injustice et d'incapacité du modèle existant à répondre au besoin de bien-être des populations, les libéraux soutenaient qu'une réforme du libéralisme et une plus grande vigilance de la part des institutions sociopolitiques étaient suffisantes pour corriger les imperfections de ce modèle. Pour d'autres, au contraire, particulièrement les socialistes, le libéralisme dans toutes ses formes avait démontré ses limites et son incapacité de tenir ses promesses ; il fallait donc s'en départir, comme on s'était départi des autres modèles d'organisation sociale tels que l'esclavage et le servage. Cet affrontement concernant les meilleurs principes de justice sociale n'a pas disparu avec l'effondrement de l'Union soviétique et la crise de l'État providence dans les années 1990 ; il a au contraire repris dans un nouveau contexte, comme le montre la contestation du phénomène actuel de la mondialisation.

C'est à la présentation de ce débat que sera consacrée la deuxième partie de ce manuel. Notre objectif est de familiariser l'étudiant avec les grandes questions d'éthique sociale et de philosophie politique des dernières décennies, afin qu'il puisse s'orienter et prendre position sur l'importante question de la nature de la société juste. Nous commencerons (chapitre 3) par présenter les notions et les concepts de base nécessaires à la compréhension de ce débat et de ses enjeux ; nous expliquerons les différentes traditions politiques et les valeurs morales qui les caractérisent. Le chapitre 4 traitera de la tentative de reformulation du libéralisme classique des Lumières dans la tradition des théories du contrat social de Jean-Jacques Rousseau et d'Emmanuel Kant. Cette tentative provient du philosophe américain John Rawls. Sa théorie de la justice comme équité a déclenché un vif débat sur cette question, et l'un des premiers à s'engager dans la discussion a été Robert Nozick, un ardent défenseur des libertés individuelles ; nous y consacrerons le chapitre 5.

Le philosophe canadien Kai Nielsen n'a trouvé ni suffisantes ni convaincantes les tentatives d'ajustement de Rawls et de Nozick. Seuls le socialisme, pense-t-il, et une défense radicale de l'égalité sociale permettront aux sociétés contemporaines de venir à bout des problèmes avec lesquels elles sont aux prises. Nous examinerons son modèle dans le chapitre 6. Finalement, on ne peut évoquer la question de la justice sociale sans faire appel au penseur qui tente, depuis quelques dizaines d'années, de réformer nos sociétés démocratiques en redonnant aux citoyens le rôle qui leur revient dans la délibération politique. C'est de cette dernière tentative que nous discuterons dans le chapitre 7, en exposant les idées du philosophe allemand Jürgen Habermas.

Nous devrions ainsi être en mesure, en expliquant ces différentes contributions au débat contemporain, de mieux comprendre les positions en présence et de nous prononcer en connaissance de cause sur cette question capitale qu'est la justice sociale.

CHAPITRE 3

Éléments d'éthique sociale et de philosophie politique

Introduction

Ce chapitre présente certains concepts de base en éthique sociale et expose les principales traditions de la philosophie politique moderne, concepts et traditions nécessaires pour comprendre le débat contemporain sur la nature de la société juste. Ainsi, il sera question de l'importance de la notion de droit, puis des champs qu'embrasse la notion de justice dans nos différentes activités, ainsi que du contexte historique et philosophique qui a favorisé l'émergence des différentes théories de la justice. Cette démarche nous conduira à justifier l'intérêt pour toute personne et pour toute société d'élaborer une conception ou une théorie de la justice qui corresponde à ses propres besoins et aspirations. Notre objectif est donc ici de familiariser l'étudiant avec l'idée de justice pour qu'il puisse participer au débat et prendre position sur le juste et le bien, et assumer ainsi son rôle de citoyen.

LE DISCOURS DES DROITS

Le respect des droits constitue une des revendications les plus fréquentes dans nos sociétés. Il n'en a pas toujours été ainsi : l'importance de l'idée de droit date en effet de la période moderne, et le discours qui l'accompagne s'est développé surtout au XXe siècle. Ce sont d'abord les philosophes qui ont réfléchi à cette notion, avant qu'elle soit reprise dans le discours politique.

L'idée moderne des droits

De nos jours, en philosophie politique, les droits renvoient essentiellement aux « droits moraux » ou aux « droits de la personne ». Il s'agit d'une idée moderne, qui permet de légitimer ou de critiquer les actions de l'État, c'est-à-dire de les considérer comme dignes d'être reconnues ou au contraire comme inacceptables. Les Anciens ne connaissaient pas cette idée ; ils parlaient plutôt de « loi naturelle » ou « divine » pour désigner les lois non écrites qui étaient à la base des lois adoptées par le pouvoir politique. Dans les temps modernes, les philosophes abandonnent cette notion d'une **loi** que l'on doit suivre pour elle-même et la remplacent par celle de **droit**, qui suppose que quelque chose nous est permis et même dû.

Le droit moral et le droit légal

Les philosophes parlent tout d'abord, aux XVIᵉ et XVIIᵉ siècles, de « droit naturel » pour exprimer un droit qui n'est pas une invention humaine ni une création de la société, mais qui existe par lui-même. Le droit naturel à la liberté et à la propriété, par exemple, existe avant d'être inscrit dans des textes de lois par un gouvernement à une époque donnée. Ce droit permet ainsi de critiquer les lois qui ne le garantissent pas ou les gouvernements qui ne le respectent pas. Même les philosophes qui ne recouraient pas à la nature dans leurs arguments ont trouvé cette distinction importante. C'est pourquoi ils l'ont conservée, en parlant par la suite de « droit moral » au lieu de droit naturel et de « droit légal » à la place de loi écrite. On peut ainsi discuter les lois existantes dans un pays en les déclarant injustes du point de vue des droits moraux. Ces droits forment de la sorte un outil important de l'argumentation philosophique en ce qui concerne les questions d'éthique sociale et politique. Ils témoignent aussi du rapport particulier entre l'éthique et le politique dans les temps modernes (voir les p. 23-24) : l'action de l'État représente ce dont il faut se protéger, ce qui doit être limité, pour que chacun puisse mener sa vie comme un individu libre.

La loi naturelle ou non écrite

Il y avait en effet une règle fondée en nature, qui dirigeait au bien et détournait du mal, et cette règle n'avait point besoin d'être écrite pour être une loi, elle l'était d'origine. Elle est contemporaine de l'esprit divin [...]. Quant à ces lois diverses et temporaires qui sont prescrites aux peuples, c'est par faveur plutôt qu'en vertu d'un droit réel qu'elles prennent le nom de lois. Toute loi, en effet, pour mériter véritablement ce nom, doit être digne de louange.

Source : Cicéron, 1965, p. 151.

Les déclarations des droits de l'homme

Deux événements politiques majeurs viendront confirmer l'importance de l'idée de droits et lanceront le discours des droits qui se développera par la suite. Il s'agit de la Révolution américaine (1776), à l'origine de l'indépendance des États-Unis, et de la Révolution française (1789), qui mit fin à la société d'Ancien Régime. Afin de faire valoir la légitimité des changements politiques en cours, ces deux révolutions ont inauguré une pratique devenue courante de nos jours, celle de la déclaration des droits. Dans les deux cas, on énonce publiquement, dans un texte à portée solennelle, les droits moraux dont on se réclame et que l'on s'engage à garantir. On appelle alors ceux-ci les « droits de l'homme », des droits que nous avons simplement parce que nous sommes humains, avant d'être les citoyens d'un État. L'égalité constitue un de ces droits, de même que le droit de rechercher librement son bonheur.

Les droits de l'homme énumérés dans les déclarations française et américaine se veulent des droits **universels**, valables pour tous les gens et obligeant tous les États. Cette universalité des droits humains a été affirmée de façon très nette au XXe siècle dans un autre document célèbre, appelé justement Déclaration universelle des droits de l'homme. Cette déclaration a été adoptée en 1948, au lendemain de la Seconde Guerre mondiale, pour engager tous les États à ne pas répéter les violations des droits qui y avaient été commises. Contrairement aux précédentes, elle a été adoptée par l'ONU, une organisation internationale des États, et non par un seul gouvernement. Les droits de l'homme représentent depuis cette date une exigence morale dans les relations internationales et permettent à un État qui les respecte de critiquer les pays qui s'en écartent.

L'extension des droits

Ces déclarations des droits constituent aujourd'hui une sorte de référence éthique permanente pour juger et transformer la politique. C'est pourquoi plusieurs pays ont eux-mêmes inscrit ces droits dans leur constitution, la loi suprême qui régit les actes des parlements et des gouvernements. C'est aussi pourquoi le recours aux droits et les types de droits se sont multipliés au XXe siècle.

Les droits-libertés

Les premiers droits humains réclamés et enchâssés dans des déclarations concernaient les libertés politiques fondamentales des citoyens face aux pouvoirs de l'État : liberté de religion, de commerce, d'expression, d'association, etc. Les droits-libertés, comme on les appelle maintenant, indiquent les domaines à l'intérieur desquels on ne doit pas poser d'obstacles à l'action des gens. Ce sont des droits de faire quelque chose, des capacités que possède déjà l'individu, contre lesquels l'État doit s'abstenir d'intervenir. Pour les garantir, il suffit d'un État aux pouvoirs limités : un gouvernement pour adopter les lois appropriées, et les tribunaux nécessaires pour les appliquer. Il revient aussi à chaque individu un devoir strict de respecter les libertés d'autrui, un devoir précis et incontournable.

Les droits sociaux et économiques

Il ne suffit cependant pas d'être libre d'agir à sa guise, encore faut-il en avoir les moyens, et ces moyens sont souvent inégalement répartis dans la société. De nouveaux droits ont donc été formulés et revendiqués, des droits à quelque chose. Ils engagent l'État à accroître son rôle et à fournir aux individus les conditions de bien-être nécessaires pour agir, telles que l'éducation, les soins de santé et les allocations de subsistance (assurance-emploi, aide sociale). Ces droits appartiennent à toutes les personnes non seulement en leur qualité d'être humain, mais aussi au regard de leurs conditions sociales et économiques d'existence. On les nomme, pour cette raison, « droits économiques et sociaux », et leur respect exige des dépenses publiques considérables et impose une lourde charge à l'ensemble de la société, habituellement par le biais des impôts et des taxes.

Ces droits n'obligent pas à satisfaire toutes les demandes qui pourraient être faites au nom du bien-être ; en fait, leur énoncé ne précise pas jusqu'où il faut aller à cet égard : suffit-il d'un minimum vital, d'un niveau de vie acceptable ou de plus encore ? Les devoirs qui leur correspondent sont ainsi larges ou imparfaits, puisque l'étendue de l'obligation dépend des richesses disponibles et de leur répartition sociale.

Comme on peut le constater, le discours contemporain des droits est largement répandu et assez complexe. Il n'est pas dit, d'ailleurs, que tous les droits pourront se réaliser en même temps : ils entrent parfois en conflit, comme lorsqu'on réclame le droit à un environnement sain, au risque de contrarier le droit au travail. Dans tous les cas, les droits sont au cœur de notre conception de la justice.

La Charte québécoise des droits et libertés de la personne (extraits)

Article 1. Tout être humain a droit à la vie, ainsi qu'à la sûreté, à l'intégrité et à la liberté de sa personne. Il possède également la personnalité juridique.

Article 3. Toute personne est titulaire des libertés fondamentales telles la liberté de conscience, la liberté de religion, la liberté d'opinion, la liberté d'expression, la liberté de réunion pacifique et la liberté d'association.

Article 6. Toute personne a droit à la jouissance paisible et à la libre disposition de ses biens, sauf dans la mesure prévue par la loi.

Article 22. Toute personne légalement habilitée et qualifiée a le droit de se porter candidat lors d'une élection et a le droit d'y voter.

Article 40. Toute personne a droit, dans la mesure et suivant les normes prévues par la loi, à l'instruction publique gratuite.

Article 43. Les personnes appartenant à des minorités ethniques ont le droit de maintenir et de faire progresser leur propre vie culturelle avec les autres membres de leur groupe.

Article 44. Toute personne a droit à l'information, dans la mesure prévue par la loi.

Article 45. Toute personne dans le besoin a droit, pour elle et sa famille, à des mesures d'assistance financière et à des mesures sociales, prévues par la loi, susceptibles de lui assurer un niveau de vie décent.

QUESTION

Lesquels de ces droits sont des droits-libertés ? des droits sociaux et économiques ? Expliquez.

LA NOTION DE JUSTICE

Des distinctions anciennes et importantes

La justice est depuis toujours au centre des préoccupations humaines et elle est une des questions les plus discutées en philosophie. Ainsi, chez Platon, la justice constitue la vertu des vertus*, car elle doit présider au bonheur de la cité et permettre d'atteindre l'ordre dans les fonctions sociales. La possession de son propre bien et l'accomplissement de sa propre tâche constituent la justice, soutient Platon dans *La République*. Pour Aristote, également, la justice est la vertu par excellence ; elle concerne plus largement les relations entre les citoyens et l'établissement de liens solides entre la morale et la politique. Dès l'époque de ces philosophes, on distingue plusieurs aspects ou domaines d'application de cette notion complexe ; on utilise encore de nos jours ces distinctions.

VERTU

Disposition permanente à vouloir accomplir des actes moraux comme le bien et le juste (voir les p. 9 à 11).

La justice réparatoire

La justice réparatoire ou corrective vise à protéger les individus et les institutions sur le plan de leur intégrité physique ou morale ou eu égard à la propriété individuelle ou collective. Son objectif est de réparer les torts occasionnés par un individu, une institution ou une collectivité à une personne physique ou morale. Elle a ainsi pour objet de limiter les souffrances et d'éviter la vengeance (la loi du talion). On essaie de corriger les injustices et d'intervenir chaque fois que l'ordre social et même celui de la nature demandent réparation. Sans constituer une entreprise de charité publique, elle permet de dénoncer, d'accuser, de réconforter, de punir, de dédommager là où le crime et la peine s'installent.

La justice commutative

La justice commutative régit les relations commerciales et financières entre les individus, entre les institutions, ou encore entre les uns et les autres. Elle constitue un idéal de rectitude et de satisfaction dans les échanges et elle a pour objet de veiller à ce que les échanges et les transactions, de quelque nature qu'ils soient, se déroulent sous le signe de l'entente, de l'équivalence quant à la valeur et à la satisfaction des échangistes. Qu'il s'agisse des échanges commerciaux, des relations entre les producteurs et les consommateurs, des services financiers ou encore des relations de travail, l'idée de justice apparaît comme une préoccupation importante chez toutes les personnes engagées dans des transactions. On souhaite payer le juste prix pour tel ou tel produit de consommation ; on milite en faveur d'un salaire équitable pour le travail qu'on accomplit ; de la même façon, on se bat pour des relations commerciales justes, c'est-à-dire libres, volontaires et égalitaires à l'échelle internationale, qu'il s'agisse d'un pays pauvre ou d'un pays riche, d'une société multinationale ou d'une petite entreprise du tiers monde.

La justice et la question sociale contemporaine

Comme on le voit, les questions de justice concernent la plupart des activités humaines. De nos jours, la justice est invoquée dans les activités économiques, administratives et culturelles, et se trouve même au centre des considérations biologiques (justice entre les sexes, les groupes ethniques, etc.). Elle représente un idéal normatif dans de nombreuses luttes politiques, soit pour obtenir une plus grande cohésion sociale, soit pour régir les institutions sociales et politiques.

En philosophie contemporaine, la justice est appliquée plus concrètement à la question sociale*: la justice sociale tient désormais compte des dimensions politiques et morales pouvant favoriser l'harmonie entre les gens et leur bien-être. Comme le dit un philosophe contemporain qui a beaucoup réfléchi à ce sujet :

QUESTION SOCIALE

Il s'agit de savoir comment doit être organisée la société et distribuée la richesse, sur le plan des institutions et des lois.

> La justice est la première vertu des institutions sociales comme la vérité est celle des systèmes de pensée. Si élégante et économique que soit une théorie, elle doit être rejetée ou révisée si elle n'est pas vraie ; de même, si efficaces et bien organisées que soient des institutions et des lois, elles doivent être réformées ou abolies si elles sont injustes[1].

La justice mondiale ou universelle

La notion de justice constitue ainsi souvent un point essentiel dans les problèmes relatifs aux relations de pouvoir, au premier chef à l'échelle internationale. La justice mondiale, que certains appellent aussi justice universelle ou internationale, est celle qui régit les relations entre les peuples, les nations et même les régions de la planète. Plus qu'à tout autre moment de l'histoire, surtout à la suite des mouvements d'indépendance des peuples et des nations depuis les années 1950 et grâce au concours des organisations internationales, on assiste à des revendications de justice dans les relations internationales. Que ce soit au sein des Nations Unies ou d'organisations régionales internationales (par exemple, l'Organisation de l'unité africaine), de plus en plus de pays dits en développement réclament qu'on reconsidère les principes et les règles qui régissent les relations économiques internationales, et revendiquent un ordre mondial juste.

Ces pays soutiennent que l'Occident jouit de la part du lion en ce qui a trait aux ressources mondiales essentielles et à leur utilisation ; ils réclament une meilleure répartition des pouvoirs et des règles d'accès à ces ressources. En somme, avec des règles de relations internationales plus justes, les pays défavorisés pensent être en mesure d'améliorer les conditions de vie de leur population et de faire cesser ainsi l'exploitation par les pays occidentaux dont ils estiment être victimes. Cette préoccupation de justice mondiale est également présente dans plusieurs organismes de défense des droits humains et chez plusieurs philosophes et sociologues contemporains.

---

1. Rawls, 1987, p. 29.

La justice distributive

La justice distributive régit la manière dont les biens sociaux, les services, mais aussi le fardeau des tâches et des charges devraient être répartis entre les individus et les groupes dans une société. Au nom de la justice, la plupart des sociétés d'aujourd'hui énoncent des principes politiques et moraux, mettent sur pied des institutions et instaurent des mécanismes pour assurer cette répartition, qu'il s'agisse de distribuer les libertés, les chances d'accéder au bien-être, les ressources naturelles, les soins de santé, les biens de consommation ou encore le fardeau fiscal.

Dans ces sociétés, il n'y a pas d'unanimité relativement aux règles et aux principes moraux de justice distributive. Les philosophes sont conscients de la nécessité

TABLEAU RÉCAPITULATIF

Les différents types de justice

Justice réparatoire ou corrective
Répare les torts commis par un individu ou une collectivité, corrige les injustices.

Justice commutative
Régit les relations commerciales et financières entre les individus, les sociétés ou les États.

Justice mondiale ou universelle
Régit les relations entre les peuples et les nations.

Justice distributive
Régit la distribution des biens ou des services et des fardeaux entre individus et groupes sociaux.

QUESTION

Déterminez à quelle forme de justice se rattachent les décisions suivantes :

a) Différents États industrialisés contribuent financièrement et techniquement au développement de pays moins industrialisés.

b) Une entreprise a le droit d'intenter un procès à son ancien associé en cas de rupture unilatérale de contrat.

c) Les États-Unis recourent maintenant à un embargo contre Cuba pour faire pression sur le gouvernement de ce pays.

d) Un gouvernement indemnise les victimes d'une catastrophe naturelle (par exemple, le verglas au Québec en 1998).

e) L'ONU dénonce chaque année le travail des enfants dans les pays pauvres et demande aux gouvernements concernés de prendre des mesures pour que cesse cette forme d'exploitation.

f) Un gouvernement impose les contribuables en fonction de leur revenu.

g) Le Canada accorde aux autochtones des droits et des allocations auxquels les autres citoyens n'ont pas accès.

h) Le ministère de la Santé s'assure que les services offerts dans les hôpitaux sont suffisants pour satisfaire la demande.

de tenir compte des besoins et des préférences propres à chacun, conformément aux orientations globales exprimées dans un choix de société ; de même, ils sont au fait des problèmes d'ordre pratique qu'est susceptible de soulever l'application des principes de justice. C'est pourquoi on trouve, depuis toujours mais en particulier à notre époque, différentes théories de la justice distributive, qui visent à rendre compatibles les choix théoriques et les conditions pratiques qui permettent la mise en place de mécanismes de distribution.

Toutes ces branches de la justice sociale pourraient faire l'objet d'études détaillées et d'analyses diverses aussi intéressantes les unes que les autres. Dans cet ouvrage, nous avons cependant choisi de concentrer notre attention sur la problématique qui nous semble la plus importante actuellement, à savoir celle de la justice distributive, et sur les différentes théories philosophiques qui l'abordent.

LES PRINCIPALES TRADITIONS DE LA PHILOSOPHIE POLITIQUE MODERNE

Les différentes théories philosophiques qui traitent la problématique de la justice distributive s'inscrivent en général dans des traditions de philosophie politique qui sont elles aussi différentes les unes des autres, ou même opposées. Elles appartiennent essentiellement aux courants libéral, libertariste et égalitariste.

Le libéralisme

Un État limité et neutre

Le libéralisme consiste essentiellement en l'affirmation du primat des droits et des libertés de base sur toutes les autres valeurs avec lesquelles ils sont susceptibles d'entrer en conflit. Bien que présent à la fin du XVIIIe siècle comme philosophie politique particulièrement bien adaptée à un monde moderne, commercial et de plus en plus démocratique, le libéralisme est une tradition de pensée politique qui remonte en fait au XIXe siècle et qui est de plus en plus défendue au XXe siècle. Cette doctrine a connu diverses interprétations. Pour certains, il s'agissait de séparer l'Église et l'État, afin de conférer à l'État une raison d'être laïque qui le mette à l'abri de toute emprise religieuse. Pour d'autres, le libéralisme était l'expression pure et simple de la thèse selon laquelle on devait systématiquement limiter le pouvoir de l'État et l'empêcher d'intervenir dans les relations sociales et les projets individuels.

Le libéralisme et le républicanisme (liberté négative et liberté positive)

Les défenseurs du libéralisme voient celui-ci comme une conception politique rationnelle et éclairée donnant aux peuples des sociétés modernes tout le loisir de jouir de la prospérité et du bonheur individuels pourvu que l'État les laisse se livrer sans réserve aux activités dictées par leurs instincts naturels qui les poussent aux échanges. Selon cette conception, la liberté est négative, c'est-à-dire que l'individu est dégagé de l'ingérence* d'autrui et de l'État dans la poursuite de ses activités. On voit que la notion de liberté est au cœur même du libéralisme, qui est avant tout la doctrine selon laquelle l'État doit prendre une forme telle que la liberté négative* puisse être exercée de façon maximale au sein d'une société. Sur le plan des activités sociales, la liberté pour les libéraux se traduit dans les différents droits-libertés : liberté économique (liberté d'entreprise, liberté commerciale), liberté politique (démocratie) et libertés culturelles. La philosophie de John Locke (voir les p. 24-25 et 88) constitue un bon exemple de ce libéralisme.

La conception de la liberté positive*, ou liberté des Anciens, est à la base d'une doctrine différente mais proche, le républicanisme. Elle suppose que l'individu est libre de participer aux affaires collectives de la communauté, qu'il est affranchi des obstacles internes que sont la faiblesse, l'instinct et l'ignorance de même que de l'ingérence d'autrui ; une telle conception de la liberté peut même conduire à la recherche d'une certaine perfection morale. On trouve cette conception chez des

INGÉRENCE

Fait de s'occuper des affaires d'autrui sans qu'il l'ait demandé. Le droit d'ingérence, proclamé par certains États, est le droit d'intervenir de force dans les affaires intérieures d'un autre État.

LIBERTÉ NÉGATIVE

Liberté qui correspond à tout ce que les autres et les institutions nous laissent le droit de faire. Elle s'oppose à la liberté positive.

LIBERTÉ POSITIVE

Liberté qui correspond à tout ce qu'on a le droit de faire sans être injuste envers autrui et envers les institutions. Elle s'oppose à la liberté négative.

La liberté des Anciens et la liberté des Modernes

Demandez-vous d'abord ce que [les Modernes] entendent par le mot liberté ? C'est pour chacun le droit de n'être soumis qu'aux lois, de ne pouvoir ni être arrêté, ni détenu, ni mis à mort, ni maltraité d'aucune manière, par l'effet de la volonté arbitraire d'un ou de plusieurs individus. [...] Comparez maintenant à cette liberté celle des Anciens. Celle-ci consistait à exercer collectivement, mais directement, plusieurs parties de la souveraineté tout entière, à délibérer, sur la place publique, de la guerre et de la paix, à conclure avec des étrangers des traités d'alliance, à voter des lois, à prononcer des jugements. [...] Le but des Anciens était le partage du pouvoir social entre tous les citoyens d'une même patrie. C'était là ce qu'ils nommaient liberté. Le but des Modernes est la sécurité dans les jouissances privées ; et ils nomment liberté les garanties accordées par les institutions à ces jouissances. [...] Le danger de la liberté antique était qu'attentifs uniquement à s'assurer le partage du pouvoir social, les hommes ne fissent trop bon marché des droits et des jouissances individuels. Le danger de la liberté moderne, c'est qu'absorbés dans la jouissance de notre indépendance privée, et dans la poursuite de nos intérêts particuliers, nous ne renoncions trop facilement à notre droit de partage dans le pouvoir politique.

Source : Constant, 1997, p. 393-394, 603 et 608.

QUESTION

Pensez-vous qu'il soit possible et souhaitable de combiner aujourd'hui les deux types de liberté distingués par Constant ?

philosophes comme Jean-Jacques Rousseau (voir les p. 88-89). Même si le libéralisme semble s'inscrire dans la lignée du républicanisme (liberté, égalité, fraternité), ses défenseurs renient toute filiation avec celui-ci, qui a peu à voir, selon eux, avec les sociétés modernes ; les libéraux considèrent le républicanisme comme une philosophie nostalgique des notions classiques de vertu civique et de participation des citoyens à la vie politique (voir les p. 6-7), notions adaptées à des communautés de dimensions plus limitées.

Les rapports de la loi avec la liberté

Si l'idéal républicain de liberté est, à l'instar de l'idéal libéral, axé sur la non-ingérence, où réside la différence essentielle entre ces deux conceptions ?

ARBITRAIRE

Non fondé et moralement injustifié.

RÉPUBLIQUE

Régime politique où le pouvoir est partagé entre un chef de l'État élu (le président) et un gouvernement qui représente les citoyens.

SÉPARATION DES POUVOIRS

Principe démocratique énoncé par John Locke et Montesquieu (1689-1755), qui consiste à séparer les pouvoirs législatifs, exécutifs et judiciaires afin d'éviter la concentration du pouvoir et de se prémunir ainsi contre la dictature.

Dans la tradition républicaine, la loi assure une protection contre l'arbitraire*: ce sont les lois d'un État acceptable, telle une république*, qui sont à l'origine de la liberté dont jouissent les citoyens. Les lois n'empiètent pas sur cette liberté, même à un degré qui autoriserait une forme de compensation ultérieure. Selon cette conception, la liberté équivaut à la non-domination. De bonnes lois ont pour effet de libérer les individus, de les protéger contre ceux qui pourraient exercer un pouvoir arbitraire à leur encontre. Et si les autorités politiques reconnues par les lois sont potentiellement dominatrices, elles sont elles aussi assujetties à des contraintes – elles ne peuvent exercer de pouvoir arbitraire à l'encontre des citoyens, et ce grâce à une constitution adéquate ou par l'autorité de la loi, lorsque sont prévus, par exemple, des mécanismes convenables de représentation, de rotation des mandats et de séparation des pouvoirs*.

Pour les penseurs libéraux, par contre, les contraintes de la loi sont les principales menaces qui pèsent sur la liberté. Ils conçoivent la liberté comme une absence totale d'ingérence, et ils ne peuvent imaginer la loi autrement que comme un empiétement potentiel sur la liberté des individus, bien qu'une telle invasion soit souvent justifiée par les torts plus grands qu'elle permet de contrer (l'effet coercitif sur la liberté des individus produit un effet compensateur et positif du fait que la loi interdit l'ingérence des autres). Dans la conception libérale, la loi ne vise donc pas la promotion des vertus civiques de participation : la loi est le contraire de la liberté, et s'il lui arrive d'accroître la liberté dont jouissent les individus dans une société, c'est de façon contingente. La liberté pour les libéraux, c'est donc essentiellement la liberté par rapport au contrôle, à la contrainte, aux restrictions et à l'ingérence de l'État.

Le libertarisme : la liberté contre l'État

Les tenants du libertarisme mettent l'accent sur l'importance de la liberté. Bien que tous les défenseurs de cette philosophie politique aient en commun de préconiser une réduction considérable de l'autorité de l'État, sinon son rejet total, leur pensée politique repose sur des raisonnements ayant trait à la justice, à l'utilité sociale ou encore aux contrats sociaux. Les tenants du libertarisme ont des points de vue divergents quant à la mesure dans laquelle on doit réduire le pouvoir de l'État et quant aux arguments invoqués pour justifier de telles mesures. De façon générale, ils estiment que tous les États, passés et présents, sont investis d'un pouvoir légal qui est beaucoup plus important que ce qui est raisonnable et justifiable sur le plan moral. Et ils attribuent, de près ou de loin, un grand nombre des vices de la condition humaine à ce pouvoir excessif, quelles que soient les intentions qui le motivent.

Par pouvoir excessif, les libertariens entendent l'autorité légale dont disposent les gouvernements pour mettre en œuvre des politiques qui prohibent, restreignent ou réglementent une vaste gamme d'activités humaines. Le libertarisme repose sur l'idée qu'en limitant cette autorité, en élargissant de ce fait le domaine privé et en augmentant la diversité des comportements autorisés par la loi, on accroît la liberté de chaque personne. Le fait que la réduction de la sphère d'intervention de l'État expose davantage les individus à la coercition* privée est un point sur lequel les avis des libertariens divergent considérablement. La conception du libertarien Robert Nozick sera exposée au chapitre 5.

COERCITION
Pression exercée sur quelqu'un ; entrave à la liberté.

L'égalitarisme

La notion d'égalité

Habituellement, la notion d'égalité est tantôt prise dans un sens sociopolitique, tantôt dans un sens juridique. Elle est actuellement invoquée dans la quasi-totalité des demandes de justice sociale par les tenants des différentes théories éthiques et politiques. Les libertariens s'y reportent pour parler d'égalité sur le plan des droits naturels et des principes d'acquisition de la richesse. Les libéraux l'invoquent pour parler d'égalité des chances et d'égalité sur le plan des droits démocratiques. Les consensualistes (partisans de l'éthique du discours de Jürgen Habermas ; voir le chapitre 7) s'y réfèrent en parlant d'égal droit de prendre la parole quand il s'agit de discuter de questions sociales fondamentales.

Mais ce sont les égalitaristes – surtout les socialistes – qui la considèrent comme importante non seulement à l'égard des chances et des procédures, mais aussi à l'égard des résultats. Elle est ainsi vue comme un idéal moral. Propre aux mathématiques – égalité algébrique – et utile à la science pour quantifier les phénomènes et donner un sens aux concepts de masse, d'espace et de temps, la notion d'égalité se trouve donc aussi au cœur des débats moraux et politiques. On l'associe tant à l'identité qu'à l'équivalence, et certains y voient une certaine forme d'équilibre, de neutralité et d'impartialité : un État neutre est un État qui traite ses citoyens de manière égale malgré toutes leurs distinctions.

Mais c'est surtout sur le plan du droit au sens large qu'elle est omniprésente : l'égalité devant la loi (qui existait déjà chez les Romains), le droit à des parts égales, le droit égal aux privilèges et aux services de l'État, le droit égal à la liberté, l'égalité devant Dieu, l'accès égal aux droits démocratiques, etc. Plusieurs penseurs politiques de la modernité voient toutefois une opposition entre l'égalité et la liberté. Ils prétendent qu'en choisissant l'égalité, et donc une certaine sécurité et une certaine justice, les peuples font une croix définitive sur leur liberté. Le thème du pacte social (voir les p. 86 à 90) illustre bien ce fait : les hommes auraient choisi de mettre fin à leur liberté naturelle de faire n'importe quoi pour reconnaître leur égalité face à une autorité politique acceptée, unique pour tous et susceptible de les protéger des violences. Or cette opposition est restée très présente dans les esprits contemporains : ne dit-on pas que la liberté de chacun s'arrête là où celle des autres commence ?

Cette expression montre que l'on a intériorisé l'idée d'égalité des droits entre les personnes et qu'il nous paraît naturel que l'affirmation de l'égalité passe par une restriction de la liberté. On est libre, oui, mais uniquement dans le cadre imposé par la loi. Par exemple, l'égalité de condition du citoyen oblige ce dernier à payer des impôts, que cela lui plaise ou non. Conscients de la difficulté à concilier liberté et égalité, les théoriciens de la justice sociale vont précisément chercher à articuler ces deux notions de la manière la plus satisfaisante possible. C'est là que leurs avis divergent.

LE DÉBAT CONTEMPORAIN SUR LA JUSTICE

Plus qu'à tout autre moment de l'histoire, la justice constitue aujourd'hui une demande – sinon une exigence – fondamentale des communautés humaines. Plus qu'à tout autre moment, le politique lui est subordonné. La légitimité, voire la légalité, du politique dépend en effet de son engagement en faveur du juste. En ce sens, tout choix politique, en vue de l'édification d'une société juste, relève pleinement de l'éthique. Cette importance de l'éthique dans les débats sur le juste est relativement récente.

L'origine du débat

Les sources du débat sur le juste se trouvent dans les écrits marxistes en Europe, particulièrement en Russie, en Allemagne et plus tardivement en France. Sur fond de demandes d'égalité et de justice, le marxisme prône des changements sociaux au bénéfice des plus démunis et particulièrement au bénéfice des ouvriers (voir les p. 130 à 134). Ces écrits dénoncent, essentiellement, des situations d'exploitation et de non-respect des droits fondamentaux.

Plus récemment, Rescher, dans son ouvrage *Distributive Justice* (1966), renouvelle l'intérêt pour les questions de justice distributive. Il tente d'établir le principe selon lequel l'évaluation des diverses distributions possibles serait effectuée en indiquant l'idéal à atteindre et laquelle des possibilités est la plus satisfaisante moralement. Pour lui, un modèle de distribution doit d'abord traiter les individus en êtres humains égaux (égalité de base), mais on peut introduire ensuite des variables pour tenir compte des besoins, des capacités, de la participation, des efforts, des sacrifices et de la valeur sociale des activités de chacun.

Son modèle a été rejeté, dans l'ensemble, par les tenants des différentes tendances en éthique et en philosophie politique, puisqu'il ne pouvait satisfaire aux exigences des libéraux, qui s'opposent à la notion d'égalité de condition, ni convenir aux égalitaristes, qui jugent l'égalité de base nettement insuffisante pour une société socialiste. Mais il a lancé pour de bon l'idée que la tâche de la philosophie consistait à formuler des principes de justice et à articuler les raisons qui nous les feraient préférer à d'autres.

Enfin, c'est avec le philosophe américain John Rawls, dans *Théorie de la justice* (1971), que le traitement de ces questions atteint un nouveau stade. Pour cette raison, on peut le considérer comme le véritable instigateur du débat contemporain. La conception de la justice comme équité qu'il défend (voir la p. 91) peut être considérée comme une tentative de renouveau pour le libéralisme, qui, avec lui, prend une forme souple d'égalitarisme.

L'enjeu du débat : les principes de justice

Les débats contemporains sur le juste se heurtent essentiellement à l'idée de compatibilité entre les thèses égalitaristes et celles qui tiennent à tout prix à faire respecter les libertés individuelles et le droit naturel à la propriété privée. Ces débats se font sous le signe de l'incompatibilité à la fois logique et pratique entre les droits naturels et les droits sociaux, les « droits à » et les « droits de », la négation du pouvoir de l'État et la demande d'intervention de l'État.

Au cœur de ces débats se trouve donc posée la question du rôle de l'État dans les sociétés démocratiques. Doit-il intervenir pour s'assurer que la richesse est distribuée également entre les membres de la société ? Doit-il intervenir pour s'assurer que les biens sociaux disponibles sont distribués proportionnellement à leurs mérites respectifs ? Doit-il le faire pour atténuer les souffrances et subvenir aux besoins des plus défavorisés ? Devrait-il s'abstenir d'intervenir pour ne pas empiéter sur certains droits naturels ? On voit ici qu'il est difficile de dissocier morale et politique.

Les objections de part et d'autre portant sur les tentatives de théorisation de Rescher, puis sur celles de Rawls ont suscité beaucoup d'intérêt pour cette question, chez les Anglo-Saxons d'abord et chez les Européens ensuite. De sorte que dans le débat actuel chez les libéraux, mais aussi chez les non-libéraux, on s'entend pour dire que, par définition, la justice consiste à donner aux gens ce qu'ils méritent – mais il ne semble pas y avoir de consensus sur la question de savoir ce que les gens méritent en réalité.

TABLEAU RÉCAPITULATIF

Le débat contemporain sur la justice

Philosophe	Théorie d'appartenance	Principe essentiel pour définir la justice
Robert Nozick	Libertarisme	Liberté
John Rawls	Libéralisme	Équité
Kai Nielsen	Égalitarisme	Égalité
Jürgen Habermas	Consensualisme	Consensus à la suite d'une discussion rationnelle

Conclusion

Comme on vient de le voir, la question de la justice sociale, et plus particulièrement celle de la justice distributive, est complexe. Elle fait appel à diverses considérations de nature philosophique, juridique, politique, voire historique et sociologique. Les débats concernant cette question sont actuellement très vifs ; en général, ils ont une connotation idéologique (voir la p. XIII). Les tenants des différentes tendances prétendent, dans leurs discours et leurs principes, mettre en place les fondements d'une société juste. Aujourd'hui, la prolifération des théories de la justice et le recours sans cesse croissant à cette notion dans les débats éthiques et politiques montrent bien l'importance de la question de la justice dans nos sociétés.

Après avoir lu ce chapitre, l'étudiant devrait posséder les éléments d'éthique et de philosophie politique essentiels à la compréhension des différentes théories de la justice, qui seront exposées dans les chapitres suivants.

EXERCICES

SYNTHÉTISEZ VOS CONNAISSANCES ET DÉVELOPPEZ UNE ARGUMENTATION

1. Expliquez dans vos propres mots les différences entre les libéraux et les républicains dans leur conception du rôle de l'État par rapport aux libertés individuelles.

2. Quelles sont les principales distinctions que l'on peut faire entre le libéralisme et le libertarisme ?

3. Quels sont les domaines de l'activité sociale qui font appel à la notion de « juste » pour définir les rapports entre les humains ?

REPÉREZ LES IDÉES ET ANALYSEZ LE TEXTE

« Justice » (extraits)

Est-il injuste que certains naissent riches et d'autres pauvres ? Si c'est injuste, que devons-nous faire ?

[…]

Certaines inégalités sont imposées délibérément. La discrimination raciale, par exemple, exclut délibérément les personnes d'une certaine race de possibilités de travailler, de se loger, de s'éduquer, qui sont ouvertes aux personnes d'une autre race. Ou les femmes peuvent être exclues de l'accès à certains emplois ou à certains privilèges auxquels les hommes ont droit. Ce n'est pas seulement un problème de malchance. Les discriminations raciale et sexuelle sont évidemment injustes : ce sont des formes d'inégalité causées par des facteurs que l'on ne devrait pas laisser influencer le bien-être élémentaire des personnes. L'équité demande que des chances soient offertes à ceux qui ont les qualifications nécessaires et, lorsque les gouvernements essaient d'imposer une telle égalité des chances, c'est une bonne chose, évidemment.

Mais il est plus difficile de savoir ce qu'il faut dire des inégalités qui naissent dans le cours ordinaire des choses, sans discrimination raciale ou sexuelle délibérée. Car même s'il y a égalité des chances, et si chaque personne qualifiée peut accéder à l'université ou obtenir un emploi ou acheter une maison ou être candidat pour un poste – sans considération de race, de religion, de sexe ou de nationalité d'origine – il restera, néanmoins, quantité d'inégalités. Les personnes venant de milieux aisés seront, la plupart du temps, mieux préparées, auront plus de moyens et leurs capacités d'obtenir de bons emplois seront sans doute supérieures. Même dans un système d'égalité des chances, certains individus bénéficieront d'un avantage au départ et finiront avec des biens supérieurs à d'autres, dont les talents naturels sont identiques.

De plus, des différences de talent naturel engendreront de grandes différences dans les biens obtenus dans un système de compétition. Ceux qui ont des aptitudes fortement demandées seront en mesure de gagner beaucoup plus que ceux qui sont dépourvus de talents ou de compétences particulières. Ces différences, elles aussi, sont, en partie, une affaire de chance. Bien que les gens doivent essayer de développer et d'utiliser leurs capacités, les plus grands efforts ne suffiront pas à la plupart d'entre eux pour jouer comme Meryl Streep, peindre comme Picasso ou produire des automobiles comme Henry Ford. Quelque chose de semblable est vrai des réalisations de moindre importance. La chance d'avoir à la fois un talent naturel et un solide milieu d'origine social et familial est un facteur important dans la détermination de la position sociale et du revenu d'un individu, au sein d'une société fondée sur la compétition. L'égalité des chances engendre des résultats inégaux.

[...]

Si nous rejetons ce genre de mauvaise fortune en disant qu'elle est injuste, ce doit être parce que nous refusons que des gens pâtissent de désavantages sans que cela soit dû à une faute qu'ils auraient commise, mais seulement parce que c'est le résultat du fonctionnement ordinaire du système socio-économique dans lequel ils sont nés.

[...]

Les deux principales sources de ces inégalités imméritées sont, comme je l'ai dit, les différences de classes socio-économiques dans lesquelles les gens sont nés et les différences dans les talents naturels ou dans les talents pour des activités pour lesquelles il existe une forte demande. Vous pouvez penser que des inégalités causées de cette façon n'ont rien de mauvais. Mais si vous estimez qu'elles ont quelque chose de mauvais, et si vous pensez qu'une société devrait tenter de les réduire, vous devez proposer un remède qui, ou bien atteint les causes elles-mêmes, ou bien intervient directement dans les effets d'inégalité.

[...]

Mais pour en rester à l'aspect philosophique : les mesures nécessaires à la réduction des inégalités imméritées résultant de différences dans les milieux sociaux d'origine et les talents naturels incluront des interventions dans les activités économiques des gens, principalement, au moyen de l'impôt. Le gouvernement prend de l'argent à certaines personnes et s'en sert pour en aider d'autres. Ce n'est pas le seul usage de l'impôt, ni même son principal usage : de nombreux impôts sont dépensés pour des choses qui profitent aux riches plus qu'aux pauvres. Mais l'impôt **redistributif**, comme on l'appelle, est du type pertinent pour notre problème. Il implique en effet l'usage du pouvoir du gouvernement d'intervenir dans ce que font les gens, non parce que ce qu'ils font est intrinsèquement mauvais, comme le vol ou la discrimination, mais parce que ce qu'ils font entraîne un effet qui paraît injuste.

Il y a des gens qui ne pensent pas que l'impôt redistributif est juste, car pour eux, le gouvernement ne doit intervenir dans la vie des gens que s'ils font quelque chose de mal ; or les transactions économiques qui engendrent toutes ces inégalités n'ont rien de mal ; elles sont même parfaitement innocentes. Ils peuvent aussi soutenir qu'il n'y a rien de mal dans les inégalités résultantes elles-mêmes, que, même si elles sont

imméritées et ne sont pas dues à une faute des victimes, la société n'est pas obligée d'y remédier. C'est la vie, diront-ils : certains ont plus de chance que d'autres. Ce n'est que lorsque le malheur provient de ce que quelqu'un a causé du tort à quelqu'un d'autre que nous **devons** faire quelque chose.

C'est une question politique qui suscite des controverses et sur laquelle les avis sont nombreux et partagés. Certains contestent plus les inégalités qui proviennent de la classe socio-économique d'origine que celles qui résultent des différences de talents ou de compétences. Ils n'apprécient pas ce qui résulte du fait que l'un est né riche et l'autre dans un quartier déshérité, mais ils estiment qu'un individu mérite ce qu'il peut gagner par ses propres efforts – de sorte qu'il n'y a rien d'injuste si quelqu'un gagne énormément et un autre très peu parce que le premier a un talent monnayable et une capacité à acquérir des compétences extrêmement fines alors que le second est tout juste capable de faire un travail non qualifié.

En ce qui me concerne, je pense que les inégalités ayant pour origine l'une ou l'autre de ces causes sont injustes et qu'il y a, clairement, quelque chose d'injuste lorsqu'un système socio-économique a pour conséquences que certaines personnes subissent l'effet de désavantages matériels et sociaux significatifs, quand cela pourrait être évité au moyen d'un système d'impôts redis-tributifs et de programmes d'assistance sociale. Mais pour vous faire une opinion personnelle sur le sujet, vous devrez envisager à la fois les causes d'inégalité que vous trouvez injustes et les remèdes que vous trouvez légitimes.

Nous avons parlé principalement du problème de la justice sociale à l'intérieur d'une société. Le problème est beaucoup plus difficile à l'échelle mondiale, à la fois parce que les inégalités sont tellement immenses et parce qu'on ne voit pas très bien quels remèdes pourraient être apportés en l'absence d'un gouvernement mondial qui pourrait lever des impôts au niveau mondial et vérifier qu'ils sont effectivement utilisés. Il n'y a pas de perspective de gouvernement mondial, ce qui est peut-être aussi bien, car ce serait probablement un gouvernement épouvantable à plusieurs égards. Cependant le problème d'une justice globale demeure, bien qu'il soit difficile de savoir ce qu'il faut faire pour elle dans le système d'États souverains et séparés que nous avons actuellement.

Source : Nagel, 1993, chap. 8, p. 70-72 et 74-78.

QUESTIONS

1. Y a-t-il une justification morale à l'idée de correction des inégalités naturelles ?

2. Est-il injuste et immoral d'être riche ? Répondez en vous basant sur le texte de Nagel.

Lectures suggérées

BAUDART, Anne (1996), *La philosophie politique*, Paris, Flammarion (coll. Dominos).

KYMLICKA, Will (1999), *Théories de la justice*, Montréal, Boréal.

LAMBERT, Roger (1994), *La justice vécue et les théories éthiques contemporaines. Initiation aux débats contemporains sur la justice et le droit*, Sainte-Foy, Presses de l'Université Laval.

O'NEILL, Louis (1994), *Initiation à l'éthique sociale*, Montréal, Fides.

PERELMAN, Chaïm (1972), *Justice et raison*, Bruxelles, Presses de l'Université de Bruxelles.

CHAPITRE 4

Le contractualisme de John Rawls : la justice comme équité

Introduction

John Rawls a ravivé les débats sur la question de la justice dans les sociétés démocratiques contemporaines en proposant une conception originale de la justice, qu'il a nommée **la justice comme équité**. Cette conception est aujourd'hui devenue une référence incontournable quand il s'agit de débattre de questions éthiques et politiques et de justifier des choix socio-économiques.

Pour Rawls, s'interroger sur les principes et les critères de distribution des biens, des richesses et des revenus dans une société constitue l'objet principal de la philosophie morale et politique ; la philosophie contribue ainsi à jeter les bases de l'organisation de la vie dans le cadre d'une société civile. Son objectif consiste à formuler une théorie sur la manière dont les institutions sociales de base, ou ce qu'il appelle la structure de base de la société*, doivent être organisées pour respecter la liberté et l'égalité des citoyens dans des pays où, de plus en plus, les personnes adhèrent à des positions politiques diverses. Dans les sociétés démocratiques, la diversité des positions philosophiques sur la justice constitue pour Rawls le défi de tout penseur à l'écoute de son temps.

STRUCTURE DE BASE DE LA SOCIÉTÉ
La théorie de la justice n'est pas, dans l'esprit de Rawls, une réflexion sur des situations particulières. Elle examine la structure, les institutions de base de la société.

John Rawls (1921-)

Afin de mieux comprendre le type de philosophie élaboré par Rawls, nous présenterons d'abord la pensée des principaux représentants de la tradition contractualiste. Nous exposerons ensuite les caractéristiques essentielles de son propre contractualisme, à savoir les notions de position originelle et de voile d'ignorance, ainsi que ses célèbres principes de justice. Il découle de la théorie de la justice comme équité une conception particulière du rôle et de la responsabilité de l'État ; elle fera l'objet de la quatrième section de ce chapitre. On s'intéressera enfin aux réponses que Rawls a présentées à quelques-unes des objections qui ont été formulées à l'égard de ses thèses. Ces réponses l'ont amené, comme nous le verrons, à orienter sa pensée dans une nouvelle direction, plus attentive à la pluralité politique, morale et religieuse des sociétés comme la nôtre.

LES THÉORIES DU CONTRAT SOCIAL

La question de la juste répartition des biens et des avantages sociaux est au cœur de la problématique de la justice distributive. Rawls aborde cette question selon une méthode philosophique particulière. Cette méthode consiste à réfléchir au modèle de société juste que des personnes libres et égales choisiraient si elles étaient placées dans une situation où elles ne connaîtraient pas, au moment de la délibération, la place qu'elles occuperaient dans la société une fois l'entente conclue. Ce modèle sera juste, et les principes qui l'expriment seront justifiés, si la situation de délibération est elle-même équitable. C'est pour signaler l'importance de ce dernier point que Rawls nomme sa théorie « la justice comme équité ». Cette méthode philosophique s'inspire des théories classiques du contrat social, et on l'appelle pour cette raison le **contractualisme**.

Un survol des principales conceptions contractualistes nous aidera à mieux présenter les différents éléments constitutifs de la thèse libérale de Rawls. On comprendra mieux ainsi les fondements de sa théorie de la justice et on se rendra compte de l'importance des liens qu'il entretient avec les défenseurs du libéralisme moderne.

John Rawls

Philosophe américain né en 1921, il enseigne à la faculté de philosophie de l'Université Harvard (États-Unis). Ses recherches concernent depuis longtemps la justice : il publie d'abord des articles, comme « La justice comme équité » (1958) et « The Sense of Justice » (1963), et il systématise par la suite ses idées dans son grand ouvrage *Théorie de la justice* (1971), dont l'impact sera considérable. Il répond aux critiques et ajuste ses conceptions en 1993 dans un dernier ouvrage, *Libéralisme politique*.

L'idée de contrat social

L'idée de contrat consiste à concevoir la vie sociale et l'organisation politique comme issues de la volonté des gens de s'associer librement et de s'engager dans un processus de vie commune sur la base d'un accord préalable. La nature de l'accord, la procédure suivie pour y parvenir, son contenu et les raisons qui nous incitent à y adhérer peuvent être variables. Il y a donc différentes doctrines contractualistes ou différentes théories du contrat social.

Dans sa version simple, la théorie du contrat stipule que chaque contractant ou associé est lié par l'accord conclu pour autant que celui-ci soit accepté par tous. À la base de cette opération se trouvent à la fois une confiance partagée à l'égard du contenu du contrat et une promesse d'en respecter les conditions. S'y trouvent aussi le libre consentement des individus et la recherche d'avantages réciproques. Ce contrat suppose que les associés s'engagent dans la vie sociale en toute liberté et égalité.

Cette version simple contraste toutefois avec des versions plus complexes. Certaines d'entre elles fondent le contrat sur l'intérêt ; d'autres expliquent le contrat par le besoin de sécurité ; d'autres encore le justifient par un besoin de justice et d'entraide ; d'autres, enfin, invoquent le besoin de s'associer en vue de protéger et de promouvoir les normes et les institutions traditionnelles, culturelles et religieuses. Certaines d'entre elles sont de nature purement hypothétique et obéissent aux impératifs d'une construction théorique, alors que d'autres renvoient à des conditions socio-historiques pour préciser les modalités d'une nouvelle coopération sociale rendue nécessaire par la faillite d'un modèle antérieur de vie commune. Les philosophes contractualistes les plus importants vécurent aux XVIIe et XVIIIe siècles : ce sont deux philosophes anglais, Thomas Hobbes et John Locke, et un penseur français, Jean-Jacques Rousseau.

Les contractualistes classiques

Thomas Hobbes : un pacte de sécurité

Auteur du *Léviathan* (1651), Thomas Hobbes (1588-1679) est certainement celui qui représente le mieux les théories du contrat fondées à la fois sur l'intérêt et le besoin de sécurité. Sa conception repose sur l'idée selon laquelle une société est juste pour autant qu'elle mette tout en œuvre pour favoriser les intérêts de chaque contractant. Ici, la justice est présentée comme le résultat de la recherche du bien particulier de chacun ; il s'agit d'un ordre issu de la conjonction d'une multitude d'égoïsmes : quoique opposés dans leurs buts et leurs projets de vie, les individus trouvent ainsi dans les conditions du contrat un terrain de conciliation entre leurs intérêts conflictuels. De la sorte, chaque individu trouve un gain dans son association avec les autres.

Thomas Hobbes (1588-1679)

De la même façon, partant de l'insécurité de tous à l'état de nature, de la méfiance mutuelle et de la prédominance des égoïsmes dans un monde de ressources peu abondantes, Hobbes conçoit que l'intérêt de chacun de préserver sa sécurité et son bonheur l'incite à souscrire à un contrat en vue d'organiser la vie sur une base de coopération ordonnée et paisible avec les autres. Tous ont intérêt à dépasser cet état de nature où « l'homme est un loup pour l'homme », en établissant les conditions de coopération dans une société civile où l'on délègue le pouvoir absolu à un souverain, chargé du règlement des différends entre les contractants. L'autorité politique est ainsi considérée uniquement comme un pouvoir émanant de la volonté de tous pour préserver leur vie et faciliter la recherche du bien individuel.

John Locke : une entente pour garantir la liberté

Parmi les représentants du contractualisme ayant comme motivation la justice et l'entraide, mentionnons tout d'abord John Locke (1632-1704), auteur du *Traité sur le gouvernement civil* (1689). Locke estime que toute théorie du contrat social doit envisager le droit naturel à la liberté (voir la p. 70) et l'idéal démocratique d'égalité (il n'y a de contrat que dans la liberté et l'égalité). Selon lui, à l'origine, dans l'« état de nature », les individus possèdent des droits naturels en vertu même de leur caractère d'êtres humains. À la naissance, ils sont libres et ont tendance à protéger leurs avoirs naturels et à faire des échanges. À l'état de nature, l'être humain jouit d'une liberté sans limites de disposer de sa personne et de ses avoirs.

Mais l'échange rendu nécessaire par la vie sociale oblige l'homme à conclure des contrats et à se défendre pour protéger ses biens et veiller au respect des ententes convenues. Chacun se protège contre chacun et se fait justice lui-même pour défendre ce que la nature a mis à sa disposition et lui a permis d'acquérir (talents naturels). Partant de l'idée d'une liberté égale pour tous, Locke conclut qu'une personne ne peut légitimement exercer un pouvoir sur une autre personne sans y être autorisée par celle-ci. Mais la « justice naturelle » implique ainsi une certaine anarchie, ou absence d'autorité, et une insécurité perpétuelle.

Afin d'éviter cet état de justice privée et de vulnérabilité pour tous, Locke propose une organisation de la vie sociale qui permette d'échapper à l'état de guerre et de protéger la liberté et la propriété de chacun. Sa base est un contrat qui fonde et légitime le pouvoir politique auquel tous auront consenti. Ce pouvoir a pour tâche de veiller à la protection des contractants tout en faisant respecter les limites de leurs droits.

Ainsi considéré, le pouvoir politique ne peut résulter que de la volonté de tous les contractants qui, dans leur désir de se protéger contre un éventuel pouvoir absolu, veillent à en définir précisément les prérogatives et les limites. Il appartiendra à la constitution d'assurer la protection du citoyen contre l'abus du pouvoir politique et de définir les conditions du contrat conclu entre les individus et l'État. De la sorte, toute « constitution », au sens de Locke, trouve sa légitimité dans la nature de l'accord et dans la conception de l'état de nature qui l'a rendu nécessaire. Elle doit obéir cependant à l'impératif d'améliorer la situation de tous et de protéger davantage les atouts naturels des individus et ce qui en découle. Les institutions revêtent donc une importance primordiale pour la justice et la protection des droits naturels ; c'est pourquoi Locke se préoccupe de la nature du pouvoir politique comme pouvoir constitutionnel et se soucie des mesures de protection contre ses abus éventuels.

Jean-Jacques Rousseau : volonté générale et perfectibilité

En revanche, Jean-Jacques Rousseau (1712-1778), qui a écrit *Du contrat social* (1762), déplorant la vie « bête et stupide » des humains à l'état de nature, est d'avis que la réalisation et l'émancipation de l'homme passent par une vie sociale organisée autour d'institutions justes et démocratiques aptes à favoriser l'épanouissement et le bonheur. L'état de nature décrit par Rousseau est un état de solitude, un état de paix et de neutralité morale. N'ayant aucun défi à relever, l'homme ne profite pas de ses capacités intellectuelles pour améliorer son sort et parfaire ses conditions de vie. Ainsi considéré, il n'éprouve aucun besoin de sociabilité et de perfectibilité. Mais les menaces de la nature (les catastrophes naturelles et autres dangers) l'inciteront à la collaboration et à l'entraide. S'apercevant qu'un combat commun est nécessaire pour venir à bout des menaces, les humains comprennent que leur survie repose sur une certaine interdépendance. Il est donc dans leur intérêt de s'unir et de mener une vie sociale afin d'utiliser leurs capacités pour leur survie et leur bien-être. Mais il ne s'agit pas de s'engager dans n'importe quelle société civile.

Jean-Jacques Rousseau
(1712-1778)

Rousseau regrette en effet que l'homme se soit historiquement laissé emporter et intimider par une société qui l'a empêché de se réaliser et de se parfaire. Il regrette les inégalités sociales issues de la volonté de domination et d'asservissement de certains. Il dénonce la corruption du pouvoir politique par l'argent, pouvoir qui s'est mis au service des grands propriétaires épris d'une volonté de richesses et d'accomplissement dans le bonheur matériel. Il constate que la société est ainsi devenue un lieu de lutte, où les plus forts l'emportent, s'emparent des biens et créent des rapports de dépendance entre riches et pauvres, propriétaires et non-propriétaires. À l'état de nature aurait donc succédé un état social de domination et d'injustice. C'est pour corriger cette situation que Rousseau élabore sa théorie du contrat social.

Celle-ci devrait expliquer comment recouvrer la liberté et promouvoir le bien commun. L'essentiel de sa conception consiste à définir une forme d'association qui tienne compte de la volonté de chacun de vivre en conservant son autonomie (liberté morale) et en profitant de la coopération sociale, pour son propre bien et le bien de tous. L'expression de la volonté de tous – la volonté générale – constitue, de l'avis de Rousseau, le fondement des principes moraux, légaux et politiques que les associés se donnent réciproquement en tant que personnes libres et égales. Ainsi considéré, chaque citoyen, en obéissant à la volonté générale, obéit en même temps à ses propres choix et à ses propres lois ; il obéit en fait à lui-même.

Le contrat social prend ainsi la forme d'un accord de liberté et non pas d'un accord de soumission. Les détenteurs du pouvoir politique n'ont, à ce titre, qu'une fonction restreinte, celle de se mettre au service de la volonté générale, c'est-à-dire au service de la volonté de chacun. Ils ne peuvent, par conséquent, sans empiéter sur les droits des gens, dépasser les limites prescrites par le mandat qui leur est confié. Dans cette société libérale, les institutions sociales et politiques doivent, en vertu même de la volonté générale, se soumettre aux principes choisis par les citoyens et œuvrer dans le sens de la volonté de chacun à rechercher le bien commun, et ainsi son propre bien, à savoir les libertés morales et civiques.

Le contrat social selon Hobbes

La seule façon d'ériger un tel pouvoir commun, apte à défendre les gens de l'attaque des étrangers, et des torts qu'ils pourraient se faire les uns aux autres, et ainsi à les protéger [...] c'est de confier tout leur pouvoir et toute leur force à un seul homme, ou à une seule assemblée, qui puisse réduire toutes leurs volontés, par la règle de la majorité, en une seule volonté. [...] Cela va plus loin que le consensus, ou concorde : il s'agit d'une unité réelle de tous en une seule et même personne, unité réalisée par une convention de chacun avec chacun passée de telle sorte que c'est comme si chacun disait à chacun : j'autorise cet homme ou cette assemblée, et je lui abandonne mon droit de me gouverner moi-même, à cette condition que tu lui abandonnes ton droit et que tu autorises toutes tes actions de la même manière. Cela fait, la multitude ainsi unie en une seule personne est appelée une république, en latin *civitas*. Telle est la génération de ce grand Léviathan.

Source : Hobbes, 1971, chap. 17, p. 177.

QUESTION

Comparez le contrat social chez Hobbes et chez Rousseau. Dans un cas et dans l'autre, que permet-il d'obtenir, et comment ?

LE CONTRACTUALISME DE RAWLS

Une théorie éthique mais aussi politique

Rawls reprend à son compte les thèmes centraux d'autonomie, de bien commun et de volonté générale présents chez Hobbes, Locke et Rousseau : « Mon but est de présenter une conception de la justice qui généralise et porte à un plus haut niveau d'abstraction la théorie bien connue du contrat social[1]. »

Dans la version de Rawls, ces thèmes prennent la forme de principes qui constitueraient « la base morale qui convient le mieux à une société démocratique[2] ». Sa théorie consiste à énoncer les conditions d'une coopération sociale définie en termes d'égalité et de liberté et à déterminer les principes directeurs des institutions sociales et politiques qui doivent assurer aux participants à la vie sociale un accès juste et égal aux biens sociaux premiers, soit la liberté, les richesses, les bases du respect de soi et les chances d'accéder au bonheur.

La théorie de Rawls est ainsi à la fois une théorie éthique, en ce qu'elle défend des valeurs de liberté et d'égalité, et une théorie politique, en ce qu'elle

1. Rawls, 1987, p. 37.
2. Rawls, 1987, p. 20.

renouvelle sa confiance dans les capacités de l'État libéral démocratique d'assurer aux citoyens les conditions de réalisation de leur plan de vie et de leur permettre d'accéder ainsi à la vie bonne. Ainsi considérée, cette théorie doit être perçue comme une entreprise qui vise à réfléchir sur ce qu'un être raisonnable, qui partage avec d'autres l'ambition d'accéder à la vie bonne, choisirait rationnellement comme vie en toute impartialité et en toute volonté d'entraide.

Selon Rawls, entre les diverses conceptions éthiques que sont l'utilitarisme, le libertarisme, l'égoïsme, l'égalitarisme, etc., les parties engagées dans un processus de décision choisiraient librement l'option qui leur garantit les libertés les plus fondamentales et l'accès le plus égal possible aux ressources disponibles et à la richesse. La conception de Rawls doit donc être perçue comme le résultat de l'engagement libre et conscient des participants dans un projet de vie commune déterminé par tous. Le processus de négociation lui-même a pour objet d'opter, conformément aux intérêts de chacun, pour des principes en vertu desquels la société se doit d'instaurer une structure de base, des règles et des normes qui permettent de faire appliquer ces principes.

La position originelle et le voile d'ignorance

Rawls soutient que sa conception de la justice conviendrait à des personnes libres et raisonnables*, placées dans une position d'égalité et dans des conditions équitables. Cette position constitue pour lui la position originelle. Elle est bien sûr hypothétique, fictive, mais elle est utile, car elle permet d'établir le bien-fondé de tel ou tel principe de justice. Ignorant tout à propos de leur identité, de leur position dans la société, de leurs talents respectifs et de leur finalité dans la vie, ces personnes exigeront, de l'avis de Rawls, que la société leur garantisse la liberté et leur assure un bien-être minimal. Le choix des modalités de la vie commune s'effectue sous ce que Rawls nomme un voile d'ignorance. Pour lui, les personnes placées dans cette sorte d'état de nature hypothétique disposeraient d'une connaissance minimale de la nature humaine et de la société, et nourriraient à l'égard de leurs semblables un sentiment de neutralité et même d'indifférence.

RAISONNABLE

Le raisonnable représente les contraintes dues à la coopération sociale et renvoie à la notion du juste.

Sachant qu'ils apprécient les biens primaires tels que la richesse, le pouvoir, le prestige, l'épanouissement personnel, les individus sont à la fois bons et égoïstes, mais rationnels* cependant. Il en résulte l'existence d'un sentiment mixte d'altruisme limité et de volonté de coopération sociale. Cette position assure l'impartialité des contractants éventuels et les empêche de favoriser leur propre situation. Elle les conduira à choisir des principes de justice conformes à leur volonté de mener une vie bonne qui leur assureront un droit d'accès à la richesse et aux ressources disponibles dans la société et protégeront leurs droits fondamentaux.

RATIONNEL

Le rationnel représente la recherche individuelle de la satisfaction de ses besoins et de ses préférences et il renvoie à la conception du bien propre à chaque personne.

En tant que personnes rationnelles, ces gens adopteront la prudence (réduire au minimum les risques) en œuvrant selon la maximisation du minimum, ce que Rawls nomme la règle du **maximin**. Le maximin désigne la volonté des agents qui, en tant que personnes rationnelles ayant un ensemble cohérent de préférences, cherchent la moins pire de deux ou plusieurs solutions défavorables. Ils préfèrent disposer d'une quantité plus grande plutôt que moins grande de biens fondamentaux. Cette notion est une garantie de bien-être et permet aux agents d'opter pour les principes énoncés dans la théorie de la justice comme équité, car elle permet aux contractants d'être rassurés quant au choix qu'ils font. Selon Rawls, les stratégies autres que celle du maximin pourraient conduire à des résultats intolérables, comme l'aristocratie en tant que modèle de société et le servage comme condition de vie.

La règle du maximin préconise de hiérarchiser les solutions possibles en fonction de leur résultat possible : nous devons choisir la solution dont le plus mauvais résultat est supérieur à chacun des plus mauvais résultats des autres[3].

De l'avis de Rawls, cette situation élimine tout risque de reprendre ou de défendre des modèles de répartition de la richesse qui existent dans certaines sociétés et qui correspondent à tel ou tel intérêt de l'un ou l'autre des participants. Elle élimine également tout risque de recours au *statu quo* visant à influer sur le cours des négociations. De la sorte, la conclusion du contrat chez Rawls n'obéit à aucune considération socio-historique susceptible de favoriser ou de défavoriser les participants éventuels. L'égalité hypothétique présumée dans cette situation est réalisée quand les individus sont coupés de toute information à propos de leurs désirs, de leurs circonstances particulières, de leurs atouts naturels et de leur conception propre du bien par un voile d'ignorance. C'est cette situation qui donne à Rawls des raisons de croire en son contractualisme démocratique.

Les principes de justice

La procédure de délibération utilisée pour dégager les principes de justice consiste essentiellement, avons-nous dit, en une reprise du schéma contractualiste. Si on part de la position originelle et si on considère que les individus sont appelés à vivre dans une société où les ressources sont limitées, la question qui se pose à eux consiste à savoir quels seraient les principes qu'ils choisiraient pour bien mener leur vie et régler leurs rapports dans une société organisée. Ainsi, selon Rawls, l'équité des principes et la validité de l'accord résident dans la valeur de cette position originelle, en tant que situation d'égalité et de liberté qui va permettre aux participants de sélectionner dans la procédure de délibération des principes de justice pour organiser la coopération entre des adhérents libres et égaux au projet de vie commune. C'est la seule façon d'assurer un certain équilibre et une certaine justice entre les contractants sans tenir compte des circonstances particulières et des intérêts de chacun. Il n'y a donc pas de critère indépendant de justice, et c'est la procédure elle-même qui garantit que le résultat produit sera juste.

Dans une telle situation, Rawls est d'avis que les participants choisiraient son option, la justice comme équité. Celle-ci se fonde sur les principes suivants :

---

3. Rawls, 1987, p. 185.

En premier lieu :
Chaque personne doit avoir un droit égal au système le plus étendu de libertés de base égales pour tous qui soit compatible avec le même système pour les autres.

En second lieu :
Les inégalités sociales et économiques doivent être organisées de façon à ce que, à la fois,
a) l'on puisse raisonnablement s'attendre à ce qu'elles soient à l'avantage de chacun et
b) qu'elles soient attachées à des positions et à des fonctions ouvertes à tous[4].

Ces deux principes constituent les critères de la distribution des biens et des charges entre les membres de la société. L'ordre dans l'application des principes est aussi important que leur détermination. En effet, le second principe ne peut être appliqué que si le premier l'est ou, du moins, ne le contredit pas.

Le premier principe : la garantie des libertés de base

La priorité du premier principe réside dans la volonté de protéger la liberté contre toute tentative de la marchander, que ce soit pour venir en aide aux plus démunis ou pour donner aux plus défavorisés un accès à l'emploi. Il n'est donc pas question d'écorcher les libertés dites fondamentales – les droits à la liberté et à l'intégrité de la personne, le droit à une propriété suffisante pour garantir l'autonomie de chacun, le droit à l'égalité des libertés politiques, sans oublier les libertés d'opinion et d'association – afin d'accroître l'égalité des conditions. Le principe de liberté constitue ainsi l'un des piliers des démocraties occidentales.

On comprend que, chez Rawls, les libertés chères aux démocraties libérales ne sauraient faire l'objet d'aucun compromis. Car sous le couvert d'entraide et d'assistance aux plus démunis pourrait en effet se dissimuler une volonté d'exploitation et d'asservissement ; ainsi, prétextant vouloir aider les plus vulnérables dans la société, un employeur pourrait les engager dans son entreprise pour les payer moins cher ou les faire travailler dans de mauvaises conditions. De la sorte, la liberté n'a comme limite que la liberté d'autrui : « La liberté ne peut être limitée qu'au nom de la liberté elle-même[5]. » La satisfaction du premier principe constitue en ce sens un préalable à l'application du second.

Le second principe : une limite aux inégalités

Le second principe infléchit fortement le contenu de ce quasi-contrat social dans le sens du versant socialisant de la tradition démocratique. En effet, selon ce principe, toute différence dans la distribution des biens primaires n'est justifiable que si les plus défavorisés de la société en sont les premiers bénéficiaires. Sur le

---

4. Rawls, 1987, p. 91.
5. Rawls, 1987, p. 239.

plan économique, les riches ne peuvent légitimement s'enrichir que si, du même coup, les pauvres y trouvent également leur compte. On pense que cela est possible dans la mesure où l'État peut soit intervenir pour redistribuer partiellement la richesse, soit encourager les mieux nantis à investir dans les activités économiques et permettre de cette façon aux plus démunis d'accéder aux biens primaires par le travail.

Ainsi, on peut dire que le second principe vise à déterminer les limites moralement acceptables des inégalités économiques et sociales entre les individus. Ces inégalités se justifient par l'avantage qu'elles procurent aux plus démunis de la société. Cependant, Rawls établit une priorité à l'intérieur même des deux volets que comporte ce principe. Cette priorité est celle de la justice sur le bien-être, celle de la juste égalité des chances sur les avantages offerts aux plus défavorisés. Ainsi perçu, le **principe de différence** est une affirmation de la priorité du droit par rapport au bien et il joue un rôle régulateur de la pratique politique : il exprime l'aspiration à une égalité de condition, mais la tempère au nom de la liberté et de l'égalité des chances.

Étant choisis unanimement et d'une façon rationnelle, ces principes sont considérés par Rawls comme l'expression de la volonté générale des contractants. Ils traduisent leur conception de la justice et leur attachement à des institutions et à une structure de la société qui leur assurent une égalité des chances. En définitive, dans sa construction d'un **ordre juste**, Rawls, tout en défendant une certaine forme d'égalité (premier principe et volet *b* du second), introduit l'inégalité pour des raisons de motivation et de maximisation de l'efficacité productive de la société. L'égalité de base pour les droits fondamentaux reste cependant primordiale pour la protection des plus vulnérables de la société contre le sexisme, le racisme et toutes les autres formes de discrimination et d'exploitation.

La discrimination positive

Beaucoup d'institutions ayant favorisé dans les dernières décennies l'embauche des hommes pratiquent désormais une discrimination positive envers les femmes afin d'afficher un meilleur équilibre entre hommes et femmes parmi leurs employés. Cette politique d'embauche veut que, à compétences égales, les femmes soient préférées aux hommes pour l'obtention d'un emploi. L'une de ses conséquences principales est qu'il devient plus difficile pour les hommes de trouver du travail dans les domaines où la concurrence féminine est présente.

QUESTION

Rawls pourrait-il, selon vous, accepter comme conforme à ses principes de justice la pratique de la discrimination positive ?

UNE RÉPONSE À L'UTILITARISME

L'idée utilitariste du bonheur

L'utilitarisme se fixe comme objectif le bonheur général (voir la p. 42). Rappelons que, selon cette théorie, les choix moraux et politiques devraient être fonction de la prévision de l'effet bénéfique le plus important produit sur le plus grand nombre d'individus. Le seul critère permettant de juger si nos actions sont bonnes ou mauvaises est le bonheur général. « La seule chose désirable comme fin est le bonheur[6] », toutes les autres choses n'étant désirables qu'à titre de moyens pour y arriver. Faire une action en fonction du bien produit tout en œuvrant à maximiser ce bien, utiliser de bons moyens ou des moyens occasionnant le moins de mal, c'est là l'essentiel de la thèse utilitariste.

Rawls s'oppose à cette thèse et fait valoir la notion de sujet moral de Kant contre la conception de l'individu rationnel défendue par l'utilitarisme. Il ne conçoit pas la personne comme un individu recherchant à tout prix son propre bien-être et celui de la majorité, mais comme une personne morale susceptible non seulement d'une action rationnelle, c'est-à-dire d'une action instrumentale visant l'intérêt propre, mais aussi d'une action raisonnable impliquant des considérations morales et un sens de la justice. Il conçoit l'être humain comme une personne morale libre et égale à tout autre être (voir Kant, à la p. 32) et il pense qu'il est important de se tenir à l'écart des thèses utilitaristes qui soutiennent l'idée de maximisation du bien-être général à n'importe quel prix sur le plan des droits.

Rawls : la priorité du juste sur le bien

Rawls donne priorité au droit sur le bien : la maximisation du bien-être ne peut se faire aux dépens des droits individuels. Il pense qu'on atteindrait avantageusement le plus grand bonheur du plus grand nombre en assurant une redistribution égale des biens disponibles aux plus désavantagés, respectant ainsi leurs droits fondamentaux à la liberté, à l'égalité d'accès à la richesse, à la dignité, etc., et maximisant leur bien-être. Du coup, il regrette que l'utilitarisme traite les questions morales d'égalité, de liberté et de justice en se fondant sur des calculs empiriques d'avantages et d'inconvénients pour l'ensemble de la société, des calculs qui ne font pas référence à la nécessité du respect des droits humains. Il se donne ainsi un cadre de réflexion dans lequel les droits et libertés fondamentaux sont prioritaires par rapport à la recherche du bien-être général.

Selon Rawls, il n'est pas juste de viser à accroître le bien-être du plus grand nombre ou le bien-être général d'une société si cela implique que l'on sacrifie les droits ou les biens d'un certain nombre de personnes. Il considère que, de cette

---

6. Mill, 1968, p. 48.

façon, les droits individuels risquent d'être bafoués au nom de la majorité, puisque, en invoquant l'utilité sociale, on pourrait se considérer comme justifié d'empiéter sur les droits et libertés et sur les chances de réussite des personnes. En fait, Rawls cherche à traiter les individus comme des fins en soi et non comme des moyens, reprenant ainsi un thème fondamental de l'éthique kantienne, dont il se réclame ouvertement. Il combat ainsi l'utilitarisme, qui perçoit les individus comme des unités de compte dans un calcul de maximisation de l'**intérêt général**.

Finalement, on peut considérer que le danger de l'utilitarisme réside dans la possibilité théorique qu'une minorité d'autoritaires puisse imposer son modèle à une population en alléguant le bonheur de la majorité. Pis encore, l'utilitarisme pourrait, à la limite, justifier l'esclavage, le servage, l'exploitation des travailleurs ou même toute forme de tyrannie. Pour autant qu'on puisse obtenir la sympathie de la majorité en la favorisant, rien ne pourrait arrêter le choix d'actions condamnables. De la sorte, on pourrait sacrifier des droits et libertés fondamentaux pour l'utilité et le bien-être général. Mais en accordant la priorité au droit sur le bien, suivant le principe de différence, Rawls assigne à la société un idéal de justice comme équité, idéal qu'il appuie sur une conception du droit individuel fondé sur le bien-être fondamental de chacun et sur le droit à des chances égales pour tous.

L'importance des différences individuelles

La maximisation utilitariste de l'intérêt général, pense Rawls, nivelle les individus et sacrifie leurs intérêts privés à l'utilité de la majorité. Ainsi, insensible au pluralisme des valeurs et des personnes, l'utilitarisme n'aurait aucune considération pour les choix et les préférences des gens. Son critère unique de maximisation du bonheur le rendrait incompatible avec la singularité de chacun et pourrait ouvrir sur des perspectives où les droits et libertés fondamentaux sont sacrifiés au nom de l'utilité et du bien-être général acceptable.

LA RESPONSABILITÉ SOCIALE DE L'ÉTAT

La question du mérite

Rawls reconnaît que la nature crée des inégalités entre les êtres humains et il n'entre pas dans son propos de condamner toute inégalité en tant que telle (voir son second principe). Mais il est d'avis que les inégalités doivent concourir à l'amélioration du sort des plus démunis. Sur ce point, l'idée de Rawls se démarque de la conception purement méritocratique (à chacun selon ses mérites) de la justice (voir Nietzsche, à la p. 53), sensible uniquement aux dispositions naturelles de chacun, qu'on trouve dans certaines sociétés compétitives contemporaines. Pour Rawls, il importe que l'accès aux postes et aux fonctions ne soit pas d'emblée hypothéqué par une stratification sociale qui serait prédéterminée par les privilèges de la naissance. Le principe de l'égalité des chances constitue, à son avis, une condition fondamentale pour rendre les inégalités des résultats moralement acceptables.

Désormais, l'individu constitue l'élément de base de la société ; les conventions sociales, par le biais des institutions, doivent se borner à régler la compétition de telle manière que l'individu puisse poursuivre la réalisation de ses fins avec le minimum d'entraves, naturelles ou sociales. Il peut donc légitimement s'enrichir par son travail, satisfaire la diversité de ses besoins par l'échange, remplir des fonctions à la mesure de ses efforts et de ses talents. Aux capacités et au droit à des chances égales, Rawls ajoute ainsi la juste reconnaissance du mérite personnel. La place de chacun n'est plus gratuitement reçue ; elle est conquise par l'énergie et les capacités propres de l'individu, une fois que la structure de base de la société est ouverte et accessible d'une façon égale pour tous.

L'action de l'État : un remède à l'arbitraire de la nature

À la lumière de ces objections, l'idéal méritocratique s'est chargé socialement de connotations négatives. La préoccupation s'est déplacée de la récompense des meilleurs à la compensation des perdants, de l'égalité des chances au départ à la réduction de l'inégalité dans les résultats. Rawls a tenté de fonder une doctrine positive de la justice qui, sans ruiner le principe de l'égalité des chances, atténue ses implications conservatrices par le principe de la correction des inégalités non méritées. Et c'est l'État qui doit jouer ce rôle. Pour des raisons indépendantes de leur volonté, certains se trouvent handicapés par leur position de départ à cause des contingences de la naissance. Il convient donc de redresser les écarts dans le sens de l'égalité.

Dans cette optique, il est socialement juste, par exemple, de consacrer une plus grande partie des fonds publics à l'assistance aux étudiants en difficulté. Mais aussi et surtout, il faut apprendre à considérer le talent non comme une propriété privée, mais comme une sorte de capital social dont les fruits devraient profiter à tous, et plus particulièrement à ceux que la nature n'a pas comblés. Aucune différence naturelle ni sociale n'est justifiable *a priori*. D'un point de vue moral, les inégalités naturelles ne sont pas méritées et sont par conséquent arbitraires. L'artifice politique devrait donc en toute justice remédier aux disgrâces de la nature.

Rawls introduit ici une idée d'une grande portée. Il se démarque à la fois des socialistes et des néolibéraux. Il ne s'agit plus de partager également les biens disponibles, comme le soutiennent les marxistes, mais de redistribuer les fruits de la compétence sociale, constituée de l'ensemble des compétences individuelles, selon des critères de justice sociale. C'est le talent exploité par un système d'éducation ouvert à tous qui doit être considéré comme la source principale des biens premiers et de la richesse sociale. Les biens et les avantages sociaux doivent donc être partagés selon des principes de justice, comme ceux élaborés dans la position originelle, lesquels doivent primer sur les considérations purement économiques qu'on trouve chez les libertariens, où chacun reçoit selon le produit de ses talents et de ses moyens de production.

L'avènement de l'État providence

Le rapport du député sir William Beveridge, *Social Insurance and Allied Services*, publié en 1942, servit de base pour édifier le système britannique. Mais il inspira plus largement toutes les réformes menées dans les principaux pays après la Seconde Guerre mondiale. [...] Il repose sur une nouvelle conception du risque social et du rôle de l'État. La sécurité sociale a pour but de « libérer l'homme du besoin » en garantissant une sécurité du revenu. [...] Il propose la mise en place d'un système global et cohérent. Le régime d'assurance sociale qu'il préconise a quatre caractéristiques principales :

1. C'est un système généralisé, qui couvre l'ensemble de la population quel que soit son statut d'emploi ou son revenu.
2. C'est un système unifié et simple : une seule cotisation couvre l'ensemble des risques qui peuvent entraîner une privation du revenu. Beveridge pose le principe de la « compréhension nationale des risques sociaux ».
3. C'est un système uniforme : les prestations sont uniformes quel que soit le gain des intéressés.
4. C'est un système centralisé : il préconise une réforme administrative et la création d'un service public unique.

Source : Rosanvallon, 1981, p. 147-148.

QUESTION

Retrouvez-vous ces principes dans les politiques actuelles de l'État providence au Québec et au Canada ? Peut-on justifier ces principes en se fondant sur une théorie du contrat comme celle de Rawls ?

L'estime de soi et la fraternité

Ainsi, selon Rawls, ceux qui se trouvent au bas de l'échelle n'auront pas à se sentir méprisés, humiliés et exclus de la société ; le sens de leur valeur personnelle et leur estime de soi seront protégés. L'entraide et la solidarité devraient venir à bout de toute exclusion sociale des individus. Pourvu que les mobiles égoïstes de l'individu soient tenus en échec, la voix de la conscience morale peut ainsi se faire entendre et dicter clairement ses exigences. D'après lui, il y a une disposition morale dans l'homme qui l'incline à la réciprocité. Dans une société juste, cette disposition pourrait s'épanouir jusqu'à devenir un état d'esprit durable.

Cette tendance pousserait l'individu à ne vouloir pour lui-même qu'un état de choses où les intérêts d'autrui seraient également satisfaits. Il s'agit d'étendre à la société globale cet idéal qui est d'ailleurs souvent une réalité vécue dans le monde plus intime de la famille. En effet, la famille est justement un lieu où le principe de maximisation de la somme globale des avantages est rejeté : chacun accepte de ne pas jouir d'avantages particuliers sans en faire profiter les autres, moins fortunés. Ce qui est spontanément pratiqué n'est pas autre chose que le principe de différence. Ce principe doit être compris comme la traduction concrète et actuelle du principe républicain de la fraternité. « La liberté correspond au premier principe, l'égalité à l'idée d'égalité contenue dans le premier principe et à celle d'une juste égalité des chances, et la fraternité au principe de différence[7]. »

Dans les sociétés complexes d'aujourd'hui, plusieurs personnes prétendent que l'exigence de fraternité ne convient qu'aux relations interpersonnelles vécues dans l'enceinte étroite de la famille ou, à la limite, dans de petites communautés unies telles que des sectes ou des villages. Rawls répond que l'idéal de fraternité, tout comme le sens de l'amitié civique et de la solidarité sociale, est parfaitement à sa place dans l'ordre politique. Selon l'interprétation démocratique des deux principes de justice, cet idéal reçoit un contenu précis et praticable à l'échelle d'une société moderne, hétérogène, pluraliste et ouverte. La fraternité ne concerne pas seulement la relation courte, immédiate, affective, mais la relation longue, distante, celle que nous avons avec les autres dans la société, même s'ils nous sont étrangers. Il s'agit donc d'une fraternité sociale, qui concerne la restructuration de la société.

UNE THÉORIE QUI RENOUVELLE LE DÉBAT

Rawls a renouvelé le traitement des questions de justice sociale et d'équité en philosophie morale et politique. La plupart des théoriciens intéressés par la justice distributive ont grandement bénéficié de ce renouveau, même s'ils n'acceptaient pas les conclusions ou la méthode de Rawls. Ce dernier est ainsi devenu l'interlocuteur privilégié des philosophes en ce domaine, et son œuvre constitue maintenant une sorte de lentille qui focalise un ensemble de problèmes parfois plus anciens. La *Théorie de la justice* reprend des débats antérieurs, les éclaire autrement, et en suscite aussi de nouveaux. En retour, les objections conduisent parfois Rawls à ajuster sa conception. L'examen de quelques-unes de ces objections nous aidera à mieux comprendre la dynamique de cette philosophie.

Une théorie politique plutôt que métaphysique

Pour les philosophes défenseurs de l'éthique du devoir de Kant, la moralité authentique est voulue pour elle-même ; elle ne peut être ravalée au niveau d'un art du bonheur. De plus, l'objet propre du politique ne consiste pas à rendre l'homme vertueux ou heureux ; selon Kant, en effet, le bon citoyen peut aussi bien être un « démon éclairé ». « Le souverain veut rendre le peuple heureux selon l'idée qu'il s'en fait, et il devient despote ; le peuple ne veut pas se laisser frustrer de la prétention au bonheur commune à tous les hommes, et il devient rebelle[8]. » Le but du politique consiste plutôt à conserver l'humanité de l'homme, sans prétendre la régénérer ou créer pour lui une vie agréable.

---

7. Rawls, 1987, p. 136.
8. Kant, 1967, p. 45.

Rawls et la moralité kantienne

La conception de Rawls, même si elle s'inspire de Kant, s'éloigne de cette perspective, et certains pensent que ce faisant on abandonne le point de vue moral lui-même. Pour Rawls, en effet, le respect des libertés fondamentales étant garanti, la grande question consiste à partager équitablement les biens primaires de manière à maximiser le bénéfice de tous. Rawls se préoccupe donc du bonheur, au moins sous la forme du bien-être. Certes, l'égalité arithmétique de conditions est exclue, mais les inégalités ne sont considérées comme justes qu'à la condition qu'aucun autre arrangement ne procure un meilleur sort aux plus démunis de la société. La structure sociale est réputée d'autant plus juste qu'elle est plus profitable à ces derniers. Cela revient à affirmer que, pour apprécier le degré de justice d'une société, il convient de se placer du point de vue d'une classe particulière, celle des plus mal lotis, comme si ce point de vue était celui de la moralité.

Cette critique a aidé Rawls à préciser sa propre conception. Il est vrai, dit-il, que le point de vue des plus mal lotis ne représente pas le point de vue de la moralité selon Kant ; il ne représente que le point de vue de la justice, celui que nous devons adopter quand nous admettons que les hommes sont des êtres de besoins autant que des êtres moraux rationnels. Si la justice considérait les êtres humains uniquement comme des sujets moraux, elle serait métaphysique et prétendrait à la vérité. Pour Rawls, une telle conception est trop pointue et exigeante, et elle ne pourrait servir de base à un accord sur des principes de justice. Ces principes doivent tenir compte, selon lui, des conditions de vie générales des hommes et de la structure de base de la société. C'est pourquoi il présente maintenant sa théorie comme une théorie avant tout politique : elle n'est pas axée sur la vérité d'un système philosophique, mais sur la justesse des relations sociales.

Le libéralisme politique

L'attention que porte Rawls à la situation sociale des individus dans le monde d'aujourd'hui et son souci de dialogue avec ses critiques l'ont conduit non seulement à préciser sa pensée, mais à l'orienter dans une nouvelle direction. L'objection qui a amené cette adaptation est celle de la possible contradiction entre la conception de la personne chez Rawls et sa conception de la fraternité sociale au nom de la justice.

COMMUNAUTARIENS
Philosophes contemporains qui critiquent les théories universalistes de la justice au nom d'un idéal de la communauté humaine. Ils remettent en question les sociétés libérales et individualistes actuelles.

Cette objection, selon laquelle la position originelle présuppose un individualisme abstrait peu compatible avec l'importance de la communauté pour les humains, a été formulée par les communautariens*, qui représentent une importante tendance de la philosophie politique actuelle. Michael Sandel, par exemple, dans *Le libéralisme et les limites de la justice* (1982), reproche à Rawls d'avoir élaboré une conception des personnes où celles-ci sont dépouillées des finalités et des engagements qui constituent leur identité. Il considère l'approche de Rawls comme insensible à l'importance que revêtent notre vie collective et le bien

commun. Reposant sur une procédure de délibération, celle de la position originelle, sa conception purement procédurale de la justice ne ferait aucune mention
de ce que toute théorie morale acceptable devrait contenir, à savoir une conception du bien commun pour les humains.

Le fait du pluralisme

Pour Rawls aussi, cependant, la justice et les institutions justes sont des biens
partagés qui constituent les valeurs d'une communauté de citoyens démocratiques
libres et égaux. Dans son dernier ouvrage, *Libéralisme politique* (1995), il réagit à la
critique des communautariens et réajuste sa théorie : si les principes de justice
qu'elle propose représentent bien des valeurs acceptables pour les gens vivant
dans les sociétés d'aujourd'hui, il faudra abandonner la prétention à l'universalité
affirmée dans *Théorie de la justice*. Rawls pense qu'il lui faut adapter sa conception
de la justice afin de tenir compte des nouvelles réalités de diversité culturelle et
religieuse et de pluralisme moral des sociétés démocratiques comme celle des
États-Unis.

Cette perspective l'oblige notamment à concentrer ses efforts sur la nature
des institutions, qui constituent la structure de base de la société, et à abandonner
ses prétentions de pouvoir appliquer sa conception aux individus. Ces désaccords
moraux sont d'autant plus perceptibles qu'une analyse historique, depuis les révolutions américaine et française, lui a démontré l'incapacité des institutions
sociopolitiques telles qu'elles existaient de répondre aux besoins divers des
citoyens en matière de libertés et de droits fondamentaux. Les désaccords portent
non seulement sur la manière dont les institutions devraient être organisées, mais
aussi sur le rôle qu'elles devraient jouer dans une société politique libérale.

L'adaptation qu'il propose prend essentiellement la forme d'une reconsidéra-
tion de l'idéal moral de recherche d'équité, visant à en faire désormais une théorie
politique qui permettrait de dégager des consensus sociaux par la recherche d'un
recoupement entre les diverses convictions politico-morales. On passe ainsi d'une
philosophie centrée sur le contrat à une conception axée sur le consensus social,
de la justice comme équité à la nouvelle variété de libéralisme proposée par
Rawls, le libéralisme politique. Sa nouvelle perspective permet à Rawls de
répondre au besoin de cohésion sociale, laquelle est nécessaire à la stabilité des
communautés politiques. Le défi consiste à tenir compte de la diversité pour bâtir
une société unie et stable.

L'idée de consensus par recoupement

Selon le libéralisme politique, l'idéal de justice doit reposer sur des institutions
sociopolitiques ouvertes à la diversité et à la pluralité dans le cadre du respect des
libertés fondamentales, libertés religieuse, morale, politique, etc. La seule façon
de relever ce défi consiste à chercher à obtenir, à partir des choix moraux particuliers des citoyens, un consensus par recoupement qui tienne compte de la

diversité et de la pluralité des positions morales tout en protégeant l'idéal politico-moral. À cet égard, Rawls dit:

> Un consensus par recoupement est formé de toutes les doctrines compréhensives*, raisonnables mais opposées, qu'elles soient morales, philosophiques ou religieuses, qui ont des chances de persister à travers les générations et de gagner un nombre considérable d'adhérents dans un régime constitutionnel plus ou moins juste[9].

Ce consensus par recoupement peut être obtenu d'une façon raisonnable quand la conception de la justice est acceptée malgré la diversité des croyances et grâce à la capacité de juger des citoyens et à leur sens du partage et de la coopération.

DOCTRINES COMPRÉHENSIVES
À la différence de la théorie de Rawls, théories qui accordent une priorité au bien par rapport au juste. Elles se présentent comme des théories morales complètes. Elles sont cependant en conflit les unes avec les autres et chacune voudrait être la seule acceptée.

La position originelle

Enfin, on ne peut clore le traitement de ce thème dans l'œuvre de Rawls sans mentionner rapidement la révision nécessaire du concept de position originelle. Désormais, la position originelle n'est plus perçue comme une situation initiale de liberté et d'égalité entre tous les contractants qui ignorent tout de leurs talents, de leurs préférences et de ce que leur réserve l'avenir. La position originelle devrait être perçue comme un cadre raisonnable duquel émanent les normes et les règles de la société démocratique. De la sorte, la justice et les institutions socio-politiques mises en place démocratiquement constituent un bien au service des citoyens.

Conclusion

En définitive, la conception rawlsienne de la justice constituerait une garantie de bien-être minimal pour toute personne morale qui s'engage dans une vie sociale. Elle permettrait de réfléchir aux raisons qui nous feraient adopter un modèle de société juste, propice à la réalisation de tout un chacun. Par exemple, l'idée de recourir aux activités et aux efforts de certains pour améliorer les conditions de vie des autres (second principe) semble convenir à ceux qui considèrent l'être humain comme un être raisonnable capable de coopération et de partage. Pareille conception de la justice donne une justification morale aux différentes institutions redistributives, et Rawls fait le pari que cette conception peut faire consensus même parmi les gens qui ont des idées morales très différentes. Il fait la promotion d'un libéralisme politique où l'État joue un rôle de protecteur du citoyen sur le plan de ses droits et de ses conditions de vie, et où le pluralisme des croyances appelle la tolérance autant que l'entraide.

Au terme de ce chapitre, on devrait ainsi mieux comprendre les éléments et le dynamisme d'une pensée qui reflète les conditions de vie et les conceptions des membres de nombreuses sociétés contemporaines. La pensée de Rawls n'est pas la seule, d'ailleurs, à défendre ces conceptions: plusieurs autres philosophes s'appliquent

---

9. Rawls, 1995, p. 39.

à articuler les thèses essentielles d'un libéralisme à saveur sociale-démocrate, comme Ronald Dworkin (voir les p. 140-141) et Philippe van Parijs. Ils étendent souvent leur champ d'intérêt aux questions relatives à la justice entre les générations, à la question de l'accès aux ressources naturelles et de la façon dont il faut s'y prendre pour les gérer, à la justice entre les nations, etc. Dans un cas comme dans l'autre, ces conceptions visent à contrer l'utilitarisme par des thèses qui respectent la diversité des idées sur la vie propres à chacun dans nos sociétés pluralistes. La conviction que l'État a un rôle à jouer dans la promotion de la justice et de l'égalité conserve ainsi beaucoup de poids de nos jours, malgré la vague néolibérale récente de restrictions budgétaires et de rationalisation des dépenses publiques.

EXERCICES

SYNTHÉTISEZ VOS CONNAISSANCES ET DÉVELOPPEZ UNE ARGUMENTATION

1. La notion de maximin à laquelle Rawls fait référence vous semble-t-elle suffisante pour satisfaire à la notion de droits fondamentaux ?

2. Expliquez pourquoi les participants à la position originelle refuseraient d'établir une société où il y aurait :
   - des castes privilégiées ;
   - une absence de système d'aide sociale ;
   - un système élitiste de soins de santé ;
   - une discrimination raciale ou sexuelle ;
   - une forte censure ;
   - un gouvernement guerrier et expansionniste.

3. Montrez pourquoi, selon Rawls, le voile d'ignorance est le garant d'une procédure de décision équitable.

4. Rawls pourrait-il, selon vous, accepter comme conformes à ses principes de justice :
   a) Une médecine privée parallèle à une médecine publique, où les mieux nantis accèdent plus rapidement aux soins de santé ?
   b) Un système d'imposition où les plus riches doivent donner à l'État un plus grand pourcentage de leur salaire que les plus pauvres ?
   c) Un système scolaire où l'enseignement est meilleur dans les villes et les quartiers plus riches que dans les villes et les quartiers défavorisés ?

5. Qu'est-ce qui fait de la théorie de la justice de Rawls une théorie de l'équité, de l'avis même de son auteur ?

6. Trouvez quelques exemples où un salaire plus élevé visant à récompenser une compétence supérieure est justifié selon le principe de différence de Rawls (second principe).

7. Rawls pense que l'égalité des chances doit corriger les inégalités dues aux talents naturels et favoriser les moins doués pour qu'ils aient des chances égales par rapport aux autres, sans empêcher les autres de cultiver leurs talents. Ne pourrait-on pas reprocher à Rawls un trop grand optimisme ? Quelles objections pourriez-vous soulever à son idée d'une compensation idéale des inégalités naturelles ?

« L'idée principale de la théorie de la justice » (extraits)

Mon but est de présenter une conception de la justice qui généralise et porte à un plus haut niveau d'abstraction la théorie bien connue de contrat social telle qu'on la trouve, entre autres, chez Locke, Rousseau et Kant. Pour cela, nous ne devons pas penser que le contrat originel soit conçu pour nous engager à entrer dans une société particulière ou pour établir une forme particulière de gouvernement. L'idée qui nous guidera est plutôt que les principes de la justice valables pour la structure de base de la société sont l'objet de l'accord originel. Ce sont les principes mêmes que des personnes libres et rationnelles, désireuses de favoriser leurs propres intérêts, et placées dans une position initiale d'égalité, accepteraient et qui, selon elles, définiraient les termes fondamentaux de leur association. Ces principes doivent servir de règle pour tous les accords ultérieurs ; ils spécifient les formes de la coopération sociale dans lesquelles on peut s'engager et les formes de gouvernement qui peuvent être établies. C'est cette façon de considérer les principes de la justice que j'appellerai la théorie de la justice comme équité.

Par conséquent, nous devons imaginer que ceux qui s'engagent dans la coopération sociale choisissent ensemble, par un seul acte collectif, les principes qui doivent fixer les droits et les devoirs de base et déterminer la répartition des avantages sociaux. Les hommes doivent décider par avance selon quelles règles ils vont arbitrer leurs revendications mutuelles et quelle doit être la charte fondatrice de la société. De même que chaque personne doit décider, par une réflexion rationnelle, ce qui constitue son bien, c'est-à-dire le système de fins qu'il est rationnel pour elle de rechercher, de même un groupe de personnes doit décider, une fois pour toutes, ce qui, en son sein, doit être tenu pour juste et pour injuste. Le choix que des êtres rationnels feraient, dans cette situation hypothétique d'égale liberté, détermine les principes de la justice – en supposant pour le moment que le problème posé par le choix lui-même ait une solution.

Dans la théorie de la justice comme équité, la position originelle d'égalité correspond à l'état de nature dans la théorie traditionnelle du contrat social. Cette position originelle n'est pas conçue, bien sûr, comme étant une situation historique réelle, encore moins une forme primitive de la culture. Il faut la comprendre comme étant une situation purement hypothétique, définie de manière à conduire à une certaine conception de la justice. Parmi les traits essentiels de cette situation, il y a le fait que personne ne connaît sa place dans la société, sa position de classe ou son statut social, pas plus que personne ne connaît le sort qui lui est réservé dans la répartition des capacités et des dons naturels, par exemple l'intelligence, la force, etc. J'irai même jusqu'à poser que les partenaires ignorent leurs propres conceptions du bien ou leurs tendances psychologiques particulières. Les principes de la justice sont choisis derrière un voile d'ignorance. Ceci garantit que personne n'est avantagé ou désavantagé dans le choix des principes par le hasard naturel ou par la contingence des circonstances sociales. Comme tous ont une situation comparable et qu'aucun ne peut formuler des principes favorisant sa condition particulière, les principes de la justice sont le résultat d'un accord ou d'une négociation équitable (*fair*). Car, étant donné les circonstances de la position originelle, c'est-à-dire la symétrie des relations entre les partenaires, cette situation initiale est équitable à l'égard des sujets moraux, c'est-à-dire d'êtres rationnels ayant leurs propres systèmes de fins et capables, selon moi, d'un sens de la justice. La position originelle est, pourrait-on dire, le *statu quo* initial adéquat et c'est pourquoi les accords fondamentaux auxquels on parvient dans cette situation initiale sont équitables. Tout ceci nous explique la justesse de l'expression « justice comme équité » : elle transmet l'idée que les principes de la justice sont issus d'un accord conclu dans une situation initiale elle-même équitable. Mais cette expression ne signifie pas que les concepts de justice et d'équité soient identiques, pas plus que, par exemple, la formule « la poésie comme métaphore » ne signifie que poésie et métaphore soient identiques.

La théorie de la justice comme équité commence, ainsi que je l'ai dit, par un des choix les plus généraux parmi tous ceux que l'on puisse faire en société, à savoir par le choix des premiers principes qui définissent une conception de la justice, laquelle déterminera ensuite toutes les critiques et les réformes ultérieures des institutions. Nous pouvons supposer que, une conception de la justice étant choisie, il va falloir ensuite choisir une constitution et une procédure législative pour promulguer des lois, ainsi de suite, tout ceci en accord avec les principes de la justice qui ont été l'objet de l'entente initiale. Notre situation sociale est alors juste quand le système de règles générales qui la définit a été produit par une telle série d'accords hypothétiques. De plus, si on admet que la position originelle détermine effectivement un ensemble de principes (c'est-à-dire qu'une conception particulière de la justice y serait choisie), chaque fois que ces principes seront réalisés dans les institutions sociales, les participants pourront alors se dire les uns aux autres que leur coopération s'exerce dans des termes auxquels ils consentiraient s'ils étaient des personnes égales et libres dont les relations réciproques seraient équitables. Ils pourraient tous considérer leur organisation comme remplissant les conditions stipulées dans une situation initiale qui comporte des contraintes raisonnables et largement acceptées quant au choix des principes. La reconnaissance générale de ce fait pourrait fournir la base d'une acceptation par le public des principes de la justice correspondants.

Aucune société humaine ne peut, bien sûr, être un système de coopération dans lequel les hommes s'engagent, au sens strict, volontairement ; chaque personne se trouve placée dès la naissance dans une position particulière, dans une société particulière, et la nature de cette position affecte matériellement ses perspectives de vie. Cependant, une société qui satisfait les principes de la justice comme équité se rapproche autant que possible d'un système de coopération basé sur la volonté, car elle satisfait les principes mêmes auxquels des personnes libres et égales donneraient leur accord dans des circonstances elles-mêmes équitables. En ce sens, ses membres sont des personnes autonomes et les obligations qu'elles reconnaissent leur sont imposées par elles-mêmes.

Un des traits de la théorie de la justice comme équité est qu'elle conçoit les partenaires placés dans la situation initiale comme des êtres rationnels qui sont mutuellement désintéressés (*mutually disinterested*). Cela ne signifie pas qu'ils soient égoïstes, c'est-à-dire qu'ils soient des individus animés par un seul type d'intérêts, par exemple la richesse, le prestige et la domination. C'est plutôt qu'on se les représente comme ne s'intéressant pas aux intérêts des autres. Il faut faire l'hypothèse que même leurs buts spirituels peuvent être opposés, au sens où les buts de personnes de religions différentes peuvent être opposés. En outre, le concept de rationalité doit être interprété, dans la mesure du possible, au sens étroit, courant dans la théorie économique, c'est-à-dire comme la capacité d'employer les moyens les plus efficaces pour atteindre des fins données. Je modifierai ce concept dans une certaine mesure, comme je l'explique plus loin [...], mais il faut essayer d'éviter d'y introduire un élément éthique sujet à controverses. Quant à la situation initiale, elle doit être caractérisée par des stipulations largement acceptées. [...]

Il n'en demeure pas moins que le problème du choix des principes est extrêmement difficile. Je ne m'attends pas à ce que la réponse que je vais suggérer satisfasse tout le monde. Il vaut la peine de remarquer que, comme d'autres conceptions contractuelles, la théorie de la justice comme équité est constituée de deux parties : une interprétation de la situation initiale et du problème de choix qui s'y pose, et un ensemble de principes susceptibles d'emporter l'adhésion. On peut accepter la première partie de la théorie (ou une de ses variantes) sans accepter l'autre, et inversement. Le concept de situation initiale contractuelle peut paraître raisonnable même si l'on rejette les principes particuliers qui sont proposés. Bien entendu, je souhaite défendre l'idée que la conception la plus adéquate de cette situation conduit effectivement à des principes de la justice qui sont à l'opposé de l'utilitarisme et du perfectionnisme et que, par conséquent, la doctrine du contrat fournit une solution de rechange à ces conceptions. Cependant, cette affirmation reste discutable même si l'on concède que la méthode du contrat est une manière utile d'étudier des théories éthiques et d'exposer leurs présupposés.

La théorie de la justice comme équité est un exemple de ce que j'ai appelé une théorie du contrat.

[...]

Le mérite de la terminologie du contrat vient de ce qu'elle transmet l'idée que les principes de la justice peuvent être conçus comme des principes que des personnes rationnelles choisiraient et qu'on peut ainsi expliquer et justifier des conceptions de la justice. La théorie de la justice est une partie, peut-être même la plus importante, de la théorie du choix rationnel. N'oublions pas, d'autre part, que les principes de la justice ont affaire à des revendications conflictuelles, portant sur les avantages acquis grâce à la coopération sociale ; ils s'appliquent aux relations entre plusieurs personnes ou groupes. Le mot « contrat » suggère cette pluralité ainsi que des conditions d'une répartition adéquate des avantages, à savoir qu'elle doit se faire en accord avec des principes

acceptables par tous les partenaires. Une autre condition, celle du caractère public que doivent avoir les principes de la justice, est aussi connotée par la terminologie du contrat, c'est-à-dire que, si ces principes sont le résultat d'un accord, les citoyens ont connaissance des principes suivis par les autres. Il est caractéristique des doctrines du contrat qu'elles insistent sur la nature publique des principes politiques. Enfin, pour justifier cette terminologie, pensons à la longue tradition de la doctrine du contrat. Montrer les liens qui nous unissent à cette ligne de pensée aide à définir les idées – et s'accorde avec la piété naturelle. Il y a donc différents avantages à utiliser le terme de contrat ; si l'on prend les précautions nécessaires, il ne devrait pas nous induire en erreur.

Une dernière remarque, pour finir. La théorie de la justice comme équité n'est pas une théorie du contrat complète. En effet, il est clair que l'idée de contrat peut être étendue au choix d'un système éthique plus ou moins exhaustif, c'est-à-dire comportant des principes pour toutes les vertus et pas seulement pour la justice. Or, pour l'essentiel, je ne considérerai que les principes de la justice et ceux qui y sont étroitement liés. Je ne ferai aucune tentative pour discuter des vertus d'une manière systématique. Il est évident que si la théorie de la justice comme équité s'avère relativement satisfaisante, une étape suivante serait d'étudier la conception plus générale que suggère l'expression « le juste comme équité » (*rightness as fairness*). Mais, même cette théorie plus large ne réussit pas à englober toutes les relations morales, puisqu'elle n'inclut, semble-t-il, que nos relations avec d'autres personnes, sans tenir compte du problème posé par notre comportement à l'égard des animaux et du reste de la nature. Je ne prétends pas que la notion de contrat offre une voie d'approche pour ces questions certainement très importantes et j'aurai à les laisser de côté. Nous devons donc reconnaître les limites de la théorie de la justice comme équité et du type général de conception qu'elle représente. Mais on ne peut, par avance, décider dans quelle mesure ses conclusions devront être révisées, une fois comprises ces autres questions.

Source : Rawls, 1987, paragraphe 3, p. 37-40 et 42-44.

QUESTIONS

1. En quoi la position originelle de Rawls constitue-t-elle une garantie de liberté et d'égalité ?

2. Rawls soutient que sa théorie est contractualiste. En quoi cela vous semble-t-il fondé ?

Lectures suggérées

MERRIEN, François-Xavier (1997), *L'État providence*, Paris, PUF, 124 p. (coll. Que sais-je ?, n° 3249).

NUSSBAUM, Martha (1993), « Justice pour les femmes », trad. de J. Kempf, *Esprit*, mai, p. 54-72.

PETRELLA, Ricardo (1996), *Le bien commun. Éloge de la solidarité*, Bruxelles, Labor.

SEN, Amartya (1991), « La liberté individuelle : une responsabilité sociale », trad. de M. Canto-Sperber, *Esprit*, mars-avril, p. 5-25.

VAN PARIJS, Philippe (1997), *Refonder la solidarité*, Paris, Cerf (coll. Humanités).

CHAPITRE 5

Propriété et liberté : la justice chez Robert Nozick

Introduction

Plusieurs philosophes insistent plus que Rawls ne le fait sur l'importance des libertés individuelles et forment pour cette raison une importante tendance en philosophie politique actuelle, le **libertarisme**. Fondant leur conception de la justice sur l'importance des droits naturels des individus, ils représentent depuis les années 1970 un courant de pensée dominant dans les sociétés occidentales. Leurs thèses ont influé sur les politiques de **déréglementation** de nombreux gouvernements, et elles servent souvent à justifier la critique de l'État providence. L'un des éminents représentants de cette école de pensée est sans doute Robert Nozick. Son œuvre principale, *Anarchie, État et utopie* (1974), se veut une réponse au libéralisme égalitariste de Rawls et conteste le rôle de l'État dans la société civile : Nozick défend l'idée d'un État protecteur des droits naturels, un État limité qui serait au service de la liberté et de la propriété privée. Son œuvre a largement alimenté les débats contemporains sur la question de la société juste, en particulier dans le domaine économique.

Nous situerons tout d'abord Nozick parmi ses précurseurs en présentant la pensée de deux économistes, Milton Friedman et Friedrich von Hayek. Ce survol nous permettra de connaître les grandes idées de la pensée libertarienne contemporaine et ainsi de mieux comprendre Nozick. Nous exposerons ensuite sa théorie de la justice, les principes qu'elle sous-tend et la conception du rôle de l'État qu'elle justifie. Finalement, nous aborderons les faiblesses et certaines limites d'un tel choix théorique. Au terme de ce chapitre, l'étudiant devrait être en mesure d'évaluer la théorie nozickienne et de prendre position dans le débat entre Rawls et Nozick sur la nature de la société juste.

LES PRÉCURSEURS :
MILTON FRIEDMAN ET FRIEDRICH VON HAYEK

FRIEDMAN, MILTON
(1912-)
Économiste et philosophe américain ; il a reçu le prix Nobel de sciences économiques en 1976.

HAYEK, FRIEDRICH VON
(1899-1992)
Économiste autrichien ; il a reçu le prix Nobel de sciences économiques en 1974.

Le regain d'intérêt pour le **libertarisme** est certainement dû à la prolifération des thèses des maîtres à penser de cette philosophie que sont Milton Friedman* et Friedrich von Hayek*. Ces deux économistes appartiennent à ce qu'on appelle l'**École de Chicago**, qui se consacre à la défense des thèses économiques néolibérales. Nous retiendrons trois thèmes majeurs de ce néolibéralisme : la suprématie du marché, le combat contre le pouvoir étatique, et l'inutilité, sinon le danger, de toute préoccupation de justice sociale.

La loi du marché

L'une des thèses principales de Friedman est que le libre marché, c'est-à-dire le libre jeu de l'offre et de la demande économiques, est seul susceptible de garantir les libertés individuelles. L'activité productive et l'échange constituent, à son avis, le meilleur garant de la liberté pour autant que cette activité économique résulte de la coopération volontaire des individus et non pas d'une direction centralisée, laquelle impliquerait le recours à la coercition. Ce qui permet à Friedman de soutenir que l'échange se fait dans la coopération et la liberté, c'est le caractère bénéfique de toute transaction économique pour les agents échangistes. On parle alors de la **loi du marché** pour exprimer son importance et sa légitimité.

Sachant que, dans les sociétés complexes, l'échange ne se fait pas directement entre les individus, mais par l'intermédiaire des entreprises et par la médiation de l'argent, Friedman est d'avis qu'une véritable coopération se noue entre les individus si deux conditions sont remplies : 1) l'entreprise doit être privée, ainsi les contractants échangistes sont ultimement des individus ; 2) ces individus doivent être libres de participer ou non à l'échange. La technique de marché garantit la liberté des participants. À cet égard, Friedman écrit :

> Du fait de la présence d'autres vendeurs avec lesquels il peut traiter, le consommateur est protégé contre la coercition que pourrait exercer sur lui un vendeur ; le vendeur est protégé contre la coercition du consommateur par l'existence d'autres consommateurs auxquels il peut vendre ; l'employé est protégé contre la coercition du patron parce qu'il y a d'autres employeurs pour lesquels il peut travailler, etc. Le marché y parvient de façon impersonnelle et sans qu'il soit besoin d'une autorité centralisée[1].

Milton Friedman
(1912-)

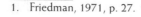

1. Friedman, 1971, p. 27.

Partageant l'opinion de Friedman, Friedrich von Hayek considère également que l'ordre du marché est le seul qui convienne aux sociétés complexes qui aspirent à la liberté. Pour lui, la **grande société*** est principalement soudée par les relations économiques. Tout comme Friedman, il refuse de cautionner l'ordre social planifié, construit et produit par les activités intentionnelles d'une personne, d'un groupe ou d'une institution, comme l'État, et imposé aux autres ; cet ordre constituerait nécessairement un échec en raison de son incapacité à saisir tout le réel dans sa complexité. Par contre, il milite en faveur d'un **ordre spontané**, qui résulte des initiatives individuelles accumulées au cours des siècles. Cela signifie que la loi du marché n'est pas le produit d'une décision des individus, mais le résultat non voulu de leurs relations libres.

GRANDE SOCIÉTÉ

Expression utilisée par Hayek pour désigner ce que les sociologues appellent la structure sociale.

Hayek reprend ici à son compte le concept de **main invisible** responsable de l'avènement de cet ordre spontané. Ce concept a été introduit au XVIIIe siècle par l'économiste écossais Adam Smith, qui a systématisé sur le plan économique les thèses de la philosophie libérale. Loin d'être intentionnel et de tendre à des fins bien définies, cet ordre se construit discrètement autour de règles de conduite générales, abstraites, qu'il suffit de mettre en pratique pour que le système soit opérant sans être écrasant. Ainsi apparaît spontanément dans les faits un univers social, une cohésion de groupe, où chaque agent est libre de poursuivre ses propres fins. De l'avis de Hayek, malgré la diversité des activités et la divergence, voire l'opposition, des besoins, les membres de la grande société trouveront une coordination et un ordre spontané qui leur permettront de vivre « une communauté de moyens et non une communauté de fins[2] ».

Friedrich von Hayek (1899-1992)

Au cœur du système créé par la **main invisible**, les règles du marché jouent un rôle prépondérant. Elles sont si importantes qu'elles constituent la source même de la création du tissu social : celui-ci se bâtit autour des relations économiques. La grande société est ainsi obtenue grâce à la mise en place de ces relations. En définitive, peu importent les fins poursuivies par les membres d'une société ; les moyens nécessaires à la poursuite de ces fins étant toujours de nature économique, ils constituent la trame des relations interpersonnelles.

Adam Smith et la « main invisible »

Philosophe et économiste écossais (1723-1790), Adam Smith a fortement influencé les analyses économiques de l'œuvre de Karl Marx, *Le capital* (1867). Auteur de *La théorie des sentiments moraux* (1759), où il assigne à la sympathie un rôle essentiel dans les jugements moraux, Smith est surtout connu pour son ouvrage *Recherches sur la nature et les causes de la richesse des nations* (1776), dans lequel il cautionne le capitalisme et s'efforce de présenter le travail comme une source de la richesse et une mesure réelle pour l'échange des biens. Dans la recherche des intérêts individuels, pense-t-il, il y a nécessairement convergence vers l'intérêt général. Par la recherche des intérêts particuliers, on rejoint, sans même le savoir, l'intérêt général. C'est ce qui constitue, d'après lui, le passage de l'individu à la société, guidé ainsi par une sorte de main invisible.

---

2. Hayek, 1981.

Le pouvoir politique

L'importance accordée par ces deux penseurs à la loi du marché ne pouvait avoir comme corollaire qu'un rétrécissement du pouvoir politique. En effet, idéalement, soutiennent-ils, une société doit se débarrasser du **politique**. Mais les humains étant ce qu'ils sont – des êtres imparfaits –, il faut absolument, pour le maintien de l'ordre et le respect des contrats, avoir une autorité qui se charge de faire respecter la **loi du marché** et d'assurer le triomphe de la liberté et de la sécurité. L'État doit jouer ce rôle et uniquement ce rôle ; autrement, il devient envahissant, **totalitaire** et menaçant pour les libertés individuelles. Ainsi, un État qui se permettrait d'intervenir dans le domaine économique s'arrogerait un pouvoir extrêmement important qui, ajouté au pouvoir politique, l'amènerait nécessairement à empiéter sur les libertés. Ce pouvoir constituerait un danger pour la démocratie. Friedman écrit à cet égard : « Si le pouvoir économique s'ajoute au pouvoir politique, la concentration paraît presque inévitable[3]. » Une distance maintenue entre le pouvoir politique et l'activité économique, entre l'État et le marché, sert donc la liberté du citoyen en supprimant la source du pouvoir coercitif.

Mais l'absence d'intervention de l'État dans le domaine de l'activité économique ne doit pas être comprise comme une indifférence de la part du pouvoir politique. Selon Friedman, l'obligation de l'État de maintenir la loi et l'ordre dans la grande société implique qu'il se doit de veiller au respect des règles du jeu économique. Il doit même leur apporter des modifications pour assurer la croissance et la prospérité. En ce sens, l'État libéral est déjà omniprésent : il intervient dans des domaines aussi variés que la défense nationale, la sécurité publique, l'assistance aux pauvres et la réglementation nécessaire à la saine concurrence. Friedman écrit à ce sujet :

> Un État qui maintiendrait la loi et l'ordre, qui nous servirait de moyen pour modifier les droits de propriété et les autres règles du jeu économique, qui se prononcerait sur les disputes concernant l'interprétation de ces règles, qui veillerait à l'application des contrats, qui encouragerait la concurrence, qui nous fournirait un cadre monétaire, qui se préoccuperait de faire échec aux monopoles techniques et de triompher des effets de voisinage généralement regardés comme suffisamment importants pour justifier l'intervention gouvernementale, qui compléterait enfin le rôle de la charité privée et de la famille en protégeant l'irresponsable – qu'il s'agisse d'un fou ou d'un enfant –, un tel État aurait, il faut en convenir, d'importantes fonctions à remplir. Le libéral conséquent n'est pas un anarchiste[4].

ANARCHISTE
Se dit de celui qui se dresse contre toute autorité organisatrice, particulièrement celle de l'État.

Loin de s'opposer à Friedman à propos de la place de l'État et de son rôle, Hayek dénonçait dans ses premiers ouvrages toute intervention supplémentaire de cette institution dans l'économie. Il retient le même argument que Friedman en évoquant le danger que cela représente pour la liberté. L'économie étant un

3.   Friedman, 1971, p. 31.
4.   Friedman, 1971, p. 53.

moyen d'atteindre nos fins, tout contrôle de cette activité constitue une mainmise de l'État sur nos propres vies. On comprend ainsi que Hayek soit en faveur d'une restriction maximale de la sphère d'intervention et du pouvoir de l'État, et qu'il se donne pour tâche, dans *Droit, législation et liberté* (1981), de combattre l'idée d'intervention politique de l'État en élaborant un modèle de constitution idéale, susceptible de protéger le citoyen contre toute forme de dirigisme et de contrôle en vue de préserver son **droit naturel à la liberté**.

La justice sociale

Le thème de la justice sociale, particulièrement celui de la justice distributive, est celui qui pose le plus de problèmes à Friedman et à Hayek. En s'intéressant à la notion d'égalité, Friedman la distingue de celle d'identité : être l'égal de quelqu'un n'est pas lui être identique. L'idée du « tous pareils car tous égaux » ne convient pas ici : un tel précepte irait contre la liberté. Si l'identité est préjudiciable à la liberté, l'égalité comprise en tant qu'égalité des chances semble cependant tout à fait compatible avec la liberté, pour autant qu'on ne la conçoive pas comme l'égalité des résultats. Cette dernière conduit, de l'avis de Friedman, à la dictature ; il la considère comme un principe de base de l'organisation sociale dans le système communiste. Même les pays occidentaux qui ont fait diverses tentatives sociales-démocrates pour se rapprocher de l'égalité des résultats se sont trouvés aux prises avec un problème de respect du droit à la propriété privée et du droit à la liberté. Ainsi doit-on comprendre que le principe d'équité dans la redistribution des richesses, principe cher aux sociaux-démocrates, ne convient pas aux thèses de Friedman. Étant donné qu'il s'agit d'un principe vague, relatif et difficile à atteindre sans toucher à l'idéal de la liberté, il faut le rejeter. L'idéal des parts équitables et l'idéal de la liberté personnelle sont donc, pour Friedman, incompatibles.

Le seul principe de distribution susceptible de respecter l'idéal de la liberté sera alors le suivant : « À chacun selon ce que produisent lui-même et les instruments qu'il possède[5]. » Même si ce principe ne tient pas compte de la question de l'accumulation primitive de la richesse, c'est-à-dire la source de l'enrichissement de certains, il apparaît aux yeux de Friedman comme un corollaire de la liberté. Il peut même nous aider à concevoir la justice distributive comme une situation réalisée par l'octroi à chacun d'une part de la richesse en fonction du résultat ou de sa contribution à la production. On conçoit de ce point de vue que Friedman soit plutôt sympathique à l'idée de l'égalité de traitement : une inégalité des résultats est acceptable dans la mesure où les mérites et les contributions des agents sont différents. Qui plus est, les résultats sont très fortement déterminés par la loi du marché.

On comprend ainsi que si la notion de justice sociale était orientée vers l'égalité et l'équité, elle ne pourrait être retenue dans le système capitaliste, très fortement caractérisé par l'inégalité des revenus et des fortunes – un système où,

---

5. Friedman, 1980, p. 159.

en principe, la seule préoccupation des agents consiste à utiliser tous les moyens légaux et légitimes pour accroître les profits.

Retenant de nouveau la loi du marché, Hayek soutient pour sa part que le concept de justice sociale est inutile, voire nuisible aux activités sociales. À l'appui de sa thèse, il prétend qu'on ne peut invoquer des principes de justice puisque les résultats ne se manifestent que sur la base de la loi du marché et de l'ordre spontané qu'engendre le marché dans la société marchande. Hayek considère le marché comme un processus avantageux pour tous et ouvert à chacun, susceptible de créer la richesse et d'assurer le bien-être éventuel de tous. Le marché étant conçu comme un jeu, il ne peut certes y avoir que des gagnants, mais, en l'adoptant, chacun se donne la chance d'y trouver des avantages.

Voyons maintenant comment Robert Nozick reprend à son compte l'essentiel des thèses de Friedman et de Hayek, et en quoi sa conception s'oppose à celle que nous avons présentée au chapitre précédent, à savoir la conception libérale de John Rawls.

Friedrich von Hayek : le mirage de la justice sociale

[Les droits économiques et sociaux] sont fondés sur une interprétation de la société comme une organisation délibérément constituée dans laquelle tout le monde a son emploi. Ils ne pourraient être rendus universels au sein d'un système de règles de juste conduite basé sur la conception de la responsabilité individuelle, et donc ils requièrent que la société tout entière soit transformée en une organisation unique, c'est-à-dire devenue totalitaire au sens le plus complet du mot. Nous avons vu que des règles de juste conduite qui s'appliquent uniformément à tous mais ne soumettent personne aux ordres d'un supérieur ne peuvent jamais déterminer de quels biens disposera telle ou telle personne. Ces règles ne peuvent jamais prendre la forme que voici : « Tout le monde doit avoir ceci ou cela. »

Dans une société libre, ce qu'obtiendra l'individu dépendra forcément en quelque mesure de circonstances particulières que personne ne peut prévoir et que personne n'a le pouvoir de déterminer. Des règles de juste conduite ne peuvent donc jamais conférer à titre personnel (en tant que distinct du titre qu'ont les membres d'une organisation spéciale) un droit à tel ou tel bien ; elles ne peuvent procurer que des possibilités d'acquérir un titre à quelque chose.

Source : Hayek, 1981, p. 125.

QUESTION

Que veut dire Hayek lorsqu'il affirme que les droits économiques et sociaux ne pourraient être réalisés que dans une société totalitaire ? Expliquez pourquoi vous êtes d'accord ou en désaccord avec son analyse.

ROBERT NOZICK : LA JUSTICE FONDÉE SUR LA LIBERTÉ

Une conception libertarienne

Tout en partant d'une position semblable à celle de Rawls (position originelle ou état de nature), Nozick arrive à une conception de la justice tout à fait différente, une conception libertarienne de la justice fondée sur l'idéal de liberté. Alors que Rawls peut être considéré comme un défenseur incontesté de l'**État providence social-démocrate**, Nozick est un défenseur de l'**État minimal**, qui se limite à défendre la loi et l'ordre et qui bannit toute fonction de distribution au sens où l'entend Rawls :

Robert Nozick (1938-)

> Un État minimal qui se limite à des fonctions étroites de protection contre la force, le vol, la fraude, à l'application des contrats, et ainsi de suite est justifié ; tout État un tant soit peu plus étendu enfreindra les droits des personnes libres de refuser d'accomplir certaines choses, et il n'est donc pas justifié[6].

En fait, Nozick rejette la conception rawlsienne de la justice basée sur la nécessité de procéder à une redistribution de la richesse pour remplir l'obligation morale d'équité. Il récuse toute forme de théorie de la justice distributive érigée en modèle qui exige une détermination des variables naturelles en fonction desquelles la distribution doit être effectuée (à chacun selon son mérite, son sexe, sa race, son quotient intellectuel, etc.) ou qui résulte d'une intention ou d'un plan général préétabli en vue d'atteindre un état final, comme l'égalité.

Robert Nozick

Philosophe américain né en 1938, il enseigne la philosophie aux États-Unis, à l'Université Harvard, comme John Rawls. En plus d'ouvrages de philosophie politique, il a publié des recherches philosophiques plus générales, par exemple sur la rationalité (*The Nature of Rationality*, 1993) et sur le sens de la vie (*Méditations sur la vie*, 1995). L'ouvrage qui nous concerne ici le plus est *Anarchie, État et utopie*, publié en 1974.

En contrepartie, Nozick propose une théorie basée sur une conception historique ou naturelle de la justice fondée sur le droit à la propriété privée. Il reproche à Rawls son refus d'adhérer à une conception de la distribution fondée sur des atouts naturels, considérant qu'il est faux de croire que rien de moral ne peut découler de l'arbitraire de la nature. Les gens, pour lui, ont droit à leurs atouts naturels et à ce qui découle de leur exercice. Son argument principal rappelle ceux défendus par Locke, Friedman et Hayek : il montre la nécessité pour toute société qui adhère à des modèles préétablis de justice ou qui se fixe des objectifs finaux de restreindre la liberté des citoyens :

> Aucun principe dans lequel l'État est considéré comme une fin, ni aucun principe de justice distributive mis en modèle ne peut être appliqué de façon continue sans une intervention continue dans la vie des gens[7].

---

6. Nozick, 1988, p. 9.
7. Nozick, 1988, p. 204.

Sa conception s'inscrit dans la tradition du **libéralisme radical** et constitue de ce fait une attaque contre les égalitaristes, qu'ils soient libéraux (Rawls) ou radicaux (Nielsen). Selon Nozick, on ne peut présumer que l'égalité puisse relever d'une théorie de la justice, et il y a lieu de la rejeter. Il prétend qu'il n'existe aucune justification naturelle (de l'ordre du droit naturel) pour les égalitaristes qui militent en faveur d'une édification ou, le cas échéant, d'une modification des institutions sociales dans le sens d'une égalité plus grande. De même, il refuse de considérer l'argument libéral de l'égalité des chances au départ pour une course équitable, car pour lui la vie n'est pas une course. D'après lui, si les institutions sociales interviennent pour établir l'égalité entre les individus, elles négligent la réalité des atouts naturels des individus et arrivent à tenir pour équivalents des mérites différents, assurant ainsi un traitement égal à des individus inégaux entre eux. Ce qui constitue une violation de la notion de justice la plus élémentaire.

En plus du recours au caractère moralement justifiable des atouts naturels pour étayer les fondements de sa pensée, Nozick invoque le respect des préférences et des désirs des gens. Ces deux notions sont associées à l'idée de liberté qu'on ne peut défendre que dans une société protégeant la propriété privée. Dans une telle société, les individus sont les seuls administrateurs de leurs biens conformément à leur volonté, et l'État ne peut obliger personne à pourvoir aux besoins des autres.

Les principes de justice

Selon Nozick, une société est juste dans la mesure où ses membres possèdent ce à quoi ils ont droit, indépendamment des formes de répartition de la richesse qui en découlent. Ainsi, la reconnaissance de la priorité du **droit naturel** sur le bien le conduit à réduire au minimum le domaine de la juste répartition des biens. En général, il refuse d'étendre ce domaine à la redistribution des biens qui assurerait un certain bien-être aux plus démunis. Il restreint ainsi l'idée de justice distributive à l'acquisition initiale ou originelle des biens, à la transmission de ces biens d'un individu à un autre et à la notion de justice réparatoire en tant que mécanisme de redressement des torts.

Cette restriction ou cette réduction de la notion de justice distributive conduit Nozick à formuler deux principes relatifs à l'acquisition originelle des biens et à leur transmission : celui de la juste acquisition et celui de la juste transmission ou du juste transfert des biens entre personnes[8]. On est ainsi amené à l'essentiel des thèses que soutient Nozick à propos de ce qui règle les mécanismes de l'acquisition des biens et justifie l'inégalité propre à la société marchande.

---

8. Nozick, 1988, p. 189 ; voir le texte à la fin de ce chapitre.

Le premier principe s'énonce de la façon suivante : **Celui qui acquiert un bien selon le principe de la juste acquisition a un juste droit à ce bien.** Selon Nozick, on peut s'approprier légitimement un bien n'appartenant déjà à personne pourvu que le bien-être d'aucun autre individu ne se trouve de ce fait diminué (voir Locke, à la p. 88). Ainsi, on doit éviter des situations où l'appropriation d'une part quelconque de la nature conduit à une détérioration des conditions de vie d'autres personnes.

Le second principe s'énonce comme suit : **Celui qui acquiert un bien selon le principe de la juste transmission, un bien que lui remet celui qui y avait droit, acquiert un juste droit à ce bien.** Chacun peut ainsi devenir le propriétaire légitime d'un bien en l'acquérant par une transaction volontaire avec le propriétaire légitime de ce dernier. L'acquisition légitime se fait par la vente, le don, l'héritage, etc.

John Locke et l'appropriation initiale

Tout ce qu'il a tiré de l'état de nature, par sa peine et son industrie, appartient à lui seul : car cette peine et cette industrie étant sa peine et son industrie propres et seules, personne ne saurait avoir droit sur ce qui a été acquis par cette peine et cette industrie, surtout s'il reste aux autres assez de semblables et d'aussi bonnes choses communes.

Source : Locke, 1984, p. 195.

Pour Nozick, ces deux modes d'appropriation sont les seuls moyens légitimes d'acquisition originelle des biens disponibles. Ces façons d'acquérir ne doivent en aucun cas nuire à autrui. En cas d'acquisition illégitime, le principe de justice réparatoire intervient. En vertu de ce principe, la réparation s'applique à tous ceux qui ont été illégitimement dépossédés de leur terre, de leurs biens, ou à tous ceux qui, pour une raison ou une autre, ont été empêchés par des législations injustes d'avoir accès à la richesse selon les modalités de l'acquisition des biens libres et de l'héritage. Nozick fait ici allusion aux peuples aborigènes, à ceux qui ont subi l'esclavage et le servage.

Les inégalités justifiables

Présentant sa théorie comme une croisade anti-égalitariste et anti-interventionniste, Nozick pense assurer avec ses deux principes une procédure juste pour tous. Il ajoute à ces principes deux autres règles d'ordre moral afin de justifier l'inégalité.

1. Une inégalité est justifiée si et seulement si les bénéfices qui en résultent pour les plus démunis égalent ou excèdent les coûts de l'inégalité.

2. Un système inégal est justifié :
   - si et seulement si les bénéfices qui en résultent égalent ou excèdent les coûts de ce système ;
   - s'il ne peut y avoir d'autre système inégal comportant moins d'inégalités.

On pourrait considérer ces deux règles comme des principes de justice ou des principes de légitimation de l'ordre du marché. Ce sont deux règles qui légitiment l'ordre social en termes mercantiles de coûts et de bénéfices.

L'impôt sur les héritages

En Suisse, le grand conseil de la ville de Zurich a récemment décidé de réduire des deux tiers l'impôt sur les successions et les donations. Zurich était le dernier rempart contre la tendance à l'abolition de l'impôt sur les successions en ligne directe.

L'adoption de cette politique ne s'est pas faite sans heurts. Une partie de la population s'opposait à l'abolition de l'impôt sur les héritages pour des raisons de justice. Dans une philosophie libérale de relative égalité des chances à la naissance, disaient-ils, les héritages sont un facteur important d'inégalité. Il serait donc assez logique que la collectivité prélève une partie de cette manne, d'autant plus

que l'héritier n'a aucun mérite à hériter. Les citoyens favorables à l'abolition prétendaient que l'imposition des héritages était injuste, car il y aurait, selon eux, double imposition, du fait que les revenus des testateurs, acquis légitimement par le travail, ont déjà été imposés du vivant de ces personnes.

QUESTION

L'impôt sur les héritages a été aboli en 1973 au Canada et en 1985 au Québec. La mesure vous paraît-elle juste ? Justifiez votre réponse en examinant les arguments dans cet encadré et à la lumière des principes de justice de Rawls et de Nozick.

UN ÉTAT À RESPONSABILITÉ SOCIALE LIMITÉE

La liberté individuelle contre l'État

Nozick préconise ce qu'il appelle un **État minimal**. Comme ses précurseurs Milton Friedman et Friedrich von Hayek, il s'oppose à toute tentative d'élargissement de l'État et veut le confiner dans un rôle élémentaire, mais essentiel pour préserver la liberté, celui de **veilleur de nuit**, comme dans la théorie libérale classique :

> Nos principales conclusions sont que l'État minimal, étroitement limité au rôle de protecteur contre la force, le vol et la fraude ou de garant des contrats, se justifie ; que tout État aux fonctions plus étendues violera le droit de l'Homme à ne pas être contraint à certaines choses, et ne se justifie pas ; que l'État minimal est aussi séduisant qu'il est juste[9].

Pour Nozick, aucune intervention sociale de l'État ne paraît légitime, ni dans les domaines du bien-être, ni dans des domaines comme celui de la santé ou de l'éducation. Il soutient que les interventions sociales de l'État ne peuvent être que nuisibles à court ou à moyen terme puisque, au lieu de remédier aux maux du

---

9. Nozick, 1988, p. IX.

système capitaliste, elles ne font que nuire à son bon fonctionnement en créant des injustices et en bafouant les droits les plus élémentaires des individus. Nozick doit à Locke sa conception politique du rôle de l'État. À son avis, toute détermination des attributions de ce dernier doit aussi tenir compte des droits inviolables découlant de la liberté individuelle.

L'argument et l'idéal de la liberté, soutenus également par Friedman et Hayek, constituent pour Nozick la toile de fond de toute pensée politique libérale véritable, c'est-à-dire radicale. Sa conception de l'État occupe, peut-on dire, le milieu entre l'excès et le défaut. Il refuse l'absence totale de toute forme d'État, donc la thèse anarchiste, en raison du danger qu'une telle situation pourrait présenter pour l'ordre public. Il refuse également en tant qu'excès l'omni-présence de l'État, l'État social dans le sens défendu par les sociaux-démocrates (Rawls) : il considère, à l'instar de Friedman et de Hayek, qu'un tel État mène directement à la dictature et à l'autoritarisme. Nozick opte pour le juste milieu : un État minimal capable de nous sortir de l'état de nature avec ses dangers sans brimer la liberté de chacun.

Une genèse de l'État minimal

Nozick veut montrer que les étapes légitimes de la genèse de l'État s'arrêtent à un État minimal et fait l'hypothèse d'une justification historique de cet État en cinq étapes : 1) les hommes passent de l'état de nature à l'état social en se regroupant en communautés ; 2) ils délèguent à des « agences de protection », moyennant rétribution, la tâche de veiller à leur sécurité ; 3) l'une de ces agences attire, par sa performance, plus de clients et devient dominante ; 4) chaque communauté se dote d'une institution publique à l'image de cette agence dominante, institution que Nozick appelle l'**État ultra-minimal** ; 5) le service de protection est étendu à tous, même à ceux qui ne peuvent payer : c'est l'État minimal.

Un État qui offre ses services moyennant paiement ou cotisation pour ceux qui ont des ressources et sous forme de compensation pour les autres est un État minimal. Il assure une protection à tous les membres de la communauté, à tous les citoyens en les protégeant contre le vol, la fraude, la violence et le bris de contrat. Selon Nozick, l'État n'est aucunement justifié de vouloir étendre son influence et sa sphère d'activité à d'autres domaines de la vie sociale. L'État dans sa forme minimale suffit pour préserver les droits individuels. Il y a deux raisons à cela : la première concerne l'idée de conflit entre les droits naturels qui découlent de la nature de l'être humain ; la deuxième touche les rapports que, dans une société civile, les « acheteurs de services » de l'État, c'est-à-dire les cotisants, et les « prestataires des services » de l'État, c'est-à-dire les non-cotisants, doivent entretenir entre eux.

Les devoirs de l'État minimal

La théorie de la justice de Nozick accorde ainsi à l'État un espace d'intervention limité, certes, mais justifiable moralement, car, du fait de sa genèse, il respecte les droits et les propriétés des individus. L'État minimal est chargé d'exécuter deux tâches principales, qui sont aussi des devoirs.

L'arbitrage des conflits

Nozick pense que les droits naturels des individus peuvent être conflictuels. L'exercice des libertés individuelles dans une société civile peut conduire facilement à des situations de conflits à propos des limites de la liberté. Étant donné qu'elle est très étroitement associée au droit à la propriété chez Nozick, la liberté peut entrer en conflit avec le droit à la propriété ou le droit à la vie. En l'absence d'une hiérarchie des droits et des valeurs, en l'absence de règles, de normes et de procédures de résolution des conflits potentiels, on retournerait à l'état de nature dont parle Locke, un état conflictuel où la justice se fait entre individus, familles ou tribus (voir Locke à la p. 88).

L'État dans sa forme minimale est donc nécessaire pour régler les litiges entre les individus, arbitrer les conflits et ainsi assurer le respect des droits naturels de chacun en veillant à leur sécurité et à la protection de leur propriété, et ce pour qu'ils soient en mesure d'exercer leur liberté, de faire ce qu'ils veulent avec ce qu'ils possèdent. Dans ce rôle, l'État apparaît comme un fournisseur de services de médiation, d'arbitrage, de protection et même de répression pour ceux qui osent transgresser la loi et troubler l'ordre. Ces services sont considérés comme un bien, voire comme un service économique fourni par le marché.

Mais dans une société où règne la loi du marché et où la réussite et l'accès à la propriété se mesurent en termes de chances, d'atouts naturels, d'héritage, de jouissance de biens, de travail et de compétences, bon nombre d'individus n'arrivent pas à accéder à la propriété de biens qui leur permettent de fonctionner comme ceux qui, grâce à leurs atouts naturels et à leur travail, accèdent à la propriété privée. Ils sont considérés par Nozick comme plus défavorisés, tellement défavorisés qu'ils ne peuvent acheter les services de protection de l'agence qui les fournit, l'État minimal.

Le devoir de compensation indirecte

Loin de condamner un système qui produit tant de défavorisés, Nozick pense que l'État doit compenser ces derniers parce qu'ils représentent un danger potentiel pour ceux qui tirent avantage du système, pour ceux qui ont droit à leurs atouts naturels, pour ceux qui payent les services de protection de l'État. La compensation peut prendre la forme d'une aide financière directe ou indirecte destinée à assurer leur survie et aussi à protéger les cotisants qui tirent profit du système. Une telle mesure réduirait le nombre de cas où l'État doit faire usage de la force pour châtier ceux qui violent les droits des cotisants par le vol, la fraude, la violence, etc. Le recours à la répression serait réduit puisque les défavorisés, les non-cotisants, obtiendraient ce qui leur est nécessaire pour vivre.

Pour certains ultra-libéraux, le fait d'aider financièrement les plus défavorisés constitue un moindre mal du point de vue économique. Nozick estime que l'intervention de l'État dans ce domaine doit se faire pour des considérations morales et par souci d'assurer la stabilité du système. En effet, l'ultra-libéralisme le plus radical considère qu'il serait moins coûteux pour l'État, et par conséquent pour les cotisants, de compenser financièrement les plus défavorisés que d'assumer les conséquences du crime qui découlerait de la non-compensation : coûts liés à l'intervention policière, aux procédures judiciaires, à l'incarcération, frais administratifs, etc.

On peut comprendre que, dans la pensée néolibérale ou libertarienne, on accepte plus l'idée de l'aide indirecte de l'État. Cette forme d'aide répond en effet aux exigences de respect des droits à la liberté et à la propriété privée. Il s'agit alors d'encourager la création d'organismes non gouvernementaux d'aide et de solidarité, qui seraient financés par le secteur privé et par les individus favorisés par le système. Ces organismes de charité et d'entraide se chargent de venir en aide aux plus défavorisés en utilisant les ressources disponibles obtenues en raison d'encouragements fiscaux accordés par l'État aux entreprises et aux individus donateurs. Cette forme d'aide est d'autant plus respectueuse des principes moraux inhérents au néolibéralisme qu'elle ne viole pas les droits des individus et de l'entreprise privée à la propriété privée et à la liberté de disposer de cette propriété à leur guise.

Dans la mesure du possible, les sympathisants de cette philosophie vont opter pour cette forme de compensation d'autant plus que, sur le plan idéologique, elle présente les riches comme solidaires des pauvres et reconnaît aux entreprises privées une certaine responsabilité sociale, en vue d'assurer la cohésion et la stabilité sociales.

L'HÉRITAGE DU LIBERTARISME POLITIQUE

Avec sa théorie de la justice, Nozick met au premier plan la défense de la liberté individuelle et considère comme justes les inégalités qui peuvent résulter de l'exercice de cette dernière. En ce sens, il rejoint certaines de nos intuitions morales, surtout depuis quelques décennies où l'individualisme apparaît de nouveau comme une conception légitime. Mais les principes de justice de Nozick et les conséquences qui en découlent paraissent difficilement acceptables à plusieurs, et il est certain que l'héritage du libertarisme politique est surtout polémique.

Une première critique concerne l'idée des droits naturels. Il est indéniable que les principes justifient la propriété privée des richesses et leur transmission d'un individu à un autre. Il est moins certain qu'ils soient fondés sur une conception morale de l'acquisition ou de l'appropriation initiale de la richesse. Deuxièmement, certains considèrent comme irréaliste une telle conception de la justice dans la société contemporaine, une société complexe que de trop grandes inégalités rendraient instable et incertaine.

Des droits naturels non justifiés

Comment peut-on fonder les principes de justice libertariens sur les droits naturels ? En vertu de quoi ces droits naturels sont-ils inaliénables ? À ces questions, Nozick ne semble pas avoir trouvé de réponse satisfaisante. Dans son avant-propos, il précise, en guise de précaution, qu'« on ne trouvera pas dans ce livre de théorie précise des fondements moraux des droits de l'individu[10] ».

Le fait de considérer que, en vertu du principe d'acquisition initial, une nature vierge est disponible en tout ou en partie pour l'homme afin qu'il puisse se l'approprier n'a aucune base morale ou naturelle. Ne pourrait-on pas penser que cette nature est à la disposition de tous les humains et que, la Terre appartenant à tout le monde, personne ne peut prétendre en posséder une partie ? Le fait de vivre sur cette Terre donnerait ainsi à chacun la possibilité de jouir de ce qu'elle offre comme richesses et possibilités, mais ne donnerait à aucun le droit d'acquérir ces richesses pour lui-même et pour ses descendants d'une façon définitive et exclusive. L'image est celle d'un parc public accessible à tous, mais que personne ne possède en propre. De la sorte, tous les humains vivants et à naître pourraient profiter, selon leurs besoins et la richesse disponible, de ce que la nature offre vraiment. Une telle conception serait-elle moins fondée moralement que celle que soutient Nozick ? On se demande en quoi elle pourrait être problématique et inacceptable pour les libertariens. La perspective de fonder sur la nature une théorie morale doit-elle nécessairement conduire à ces principes d'acquisition des biens ?

Une théorie socialement réaliste ?

Le deuxième point faible de la thèse de Nozick paraît résider dans sa conception minimaliste du rôle de l'État. Devant la complexité des sociétés industrielles avancées et devant tous les problèmes inhérents à leur structure et à leur fonctionnement, on ne voit pas très bien comment une harmonie et une stabilité sociales sont possibles sans la présence d'un État fort et interventionniste, mais dépourvu de toute volonté d'ingérence, dans plusieurs secteurs d'activité et dans plusieurs domaines de la vie des citoyens.

Les domaines de la santé, de l'éducation (même en ce qui concerne la formation professionnelle au service des entreprises), de la protection de l'environnement, de la culture, par exemple, ne peuvent être négligés par un pouvoir politique responsable sous prétexte qu'il ne veut pas empiéter sur la liberté des citoyens. Il est difficile de concevoir la pleine jouissance de la liberté sans l'éducation, la culture, la santé dans un environnement sain. Les normes en matière de santé, la réglementation relative à l'environnement, la formation fondamentale, la promotion de la culture ne constituent pas nécessairement une atteinte à la propriété privée ni à la liberté d'en jouir. De la même façon, certains secteurs d'activité comme l'urbanisation, le transport, le développement régional, l'information, la recherche et le développement doivent relever des pouvoirs publics si on souhaite vivre dans une société stable et harmonieuse.

_____

10. Nozick, 1988, p. 15.

L'État social n'est pas nécessairement un État qui s'ingère dans la vie des gens. L'État se doit de régler les problèmes occasionnés par l'anarchie capitaliste et d'apporter les correctifs nécessaires à la pauvreté, à la misère, au manque d'éducation, aux conditions de travail déplorables, au travail des enfants, aux maladies industrielles, etc. Il est difficile de croire que l'ordre spontané ou l'ordre du marché, issus de l'action d'une main invisible, vont résoudre ces problèmes. Dans la mesure où les fondements du pouvoir politique peuvent faire l'objet d'un libre examen et où l'État et les institutions sont convenablement organisés et dirigés, la liberté et la propriété si chères aux libertariens ne seront pas menacées.

Conclusion

Les libertariens, et en particulier Nozick, ont le mérite de défendre la liberté et de combattre l'anarchie de toutes leurs forces. On peut facilement admettre avec eux qu'il est difficile de concevoir le bien et le juste sans avoir égard aux principes de liberté. Que la liberté corresponde à un état de nature qu'il faut protéger ou à un état auquel il s'agit de parvenir, elle ne peut faire l'objet d'un marchandage. Les entreprises qui portent atteinte aux droits fondamentaux, et en particulier à la liberté de chacun de faire ce qu'il veut avec son corps et avec les biens qu'il a légitimement acquis, constituent la plus grave des injustices.

Au terme de ce chapitre, l'étudiant devrait être en mesure de comprendre la thèse du conflit entre la liberté et l'égalité chez Nozick, et d'expliquer pourquoi les libertariens associent la notion de liberté à la notion de propriété et s'opposent à la redistribution publique de la richesse. Il devrait aussi pouvoir s'orienter dans le débat et prendre position, en reconnaissant que la discussion sur le juste n'est pas close et que les arguments philosophiques peuvent toujours être reconsidérés.

EXERCICES

SYNTHÉTISEZ VOS CONNAISSANCES ET DÉVELOPPEZ UNE ARGUMENTATION

1. La volonté de défendre la liberté vous paraît-elle justifier un État minimal ?

2. Quels sont, selon Nozick, les types d'intervention légitime de l'État minimal ? Dites en quoi ceux-ci sont légitimes.

3. L'égalité peut-elle constituer, à votre avis, un frein à l'exercice de la liberté ? Donnez des exemples et justifiez votre point de vue.

« Justice distributive : la théorie de l'habilitation » (extraits)

L'État minimal est celui dont les pouvoirs les plus étendus peuvent être justifiés. Tout État aux pouvoirs plus étendus viole le droit des gens. Pourtant, de nombreuses personnes ont présenté des raisons destinées à justifier un État aux pouvoirs plus étendus. Il est impossible, dans les limites de cet ouvrage, d'examiner toutes les raisons qui ont été mises en avant. Donc, je m'intéresserai plus particulièrement aux raisons généralement reconnues pour être celles qui ont le plus de poids et le plus d'influence, de façon à voir avec précision où elles peuvent être prises en défaut. Dans ce chapitre, nous considérerons l'affirmation selon laquelle un État au pouvoir étendu se justifie, parce qu'il est nécessaire (ou qu'il est le meilleur instrument) pour atteindre une justice distributive ; dans le chapitre suivant, nous étudierons diverses autres affirmations.

Le terme « justice distributive » n'est pas un terme neutre. Le terme même de « distribution » suggère à la plupart des gens que quelque chose ou qu'un mécanisme utilise un principe ou un critère de façon à fournir un certain nombre de choses. Dans ce processus de distribution de parts, il se peut que certaines erreurs se soient glissées. On peut donc se poser la question de savoir si une **redistribution** devrait avoir lieu ; si nous devrions refaire ce qui a déjà été fait une fois, même si cela était fait avec médiocrité. Toutefois nous ne sommes pas dans la position d'enfants à qui des parts de gâteau ont été données par quelqu'un qui, au dernier moment, réajuste le découpage du gâteau pour corriger un découpage approximatif. Il n'y a pas de distribution **centrale**, il n'existe personne ni aucun groupe habilité à contrôler toutes les ressources et décidant de façon conjointe de la façon dont ces ressources doivent être distribuées. Ce que chacun obtient, il le reçoit d'autres personnes soit à la suite d'un échange, soit à la suite d'un cadeau. Dans une société libre, diverses personnes ont le contrôle de ressources différentes et de nouvelles possessions naissent d'échanges et d'activités volontaires entre les personnes. Il n'existe pas plus de répartition ou de distribution d'actions qu'il n'existe de distribution de partenaires possibles dans une société où les gens font leur choix en vue de se marier. Le résultat général en est le produit de nombreuses décisions individuelles que les individus différents impliqués sont habilités à prendre. L'utilisation du terme « distribution », il est vrai, ne suppose pas une distribution faite auparavant et jugée de façon appropriée selon un critère (par exemple « distribution de probabilité ») ; néanmoins, en dépit du titre de ce chapitre, il vaudrait mieux utiliser une terminologie qui soit sans conteste possible neutre. Nous traiterons des possessions des gens ; un principe de justice concernant les possessions décrit en partie ce que la justice réclame en matière de possessions. J'établirai tout d'abord ce que je considère être l'analyse correcte de la justice concernant les possessions, et je me tournerai ensuite vers la discussion d'analyses différentes.

SECTION I
La théorie de l'habilitation

L'analyse de la justice, en ce qui concerne les possessions, entraîne trois sujets principaux de discussion. Le premier sujet est celui de l'**acquisition originelle de possessions**, le fait de s'approprier des choses qui n'appartenaient à personne. Ceci comprend les problèmes de la façon dont des choses, qui n'appartenaient à personne, ont pu venir à être possédées, le processus, ou les processus, par lesquels des choses non possédées en sont venues à être possédées, les choses qui peuvent venir à être possédées par ces processus, et l'étendue de ce qui vient à être possédé par un processus particulier, etc. Nous nous référerons à la vérité compliquée concernant ce sujet, que nous ne formulerons pas ici, comme le principe de justice en cas d'acquisition. Le second sujet de discussion concerne le **transfert des possessions** d'une personne à une autre. Par quel processus une personne peut-elle transférer des possessions à une autre ? Comment une personne peut-elle acquérir une possession de quelqu'un d'autre qui la possède ? Dans cette discussion s'inscrivent les descriptions générales de l'échange volontaire, du don et (par ailleurs) de la fraude, aussi bien que des références à des détails conventionnels particuliers sur lesquels un consensus s'est fait dans une société donnée. Nous appellerons la vérité compliquée sur ce sujet (avec les substituts pour des détails conventionnels), le principe de justice concernant les transferts. (Et nous supposerons que ceci inclut également les principes gouvernant la façon dont une personne peut se défaire d'une possession, la mettant dans un état de choses non possédées.)

Si le monde était totalement juste, la définition inductive suivante couvrirait totalement et exhaustivement le sujet de la justice en ce qui concerne les possessions.

Premièrement, une personne qui acquiert une possession en accord avec le principe de justice concernant l'acquisition est habilitée à cette possession.

Deuxièmement, une personne qui acquiert une possession en accord avec le principe de justice gouvernant les transferts, de la part de quelqu'un d'autre habilité à cette possession, est habilitée à cette possession.

Troisièmement, nul n'est habilité à une possession si ce n'est par application (répétée) des deux premières propositions.

Le principe achevé de la justice distributive dirait simplement qu'une distribution est juste si tout le monde est habilité à la possession des objets qu'il possède selon le système de distribution.

Une distribution est juste si elle naît d'une autre distribution juste grâce à des moyens légi-

times. Le moyen légitime de se mouvoir d'une distribution à une autre est spécifié dans le principe de justice gouvernant les transferts. Les « mouvements » légitimes sont définis par le principe de justice concernant l'acquisition*.

Toute chose, quelle qu'elle soit, qui naît d'une situation juste, à laquelle on est arrivé par des démarches justes, est elle-même juste. Les moyens de changement définis par le principe de justice gouvernant les transferts préservent la justice. De même que les règles correctes d'interférence préservent la vérité, et que toute conclusion atteinte grâce à l'application répétée de telles règles issues uniquement de prémisses vraies est elle-même vraie, de même les moyens de transition d'une situation à l'autre définis par le principe de justice gouvernant les transferts préservent la justice, et toute situation naissant véritablement de transitions répétées, en accord avec ce principe, s'il est né d'une situation juste, est elle-même juste. Le parallèle entre les transformations préservant la justice et les transformations préservant la vérité éclaire. Qu'une conclusion ait pu être déduite grâce à des moyens préservant la vérité à partir de prémisses qui sont vraies, suffit à en montrer la vérité. Que d'une situation juste, une situation **ait pu** naître grâce à des moyens préservant la justice **ne suffit pas** à en montrer la justice. Le fait que les victimes d'un voleur **aient pu** lui offrir volontairement des cadeaux n'habilite pas le voleur à ces gains mal acquis. La justice gouvernant les possessions est historique ; elle dépend de ce qui est arrivé véritablement. Nous reviendrons sur ce point plus tard.

Toutes les situations véritables ne sont pas produites en accord avec les deux principes de

---

* Les applications du principe de justice gouvernant l'acquisition peuvent également se présenter comme une partie du mouvement d'une distribution à une autre. Vous pouvez trouver une chose non possédée aujourd'hui même, et vous l'approprier. Les acquisitions également doivent être comprises comme incluses quand, pour simplifier, je ne parle que de transitions par transfert.

justice gouvernant les possessions : le principe de justice gouvernant l'acquisition et le principe de justice gouvernant les transferts. Certaines personnes volent d'autres gens, ou les escroquent ou les asservissent, saisissant leurs productions ou les empêchant de vivre comme ils choisissent de le faire, ou les empêchent par la force d'entrer en compétition par le système d'échanges. Aucun de ces modes de transition d'une situation à l'autre n'est acceptable. Et certaines personnes acquièrent des possessions par des moyens qui ne sont pas sanctionnés par le principe de justice gouvernant l'acquisition. L'existence d'une injustice passée (de violations antérieures des deux premiers principes de justice réglementant les possessions) soulève le troisième sujet principal de discussion dans le cadre de la justice concernant les possessions : la **réparation de l'injustice dans les possessions**. Si une injustice passée a donné naissance à des possessions actuelles sous différentes formes, certaines identifiables et d'autres non identifiables, qu'est-ce qui devrait être fait au moment où l'on parle et peut-on faire quelque chose pour réparer ces injustices ? Quelles obligations ont les exécutants de la justice envers ceux dont la position a empiré par rapport à celle qu'ils auraient eue si l'injustice n'avait pas été perpétrée ? Ou bien si une compensation leur avait été payée promptement ? Comment les choses changent-elles si les bénéficiaires et ceux dont l'état s'est détérioré ne sont pas les parties directement concernées dans l'acte d'injustice, mais par exemple leurs descendants ? Fait-on une injustice à quelqu'un dont la possession est elle-même fondée sur une injustice non réparée ? Jusqu'où doit-on aller pour apurer les sommes historiques d'injustices ? Qu'est-ce que les victimes d'injustices peuvent légitimement faire pour réparer les injustices qui leur ont été faites, y compris les nombreuses injustices faites par les personnes agissant par le canal de leur gouvernement ? Je ne connais aucune réponse complète, complexe ou théorique, à de telles questions. En

idéalisant beaucoup, supposons que la recherche théorique produise un principe de réparation. Ce principe utiliserait d'une part une information historique impliquant des situations antérieures et des injustices accomplies à ces époques (telles qu'elles sont définies par les deux premiers principes de justice et de droit contre les interférences) et d'autre part une information sur l'évolution réelle des événements nés de ces injustices, jusqu'au moment présent ce principe présenterait ainsi une description (ou des descriptions) de possessions dans la société. Le principe de réparation utiliserait sans doute les meilleures estimations d'une information subjective sur ce qui aurait pu arriver ou une distribution des probabilités concernant ce qui aurait pu arriver (utilisant la valeur supposée) si l'injustice n'avait pas eu lieu. S'il se trouve, au bout du compte, que la description effective des avoirs n'est pas l'une des descriptions engendrées par le principe, alors une des descriptions engendrées doit être réalisé.

L'esquisse générale de la théorie de la justice gouvernant les avoirs veut que les avoirs d'une personne soient justes si la personne en question y a droit en vertu des principes de justice gouvernant l'acquisition et le transfert, ou au nom du principe de redressement de l'injustice (tel qu'il est spécifié par les deux premiers principes). Si les avoirs de chacun sont justes, alors l'ensemble total (la répartition) des avoirs est juste. Pour transformer cette esquisse générale en théorie spécifique, il nous faudrait maintenant spécifier les détails de chacun des trois principes de la justice concernant les avoirs : le principe de l'acquisition des avoirs, le principe du transfert ou de la transmission des avoirs, et le principe du redressement des violations des deux premiers principes. Je ne me risquerai pas à cette entreprise ici. (Le principe de la justice gouvernant les acquisitions tel que le concevait Locke est analysé plus loin.)

Source : Nozick, 1988, chap. 7 et section I, p. 187-192.

QUESTIONS

1. Que veut dire Nozick lorsqu'il affirme que la justice distributive implique une redistribution ? Pourquoi s'oppose-t-il à la redistribution ?

2. Selon Nozick, « la justice gouvernant les possessions est historique ». Expliquez le sens et les implications de cette affirmation.

Lectures suggérées

ARVON, H. (1983), *Les libertariens américains*, Paris, PUF.

HAYEK, Friedrich von (1981), *Droit, législation et liberté* [1973], tome 2 : *Le mirage de la justice sociale*, trad. de R. Audoin, Paris, PUF, p. 121-136.

KEYNES, John M. (1999), *The End of laisser-faire* [1926], trad. de F. Cotton, Montréal, Comeau et Nadeau.

LAURENT, Alain (1991), *Solidaire, si je le veux : pour une éthique de la responsabilité individuelle*, Paris, Les Belles Lettres, 325 p.

CHAPITRE 6

L'égalitarisme radical : Kai Nielsen

Introduction

La conception égalitariste radicale constitue un élément essentiel du débat contemporain sur la justice, car elle est une critique à la fois du libertarisme et de l'égalitarisme libéral. Elle reproche à ce dernier de cautionner et d'institutionnaliser l'inégalité en acceptant l'État providence de la démocratie libérale capitaliste avec ses formes d'exploitation et de transfert de pouvoir. Elle attire l'attention des libertariens sur l'erreur consistant à identifier la société libre à la société capitaliste. Elle soutient que l'option socialiste a raison de s'opposer à une conception de la liberté faite de divisions et de dominations de classes. D'après ses défenseurs, l'égalitarisme radical implique la conception d'une société sans classes et sans stratifications sociales, c'est-à-dire sans inégalités fondées sur le rang et la fonction.

Kai Nielsen est certainement celui qui défend avec le plus de force l'égalitarisme radical. Il propose une vision mondiale de la justice reposant fondamentalement sur la recherche du plus grand bien-être pour tous, et en premier lieu sur la satisfaction égale des besoins de chacun. Il partage ainsi avec certains libéraux tels que Rawls et Dworkin une conception égalitariste de la justice, mais, en tant qu'héritier de l'égalitarisme de Marx, il est en complet désaccord avec eux quant à la portée à donner aux principes d'égalité et aux moyens de les appliquer. Selon lui, on ne peut concevoir la justice dans le cadre des institutions capitalistes : il faut changer la structure de base de la société pour supprimer toutes les inégalités de pouvoir ; c'est pourquoi il propose une théorie radicale de la justice comme égalité.

Kai Nielsen

Philosophe canadien né en 1926, professeur émérite de l'Université de Calgary. Il vit maintenant à Montréal et continue ses recherches comme professeur associé à l'Université Concordia. Il est l'auteur de plusieurs ouvrages et articles traitant d'éthique et de philosophie politique, dont *Equality and Liberty: A Defense of Radical Egalitarism* (1985) et *Marxism and the Moral Point of View* (1987).

Dans ce chapitre, nous verrons tout d'abord en quoi l'égalitarisme radical s'inscrit dans la tradition marxiste. Puis, nous présenterons les principaux éléments de la théorie de Nielsen, notamment les principes de justice qu'il propose et les étapes de l'instauration de la justice. Nous verrons ensuite en quoi consiste l'égalitarisme radical et pourquoi il doit nécessairement mener au socialisme. Enfin, nous signalerons les difficultés auxquelles donne lieu cette conception. Au terme de ce chapitre, l'étudiant devrait être en mesure d'apprécier la théorie de Nielsen et être mieux outillé pour poursuivre le débat sur le juste.

LA TRADITION MARXISTE

Karl Marx (1818-1883)

La pensée égalitariste radicale de Nielsen s'inscrit dans la longue tradition issue du socialisme de Karl Marx (1818-1883). Nielsen soutient en effet, comme Marx, que le capitalisme est un système économique injuste, inégalitaire et qu'il faut le rejeter. Avant de voir la solution de rechange que propose Nielsen, nous examinerons d'abord la position de Marx et la solution qu'il propose.

Pour ce dernier, l'économie capitaliste repose sur une division sociale marquée entre deux classes, celle des bourgeois et celle des prolétaires*, lesquelles se différencient par leur rapport à la propriété et au travail. Alors que les bourgeois sont propriétaires des moyens de production, c'est-à-dire les outils de production, les installations de production et la matière première, les prolétaires ne possèdent que leur force de travail, puisque les objets qu'ils produisent ne leur appartiennent pas et qu'ils n'en dirigent pas la répartition. Cette inégalité dans la propriété est source d'injustice, selon Marx. Il cherchera à cerner et à expliquer ces injustices afin d'amener les prolétaires à prendre conscience de leur servitude et, grâce à une révolution politique amenant un changement des structures sociales, à retrouver leur dignité et la pleine possession des fruits de leur travail.

Le matérialisme historique

Un point de vue matérialiste

PROLÉTAIRES
Chez Marx, les prolétaires désignent ceux qui font partie de la classe sociale la plus défavorisée (le prolétariat) et qui sont obligés de vendre leur force de travail pour vivre.

Marx est sans doute le premier philosophe à avoir compris l'importance que revêtent les conditions économiques dans toute société. Contrairement à la grande majorité des philosophes, il ne part pas d'une conception abstraite de l'homme, comme l'animal raisonnable d'Aristote ou le sujet moral de Kant, mais des hommes concrets, et il montre que leurs idées s'expliquent par leurs conditions matérielles. L'homme entretient avec ses semblables des rapports économiques déterminés qui structurent l'ensemble de la société et sa division en classes. Pour Marx, ce n'est pas la conscience qui détermine la vie, mais la vie qui détermine la conscience. Il appelle ce point de vue le matérialisme.

Ces rapports économiques sont toutefois travestis dans les idées des gens. En particulier, ils ne représentent pour la classe dominante que des problèmes juridiques, religieux ou politiques. Marx appelle idéologie cette illusion sociale. Non seulement les bourgeois détiennent les moyens de production et exploitent les prolétaires, ils produisent en outre des idéologies pour justifier cet état de fait. C'est contre cette illusion et cette injustice que Marx s'est élevé. D'une part, il va chercher à améliorer le sort des plus pauvres et, d'autre part, il critiquera les idéologies de la société bourgeoise.

La lutte des classes, moteur de l'histoire

Marx défend l'idée selon laquelle ce ne sont pas les grands hommes ou les idées qui sont le moteur de l'histoire, mais plutôt la lutte des classes. Comme il l'écrit dans le *Manifeste du parti communiste* (1847) : « L'histoire de toute société jusqu'à nos jours n'a été que l'histoire de la lutte des classes[1]. » Les changements historiques importants concernent donc les rapports entre les classes et ils sont le plus souvent l'aboutissement de longues luttes entre les classes ayant des intérêts divergents. Il résume ainsi cette idée :

> La conception de l'histoire que nous venons de développer nous donne finalement les résultats suivants : 1. Dans le développement des forces productives, il arrive un stade où naissent des forces productives et des moyens de circulation qui ne peuvent être que néfastes dans le cadre des rapports existants et ne sont plus des forces productives, mais des forces destructrices (le machinisme et l'argent), et, fait lié au précédent, il naît une classe qui supporte toutes les charges de la société, sans jouir de ses avantages [...] d'où surgit la conscience de la nécessité d'une révolution radicale[2].

Ainsi, selon Marx, dans toutes les révolutions et les guerres s'affrontent depuis le début de l'humanité exploitants et exploités. Dans l'Antiquité, c'étaient les maîtres et les esclaves, au Moyen Âge, les seigneurs et les serfs, à l'époque de Marx, les bourgeois et les prolétaires. Pour Marx, le capitalisme porte ce conflit à l'extrême, car il supprime les classes moyennes. Les bourgeois et les prolétaires se livrent donc désormais un combat acharné qui doit aboutir à la transformation révolutionnaire de la société. À la différence des révolutions du passé, qui mettaient aux prises seulement des minorités, on assiste à une lutte farouche entre une majorité, les prolétaires, et une minorité de possédants, lutte qui conduira à une révolution sociale. Cette conception de l'histoire fondée sur les conditions matérielles et les luttes de classes s'appelle le matérialisme historique.

---

1. Marx et Engels, 1966, p. 27.
2. Marx et Engels, 1968, p. 67-68.

La révolution communiste

Selon Marx, le combat ne peut se terminer que par la victoire du prolétariat, car le système capitaliste n'est pas viable à long terme en raison des nombreuses contradictions qu'il recèle. Une première contradiction concerne la condition ouvrière. Face à une concurrence farouche, les entreprises sont forcées de diminuer sans cesse les salaires, ce qui augmente la pauvreté des salariés et donc leur insatisfaction à l'égard du système. Prenant conscience de leur condition aliénante, les travailleurs vont désormais souhaiter un renversement du capitalisme pour instaurer un nouvel ordre social : le communisme. Ce mouvement est, pour Marx, inévitable, car il est inhérent au capitalisme. Mais une seconde contradiction touche cette fois les capitalistes eux-mêmes, car elle tient à la manière même de produire. Selon Marx, la concurrence ne peut que faire baisser à long terme le taux de profit de l'ensemble des entreprises, ce qui va mener celles-ci à la ruine. Le système capitaliste est ainsi condamné sur deux fronts.

Le point de vue de Marx est simple : il faut préconiser la mise en commun des moyens de production et donc promouvoir le communisme, dont le socialisme reste l'étape indispensable. Alors que le communisme privilégie la suppression de la propriété privée au profit de la propriété collective, le socialisme tolère la propriété privée et cherche surtout à faire prévaloir l'intérêt général sur les intérêts particuliers au moyen d'une organisation concertée. Le socialisme diffère donc à la fois de la société communiste future et du capitalisme en ce qu'il refuse la loi individualiste du marché.

Pour Marx, la transformation la plus importante est celle qui viendra des prolétaires eux-mêmes qui, en s'unissant, pourront retrouver une dignité perdue. Ils lutteront ainsi contre un système qui exploite l'homme, et le communisme aura un sens moral : établir une société où l'organisation rationnelle du travail et l'appropriation collective des moyens de production annonceront une société réellement humaine, où l'homme sera réconcilié avec lui-même et les autres, riche de tous les biens et de tout le savoir accumulés par l'humanité tout entière.

Karl Marx et l'égalité

La production et la distribution

Dans sa critique de l'économie capitaliste, Marx met de l'avant plusieurs idées morales, comme la dignité humaine, la juste répartition de la richesse et le droit égal aux conditions de vie nécessaires à l'épanouissement personnel. Le matérialisme historique renouvelle un peu ces questions : elles ne sont plus envisagées et discutées pour elles-mêmes, indépendamment des autres phénomènes sociaux. Au contraire, Marx voit dans les débats moraux l'expression de réalités non morales, comme les rapports économiques. C'est pourquoi il écrit, en discutant les revendications de partage équitable de son époque, que :

> C'était de toute façon une erreur que de faire tant de cas de ce qu'on nomme le partage, et de mettre sur lui l'accent. À toute époque, la répartition des

objets de consommation n'est que la conséquence de la manière dont sont distribuées les conditions de la production elle-même. [...] Que les conditions matérielles de la production soient la propriété collective des travailleurs eux-mêmes, une répartition des objets de consommation différente de celle d'aujourd'hui s'ensuivra pareillement[3].

Marx ne met donc pas l'accent sur les seules questions morales de justice distributive ; il considère l'ensemble de la structure sociale, en particulier les **conditions matérielles de la production** : la division du travail, le type de propriété, etc. Cette manière de voir est d'une grande portée et recèle un potentiel critique très élevé. Elle permet d'affirmer que les théories de la justice demeureront idéologiques, et éventuellement trompeuses, si elles n'examinent pas les causes sociales et économiques des inégalités. En effet, les principes de justice les meilleurs ne seront d'aucune utilité si le mode de production de la richesse collective reproduit les inégalités qu'il s'agit de supprimer. Marx adopte aussi cette approche en ce qui concerne l'idée d'égalité.

L'égalité et le communisme

Les mouvements et les partis ouvriers du temps de Marx appuyaient souvent leurs dénonciations des inégalités sociales sur l'idée d'égalité. Ils affirmaient, par exemple, que chaque membre de la société devait avoir un **droit égal** au produit du travail collectif. Marx s'oppose à cette façon de voir, car, pour lui, l'idée commune d'égalité et celle de droit égal ne vont pas au fond des choses. L'égalité reposant sur le droit et les lois ne représente pour Marx qu'une **égalité formelle**, une unité de mesure et de comparaison qui laisse dans l'ombre des inégalités de fait et de condition. Le droit égal peut donc consacrer des inégalités et produire l'injustice. Pour Marx, le droit et la loi sont déterminés par la structure sociale dans laquelle ils prennent place :

> Le droit égal reste toujours grevé d'une limite bourgeoise [...]. Le droit par sa nature ne peut consister que dans l'emploi d'une même unité de mesure ; mais les individus inégaux (et ce ne seraient pas des individus distincts s'ils n'étaient pas inégaux) ne sont mesurables d'après une unité commune qu'autant qu'on les considère d'un même point de vue, qu'on ne les saisit que sous un aspect déterminé [...]. D'autre part : un ouvrier est marié, l'autre non ; l'un a plus d'enfants que l'autre, etc. À égalité de travail et par conséquent à égalité de participation au fonds social de consommation, l'un reçoit donc effectivement plus que l'autre, l'un est plus riche que l'autre, etc. Pour éviter tous ces inconvénients, le droit devrait être non pas égal, mais inégal[4].

On ne peut donc se contenter de faire appel à l'idée admise d'égalité : il faut également tenir compte des conséquences de son application dans les conditions économiques réelles dans lesquelles vivent les individus. Nous avons vu que ce sont ces conditions qui, pour Marx, doivent être changées de fond en comble,

---

3. Marx, 1972, p. 33.
4. Marx, 1972, p. 33.

par une révolution sociale, la révolution communiste. L'idée d'égalité prendra alors un sens tout autre, elle ira au fond des choses :

> Dans une phase supérieure de la société communiste, [...] quand le travail ne sera pas seulement un moyen de vivre, mais deviendra lui-même le premier besoin vital ; quand, avec le développement multiple des individus, les forces productives se seront accrues elles aussi et que toutes les sources de la richesse collective jailliront avec abondance, alors seulement l'horizon borné du droit bourgeois pourra être définitivement dépassé et la société pourra écrire sur ses drapeaux : « De chacun selon ses capacités, à chacun selon ses besoins[5] ! »

Karl Marx n'a pas véritablement édifié une théorie de la justice répondant à cette conception de l'égalité : il a plutôt consacré sa vie à mieux connaître le fonctionnement de la société capitaliste dans un grand ouvrage, d'ailleurs inachevé, *Le capital* (1867). De nos jours encore, certains philosophes qui ont recueilli l'héritage marxiste continuent son œuvre.

L'État selon Marx

Le capital moderne, conditionné par la grande industrie et la concurrence universelle, représente la propriété privée à l'état pur, dépouillée de toute apparence de communauté et ayant exclu toute action de l'État sur le développement de la propriété. C'est à cette propriété privée moderne que correspond l'État moderne. [...] Du fait que la propriété privée s'est émancipée de la communauté, l'État a acquis une existence particulière à côté de la société civile [le monde des échanges] et en dehors d'elle ; mais cet État n'est pas autre chose que la forme d'organisation que les bourgeois se donnent par nécessité, pour garantir réciproquement leur propriété et leurs intérêts, tant à l'intérieur qu'à l'extérieur. [...] L'État étant donc la forme par laquelle les individus d'une classe dominante font valoir leurs intérêts communs et dans laquelle se résume toute la société civile d'une époque, il s'ensuit que toutes les institutions communes passent par l'intermédiaire de l'État et reçoivent une forme politique. De là, l'illusion que la loi repose sur la volonté et, qui mieux est, sur une volonté libre, détachée de sa base concrète.

Source : Marx et Engels, 1968, p. 105-106.

QUESTION

Expliquez pourquoi, selon Marx, l'État ne peut réduire les inégalités et remédier aux injustices en se contentant simplement de redistribuer la richesse produite.

---

5. Marx, 1972, p. 32.

LA JUSTICE ET L'ÉGALITÉ : KAI NIELSEN

Une éthique égalitariste

La théorie de Kai Nielsen s'inspire de celle de Marx : elle prône la mise en œuvre dans la société de conditions telles que chaque personne ait l'égale possibilité d'avoir une vie qui vaille la peine d'être vécue. Pour ce faire, il faut en premier lieu que chacun voie ses besoins fondamentaux satisfaits ; car il apparaît inacceptable que certains s'enrichissent alors que d'autres continuent, par exemple, à mourir de faim, que ce soit dans notre voisinage ou dans d'autres parties du monde. Mais il est vrai qu'une redistribution mondiale, qui serait nécessaire pour que tous les êtres humains jouissent des mêmes conditions de base, ne peut être réalisée que dans une société où les ressources ne sont pas trop limitées, où il y a effectivement assez pour tout le monde.

Kai Nielsen (1926-)

L'objet de la théorie de Kai Nielsen est donc d'édifier un modèle de justice, lequel ne peut être qu'heuristique* tant que l'on n'est pas parvenu à une situation d'abondance dans le monde. C'est, par conséquent, d'un point de vue abstrait qu'il faut envisager le problème dans un premier temps, point de vue qui est, selon Nielsen, celui d'un **agent moral neutre***. D'après Nielsen, un agent moral neutre admettrait nécessairement la thèse égalitariste :

> Ce que je présume, c'est qu'une personne qui a une bonne compréhension de ce qu'est la morale, qui a une bonne connaissance des faits, qui n'est pas mystifiée idéologiquement, qui adopte un point de vue impartial et qui a une attitude de bienveillance impartiale en viendrait [...] à accepter la thèse égalitariste abstraite[6].

Il lui paraît évident que la justice consiste en un intérêt égal pour les besoins et les attentes de chacun ; autrement dit, la personne juste ne peut vouloir se soucier seulement d'elle-même. Elle ne peut non plus trouver normales les différences de pouvoir et de perspectives d'avenir entre les hommes. Être juste, pour Nielsen, signifie donc être égalitariste, au moins quant au principe minimal et le plus large de l'égalitarisme, selon lequel la vie de chaque individu importe, et ce de manière égale. C'est ce qu'il appelle la **thèse égalitariste abstraite**, laquelle le rapproche de philosophes égalitaristes libéraux comme Rawls.

Mais il pense aussi qu'être juste, c'est agir de manière à témoigner de cet intérêt égal pour la vie de chacun, et qu'à ce titre seul l'égalitarisme radical permet de s'approcher de l'idéal de justice. Attacher autant d'importance à sa vie qu'à celle de tout autre être humain, c'est donc refuser les relations de pouvoir qui, dans le monde actuel, interdisent aux personnes d'avoir des projets de vie égaux, d'avoir une chance égale de se réaliser. Ce point de vue radical est plus proche de celui de Marx que de celui des égalitaristes libéraux.

HEURISTIQUE

Qui sert d'idée directrice, d'hypothèse de travail pour orienter la découverte des faits. Nielsen emploie souvent ce terme pour désigner ce qui ne sera peut-être jamais atteint.

AGENT MORAL NEUTRE

Dans l'esprit de Nielsen, personne libre, égale aux autres et rationnelle, et qui n'a pas encore fait de choix politique.

6. Nielsen, 1985, p. 309.

Les principes de l'égalitarisme radical

Nielsen a pris part au débat entre Rawls et Nozick en énonçant deux principes de justice qui expriment l'essentiel de sa théorie. Le premier principe est égalitaire au sens large ou abstrait, le second exprime plus profondément l'égalitarisme radical de Nielsen.

Le premier principe : l'égalité morale

> Chaque personne doit avoir un droit égal au système total le plus vaste de libertés de base et de chances égales (incluant les opportunités égales d'avoir un travail significatif, de s'autodéterminer et de participation économique et politique) compatibles avec un traitement similaire pour tous (ce principe exprime l'engagement d'atteindre et/ou de maintenir une autonomie morale égale et un respect de soi égal)[7].

Ce premier principe de justice concerne l'autonomie morale des individus et renvoie à une égalité de liberté. Dans nos sociétés, cette égalité morale est généralement admise, et les théories égalitaires libérales la présupposent. Seules les théories que Nielsen appelle des théories « méritocratiques élitistes » ou des théories « aristocratiques » s'y opposent. Accepter l'égalité morale des individus, c'est simplement admettre que chacun a droit à un traitement égal aux autres sur certains points fondamentaux, par exemple que personne ne doit être considéré comme inférieur par nature. Ce premier principe pose que la justice implique d'abord et avant tout l'affirmation d'un droit égal pour les personnes à gouverner leur vie (autonomie) et à avoir du respect pour elles-mêmes, quels que soient par ailleurs leurs mérites.

Une des idées fondamentales de Nielsen, c'est que les personnes ne peuvent avoir une estime d'elles-mêmes égale si elles n'ont pas autant de pouvoir les unes que les autres, si elles savent que leurs chances de réussir dans la vie sont plus limitées que celles des autres. Il faut donc qu'elles aient les mêmes droits sur les plans politique et économique. Il faut, par exemple, que tous les emplois soient accessibles à tous sans distinction de richesse pour que chacun, dès le début, ait une chance égale aux autres de les occuper ;

Les théories méritocratiques et aristocratiques

Par cette expression, Nielsen désigne de manière privilégiée les conceptions morales classiques d'Aristote (voir la p. 6) et de Nietzsche (voir la p. 53), à qui il reproche de ne pas accepter l'égalité morale de toutes les personnes. Il écrit, par exemple :

> Ni la moralité aristocratique d'un Aristote ni la moralité méritocratique élitiste de Nietzsche ne pourraient l'accepter [la thèse égalitariste abstraite]. Ils ont accepté le principe formel de la justice, mais ils ont cru tous les deux qu'il y avait différents genres d'êtres humains et que, comme le dit Nietzsche, ce serait la fin de la justice que de traiter les inégaux comme s'ils étaient égaux. Les gens, croyaient-ils, n'étaient pas de valeur morale égale*.

Par méritocrates, il entend aussi parfois certains libéraux fondant leur théorie sur l'idée que chacun doit recevoir selon ses mérites et l'exercice de ses talents, et qu'il appelle les partisans de l'ancien égalitarisme.

* Nielsen, 1994, p. 42.

Source : Nielsen, 1985, p. VIII.

7. Nielsen, 1994, p. 41 ; voir le texte à la fin de ce chapitre.

on peut imaginer qu'une sélection par la compétence interviendrait par la suite, mais au moins chacun doit avoir la possibilité d'acquérir une compétence égale pour l'emploi désiré. La richesse elle-même doit donc être identique entre les personnes pour que les unes ne soient pas supérieures aux autres. C'est ce que vise le second principe de justice.

Le second principe : l'égalité de condition

> Après avoir pris des dispositions pour les valeurs sociales (de communauté) communes, pour que le capital forfaitaire préserve la capacité productive de la société, des allocations faites pour différencier les besoins non manipulés et les préférences, et qu'un poids convenable est donné aux justes droits des personnes, le revenu et la richesse (le fonds public des moyens) doivent être divisés de telle manière que chaque personne ait un droit égal à un partage égal. Les charges nécessaires requises pour mettre en valeur le bien-être humain doivent aussi être partagées également, sujettes évidemment aux restrictions d'habiletés et de situations différentes (ici je fais référence à des choses du genre « différents environnements naturels » et non du genre « position de classe »)[8].

Le principe de l'égalité de condition indique que les charges et les bénéfices sociaux doivent être répartis de manière égale entre tous les individus, c'est-à-dire que l'égalité entre les êtres humains doit être non seulement une égalité morale, comme l'affirme le premier principe, mais aussi une égalité de condition. Ce second principe de justice propose d'instaurer une égalité de richesse entre les personnes par le moyen d'une redistribution des biens selon les besoins de chacun. Nielsen prend soin d'expliquer toute la portée de ce second principe.

Les étapes de réalisation de la justice

Les différences individuelles

Nielsen reprend à son compte la critique du droit égal formulée par Marx : l'égalité abstraite ne suffit pas, et on ne peut tout bonnement diviser le produit du travail par le nombre d'individus. Une limitation doit être faite en fonction des différences naturelles entre les personnes. Nielsen insiste sur ce point et, dans *Equality and Liberty*, il prend pour exemple le travail dans les mines ou le ramassage des ordures ménagères. Il est évident que l'on ne va pas imposer ces travaux d'utilité publique à des personnes âgées ou à des personnes n'ayant pas la force physique requise (enfants, femmes enceintes, etc.). Mais il serait possible, en revanche, de proposer que tous les jeunes de dix-neuf et vingt ans fassent à tour de rôle ce travail, avant de passer à un autre pour lequel ils seraient également compétents.

---

8. Nielsen, 1994, p. 41-42.

On remarque ici que chacun serait traité de manière égale et que les tâches ingrates ne seraient pas réservées à une catégorie de personnes, ce qui est l'essentiel. Désirer une égalité de condition, c'est donc nécessairement, affirme Nielsen, désirer l'abolition des classes sociales et des hiérarchies. Mais ce n'est pas désirer que chacun ait, d'une même chose, autant que les autres, ou que tous reçoivent le même bien, le même produit. Par exemple, une personne malade a besoin de plus de soins qu'une personne en santé, même si les deux ont un droit égal à recevoir des soins médicaux. Il s'agit avant tout de veiller à ce que tous aient un droit égal de recevoir selon leurs besoins et non pas à ce que tous aient la même chose. Le second principe a donc pour objet que soient comblés de manière égale les besoins de chacun tout en reconnaissant qu'ils diffèrent d'une personne à l'autre : l'égalité radicale, ce n'est pas l'uniformité de condition.

Une hiérarchie des besoins

Les besoins diffèrent selon les personnes, mais aussi entre eux : il y a des besoins plus impératifs que d'autres. Leur importance dépend en partie de facteurs d'ordre matériel (il faut d'abord vivre avant de bien vivre) et en partie de facteurs d'ordre moral (bien vivre ne signifie pas posséder le superflu). Une fois assurés les besoins réellement vitaux, on peut prendre en considération les besoins liés à la réalisation des aspirations propres à chacun. Nielsen propose donc un ordre hiérarchique des besoins devant permettre d'assurer l'égalité des conditions sociales, autrement dit une règle pour la répartition égale des richesses, le but étant d'accorder le plus possible aux personnes :

> En cherchant à établir une égalité de condition, nous commençons avec les besoins fondamentaux, puis nous allons à d'autres besoins et, finalement, nous allons aux attentes lorsque la force productive de la société augmente. L'idéal à atteindre, peut-être seulement comme une heuristique, est un monde dans lequel il y a satisfaction entière et égale des besoins et des attentes de tout le monde[9].

La hiérarchie de Nielsen s'établit de la façon suivante : 1) les besoins fondamentaux, 2) les besoins secondaires et 3) les attentes.

Les besoins fondamentaux comprennent ce qui est indispensable à la survie de tous, soit l'eau et la nourriture, ainsi que des droits et libertés essentiels, comme le droit au logement, aux soins de santé, à l'autonomie et au respect. La deuxième catégorie renferme ce que Nielsen considère comme de faux besoins, mais qui, sous l'influence de la société de consommation, apparaissent nécessaires à l'épanouissement personnel de ceux dont les besoins fondamentaux sont satisfaits ; il s'agit ici de biens tels qu'un magnétoscope ou une chaîne stéréo. Quant

9. Nielsen, 1994, p. 39.

au reste, qui n'est pas indispensable pour que chacun se réalise et vive décemment, il est de l'ordre des attentes, lesquelles pourront être satisfaites seulement lorsque la société aura suffisamment augmenté sa capacité de production pour pouvoir les combler de manière égale pour tous.

La séquence de réalisation

La hiérarchie des besoins exige que leur réalisation obéisse à un ordre séquentiel. Ainsi, personne ne devrait réclamer la réalisation de ses désirs personnels avant que tous, dans le monde, n'aient vu leurs besoins fondamentaux satisfaits. Par exemple, il serait immoral de faire construire un palace et d'y vivre seul alors que, en aménageant des appartements, on pourrait y loger sept personnes sans abri – pour autant, bien entendu, que l'on se réserve assez de place pour y vivre soi-même convenablement. De même, une fois satisfaits les besoins fondamentaux, on doit essayer de combler les besoins secondaires de tous avant de penser à réaliser les attentes de qui que ce soit. Quant au luxe, la justice sociale exige de l'écarter si d'autres besoins ou attentes plus pressants ne sont pas encore comblés. En ce sens, le luxe ne serait moralement juste et admis que beaucoup plus loin sur l'échelle séquentielle.

Nielsen précise bien que ses deux principes de justice ne peuvent se concevoir concrètement que dans une société de très grande abondance, où la production demeure très élevée. Toutefois, ces principes ont bel et bien un caractère impératif en ce qu'ils expriment ce qui doit être, c'est-à-dire les conditions nécessaires pour que l'on puisse parler de justice. Tant que ces conditions ne sont pas remplies, la justice ne peut être réalisée. Il importe donc de mettre en application ces principes ; c'est pourquoi la théorie morale de Kai Nielsen débouche sur une théorie politique, sur un appel à la révolution socialiste.

L'ÉGALITARISME RADICAL : VERS LE SOCIALISME

Nous avons vu que, pour Nielsen, la seule position morale sensée en matière de justice est la position égalitariste, mais pas nécessairement, reconnaît-il, sous la forme radicale qu'il propose. Que reproche-t-il aux autres théoriciens égalitaristes et qu'est-ce qui fait que sa théorie va plus loin que la leur et est plus radicale ?

Les faiblesses de l'égalitarisme libéral

La position de l'égalitarisme libéral est représentée par des penseurs comme Ronald Dworkin et John Rawls. Nielsen reconnaît lui-même que son but a été de construire une théorie égalitariste de la justice encore plus égalitaire que celles qu'ils ont proposées. Il croit qu'il ne suffit pas d'affirmer l'égalité morale des personnes, mais qu'il faut aussi assurer une égalité de condition. Or, pour un héritier du matérialisme historique tel que Nielsen, un changement réel dans les rapports sociaux, nécessaire pour parvenir à l'égalité, suppose une modification de la structure de la société, c'est-à-dire une réforme complète des institutions* sociales, amenant l'abolition des classes sociales. Il écrit :

> Mon égalitarisme radical, dans sa conception d'une égalité de condition, exige, dans les sociétés de production abondante, une égalité brute des richesses ; et avec cela aucun individu n'aura d'une façon institutionnalisée [...] plus de pouvoir qu'aucun autre individu, ou de façon telle qu'une classe ou une strate pourrait persister avec le pouvoir de contrôler ou de dominer les autres en rendant impossibles les conditions pour la possibilité de l'autonomie égale. C'est seulement dans une telle conception que mon égalitarisme radical diffère le plus fondamentalement de l'égalitarisme libéral[10].

Critique de la théorie de John Rawls

Nielsen reproche tout d'abord à Rawls de présenter comme une théorie égalitariste ce qui, en fait, est une forme d'élitisme et de paternalisme derrière laquelle se profile une certaine justice aristocratique et qui, bien que cela n'ait certainement pas été son intention, aboutit à une défense de l'ordre bourgeois. Si ses critiques de Rawls ont été dures dans ses premiers articles, il reste que des interventions plus récentes ont jeté des ponts entre leurs théories, surtout avec la reconnaissance de l'intérêt méthodologique de la théorie de Rawls. Il reste aussi que les deux philosophes s'entendent sur ce qui est le premier principe de justice, à savoir l'égalité morale des individus.

Mais leur opposition se cristallise sur le second principe de justice de John Rawls, aussi appelé **principe de différence**, qui d'après Nielsen est en contradiction pure et simple avec son premier principe. Rawls y affirme qu'il est légitime d'accepter des inégalités dans la distribution des biens, dans la mesure où les plus défavorisés profitent de l'accroissement des richesses qui en résulte. Rawls accepte donc le système capitaliste fondé sur l'économie de marché*, alors que selon Nielsen la première chose qu'un égalitariste devrait vouloir, c'est supprimer le marché pour que disparaissent les inégalités qui en sont le produit direct.

D'après Nielsen, même si l'égalité morale est postulée en théorie, elle ne peut devenir une réalité effective tant que les personnes n'ont pas une estime d'elles-mêmes réellement égale. Et Rawls se trompe, d'après lui, quand il soutient que les disparités de pouvoir dans le système social ne nuisent pas à l'égalité du respect de soi, lequel, pour Rawls, est un bien premier essentiel : Nielsen croit que l'autonomie de chacun pâtit de la hiérarchisation. Il affirme que la seule position qui permette de réaliser l'égalité dans l'estime de soi est son égalitarisme radical, qui combat toutes les inégalités de droit et assure à chacun des chances égales

INSTITUTIONS
Ensemble des formes ou des structures sociales établies par la loi ou la coutume. Les institutions forment ce que Rawls, dans sa *Théorie de la justice*, a appelé la structure de base de la société.

ÉCONOMIE DE MARCHÉ
Régime économique dans lequel les échanges obéissent uniquement à la loi de l'offre et de la demande, et non à une instance étatique.

10. Nielsen, 1994, p. 50-51.

d'accomplissement, grâce à un partage égal des charges et des bénéfices sociaux, et donc grâce à une répartition égale des richesses brutes.

Critique de la conception de Ronald Dworkin

Sa discussion des thèses de Dworkin est un peu différente et lui permet de mieux cerner la question du mérite et de la contribution sociale. Dworkin n'a pas, comme Rawls, élaboré de principe de différence proprement dit. Bien au contraire, Nielsen trouve chez Dworkin une affirmation très proche de son second principe de justice quand il dit qu'« un traitement égal des individus requiert que chacun ne soit autorisé à utiliser, pour les projets auxquels il consacre sa vie, que la portion congrue des ressources disponibles pour tous[11] ». Cela signifie que Dworkin admet que l'État puisse jouer un rôle de premier plan dans la gestion de la redistribution.

Mais là où les théories des deux penseurs divergent, c'est dans la façon de procéder à cette redistribution des richesses. Dworkin pense qu'elle devrait être fonction de ce que chaque personne apporte à la société, c'est-à-dire de sa contribution au progrès social en général. Toutes les personnes ont des droits égaux, mais cependant elles ne doivent pas avoir des ressources absolument égales, et l'économie de marché est le seul type d'économie qui permet de voir dans quelle mesure le travail de l'un a plus apporté à la collectivité que le travail de l'autre.

Pour Nielsen, aucune théorie réellement égalitaire ne peut se satisfaire de l'existence du marché sous sa forme actuelle, car, dès lors que les rapports sont régis uniquement par l'argent et que les ressources sont inégales, il ne peut se faire que chacun soit considéré comme égal moralement aux autres et que chacun commence avec le même bagage dans la vie. D'une part, la

Ronald Dworkin

Philosophe né en 1931 et professeur de philosophie du droit à Oxford (États-Unis), auteur notamment de *Prendre les droits au sérieux* (1977) et d'une série d'articles sur l'égalité. Il défend une théorie libérale du droit dans laquelle il insiste sur le droit individuel, surtout le droit à l'égalité, dont découle le droit à la liberté.

dictature économique du marché s'accompagne de relations de pouvoir qui sont nécessairement nuisibles à l'égalité. D'autre part, l'argent n'est pas un bon critère pour évaluer l'apport d'une personne à la communauté. C'est en cela que, d'après Nielsen, la théorie de Dworkin manque son but et contredit l'égalité.

Nielsen reconnaît toutefois que les égalitaristes libéraux n'ont pas complètement tort en voulant accorder une large place au mérite ; simplement, celui-ci ne devrait pas être un critère empêchant l'égalité de ressources et de condition. Donc, le mérite ne devrait pas être institutionnalisé ni rétribué. Mais comment la société pourrait-elle fonctionner sans être soumise à la loi du marché ? C'est parce qu'il ne peut concevoir l'égalité sur fond de structures capitalistes, comme le font Rawls et Dworkin, que Nielsen favorise l'avènement du socialisme.

---

11. Nielsen, 1990, p. 214.

Le socialisme, condition politique de l'égalitarisme radical

Les revendications socialistes de Kai Nielsen se comprennent par tout ce qui a été dit précédemment sur la nécessité d'annuler les inégalités de pouvoir dues à des rétributions financières différentes selon les individus et à l'existence de classes sociales. Le marché sous sa forme capitaliste, axé sur le profit, doit être aboli, selon Nielsen. Ce sont donc toutes les structures de la société qui doivent être modifiées pour effacer toute trace de hiérarchie de pouvoir entre les individus, de manière que tous aient effectivement les mêmes chances d'avenir.

Or le socialisme n'abolirait pas totalement l'institution du marché. Mais sous sa forme socialiste, celui-ci aurait un but complètement différent de celui du marché capitaliste actuel : il servirait uniquement à assurer une bonne distribution, une égale répartition des biens de consommation. Chacun recevant autant que les autres, quelle que soit son activité dans la collectivité, le marché ne serait plus le lieu de luttes de pouvoir pour l'enrichissement. C'est ce que signifiait la formule de Marx : « De chacun selon ses capacités, à chacun selon ses besoins. » (Voir les p. 132 à 134.) C'est donc seulement dans le cadre politique du socialisme que les principes radicaux de justice de Nielsen seraient applicables, qu'ils seraient plus que des idéaux normatifs*. Mais il ne faut pas oublier que, chaque fois qu'il envisage le socialisme, Nielsen le conçoit dans une société d'extrême abondance, car l'exigence fondamentale est toujours que les besoins de chacun soient comblés de manière égale, ce qui demande une force de production considérable.

NORMATIF
Qui constitue ce qui doit être, dont l'objet établit des normes.

RÉPONSES À QUELQUES CRITIQUES

Le socialisme et la liberté

Peut-on croire que la réalisation de l'égalitarisme radical dans une société socialiste ne donnerait pas lieu à une négation profonde de la liberté à cause d'une puissance excessive de l'État ? D'après Nielsen, ce ne serait pas le cas. Il affirme même :

> Si nous sommes raisonnablement clairvoyants, si nous aimons la liberté et l'autonomie et si nous aimons la démocratie, alors nous serons aussi égalitaristes. La liberté et la démocratie souffrent nécessairement des inégalités de pouvoir et de contrôle. Ma thèse est que l'égalité, la liberté, l'autonomie, la démocratie et la justice se tiennent toutes ensemble. Pour avoir n'importe laquelle d'entre elles d'une manière certaine ou extensive, on doit les avoir toutes[12].

Comme il reconnaît le caractère essentiel de la démocratie, Nielsen est à même de répondre aux anti-égalitaristes qui l'accusent de professer une théorie

---

12. Nielsen, 1985, p. 89.

autoritaire. Il connaît l'argument classique de David Hume* selon lequel l'imposition de l'égalité à des personnes différentes ne peut aboutir qu'à une plus grande inégalité, à une société dans laquelle l'autorité de l'État tend à devenir tyrannique. À cela il répond :

> Cela ne serait pas le cas si les gens étaient déjà liés fortement à l'égalité, s'ils avaient durement lutté — vraiment combattu — pour atteindre l'ordre social égalitaire et s'ils avaient voulu protéger ce bien difficilement acquis [...]. Ils auraient tout au plus à utiliser l'appareil d'État d'une manière parfaitement démocratique pour faire des ajustements que la grande majorité des gens se seraient déjà engagés à faire[13].

C'est ainsi que, pour lui, le socialisme est lié à la démocratie et non pas à un État totalitaire, comme celui qui a historiquement échoué en Russie et dans les autres pays qui se disent communistes, comme la Chine et Cuba. Même si sa confiance en la volonté égalitaire des personnes est un point à examiner, il légitime théoriquement grâce à elle l'élaboration de sa théorie : c'est sa première garantie contre l'accusation d'utopie.

L'égalitarisme et l'utopie

Nielsen a toujours pris soin de souligner que sa théorie de l'égalitarisme radical expliquait ce qui doit être un but pour les hommes, que la justice est un idéal à poursuivre et non pas une chose qui peut se réaliser du jour au lendemain. Ce qui empêche pour l'instant ses principes de justice d'être autre chose que des indications normatives concernant la voie à prendre, c'est le déséquilibre des richesses à l'échelle planétaire. Pour répliquer à ceux qui disent qu'une égalitarisation des ressources dans le monde est une utopie pure et simple, il a énoncé une hypothèse quant à l'application de sa théorie à l'échelle mondiale.

Il faudrait tout d'abord réduire le déséquilibre et la dépendance des pays de l'hémisphère sud à l'égard des pays de l'hémisphère nord, mais en gardant à l'esprit que l'application des principes de justice ne peut se faire que dans une société de très grande abondance. Il faudrait donc encourager partout dans les pays les plus pauvres la reprise de l'agriculture et d'activités susceptibles de les rendre assez productifs pour combler leurs besoins. Nielsen souligne le fait que les importations d'aliments, dont les prix n'ont d'ailleurs cessé d'augmenter, ont fait régresser l'agriculture africaine depuis vingt ans, plaçant les populations dans une situation de dépendance et d'appauvrissement grandissants. Pour Nielsen, c'est là une des marques du capitalisme qu'il conviendrait d'effacer en encourageant une reprise des activités de nature à assurer l'autonomie des pays pauvres.

Et ce projet lui semble tout à fait réalisable. Loin d'appauvrir les citoyens des pays les plus riches, la redistribution des richesses pourrait ne toucher que les gens très riches et certaines institutions plus ou moins utiles. À titre d'exemple,

HUME, DAVID
(1711-1776)

Philosophe anglais, célèbre pour sa théorie empiriste de la connaissance, énoncée dans ses *Essais philosophiques sur l'entendement humain* (1748), selon laquelle toute connaissance provient des sens. Il est l'un des fondateurs du scepticisme moderne.

---

13. Nielsen, 1985, p. 89.

Nielsen affirme qu'une fraction du budget militaire des États-Unis suffirait à régler les problèmes immédiats de famine et de malnutrition dans la plus grande partie du monde. Par la suite, il faudrait modifier, à l'échelle mondiale, les structures des diverses sociétés pour assurer l'égalité de condition de tous dans un avenir plus ou moins proche, ce qui supposerait notamment une égalité d'accès à l'éducation.

Le progrès ou la stagnation?

Les égalitaristes libéraux craignent que, avec la théorie de Nielsen, l'égalité de condition se transforme en nivellement et, finalement, en immobilisme social général. D'après Nielsen, ce ne serait pas le cas. Tout d'abord, l'égalité n'entraîne pas l'identité:

> L'égalité de condition qui est cherchée n'est pas telle qu'elle conduirait au conformisme. Ce n'est pas tout le monde qui désire peindre, jouer au hockey, philosopher ou être menuisier, et toutes ces choses ne seraient pas un accomplissement pour tout le monde[14].

Par ailleurs, comment ne pas craindre que la société s'uniformise et que les personnes ne cherchent plus à se dépasser? Il suffit de reconnaître et d'encourager le talent, ce qui certes ne paraît pas facile dans une théorie qui refuse d'établir des inégalités entre les gens en fonction de leur mérite. Toute personne dans la société égalitariste projetée pourrait se demander à quoi bon travailler fort, à quoi bon cultiver ses talents, puisque le résultat est le même et que de toute manière on aura droit à la même part que les autres, de quoi vivre convenablement.

Nielsen, qui est très sensible au problème du mérite et des talents, répond à plusieurs reprises aux diverses objections dans ses ouvrages. Il reconnaît qu'il est nécessaire de récompenser le mérite, et il propose que cette récompense prenne une forme autre que pécuniaire, qu'elle consiste par exemple en médailles ou en certificats, lesquels susciteraient l'émulation et désigneraient des modèles ou des héros. Il pourrait donc y avoir une hiérarchie de dignité, car elle ne serait pas aussi nuisible qu'une hiérarchie économique.

Conclusion

La théorie de Kai Nielsen est profondément ancrée dans une vision du progrès social: dans une société de très grande abondance, la production ne cessera d'augmenter, de sorte que l'on pourra idéalement parvenir à la satisfaction égale non seulement des besoins, mais encore des attentes de chacun. Pour diverses raisons, les tentatives d'instauration politique du socialisme et du communisme (russe, chinois, etc.) se sont jusqu'à maintenant soldées par un échec. Mais, selon

---

14. Nielsen, 1994, p. 53.

les égalitaristes radicaux, on ne peut en conclure que le capitalisme soit le seul régime possible pour la société industrielle ni que les inégalités soient nécessaires dans toute société avancée.

Nielsen estime que l'obtention d'une plus grande égalité est souhaitable, en ce qu'elle permet à un plus grand nombre de personnes d'accéder à l'autonomie morale et au plus grand respect de soi-même. Il ne s'agit pas pour lui d'imposer un nivellement égalitariste, mais de convaincre les gens de la valeur morale de la justice comme égalité radicale. Ainsi, selon Nielsen, une société socialiste stable, démocratique et respectueuse des droits individuels est parfaitement pensable. La justice, comme égalité, pourrait s'associer à une théorie morale et politique fondée sur ce à quoi chaque individu a droit, surtout dans les cas où les biens acquis sont le fruit de son travail et répondent à ses besoins.

Au terme de ce chapitre, l'étudiant est donc plus en mesure de comprendre ce que pourrait être la justice à l'échelle mondiale.

EXERCICES

Synthétisez vos connaissances et développez une argumentation

1. Expliquez sous quelles conditions Kai Nielsen accepterait comme juste la possession individuelle d'un instrument de musique coûteux (un piano, par exemple).

2. Voyez-vous des points communs entre la classification des besoins selon Nielsen et les types de désirs définis par Épicure (voir les p. 14-15) ?

3. Trouvez un exemple qui illustre l'idée de Nielsen selon laquelle l'argent n'est pas un bon critère pour évaluer l'apport d'une personne à la collectivité.

4. Expliquez brièvement en quoi l'égalitarisme radical de Nielsen diffère de l'égalitarisme des libéraux.

5. Sur quelles bases peut-on fonder une société juste d'après Nielsen ?

6. Pensez-vous que les arguments de Nielsen parviennent à concilier égalité et liberté ? Discutez ces arguments.

Repérez les idées et analysez le texte

« Faire foi de l'égalité » (extraits)

I

On a souvent soutenu que l'égalité et la liberté sont fréquemment en conflit, que nous devons faire des concessions négociées entre l'égalité et la liberté et, particulièrement si on valorise le fait d'avoir une société libre et démocratique, que nous ne devons pas essayer d'atteindre l'égalité de condition entre les êtres humains. Au contraire, je vais soutenir que pour qu'il y ait une société libre il doit y avoir une vaste égalité de condition. Il est vrai – ou du moins je vais le soutenir – que, pour représenter nettement cette égalité de condition, nous devons énoncer des principes égalitaires de justice qui sont encore plus égalitaires que ceux énoncés par John Rawls ou Ronald Dworkin. C'est dans l'articulation de tels principes et dans une telle conception de l'égalité de condition qu'il faut chercher le noyau de mon égalitarisme radical.

[...]

Les égalitaires radicaux, avec plusieurs autres, croient à l'égalité morale, mais cela, pour les égalitaires radicaux aussi bien que pour les égalitaires libéraux, tels que John Rawls et Ronald Dworkin, n'est pas suffisant. Ce qu'il faut viser, et cela peut être raisonnablement accompli dans des conditions d'abondance matérielle, c'est une égalité de perspectives d'avenir pour tout le monde, où cela n'est pas simplement vu comme le droit de concourir pour les rares positions profitables, mais où sont créées des structures sociales qui pourraient fournir également à tous, dans la mesure du possible, les ressources et les conditions sociales pour satisfaire le plus complètement possible leurs besoins, d'une manière qui soit compatible avec le fait que tous les autres agissent pareillement. Outre cela, comme idéal heuristique pour une société prodigieusement abondante, nous devons chercher à fournir également à tout le monde, dans la mesure du possible, les ressources et les conditions sociales pour satisfaire le plus complètement possible les besoins de chacun, d'une manière qui soit compatible avec le fait que tout le monde reçoive le même traitement. En cherchant à établir une égalité de condition, nous commençons avec les besoins fondamentaux, puis nous allons à d'autres besoins et, finalement, nous allons aux attentes lorsque la force productive de la société augmente. L'idéal à atteindre, peut-être seulement comme une heuristique, est un monde dans lequel il y a satisfaction entière et égale des besoins et des attentes de tout le monde (s'il n'y a pas de manière de vérifier ni l'un ni l'autre, alors nous devrions nous en tenir aux ressources égales en

espérant que cela nous donnera ce que nous aurions voulu si nous avions pu le vérifier). C'est lorsque nous avons atteint un tel niveau d'égalité que nous pouvons mesurer le rapprochement à la compétence morale dans nos sociétés contemporaines et voir la direction vers laquelle nous devrions nous diriger à mesure que la richesse sociale de la société augmente, ou plus exactement à mesure que la capacité pour une plus grande richesse sociale augmente avec le développement des forces de production.

[...]

Une telle conception de l'égalité exige des principes de justice distinctifs. Je crois que ceci est une manière adéquate de les énoncer :

1) Chaque personne doit avoir un droit égal au système total le plus vaste de libertés de base et de chances égales (incluant les opportunités égales d'avoir un travail significatif, de s'autodéterminer et de participation économique et politique) compatibles avec un traitement similaire pour tous (ce principe exprime l'engagement d'atteindre et/ou de maintenir une autonomie morale égale et un respect de soi égal).

2) Après avoir pris des dispositions pour les valeurs sociales (de communauté) communes, pour que le capital forfaitaire préserve la capacité productive de la société, des allocations faites pour différencier les besoins non manipulés et les préférences, et qu'un poids convenable est donné aux justes droits des individus, le revenu et la richesse (le fonds public des moyens) doivent être divisés de telle manière que chaque personne ait un droit égal à un partage égal. Les charges nécessaires requises pour mettre en valeur le bien-être humain doivent aussi être partagées également, sujettes évidemment aux restrictions d'habiletés et de situations différentes (ici je fais référence à des choses du genre « différents environnements naturels » et non du genre « position de classe »).

Ces principes de justice égalitaire spécifient, de manière très générale, les droits des gens et les devoirs qu'ils ont lorsqu'il y a abondance de production très considérable. Nous avons un droit à certaines libertés exprimées dans le second principe, un droit à un partage égal du revenu et des richesses dans le monde. De la même manière, encore selon les conditions spécifiées dans le second principe, nous avons le devoir de faire un partage égal en endossant les charges nécessaires pour protéger la société en général contre les malheurs et d'augmenter le bien-être des gens dans la société.

III

J'ai utilisé le principe fondamental que la vie de tout le monde importe et que la vie de tout le monde importe également. C'est d'un corollaire trivial que la protection du véritable intérêt de tout le monde est d'une importance égale. Je ne sais pas comment prouver un tel principe moral fondamental, un principe partagé en commun par une conception égalitaire libérale comme celle de Rawls ou Dworkin et une conception socialiste comme la mienne. Ni la moralité aristocratique d'un Aristote ni la moralité méritocratique élitiste de Nietzsche ne pourraient l'accepter. Ils ont accepté le principe formel de la justice, mais ils ont cru tous les deux qu'il y avait différents genres d'êtres humains et que, comme le dit Nietzsche, ce serait la fin de la justice que de traiter les inégaux comme s'ils étaient égaux. Les gens, croyaient-ils, n'étaient pas de valeur morale égale.

On peut répondre à cela en indiquant que les élitistes ignorent la profondeur de la socialisation des gens. Ils ignorent comment différents environnements et différentes circonstances produisent des gens différents. Il demeure quand même, lorsque tout cela a été dit et vivement ressenti, qu'il y a des gens, dans des circonstances similaires et même parfois de structure génétique similaire (comme des jumeaux), qui agissent de manières très différentes et qui ont des sensibi-

lités morales très différentes. Certains, par leurs choix délibérés, contribuent encore plus à leur société que d'autres ; et il y en a qui prennent davantage tout en donnant moins que les autres, et il semble pour plusieurs au moins équitable de récompenser de telles gens de différentes manières. Je pense, sauf comme question pragmatique, que nous sommes moins disposés à faire cela lorsque nous ressentons vivement les faits du hasard génétique. Mais à part cela, mon second principe de justice permet, dans des limites sévèrement restreintes, une place pour différents droits individuels. Néanmoins, face à un élitisme nietzschéen qui, même avec les clarifications apportées ci-dessus, refuse d'accepter la valeur morale égale de tous les êtres humains, il y a peu que nous puissions dire qui ne soit pas une déclaration de principe. Ici nous pouvons atteindre un fondement variable des jugements réfléchis ; et c'est **peut**-**être** aussi le cas qu'il y a différents noyaux de jugements réfléchis qui vont d'une manière cohérente dans différents équilibres réflexifs.

Les égalitaires, pour aller à un niveau encore plus profond, auront une attitude favorable de sollicitude impartiale pour tous les gens, du plus petit au plus grand de nous. Il n'est pas assuré que nous puissions discuter avec ou raisonner une personne dans une telle attitude, ou même lui faire voir qu'une telle attitude est appropriée, si elle ne l'a pas déjà. Le *Weltgeist*, dans nos sociétés, au moins comme position publique, favorise cela ; mais le *Weltgeist* a été différent dans le passé et peut encore changer. Nous pouvons dire ceci : il est très difficile, à le dire simplement, pour l'élitiste de soutenir l'idée de la supériorité morale intrinsèque ou inhérente d'une personne par rapport à une autre, et il y a les faits sociaux vitaux, militant contre l'élitisme, d'acculturation et d'environnement différents, aussi bien que le fait que ça ne veut rien dire d'affirmer que nous sommes responsables de notre bagage génétique.

Source : Nielsen, 1994, n° 18, p. 37-43.

QUESTIONS

1. En quoi un égalitaire radical et un égalitaire libéral se distinguent-ils l'un de l'autre ? Justifiez votre réponse en vous référant au texte de Nielsen.

2. Expliquez en quoi la notion d'égalité des conditions est différente de la notion d'égalité morale.

Lectures suggérées

Cahiers de recherche éthique (1994), n° 18 : *L'égalitarisme en question.*

LÉNINE (1970), *L'État et la révolution*, Pékin, Éditions en langues étrangères.

MARX, Karl et Friedrich ENGELS (1966), *Manifeste du parti communiste* [1847], Paris, Éditions sociales.

SFEZ, Lucien (1984), *Leçons sur l'égalité*, Paris, Presses de la Fondation de Sciences Politiques.

CHAPITRE 7

Éthique de la discussion et démocratie : Jürgen Habermas

Introduction

On assiste depuis peu à diverses entreprises philosophiques visant à donner une réponse consensuelle aux conflits dans les actions et les croyances. L'idée d'un large accord sur les principes d'une société juste chez Rawls et la thèse d'une véritable discussion qui vise l'entente chez Habermas sont deux exemples de tentatives visant à promouvoir l'idée d'une gestion sociale et politique basée sur un consensus*. L'approche d'Habermas est relativement différente de celle de Rawls, mais son engagement dans les débats sur la question de la justice rejoint les préoccupations de ce dernier ainsi que celles de Nozick et de Nielsen, dont nous avons déjà examiné les conceptions.

CONSENSUS

Entente, accord de tous les participants à une discussion.

Dans ce chapitre, nous nous intéresserons d'abord aux origines de la pensée d'Habermas avant de présenter l'essentiel de sa théorie morale fondée sur une éthique de la discussion. Ensuite, nous examinerons sa philosophie politique et ses **principes de justice**, ainsi que sa conception du bien et du juste. Nous ferons état de certaines critiques qui lui ont été adressées en guise de discussion du modèle.

Jürgen Habermas

Né en 1929, professeur de philosophie et de sociologie à Francfort (Allemagne). Ses écrits ont influencé grandement la philosophie anglo-saxonne, alors que lui-même s'inspirait de certains théoriciens anglais de la philosophie du langage, notamment en ce qui concerne la théorie des actes du discours. Il s'associe au mouvement de la théorie critique en fréquentant les fondateurs de l'École de Francfort. Il devient, avec Karl Otto Apel, le principal représentant de cette école. Il a publié, entre autres, *Théorie de l'agir communicationnel* (1983), *Morale et communication* (1983) et, plus récemment, *Droit et démocratie* (1992).

Avec ce dernier chapitre s'achève la présentation du débat sur le juste. Nous verrons que, loin de se satisfaire de la forme actuelle de démocratie, certains philosophes cherchent à l'améliorer. Cette exploration devrait donner à l'étudiant un éclairage nouveau qui lui permettra de prendre position dans le débat.

UNE PENSÉE DE NOTRE TEMPS

Des origines allemandes

Jürgen Habermas
(1929–)

La pensée de Jürgen Habermas trouve son inspiration principale dans la philosophie morale de Kant et dans la critique sociale menée par l'**École de Francfort**. L'importance qu'accorde Habermas au problème du langage et de la communication, à l'instar d'Apel, le conduira à transformer la pensée allemande qui l'a inspiré.

Kant : la liberté et le contrat social

L'idée d'autonomie et celle de contrat pour organiser la vie sociopolitique font de Kant un précurseur d'Habermas. Kant considère en effet que le contrat social est une forme valide de construction sociale, car il fournit un cadre permettant d'évaluer la légitimité d'une décision ou d'une législation. L'idée de contrat renferme les notions d'égalité, de démocratie, de bien commun et de liberté morale (voir les p. 86 à 90). Pour Kant, la liberté s'oppose à la liberté empirique, qui consiste à agir selon ses inclinations et ses passions, et elle est rattachée à l'idée d'autonomie morale. Dans le cadre du contrat social, cette liberté signifie que la souveraineté revient au peuple, à qui il incombe de contrôler la légitimité et l'action de l'État. Le contrat impose aux législateurs d'agir de telle manière que le contenu des lois reflète la volonté générale de tout le peuple.

Nous retrouvons ici l'impératif catégorique de Kant, cette fois dans le domaine politique. Rappelons que ce principe d'universalité (voir les p. 38-39) constitue le fondement de la raison pratique chez Kant : « Tout être raisonnable doit agir comme s'il était toujours, par ses maximes, un membre législateur dans le règne universel des fins[1]. » C'est ce qu'Habermas retiendra du philosophe des Lumières :

> [L'impératif catégorique] assure le rôle d'un principe de justification qui permet de déclarer valides des normes d'action universalisables : ce qui est justifié d'un point de vue moral doit pouvoir être voulu par tous les êtres rationnels[2].

---

1. Kant, 1971, p. 65.
2. Habermas, 1992, p. 17.

La théorie critique : un marxisme révisé

Habermas s'inspire également d'une forme de critique sociale et philosophique nommée **théorie critique**. On appelle ainsi la pensée de philosophes comme Max Horkheimer* et Theodor Adorno*, membres de l'Institut de recherches sociales fondé en 1924 à Francfort (appelé aussi pour cette raison École de Francfort). D'allégeance marxiste, les membres de cet institut ont élaboré une méthode d'analyse de la société fondée sur la remise en question des bases de fonctionnement de la société capitaliste. Leur entreprise consiste en une réflexion pratique globale sur les problèmes de la société, mais aussi en un projet d'organisation sociale et politique. Le marxisme dont ils se réclament est un marxisme révisé, épuré de sa dimension révolutionnaire violente.

Pour eux, les nouvelles réalités sociales du XXᵉ siècle appellent une révision de la pensée de Marx sur certains points. Ainsi, il n'est plus question de considérer l'État comme le représentant de la classe dominante. Avec l'avènement de l'État providence, de l'État social qui met au service des plus démunis un système de gratification matérielle, le prolétariat ne se sent plus tellement étranger à la structure politique, d'autant plus que, selon eux, l'expérience du communisme soviétique a échoué. On s'est aussi rendu compte que les aspirations révolutionnaires ont été récupérées par une classe de bureaucrates qui ont transformé le communisme en une sorte de capitalisme d'État.

HORKHEIMER, MAX
(1895-1973)
Philosophe allemand, fondateur de l'École de Francfort. Il s'exila aux États-Unis peu après la prise du pouvoir par Hitler. Il a ouvert plusieurs annexes de l'École, notamment à Paris, Londres et New York.

ADORNO, THEODOR
(1903-1969)
Philosophe allemand connu pour ses travaux en philosophie de l'art et de la connaissance. Il se joint à l'Institut de recherches sociales en 1938, et en prendra la direction après la retraite de Horkheimer.

La théorie critique et la révision du marxisme

Ce qui manque à la science, c'est la réflexion sur soi, la connaissance des mobiles sociaux qui la poussent dans une certaine direction, par exemple à s'occuper de la Lune et non du bien-être des hommes. [...] Lorsque la théorie critique apparut dans les années vingt, elle partait de la pensée d'une société meilleure. Elle se comportait de façon critique à l'égard de la société comme à l'égard de la science. [...] Je dois maintenant vous décrire comment on en est venu de cette théorie critique initiale à la théorie critique actuelle. La première raison en est la constatation que Marx avait tort sur de nombreux points. Marx a affirmé que la révolution serait le résultat de crises économiques de plus en plus aiguës [...] : cette doctrine était fausse, car la situation de la classe ouvrière est sensiblement meilleure qu'à l'époque de Marx. [...] Deuxièmement, il est manifeste que les crises économiques difficiles se font de plus en plus rares. Elles peuvent être en large part enrayées grâce à des mesures politico-économiques. Troisièmement, ce que Marx attendait de la société juste est vraisemblablement faux, ne serait-ce que parce que la liberté et la justice sont tout autant liées qu'elles sont opposées.

Source : Horkheimer, 1978, p. 356-358.

LUTTE DES CLASSES
Expression utilisée par les marxistes pour désigner l'opposition entre les différentes classes sociales qui composent les sociétés jusqu'à ce jour. Elle désigne particulièrement l'antagonisme entre la classe des bourgeois et celle des prolétaires.

RATIONALITÉ INSTRUMENTALE
Fait de réfléchir aux moyens les plus efficaces pour parvenir à ses fins, indépendamment de la valeur morale de ces moyens. Chez Habermas, s'oppose à la rationalité communicationnelle, qui porte sur la valeur morale de la fin elle-même et y subordonne des moyens raisonnables.

APEL, KARL OTTO
Philosophe allemand, professeur à l'Université de Francfort. Il est à l'origine du recours à la philosophie du langage dans le discours éthique. Il a fortement influencé Habermas dans ses recherches ; on le considère comme l'un des héritiers de l'École de Francfort.

ÉTHIQUE RELATIVISTE
Éthique qui nie qu'un code moral défini ait une validité universelle et qui considère comme valides une pluralité de codes moraux.

La théorie critique change les perspectives de toute action politique en vue d'une transformation sociale. Elle impose aussi une révision de la théorie marxiste de la lutte des classes* et soutient que l'action politique émancipatrice passe par une influence accrue des intellectuels dans la société. La théorie critique assigne en effet un rôle social particulier aux intellectuels : celui d'éveiller les consciences en vue de la transformation de la société sur la base d'un dialogue démocratique. Le marxisme révisé par la théorie critique n'est donc plus une théorie de la révolution, mais une critique philosophique et sociologique des idéologies.

Dès ses premiers écrits, Habermas porte un intérêt particulier à cette question. Dans *La technique et la science comme idéologie* (1968), il soutient que les sociétés capitalistes contemporaines favorisent et encouragent le développement de la science et de la technique pour les utiliser à leurs propres fins et légitimer l'ordre établi : elles font appel à la rationalité technoscientifique, qui est une rationalité instrumentale*. Les recherches d'Habermas sur la question de l'idéologie l'ont amené à conclure que les problèmes sociaux auxquels nous faisons face sont imputables en grande partie à la capacité du système social de camoufler la réalité de l'exploitation en intervenant sur le plan de la communication. Le manque de transparence de celle-ci, l'usage qu'on en fait pour contraindre les esprits (par exemple par la publicité) et la généralisation de la raison instrumentale expliquent la tolérance à l'égard de l'oppression, dans la vie pratique et dans le système.

Apel et l'idée de communication

À l'instar d'Apel*, Habermas met la communication au premier plan. Dans des ouvrages comme *L'éthique à l'âge de la science* (1973), Apel a renouvelé l'éthique et la philosophie politique en y intégrant des éléments propres à la philosophie du langage. Il cherche à se démarquer des éthiques relativistes* et à fonder une éthique universaliste en s'appuyant sur les capacités communicationnelles et argumentatives des êtres humains : « La validité logique des arguments ne peut être contrôlée sans présupposer en principe une communauté de penseurs capables de parvenir à une compréhension intersubjective et à la formation d'un consensus[3]. »

Karl Otto Apel (1922-)

Habermas joint cette idée de consensus à sa critique des idéologies. Il propose un modèle de la délibération publique susceptible de libérer la communication des contraintes et des déformations auxquelles elle est très souvent soumise. Il soutient qu'une théorie démocratique de la société et une véritable conception de la vie juste passent par une éthique de la discussion, seule capable de servir de base à une entente à propos de la nature de la société et des principes politiques et moraux sur lesquels celle-ci doit reposer.

---

3. Apel, 1987, p. 92.

Un concept implicite de la justice

À la différence de Rawls et de Nozick, Habermas ne propose pas à proprement parler des principes substantiels* de justice. Étant donné que sa théorie porte sur les procédures les plus justes pour obtenir un consensus, il ne se voit pas comme un théoricien qui suggère un modèle de société et des principes moraux qui conviendraient à la société allemande en particulier ou à toute autre société industrielle avancée. Selon lui, la vraie démocratie consiste à donner à tous les outils nécessaires à la prise de décisions ; il estime qu'il revient aux agents eux-mêmes, et non aux philosophes, de faire leur propre choix de société conformément à leurs intérêts et à leurs besoins. Il se propose de définir et de mettre en place les règles et les normes susceptibles de les aider à opérer un choix.

On trouve cependant chez lui un concept implicite de la justice, par exemple dans sa critique du capitalisme comme étant un système basé sur des intérêts non universalisables[4]. De plus, dans ses écrits récents, Habermas se rapproche de la position de Rawls et affirme qu'une philosophie politique doit non seulement préciser les conditions idéales permettant d'élaborer des principes de justice, mais aussi faire avancer une hypothèse de principes de justice substantiels. Son objectif est toutefois de veiller à ce que les questions morales fassent l'objet de délibérations et donnent lieu à des arguments de portée universelle. Sa théorie est donc à la fois une théorie de la démocratie et une théorie de l'argumentation. Elle ne traite pas de questions particulières qui concernent la vie éthique concrète, car les choix moraux dépendent des préférences individuelles et ne sont donc pas universalisables. L'essentiel de cette théorie morale universaliste est exposé dans *Morale et communication* (1983) et *De l'éthique de la discussion* (1991).

Examinons donc de plus près cette éthique de la discussion ; nous verrons en quoi elle constitue un fondement pour sa théorie morale et politique et quels sont les principes de justice qu'elle met de l'avant.

PRINCIPES SUBSTANTIELS

Principes à contenu normatif, comme les principes de justice, par opposition aux principes procéduraux, qui désignent des procédures de décision ou de fonctionnement.

L'ÉTHIQUE DE LA DISCUSSION

Le travail d'Habermas consiste à élaborer une nouvelle forme de lien social, ce qui le rapproche, nous l'avons vu, de la tradition du contrat social. À cet égard, il met en place un modèle qui se rapproche de celui de Rawls, mais il le présente comme réel plutôt que fictif. Selon lui, les individus doivent se réunir dans des forums de discussion pour décider du genre de société qu'ils souhaitent et des principes de justice qui devraient la guider. À l'intérieur de ces forums, chacun doit faire part de ses intérêts, de ses besoins et de ses attentes. Il doit les faire valoir d'une façon qui tienne compte des intérêts, des besoins et des attentes des autres participants à la discussion. Bien fondés en raison, les attentes et les

---

4. Habermas, 1978b.

besoins doivent être considérés de manière égale. Pour ce faire, les participants doivent s'entendre sur les principes qui permettraient de répondre aux besoins et aux attentes de tous et de satisfaire les intérêts de chacun.

Pour que la discussion soit fructueuse, plusieurs éléments doivent être réunis : 1) une explication adéquate de ce que communiquer par le langage avec d'autres veut dire ; 2) une explication des vertus pratiques d'une communication réussie, et des indications quant aux résultats auxquels une discussion bien menée peut parvenir quant aux contenus ; 3) une description précise de la situation de discours et une explication non moins précise des qualités requises de la part des agents engagés dans la discussion ; 4) une présentation du principe qui guide Habermas dans l'établissement de son modèle, à savoir le principe d'universalisation, nécessaire pour atteindre un consensus.

La communication

L'idée de « communication » est certainement très à la mode. La communication prend place dans n'importe quelle sphère des activités humaines : communication dans l'entreprise, dans la famille, dans le monde politique, chez les militaires ; communication au sens d'information, communication entre ordinateurs, etc. Dans son acception la plus générale, le terme désigne l'échange de signes, d'informations, de messages entre personnes, entre groupes ou entre machines et même entre personnes et machines. Comme ce qui est communiqué à l'autre est d'abord pensé à quelque degré, la communication qu'exige la vie sociale est donc un exercice de la pensée, de la raison : penser, c'est alors communiquer. Le véhicule privilégié de la communication est le langage dans sa forme linguistique. Quand elle circule, la communication exige l'intercompréhension, l'accord à propos du sens à donner aux différents messages.

Le langage et l'intercompréhension

Plus la communication est transparente, plus l'intercompréhension est facile et l'accord, possible. Il y a donc, en tant qu'exigence morale, place pour une **éthique de la communication**, une éthique qui énoncerait les règles et les normes d'une communication véritable, libre et réussie. Dans la conception d'Habermas, une telle communication est marquée du sceau de la rationalité. Cette rationalité communicationnelle est ainsi au cœur de la philosophie du langage, de sa fonction et des espoirs qu'on peut fonder sur le langage.

Tout un courant philosophique inspiré de logiciens et de philosophes du langage a porté sur le phénomène du signe linguistique. Certains ont soutenu la thèse de la préséance de la pensée sur le langage, d'autres ont insisté sur l'idée d'action dans l'acte de parole en s'intéressant à l'effet produit chez autrui. Dans tous les cas, on s'accorde sur l'importance primordiale de la communication dans l'établissement des relations entre les interlocuteurs. Elle constitue aux yeux d'Habermas un lieu central pour les considérations morales.

Des valeurs aussi naturelles que la transparence, l'impartialité, la sincérité, etc., doivent se trouver au centre de tout processus communicatif qui se distingue des processus stratégiques ou instrumentaux visant non pas l'intercompréhension et l'entente, mais la victoire et la réalisation de fins particulières. Habermas envisage ainsi la communication langagière dans son aspect pragmatique, c'est-à-dire du point de vue de l'analyse de son effet pratique. Pour lui, la communication, c'est le langage qui s'accomplit, qui fait ou qui produit quelque chose. La communication désigne l'agir en puissance dans le langage. L'entente est le produit du langage.

La raison dans la communication

La raison dans la communication, ou la raison au service de la communication, constitue un aspect important de la théorie d'Habermas. La raison est un outil au service de deux sujets ou plus, à savoir les personnes et les énoncés. En d'autres mots, la raison est ce qui précisément nous permet d'arriver à des situations de communication réussies. La rationalité est donc l'ensemble des critères qui fournissent à un groupe social les moyens de résoudre par la discussion un problème donné, sur la base du plus large consensus possible. La rationalité, selon Habermas, concerne non pas la possession d'un savoir, mais plutôt la façon dont les sujets doués de parole et d'action acquièrent et utilisent ce savoir. C'est dans la manière dont les personnes font usage d'un savoir et utilisent les énoncés que réside la rationalité.

Pour Habermas, la rationalité est une question de procédure, c'est-à-dire de processus de discussion ou de délibération. Dans le cas des énoncés, un savoir est considéré comme rationnel quand il intervient dans une délibération entre plusieurs sujets, qui n'a pas d'autre critère que celui du meilleur argument. En d'autres termes, la rationalité des énoncés s'exprime dans leur capacité d'être fondés et critiqués, et, inversement, tout énoncé qui n'admet pas la critique et qui ne permet pas qu'on examine ses fondements n'est pas rationnel. Ainsi, ce qui n'est pas rationnel n'est pas communicationnel, et inversement. Bon nombre d'activités langagières se trouvent ainsi exclues de la sphère de la rationalité : expression des émotions, langage stratégique, pressions, etc. Quand rationalité et communication coïncident, on obtient une situation idéale de langage.

La situation idéale de langage

La situation idéale de langage se caractérise par le fait que les participants à la discussion agissent de leur plein gré, dans une situation exempte de domination. Elle peut pour cette raison être rapprochée de la « position originelle » de la théorie du contrat de Rawls (voir les p. 91-92). Selon Habermas, la participation à la discussion est libre et tous ont les mêmes chances de s'exprimer. Ces exigences de liberté et d'égalité témoignent de l'engagement moral d'Habermas en faveur d'une forme de justice sociale fondée sur des droits fondamentaux tels que les droits à la liberté de participation et d'expression et le droit à l'égalité pour tous les citoyens. L'éthique de la discussion peut être considérée comme un ensemble de règles et de normes garantissant l'égalité et la liberté des citoyens qui participent à une discussion visant à déterminer les principes d'une société juste.

S'attachant à préciser les modalités de la discussion de manière normative, Habermas défend non seulement une conception égalitariste, mais aussi une procédure moralement juste permettant de répondre adéquatement aux intérêts des personnes. Selon lui, les intérêts et les attentes des personnes sont universalisables dans la mesure où les participants libres et égaux à la discussion respectent des critères de validité préalablement définis et admis par tous. Ces critères sont ceux de la vérité, de la sincérité et de la pertinence, ce à quoi il faut ajouter le respect des règles et des normes de la situation idéale de langage.

Une fois ces conditions d'échange dans le discours acceptées et respectées, le point de vue le mieux expliqué, le mieux défendu par la force de l'argument serait celui qui recevrait l'adhésion de tous et qui répondrait aux intérêts et aux attentes de tous. Selon Habermas, la participation libre et volontaire, dans des conditions où les chances sont égales, constitue d'ailleurs une acceptation implicite du **principe d'universalisation des intérêts** de la part des interlocuteurs. Ayant pour objet de définir les conditions d'une société juste pour tous, les discussions doivent nécessairement se clore sur une entente : le résultat ne peut ainsi être autre chose qu'un contenu accepté par tous, un contenu universalisable. Voyons comment Habermas explicite ce principe d'universalisation.

L'universalisation et le consensus

L'activité stratégique et l'activité communicationnelle

Afin d'établir les règles qui doivent guider la discussion, Habermas commence par distinguer deux types d'activités rationnelles. Les premières sont celles qui visent le succès ; les secondes obéissent à des motivations d'entraide et d'intercompréhension.

Les activités rationnelles guidées par le succès peuvent être de nature instrumentale ; il s'agit d'activités rationnelles en vue d'une fin ou de l'ordre des considérations stratégiques. Dans ce dernier cas, l'important est d'utiliser toutes sortes de moyens, tels la ruse, le pouvoir, le mensonge, pour vaincre, dominer, obtenir un résultat déterminé, acquérir la richesse, la gloire, etc. Mais il existe un autre type d'activités rationnelles qui sont motivées par l'entraide et l'intercompréhension : ce sont les **activités communicationnelles**. Ces activités visent l'adhésion de l'autre et l'établissement d'une entente. L'interlocuteur est alors considéré non pas comme un être manipulable ou un ennemi, mais comme un partenaire dans la recherche de la norme ou dans la prise de décisions.

La base de l'activité communicationnelle est l'argumentation, avec tout le sens des responsabilités et l'impartialité que celle-ci exige des interlocuteurs. L'objectif en est de dégager un consensus, qui peut être valable uniquement s'il y a adhésion libre et totale au point de vue exprimé par l'un ou l'autre des participants, et si cette discussion repose sur la solidité des arguments (la force de l'argument) et non sur la contrainte. Le rôle de la morale dans le processus est donc d'une importance capitale, et la communication chez Habermas est le lieu par excellence où s'exerce l'éthique :

> Avant même d'entrer dans quelque forme d'argumentation que ce soit, donc aussi dans le discours quotidien, dès qu'on accepte de parler, nous avons à présupposer mutuellement que nous sommes responsables : pour n'en donner qu'un seul exemple, si vous dites quelque chose d'obscur ou si vous agissez d'une façon tant soit peu mystérieuse, je suis en droit de vous demander : « Qu'avez-vous fait ? » ou « Qu'avez-vous dit là ? », en présupposant que vous pourriez donner une explication sincère, que j'aie tort ou raison[5].

Une interprétation originale de l'idée d'universalisation

Habermas emprunte à Kant, avons-nous dit, l'idée de l'universalité des principes moraux (voir les p. 38 à 40). Ainsi, chez lui comme chez Kant, le premier objectif d'une théorie de la morale est de mettre en place un principe de base pour la délibération et le jugement moraux afin de justifier les normes. Mais Habermas donne à sa théorie une orientation discursive, de sorte que son **impératif catégorique** ne peut être retenu sans un débat public. En cela il diffère de Kant, qui conférait à cette activité un caractère privé. Rappelons que chez Kant c'est l'individu qui prend la décision de l'action, selon les exigences de sa conscience morale, alors que chez Habermas l'individu n'agit qu'après délibération et entente avec ses partenaires dans la discussion.

> Au lieu d'imposer à tous les autres une maxime dont je veux qu'elle soit universelle, je dois soumettre ma maxime à tous les autres afin d'examiner par la discussion sa prétention à l'universalité. Ainsi s'opère un glissement : le centre de gravité ne réside plus dans ce que chacun souhaite faire valoir, sans être contredit, comme étant une loi universelle, mais dans ce que tous peuvent unanimement reconnaître comme une norme universelle[6].

Habermas appelle cette exigence le **principe d'universalisation** ou principe U. Ainsi, l'**éthique de la discussion** qu'il a élaborée est une version communicationnelle de l'impératif catégorique de Kant. Sa principale contribution réside dans l'utilisation du principe kantien d'universalité pour valider des règles morales susceptibles de procurer aux discussions pratico-morales un fondement rationnel. Alors que chez Kant la méthode d'examen de la validité éthique des normes, qui passe par une interrogation sur leur universalité, concerne uniquement le sujet placé en face de sa conscience, l'éthique de la discussion fait de la procédure d'évaluation morale un acte de communication.

---

5. Habermas, 1988, p. 27.
6. Habermas, 1986, p. 88.

Ce principe d'universalisation est à la base de la théorie d'Habermas. Il doit être considéré non seulement comme un présupposé à toute discussion ayant pour objet l'établissement de normes dans une société (théorie normative), mais également comme le fondement d'une certaine forme de contractualisme réel. Ce principe est ainsi à rapprocher des idées de la volonté générale de Rousseau et de la loi universelle de Kant. Il constitue dans une discussion une **entente d'arrière-plan** à propos des conditions requises pour la vie sociale et de la place que chacun occupe dans la discussion. En effet, c'est ce principe qui permet d'arriver à une entente entre les participants dans les argumentations morales. Il rend possible le consensus comme règle d'acceptation et de validation des choix moraux.

La notion de consensus

En introduisant les idées de communication et de consensus, Habermas renouvelle la réflexion éthique. Il poursuit ainsi l'œuvre entreprise par Karl Otto Apel. Apel montre que la question du sens en général tout comme la question de la compréhension entre les gens ne peuvent se poser qu'à l'intérieur d'une communication qui vise un accord intersubjectif. Pour ce philosophe allemand, cet objectif commun constitue le fondement de la réflexion éthique et de la critique du sens. Il pose donc l'établissement de critères comme préalables à toute communauté de communication.

Tandis qu'Apel retient les présupposés normatifs de la communication pour la réflexion et la critique, Habermas les retient pour l'action. Ils sont pour ce dernier un idéal qui permettrait de créer une situation idéale de langage où le jeu de l'argumentation aurait toute sa place dans un univers de vérité, de sincérité et de pertinence. Selon Habermas, sans être de nature purement transcendantale, les présupposés normatifs de la connaissance se trouvent au cœur même des langues naturelles sous forme de compétences communicationnelles inhérentes aux personnes humaines. Il suffit de vouloir les utiliser à bon escient pour que l'entente entre ceux qui parlent soit possible et qu'ainsi le langage devienne action.

En partant de Kant et en passant par Apel, Habermas présente donc son éthique discursive comme une norme procédurale en vue d'un consensus. Il établit que cette éthique communicationnelle n'est pas le fruit d'une décision arbitraire, mais qu'elle est fondée sur un principe d'« universalisabilité ». En d'autres mots, il montre que la situation idéale de langage, qui rend possible cette éthique, est basée sur la tendance naturelle et la capacité des personnes à communiquer. Ainsi, on peut parler d'un lien non arbitraire entre l'action communicationnelle d'un côté et le principe d'« universalisabilité » de l'autre. Dans une situation idéale de langage, l'action communicationnelle, inhérente à la vie sociale, porte essentiellement sur des intérêts universalisables des membres de la société. L'éthique discursive comme norme procédurale en vue d'un consensus pose donc :

1) qu'une situation idéale de langage n'est pas le fait d'une simple décision arbitraire ;

2) que le principe éthique d'universalisabilité est inhérent au langage.

À propos de ce dernier point, disons tout simplement que, dans une discussion sans contrainte, les participants s'entendraient seulement sur des propositions et des évaluations qui sont conformes à leurs intérêts universalisables. Ainsi, le fait de parvenir à un consensus indiquerait que les intérêts étaient généralisables.

DE L'ÉTHIQUE AU POLITIQUE

La détermination du juste tout comme la détermination de la norme dans une société doivent faire l'objet d'une entente entre les agents. En ce sens, les questions morales et politiques sont des questions susceptibles de vérité ou de validité. Elles doivent être traitées de façon rationnelle au cours d'une délibération publique. Dans ce contexte de discussion, ce qui confirme la validité ou la justesse des jugements d'ordre éthique est leur coïncidence avec les attentes, les intérêts et les besoins des personnes visées par le choix de la norme. Selon Habermas, le fait de répondre aux attentes et aux besoins constitue une justification discursive. Ainsi, la justesse morale des normes est étroitement liée à la structure du discours pratique lui-même, ce qui a d'importantes conséquences, notamment dans le domaine des institutions politiques.

La communication et la démocratie

Habermas redéfinit la notion de démocratie et reconsidère aussi de manière plus systématique celle de **volonté générale**. Avec la notion de consensus qui est au cœur de son modèle, il donne aux défenseurs de la démocratie de nouvelles munitions. Longtemps malmenée par les tenants des différentes tendances politiques et utilisée à satiété dans divers contextes stratégiques de lutte pour le pouvoir, la notion de démocratie trouve chez Habermas un nouveau lustre. Elle retrouve son sens originel de « pouvoir du peuple par le peuple » (voir la p. 6) et rappelle le véritable rôle des institutions sociopolitiques dans le monde actuel, un rôle qui consiste à veiller à la protection des droits des personnes et à assurer un égal bien-être pour tous.

Mais la théorie d'Habermas donne aussi à la démocratie une dimension particulière qui est rarement présente dans d'autres conceptions philosophiques. En tant que théorie de l'argumentation, elle met en place un modèle de délibération publique qui donne à tous les citoyens les moyens de faire valoir leurs idées et de protéger ainsi adéquatement leurs intérêts particuliers. Outre qu'elle est un modèle valorisant pour tous les citoyens, la théorie d'Habermas constitue une critique des idéologies, dans la mesure où, dans un univers de situation idéale de langage, il n'y a pas de place pour la domination, la contrainte et les déformations de la communication.

La justice et la solidarité

L'éthique de la discussion et les obligations sociales

L'éthique de la discussion est non seulement la plate-forme de nos choix moraux et de la délibération démocratique, mais elle est également le point d'ancrage de nos attitudes et de nos obligations sociales. Elle comporte des obligations de sincérité, de loyauté et de soutien mutuel telles que certains la considèrent comme une sécularisation, une laïcisation du commandement d'aimer son prochain (voir les p. 17 à 19). Ces valeurs font partie de ce qu'Habermas appelle les éléments constitutifs d'une **moralité**.

Ces éléments de moralité ne sont pas imposés d'en haut, c'est-à-dire par une autorité divine ou politique quelconque ; ils sont au contraire définis et acceptés par tous les agents. Ici, l'éthique de la discussion est utilisée comme guide pour les valeurs morales. Dans l'ensemble, Habermas ne croit pas que les normes légales et éthiques de base peuvent être instituées d'une manière autoritaire. Les seules choses qui peuvent être instituées d'une façon quasi naturelle sont les dispositions à communiquer et à argumenter que nous mettons en œuvre dans la discussion.

Quel serait le résultat de cette distinction entre l'éthique autoritaire et l'éthique communicationnelle dans l'esprit d'Habermas ? La réponse est que les considérations procédurales qu'on trouve dans l'éthique du discours doivent nécessairement déboucher sur des considérations d'ordre pratique en termes d'institutions sociopolitiques. Dans *Morale et communication*, Habermas fait une affirmation beaucoup plus directe en ce sens. Pour répondre à la question « Quelles sont les institutions que l'éthique de la discussion favorise ? », il prend pour point de départ l'extrême vulnérabilité de l'individu. Il précise que l'État doit favoriser l'établissement de processus de développement communicationnel dans la société pour que les individus puissent se définir et se sentir inclus dans cette société.

Le lien entre la justice et la solidarité

Habermas affirme que toute éthique doit servir à valider l'inviolabilité des personnes en exigeant un respect égal pour la dignité de tous. Elle doit également protéger les relations intersubjectives de reconnaissance réciproque grâce auxquelles les individus se maintiennent en tant que membres de la société. Il y a là un principe de justice et à un principe de solidarité et de bien-être. L'éthique de la discussion fait remonter ces deux principes à une racine commune, la vulnérabilité de l'individu qui requiert des compensations. C'est à l'accomplissement de ces deux tâches que doivent servir les institutions sociopolitiques.

Habermas prétend que les deux plus importants principes de base de l'éthique classique, les principes du devoir et du bonheur, sont implicites dans sa théorie. L'intégrité et la valeur de la personne, ses droits, de même que son bonheur ou son bien-être, font partie de l'éthique communicationnelle. L'éthique de la discussion se veut donc une éthique universelle.

Le bien et le juste

L'interdépendance du bien-être et du juste

Comme on vient de le voir, la position d'Habermas dans les débats actuels sur le bien et le juste de même que sur le bien-être et les droits est une position particulière. En parfait accord avec Rawls sur l'importance du juste, Habermas ne pense pas qu'il soit nécessaire de lui accorder une priorité par rapport au bien. À son avis, une société juste est une société qui tient compte du bien de ses membres. Les contenus des principes de justice sont déterminés en accord avec les intérêts, les besoins et les attentes des individus, tenant compte ainsi de leurs particularités contextuelles (tradition, culture, etc.). Sans tomber dans le relativisme, il est possible, dans le cadre des discussions, de dégager des principes de justice qui rallient les différences de croyances, de choix et de cultures au lieu de les accentuer, des principes comme la solidarité, la responsabilité, l'égalité et la liberté. Habermas défend une conception morale dans laquelle le bien de chacun est parfaitement envisageable dans une société juste.

Ici, la différence avec Rawls est nette puisque ce dernier donne priorité au droit sur le bien, tout comme Nozick d'ailleurs, alors qu'Habermas ne les oppose pas et ne les hiérarchise pas. Du fait de son orientation universaliste, Habermas est conduit à minimiser l'importance des particularités. Pour lui, il s'agit plutôt de chercher, à travers les particularités, à joindre les humains dans leurs ressemblances ou à réunir leurs différences.

Bien qu'Habermas considère les discussions éthiques comme des discussions portant sur des questions de justice, il n'est pas tout à fait insensible à la question du bien. C'est à chacun de faire valoir sa propre conception du bien et de n'accepter dans la société que les principes moraux qui tiennent compte de ses choix et préférences. Dans une société, le consensus à propos du juste ne peut alors être obtenu aux dépens des particularités de chacun. Le consensus est conditionnel à la compréhension et à la prise en considération des spécificités. Dans les discussions pratiques, aucune norme ne peut être acceptée par les participants si elle n'a pas auparavant subi le test des intérêts de chacun, c'est-à-dire si elle n'a pas supporté le contact avec le monde réel.

Un concept implicite de la justice

Pour Habermas, la réalisation de la situation idéale de langage est une condition préalable à l'établissement d'un ordre social juste. En d'autres mots, les caractéristiques définissant la situation idéale de langage sont des critères décisifs de la justice sociale. À l'intérieur d'une éthique du discours, les normes ou les valeurs d'un système social seront considérées comme légitimes seulement si la résolution de tous les conflits moraux est subordonnée au résultat consensuel des discussions pratiques entre les intéressés. La participation au processus communicationnel, sans contraintes et dans une situation idéale de langage, est une condition essentielle de l'éthique du discours ; de la même manière, une participation égale et libre à la vie sociale est au premier rang des éléments qui définissent une société juste.

Selon Habermas, on a tout intérêt à fonder une théorie morale sur de tels critères de justice. La justice n'est plus seulement conçue comme une simple affaire de répartition des biens matériels et immatériels, mais elle est avant tout une question d'**égale liberté dans l'expression des convictions pratico-morales**. Alors que la justice distributive reposait sur une juste répartition des biens, la justice fondée sur l'éthique du discours insiste au contraire sur les conditions institutionnelles et culturelles – comme l'éducation et la politisation – permettant l'acquisition, par tous les citoyens, des aptitudes et des qualités nécessaires pour exercer leurs libertés.

Plus important encore est l'aspect positif de la liberté égale de prise de position morale. Pour avoir des chances égales de participer à des discussions d'ordre pratique, il faut avoir un accès égal aux connaissances liées à l'argumentation, à la prise de position et à la défense de vues morales. Dès lors que la justice est conçue comme une liberté égalitaire et une aptitude à la prise de position morale, un ordre de vie sociale est juste s'il permet à chacun d'acquérir le savoir social disponible et l'estime de soi nécessaire à l'affirmation et à la défense de vues personnelles, qui sont des éléments essentiels en démocratie.

L'espace public et les médias de masse

C'est ainsi qu'on assiste à un renversement complet dans la structure des institutions de presse : le modèle libéral de la sphère publique impliquait que les institutions du public qui faisait usage de sa raison fussent à l'abri de l'intervention du pouvoir, dès lors qu'elles étaient entre les mains de personnes privées. Mais, dans la mesure où ces institutions ont subi les effets de la commercialisation et de la concentration, tant sur le plan économique et technique, elles ont pris durant les cent dernières années la forme de grands complexes détenteurs de puissance sociale, au point que, désormais, c'est précisément le fait qu'elles restent sous contrôle privé qui menace sous bien des aspects le caractère critique de certaines fonctions de la Presse au sens le plus large. [...] Tandis qu'autrefois la Presse avait pu se borner à jouer le rôle de médiateur et de stimulant dans l'usage que les personnes privées constituant le public faisaient de leur raison, ce sont désormais les médias qui, à l'inverse, conditionnent ce raisonnement.

Source : Habermas, 1978a, p. 196.

QUESTION

Expliquez cette critique des médias de masse selon la conception de la démocratie d'Habermas.

Cette réflexion conduit à deux conclusions : d'abord, l'éthique du discours n'est pas un simple principe moral qu'il s'agit d'appliquer chaque fois que surgissent des conflits dans la société. L'éthique du discours implique une **démocratie délibérative**, c'est-à-dire une pratique politique qui vise la liberté dans les discussions d'ordre pratique. En second lieu, le critère de justice qui fonde l'éthique du discours suppose une critique des inégalités qui font obstacle à l'exercice d'une égale liberté de prise de position morale par tous les membres de la société. C'est seulement de cette façon qu'une théorie éthique du discours peut mener jusqu'à sa conclusion ultime l'intention fondamentale qui est à l'origine de la critique de la société de classes.

L'HÉRITAGE DE L'ÉTHIQUE DU DISCOURS

Un philosophe important et original constitue toujours un interlocuteur privilégié quand il s'agit de préciser et de défendre nos conceptions morales. Pour cette raison, la pensée d'Habermas a été largement discutée et continue de l'être. Mais pensée influente ne veut pas nécessairement dire pensée triomphante, et celle d'Habermas a fait l'objet de nombreuses critiques. On lui reproche surtout son excès d'optimisme quant aux vertus communicationnelles des individus et à leur désir de communiquer réellement et on lui rappelle la quasi-absence de situation idéale de langage dans le monde actuel. On a aussi vu une pétition de principe (un sophisme) dans le fait que la discussion éthique, pour avoir lieu, présuppose l'existence des institutions sociopolitiques qu'il s'agit précisément d'établir au cours de cette discussion. Habermas a cependant tenté de répondre à toutes ces critiques et, conformément à ce qu'il prône, a ainsi relancé la discussion.

Conclusion

L'éthique du discours d'Habermas présente de nombreuses caractéristiques importantes que l'étudiant devrait maintenant être en mesure de mieux comprendre. Il s'agit d'une théorie ambitieuse, fondée sur l'idée que les propositions morales sont susceptibles de vérité, au sens où elles peuvent faire l'objet d'un consensus fondé en raison sur des arguments. Habermas écarte ainsi tout relativisme des valeurs. Sa théorie est aussi universaliste, comme celles de la tradition philosophique, dans la mesure où le principe d'universalité n'est pas socio-historiquement déterminé, mais inhérent aux présuppositions générales des actes de parole. Cette théorie est également de type déontologique, comme celle de Kant, puisqu'elle met l'accent sur la question du devoir et de l'impératif du juste. Enfin, comme celle de Kant encore, elle est formelle, ou plutôt de caractère procédural : elle ne donne pas de nouvelles règles morales à suivre, mais elle explicite à la fois une situation discursive définie et un ensemble de règles susceptibles de permettre de parvenir à un consensus à propos des normes, des valeurs ou des droits. Sous tous ces aspects, la pensée d'Habermas témoigne de la vitalité des idéaux critiques des Lumières.

EXERCICES

Synthétisez vos connaissances et développez une argumentation

1. Quel rôle joue l'éthique de la discussion dans la détermination des normes morales ?

2. Expliquez ce que signifie chez Habermas l'idée de fonder en raison des principes moraux.

3. Quels sont le statut et le rôle du principe d'universalisation dans l'éthique d'Habermas ?

4. À votre avis, quels sont les principes de justice que défendrait Habermas s'il était engagé dans une discussion avec d'autres personnes ?

5. Dites en quoi l'éthique du discours d'Habermas favorise la forme démocratique de gouvernement.

Repérez les idées et analysez le texte

« La politique délibérative : un concept procédural de démocratie » (extraits)

La procédure qui sera définie plus précisément dans ce qui suit et par laquelle les décisions prises en conformité avec elle acquièrent leur légitimité est selon moi la structure centrale d'un système politique différencié, fondé sur les principes de l'État de droit. En revanche, je ne la concevrai pas comme le modèle de toutes les institutions sociales (pas même de toutes les institutions étatiques).

[…]

(a) Les délibérations s'effectuent sous forme argumentée et donc par l'échange réglé d'informations et de raisons entre des parties qui font des propositions et les soumettent à un examen critique. (b) Les délibérations sont inclusives et publiques. En principe, nul ne peut en être exclu ; toutes les personnes susceptibles d'être concernées par les décisions prises ont des chances égales d'y accéder et d'y participer. (c) Les délibérations sont exemptes de contraintes externes. Les participants sont souverains, en ce sens qu'ils ne sont liés qu'aux conditions communicationnelles et aux règles procédurales de l'argumentation. (d) Les délibérations sont exemptes de toutes les contraintes internes qui seraient susceptibles de porter atteinte aux chances égales des par-ticipants de se faire entendre, d'introduire des thèmes, d'apporter des contributions, de faire des propositions ou d'en critiquer d'autres. Les prises de position par oui ou par non ne sont motivées que par la force non coercitive du meilleur argument.

D'autres conditions spécifient la procédure, cette fois compte tenu du **caractère politique** des délibérations :

(e) D'une façon générale, les délibérations ont pour but de réaliser une entente rationnellement motivée et peuvent en principe être indéfiniment poursuivies ou reprises à tout moment. Il reste que, compte tenu de la nécessité de trancher, les délibérations politiques doivent aboutir à des décisions prises à la majorité. En raison du lien interne qui la rattache à une pratique délibérative, la règle de la majorité permet de supposer que l'opinion majoritaire, par nature faillible, peut – jusqu'à nouvel ordre, c'est-à-dire jusqu'à ce que la minorité ait persuadé la majorité du bien-fondé de ses conceptions – être considérée comme le fondement raisonnable d'une pratique commune. (f) Les délibérations politiques peuvent aborder tous les sujets susceptibles d'être soumis à une réglementation adoptée dans l'intérêt égal de tous. Ce qui ne signifie pas, toutefois, que les thèmes et les objets qui, selon les conceptions traditionnelles, sont d'ordre « privé » puissent être *a fortiori* soustraits au débat. Relèvent du débat public, notamment, les questions relatives à la répartition inégale des ressources dont dépend la possibilité factuelle de bénéficier de droits égaux de communiquer et de participer. (g) Les délibérations politiques portent également sur l'interprétation des besoins et sur la modification des attitudes et des préférences pré-politiques. Dans ce contexte, il serait faux de penser que la force consensuelle des arguments s'appuie simplement sur un consensus axiologique préalablement établi par des traditions et des formes de vie partagées..

Toute association qui institutionnalise une telle procédure afin de régler la vie de la communauté de manière démocratique se constitue par là même en communauté de citoyens. Elle forme ainsi une communauté de droit particulière, limitée dans l'espace et dans le temps, qui dispose de formes de vie et de traditions qui lui sont spécifiques. Ce n'est pas, toutefois, cette identité incomparable qui la caractérise comme communauté de citoyens. En effet, le processus démocratique est commandé par des principes **universels** de justice qui sont également constitutifs de toute communauté de citoyens. En un mot, la procédure idéale de délibération et de décision présuppose l'existence d'une association qui accepte de régler les conditions de sa vie en commun de façon **impartiale**. Ce qui associe les sociétaires juridiques est, en **dernière instance**, le lien linguistique qui fonde l'unité de toute communauté de communication.

Ce tableau de la politique délibérative est incomplet. N'y manquent pas seulement certaines différenciations internes (que j'ai spécifiées au chapitre IV), mais encore certaines observations quant au rapport entre, d'un côté, les délibérations qui sont menées pour parvenir à une décision et qui sont régulées par des **procédures démocratiques**, et, de l'autre, les processus informels de formation de l'opinion qui se

déroulent dans l'espace public. Pour autant que ces procédures ne se limitent pas – comme dans le cas des élections générales – à l'organisation de scrutins référendaires précédés par une formation informelle de l'opinion, elles régulent à tout le moins la composition et le mode de fonctionnement des comités qui « se réunissent » afin de « traiter », dans le cadre d'une « assemblée », les « sujets à l'ordre du jour » et, le cas échéant, d'adopter des résolutions. Lors de la définition des procédures parlementaires, les pouvoirs de décision (et les responsabilités politiques attribuées) sont ce en fonction de quoi, d'un côté, on constitue des espaces publics socialement circonscrits et limités dans le temps, et, de l'autre, on donne aux négociations une forme argumentée tout en spécifiant leurs sujets. Dans le cadre d'espaces publics organisés de cette manière, les procédures démocratiques structurent les processus de formation de l'opinion et de la volonté, dans le but de résoudre les questions pratiques par la coopération et de parvenir, dans ce cadre, à des compromis équitables. Le sens opératoire de ces régulations consiste moins à découvrir et à identifier des problèmes qu'à les traiter, et moins à sensibiliser un public à de nouveaux problèmes qu'à justifier la sélection que l'on en fait et à trancher entre différentes solutions concurrentes proposées pour les résoudre. Les espaces publics des corps parlementaires sont structurés en premier lieu pour former un **contexte de justification**. Ils ne dépendent pas seulement des travaux préparatoires et des élaborations ultérieures de l'Administration, mais encore du **contexte de découverte** que constitue un espace public non régulé par des procédures et qui est représenté par le public général des citoyens.

Ce public « faible » est le sujet de « l'opinion publique ». La formation de l'opinion en deçà de toute décision s'effectue dans le cadre d'un réseau ouvert et inclusif d'espaces publics subculturels qui se recoupent et dont les frontières temporelles, sociales et matérielles sont mouvantes. À l'intérieur d'un cadre garanti par la Constitution, les structures d'un tel espace public se développent d'une façon plus ou moins spontanée. Les flux communicationnels en principe illimités passent par les espaces publics formés à l'intérieur des associations, qui constituent des éléments informels de l'espace public général. Dans leur totalité, ils constituent un ensemble « sauvage » qui se dérobe à toute organisation globale. Plus que les espaces publics organisés des parlements, l'espace public général, en raison de sa structure anarchique, est exposé à la fois aux effets de répression et d'exclusion qu'exerce la répartition inégale du pouvoir social, à la violence structurelle, et aux distorsions systématiques de la communication. D'un autre côté, l'espace public général a l'avantage de disposer du médium d'une communication **non restreinte**, où de nouvelles problématiques peuvent être perçues de façon plus sensible, où les discussions menées pour s'entendre sur l'identité collective peuvent l'être de manière plus large et plus expressive et où les identités collectives et les interprétations des besoins peuvent être articulées de manière plus libre que dans les espaces publics régulés par des procédures. Pour former démocratiquement l'opinion et la volonté, il faut un afflux d'opinions publiques informelles telles qu'elles se développent idéalement dans un espace public politique non investi par le pouvoir. De son côté, l'espace public doit être à même de s'appuyer sur une base sociale dans laquelle les droits égaux des citoyens ont acquis une certaine efficacité sociale. Assurément aussi riche en conflits qu'en formes de vie génératrice de signification, le libre potentiel du pluralisme culturel ne peut pleinement se développer que sur des bases émancipées des frontières de classes et dégagées des chaînes millénaires de la stratification sociale et de l'exploitation. Le règlement de ces conflits-là par les moyens de la communication, dans le cadre d'une société laïcisée qui a appris à gérer sa complexité de façon consciente, est la seule source possible d'une solidarité entre personnes étrangères les unes aux autres, qui renoncent à employer la force et, dans le cadre de la régulation coopérative de leur vie en commun, s'accordent réciproquement le droit de rester étrangères les unes pour les autres.

Source: Habermas, 1997a, chap. 7, p. 330-333.

QUESTIONS

1. Est-ce que n'importe quel sujet ou problème peut faire l'objet de délibérations politiques? Donnez des exemples en vous inspirant des idées d'Habermas sur le sujet.

2. Expliquez la notion d'« espace public » chez Habermas.

3. Supposons que les électeurs canadiens décident majoritairement, lors d'un référendum national, de rétablir la peine de mort au pays. Cela suffit-il pour rendre cette décision juste et rationnelle? Justifiez votre réponse en vous appuyant sur le texte d'Habermas.

Lectures suggérées

ACHBAR, Mark et Peter WINTONICK (1997), *Manufacturing Consent. Noam Chomsky and the Media*, film, Montréal, Office national du film du Canada, 168 minutes (sous-titré en français).

GOYARD-FABRE, Simone (1990), « La légitimité », *Revue de théologie et de philosophie*, n° 122, p. 235-252.

HABERMAS, Jürgen (1997b), « La légitimation par les droits de l'homme », *La revue nouvelle*, Bruxelles, tome 105, n° 4, p. 78-87.

MERCIER, Benoît et André DUHAMEL (2000), *La démocratie: son histoire, ses fondements et ses pratiques*, Le Directeur général des élections du Québec.

Éthique appliquée et philosophie

Cette troisième partie est consacrée à l'examen de problèmes moraux propres à des secteurs nouveaux d'activité humaine et a pour but d'aider à comprendre la prise de décision morale dans des situations conflictuelles. Elle diffère donc des deux parties précédentes par son contenu et son objectif principal.

La première partie, rappelons-le, présentait l'éthique comme une recherche du bien et du juste dans les doctrines des philosophes de l'Antiquité et de l'ère moderne ; nous avions alors mis l'accent sur les caractéristiques de l'entreprise philosophique en ce domaine et sur la connaissance des œuvres marquantes. La deuxième partie portait sur les débats contemporains en éthique sociale, en particulier ceux touchant la justice, la démocratie et les droits ; il s'agissait alors de dépeindre l'engagement de la philosophie sur ce terrain et de cerner les différences entre les théories présentées. Dans cette troisième partie, les problèmes qui retiendront notre attention seront encore plus précis et concrets, et ce n'est qu'après avoir soulevé toute leur dimension appliquée que nous dégagerons les préoccupations philosophiques qu'ils impliquent.

Définition préliminaire de l'éthique appliquée

Le contexte historique

L'expression « éthique appliquée » est apparue au début des années 1970 ; elle est une traduction du terme anglais *applied ethics*. C'est à partir de cette époque que le développement accéléré des sciences et des techniques commence à bouleverser sérieusement nos repères moraux habituels. Au même moment, les sociétés industrialisées connaissent des crises morales majeures : la religion, par exemple, perd beaucoup de son influence. De plus, les idéologies politiques, surtout celles qui s'inspiraient du marxisme (voir les p. 130 à 134), exercent moins d'attraction que par le passé. Tous ces phénomènes ménagent un espace plus grand et nouveau pour l'éthique. L'éthique appliquée peut alors se définir comme la pratique de l'éthique adaptée à ce contexte historique.

La notion d'application

Le terme « appliqué » vient du latin *applicare*, qui signifie « attacher ». Les philosophies morales traditionnelles (voir la partie I) sont souvent très générales et paraissent bien éloignées des problèmes quotidiens. C'est en voulant combler la distance qui séparait leurs théories éthiques des difficultés pratiques éprouvées par les individus que les philosophes ont cherché à rattacher ou à « appliquer » celles-ci à celles-là. L'éthique appliquée représente une tentative de la part des philosophes pour rendre leurs recherches fondamentales utiles à la compréhension des débats de notre temps.

Les secteurs éthiques

Certains secteurs d'activité sont plus couramment associés à l'éthique appliquée, soit ceux de la pratique scientifique (éthique de la technique), des activités commerciales et financières (éthique des affaires), de la médecine et de la santé (bioéthique), de l'environnement (éthique environnementale). Cette variété de secteurs montre que l'éthique forme aujourd'hui une réalité complexe, à l'image des sociétés du XXIᵉ siècle. Aussi, dans cette partie consacrée à l'éthique appliquée, nous proposons un fil conducteur formateur permettant de se retrouver dans l'actualité des éthiques.

Démarche proposée et suite des chapitres

En éthique appliquée, l'accent est mis sur la décision morale à prendre et sur l'examen des raisons qui nous font choisir, après réflexion, telle ou telle solution. C'est pourquoi notre fil conducteur sera ici celui du raisonnement pratique en situation ou, autrement dit, celui de la délibération et de la justification morales. Nous inciterons l'étudiant à exercer son jugement et à réfléchir à ses manières de décider, et nous l'amènerons à accroître sa capacité d'analyser des situations problématiques et de faire des choix moralement acceptables. Au chapitre 8, nous exposerons les grandes étapes de cette démarche éthique pour faire valoir l'importance de l'éthique appliquée comme réflexion critique sur les valeurs.

Cette caractéristique se retrouvera dans les chapitres 9 à 12, consacrés aux éthiques des secteurs d'activité mentionnés plus haut. Mais ces derniers sont plus vastes et plus complexes que le seul contexte personnel ou professionnel de l'agir. Une éthique sectorielle est une forme d'éthique publique qui porte sur une pratique sociale déterminée, au sein de laquelle se posent des questions philosophiques fondamentales et où nous prenons position à titre de citoyens responsables. Il s'agira alors de prêter une attention spéciale à la dimension publique des débats et de dégager les questions fondamentales pour pouvoir les articuler en une argumentation philosophique. C'est pourquoi l'étudiant sera particulièrement invité à argumenter en contexte pluraliste et à s'initier aux théories éthiques propres à chacune des éthiques sectorielles.

Notre démarche nous conduira des contextes de décision les plus simples aux contextes les plus complexes, et du particulier au général. Nous partirons de la dimension personnelle de la prise de décisions, puis nous passerons à sa mise en contexte professionnel et social, et nous déboucherons finalement sur les problèmes moraux et philosophiques qui se posent dans ces nouveaux champs de la connaissance et ces nouvelles pratiques. Au terme de ces chapitres, l'étudiant devrait pouvoir participer activement aux débats démocratiques touchant les problèmes éthiques et philosophiques majeurs inhérents au XXIᵉ siècle.

CHAPITRE 8

La démarche éthique

Introduction

Ce chapitre expose les rudiments de l'éthique appliquée ou pratique et propose une démarche en quatre étapes pour aborder les questions de la prise de décisions et de sa justification dans des situations problématiques. Après avoir lu ce chapitre et fait le travail demandé dans les exercices, l'étudiant devrait être plus en mesure de comprendre que la décision n'est pas une affaire arbitraire soumise au caprice du moment, mais qu'elle répond à des raisons morales qu'il lui appartient de découvrir et de partager avec les autres. Il sera capable de reconnaître des situations moralement problématiques et de justifier rationnellement une décision personnelle. Il sera ainsi mieux préparé à intégrer ces éléments dans l'analyse des situations plus complexes qui seront décrites dans les chapitres suivants et à traiter à partir de son expérience les questions philosophiques plus générales qui y seront soulevées.

L'ensemble du chapitre gravite autour de l'idée de **problème** et de l'engagement personnel nécessaire pour le résoudre. Mais comment reconnaît-on un problème moral et comment savons-nous qu'il nous concerne ? Les réponses à ces questions passent nécessairement par l'expérience morale propre de l'étudiant, et c'est pourquoi la première section traite de l'expérience éthique du manque et du conflit. Quand des aspirations et des règles s'affrontent dans une situation donnée, elles retardent ou paralysent l'action, et il nous faut alors mieux les connaître – et mieux nous connaître – pour les évaluer. Nous considérerons ce moment de délibération et de prise de décisions dans la deuxième section.

Une fois la décision prise, on pourrait croire qu'il n'y a rien d'autre à faire ou à examiner. L'agir moral ne se limite cependant pas à la décision et à l'action ; il concerne tout aussi bien les raisons morales de l'action et leur bien-fondé. Nous verrons donc, dans la troisième section, que la décision prise peut être justifiée

Les quatre étapes de la démarche éthique

1. La narration de l'expérience éthique et la formulation du conflit.
2. La délibération et son terme : la décision.
3. La justification de la décision par de bonnes raisons : l'argumentation.
4. La poursuite du dialogue rationnel malgré les désaccords.

publiquement par des arguments rationnels. Cependant, il est possible que cette justification n'entraîne pas l'accord de tous les participants concernés. Nous faisons face tous les jours à de tels phénomènes de désaccord, et c'est pourquoi nous en traiterons dans la dernière section de ce chapitre. Nous verrons que le désaccord, en éthique, ne signifie pas la fin de tout dialogue, mais invite au contraire à le relancer sur de nouvelles bases et dans de nouveaux contextes.

L'EXPÉRIENCE ÉTHIQUE DU MANQUE ET DU CONFLIT

Le manque et le conflit

Nous agissons la plupart du temps sans nous attarder à la dimension morale de nos actions : nous faisons comme d'habitude, en suivant ce qui se fait couramment dans notre milieu familial ou social. Je sais que je remettrai à Marcelle le livre qu'elle m'a prêté, ou que j'accepterai de garder le bébé de Pierre-Joseph : il n'y a là aucun problème et rien à décider. Dans la vie courante, donc, nous agissons surtout par habitude ou conformisme, sans examiner la valeur de nos choix.

Nous pourrions souhaiter que notre existence s'écoule ainsi sans anicroches, sans heurts et sans surprises. Mais vivre sans jamais décider, n'est-ce pas plutôt seulement exister ? Prendre sa vie en main, c'est nécessairement décider, et toute décision implique un choix entre plusieurs possibilités qui ne sont pas équivalentes. Par exemple, si je ne suis pas satisfait de ma vie, c'est que quelque chose laisse à désirer et me manque, ce qui me pousse à agir ou à réagir. Si je ne puis facilement me décider entre mentir lors d'un accident pour mieux m'en tirer et dire la vérité et en assumer les conséquences, cela signifie que, dans l'une ou l'autre possibilité, il y a quelque chose à quoi je tiens, mais que je dois pourtant sacrifier au profit de la solution que je retiendrai : il y a donc conflit. Dans tous les cas de ce genre, j'éprouve un problème et j'en fais l'expérience comme un **manque** ou un **conflit**. Je ne peux alors plus me contenter de me fier à mes habitudes ou aux coutumes de mon milieu, parce que, justement, elles se heurtent entre elles. L'expérience éthique est celle de l'insuffisance des idées et des règles reçues ; pour résoudre le conflit, il faudra entreprendre une démarche particulière, laquelle constitue l'éthique.

Si personne ne nous voit, pouvons-nous faire tout ce que nous voulons ? Il y a conflit moral lorsque nous hésitons sur la conduite à tenir dans une situation donnée : notre intérêt personnel va à l'encontre de celui d'autrui, nous devons décider lequel l'emportera, et savoir pourquoi.

Le problème moral

Nous reconnaissons l'existence d'un problème lorsque nous sommes incapables de choisir sans hésitation entre les différentes possibilités qui s'offrent à nous dans la situation : nous avons peine à nous décider et nous souffrons parfois de cette situation. Et nous considérons le problème comme étant le nôtre non seulement quand la solution dépend de notre décision, mais aussi quand notre choix porte à conséquence. À quoi cependant peut-on reconnaître un problème moral parmi d'autres types de problèmes ? Pour répondre à cette question, nous recourrons à des exemples concrets, à des cas.

La narration du problème moral

Il existe une façon commode de définir et d'examiner une situation : il s'agit de la raconter, autrement dit d'en faire l'histoire. C'est ce que nous appellerons la **narration** d'un problème moral personnel. Nous recourons quotidiennement à ce genre de narration, par exemple quand nous voulons dire à notre ami ce qui ne va pas avec nos parents ou quand nous critiquons les comportements de nos collègues de travail. Ces récits sont le plus souvent désordonnés ou soumis à l'émotion du moment. Mais si on demande à quelqu'un de nous raconter son problème

---

La narration de Pierre : Le conseil

Je suis retourné sur le tard aux études, et à 30 ans je suis très souvent le plus âgé de ma classe. J'aime bien écouter les plus jeunes et essayer de les faire bénéficier de ma grande expérience de la vie. L'autre jour, je parlais avec un jeune qui paraissait déprimé ; en bout de ligne, il m'a carrément dit qu'il aimerait se tirer une balle dans la tête. J'ai, bien sûr, essayé de le faire changer d'idée en lui disant que c'était seulement passager, que ça s'arrangerait bientôt, et tout ça. Il ne semblait pas aller mieux quand je l'ai laissé. Mon problème, c'est qu'une semaine après il était encore en vie. Je veux dire : est-ce que c'était grâce à moi et à ce que je lui avais dit ? Je ne pouvais être sûr de rien, mais cela m'a surtout amené à penser : comment aurais-je réagi si le jeune s'était suicidé ? Peut-être que j'aurais été le dernier à lui avoir parlé et que je n'aurais pas réussi à l'aider. Pourquoi est-ce que j'aime toujours penser que j'aide les plus jeunes ? Je ne suis pas leur père.

QUESTIONS

1. À votre avis, laquelle des phrases suivantes résume le mieux le problème moral de Pierre ?
   - Pierre se demande si c'est bien grâce à lui que le jeune est encore en vie (et il aimerait le savoir pour en être fier).
   - Pierre se demande si la vie vaut la peine d'être vécue.
   - Pierre s'interroge sur sa tendance à toujours conseiller les plus jeunes et se demande si c'est une bonne chose.

2. Quelles sont les valeurs* en jeu ici qui permettent d'affirmer que le problème de Pierre est bien moral et pas seulement psychologique ?

VALEUR

Ce qui est bon, important en soi, ou ce qui est jugé comme tel. Le terme « valeur » est comparatif et réfère à un ordre ou à une hiérarchie. C'est aussi ce par quoi on se définit soi-même : « Pour moi, le plus important, c'est... ».

moral personnel de façon cohérente, nous trouverons presque toujours un événement déclencheur (l'expérience du manque ou du conflit dont nous parlons), un narrateur et des personnages (qui agit, qui est concerné), la description de leur situation (quand, où, comment), un déroulement (ce qui se passe) et un dénouement (la décision, l'action réalisée). En guise d'exemple, on a à la page précédente une histoire racontée par un jeune adulte.

La narration de l'événement suggère un manque, une insatisfaction ; l'expérience éthique conduit à remettre en question des valeurs reçues ou admises qui s'accordent avec notre caractère, nos idéaux, etc. Ce manque surgit lorsqu'on ne sait plus trop quoi souhaiter, lorsqu'on se demande si ce qu'on désire en vaut vraiment la peine. La démarche éthique a pour but de combler ce manque. Elle peut cependant surgir d'un autre genre de situation, marqué par le conflit.

DILEMME
Situation dans laquelle aucun choix ne semble conduire au bien ou être correct.

On a ci-dessous affaire à un dilemme*, à une situation sans issue où il semble impossible de faire un choix. Ces situations sont heureusement plutôt rares, du moins celles qui présentent un caractère aussi net. Elles sont pourtant les plus riches de leçons ; ainsi, elles montrent que les problèmes moraux sont avant tout **pratiques**, qu'ils dépendent des contraintes d'une situation non choisie. En effet, la confiance et la santé ne sont pas contradictoires en elles-mêmes et abstraitement.

La narration de Lise : Un choix impossible

Je suis une ex-prostituée et une ex-toxicomane qui s'en est sortie, comme on dit. Maintenant, je suis travailleuse de rue la nuit dans le centre-est de Montréal. Au nom d'un petit organisme communautaire, j'interviens auprès des toxicomanes. Mon but est de leur fournir sur place de petits services, mais surtout de les amener à vouloir être aidés, à vouloir se soigner. Laissez-moi vous dire qu'il est très difficile de nouer une relation de confiance avec eux, car tout le monde les juge et les rejette déjà. Mais avec de la patience et de la ténacité, j'ai réussi à me faire accepter par certains, et même à m'en faire des amis. Mais la nuit dernière, j'ai vu deux de ces amis échanger une seringue. Je sais que le sida peut se transmettre ainsi, mais qu'est-ce que je pouvais faire ? Si je leur dis « attention », je redeviens leur juge, je brise le lien de confiance et je n'aboutis à rien ; si je ne dis rien, je préserve ce lien, mais je renie les raisons mêmes de mon engagement et je n'aboutis à rien. Coincée !

QUESTIONS

1. Quelle est la nature du problème de Lise ?
   - Elle n'a pas assez de volonté pour agir.
   - Elle ne sait pas quelle action est la meilleure.
   - Aucune solution ne lui paraît bonne.

2. Comment auriez-vous agi à sa place ?

Elles deviennent problématiques uniquement dans des situations comme celle où se trouve Lise : non seulement Lise ne peut tout faire, mais tout ce qu'elle fera, selon toute apparence, n'aboutira à rien. Dans ces cas, la décision ne résout pas complètement le problème : elle tranche, certes, mais sans permettre d'accomplir le bien de façon claire. Il reste un regret, plus ou moins profond, plus ou moins difficile à assumer.

L'expérience éthique : un vécu, une épreuve, un acquis

L'expérience éthique du manque et du conflit permet de percevoir que nous faisons face à un problème, à une difficulté, à un dilemme. L'agir moral en situation comporte ainsi une dimension de **vécu** personnel toujours présente et qu'on ne peut éliminer, même quand on fait appel à des principes universels et fondamentaux. On ne peut en effet confier ses problèmes à d'autres, même si on peut bénéficier de leurs conseils et de leur aide.

L'expérience éthique est cependant plus que ce simple vécu : elle est aussi une **épreuve** où l'on remet en question les évidences et les solutions toutes faites, où l'on fait l'expérience de ses propres limites et où l'on essaie de nouvelles façons de faire et de penser. Tout vécu n'est pas une épreuve, mais quand on prend conscience d'un problème, on crée une dynamique qui tendra à résoudre la difficulté, à rétablir l'équilibre. L'expérience comme épreuve met à contribution la volonté et l'intelligence au-delà du seul vécu immédiat et passif : dans l'épreuve, on fait une expérience, on transforme la situation, on se change un peu soi-même.

Ce dernier point fait ressortir une autre dimension de l'expérience : sans épreuve, en effet, on n'apprend rien, ou bien peu. L'expérience éthique peut donc se comprendre aussi comme un **acquis** ; on dit alors « prendre de l'expérience » ou « avoir de l'expérience ». L'effort intellectuel et l'effort de volonté que nous déployons dans l'épreuve sont susceptibles de résultats que nous pouvons intégrer à ce que nous savons déjà. Une expérience sans épreuve n'est que vécu passif, avons-nous dit. De même, un acquis sans épreuve demeure superficiel, et une épreuve sans acquis ressemble à un échec.

L'expérience éthique comporte ces trois dimensions : vécu, épreuve, acquis. L'expérience éthique a ainsi une dynamique : elle conduit à découvrir ce qui ne va pas, c'est-à-dire à définir comme un problème à résoudre la situation de manque ou de conflit. Elle n'est pas la répétition d'habitudes irréfléchies : elle nous fait entrer dans un processus délibéré.

TABLEAU RÉCAPITULATIF

L'expérience éthique

1. Elle est provoquée dans l'action par un manque, donc par quelque chose qui laisse à désirer, ou par un conflit, c'est-à-dire une situation où le choix n'est pas facile à faire.

2. Elle consiste en :
   - un vécu : c'est de notre vie qu'il s'agit ;
   - une épreuve : on fait face à ses limites ;
   - un acquis : nous en tirons des leçons utiles.

3. Elle conduit à définir la situation comme un problème à résoudre.

LA DÉLIBÉRATION ET LA PRISE DE DÉCISIONS

La section précédente et les exemples de narration ont montré que l'expérience éthique du manque et du conflit conduit à « problématiser » une situation, démarche qui ne peut se faire qu'au moyen du langage. C'est ici que nous passons tranquillement de nos comportements irréfléchis à l'éthique, qui est l'évaluation des raisons d'être de ces comportements. L'expérience éthique est la manière la plus élémentaire de constater que l'agir moral est une activité intentionnelle et délibérée, qu'il répond à des buts et met en œuvre une appréciation, une évaluation des possibilités. Ce processus d'appréciation dans lequel nous engage l'expérience éthique est la **délibération**, que viendra conclure la décision.

La délibération : un processus intentionnel et réfléchi

La délibération, ainsi que nous l'avons déjà dit, a quelque chose à voir avec la volonté et l'**intention**. Nous exprimons très bien cela dans le langage courant quand nous disons avoir agi « délibérément », c'est-à-dire à dessein, dans un but déterminé. Nous avions donc un objectif avant de décider, et la décision devrait permettre d'atteindre cet objectif. Comme le dit René Simon, « la délibération est de soi essentielle à la qualification éthique de l'action et à sa prise en compte responsable par l'agent moral[1] ». L'expérience éthique implique la délibération et nous montre que l'on est quelqu'un qui agit et qui est responsable de ses actes.

La délibération ne se limite pourtant pas à cela. L'intention et la volonté ne se réalisent pas instantanément ou immédiatement, mais font des détours, se prolongent dans un processus de mûrissement ou de réflexion. Bref, la délibération prend du temps et est tout le contraire d'une impulsion. Elle prend du temps parce que la volonté ou l'intention se heurte à des obstacles, à des limites, à des contradictions. Une action choisie délibérément répond à une intention : on a pris le temps de soupeser, en les isolant et en les comparant les uns aux autres, les éléments qui comptent pour nous. Simon exprime cela de la manière suivante : « La délibération n'est pas autre chose que le débat que [l'agent moral] entretient avec lui-même dans l'intention de se formuler pour lui-même ses raisons d'agir[2]. » Délibérer, c'est faire intervenir la **raison** dans notre volonté lorsque celle-ci paraît entrer en conflit avec elle-même.

Le déroulement de la délibération

Le processus de délibération, puisqu'il est soumis à des préférences, à des valeurs et à des raisons différentes et peu compatibles, consiste pour l'essentiel à mieux les comprendre, à les comparer pour connaître leur importance relative, et cela dans le but de les faire tendre vers une même conclusion : un jugement et une

1. Simon, 1993, p. 45.
2. Simon, 1993, p. 45.

décision. Mais avant d'entreprendre ce travail, il faut au moins connaître ces préférences, ces valeurs et ces raisons.

La première étape de la délibération consiste donc à déterminer quelles sont les **valeurs** qui entrent en jeu. La deuxième étape consiste à examiner ce que l'on appelle habituellement les **faits**, les éléments de la situation apparemment objectifs qui composent le contexte de la décision. Les faits ne sont pas plus donnés que le problème ne l'est lui-même. En clarifiant les valeurs qui sont les nôtres dans la situation et en vérifiant l'information qui est à notre disposition, nous transformons peu à peu un choix spontané en un choix délibéré.

La troisième et dernière étape de la délibération est essentielle, car elle implique un jugement et une prise de décisions. Il s'agit de soupeser les diverses **raisons** pour voir de quel côté penchera la balance. Il faut donc mesurer, pondérer et équilibrer des valeurs et des raisons d'agir ou des sentiments moraux. Délibérer, c'est s'engager dans un processus d'examen et de réflexion où la raison a une part importante. En fait, on soupèse et on évalue les raisons pour lesquelles certaines choses nous importent, les valeurs qui font que ces choses **méritent** d'être désirées.

La délibération est une entreprise rationnelle justement parce que nos désirs et nos préférences reposent sur une certaine rationalité, du moins les plus importants d'entre eux. Nous pouvons ainsi les comparer, les mesurer et les ramener à une certaine unité, suffisante pour mettre un terme à notre débat intérieur et permettre la décision. Si rien n'avait d'importance ou si tout comptait également, il n'y aurait aucune raison à soupeser, rien à décider, ni aucune possibilité de former son caractère et de construire sa vie.

L'objet et la durée de la délibération

La décision morale n'est pas gratuite: elle vise un bien, recourt à des valeurs et obéit à des raisons. Dans une situation problématique, cette prise de conscience active notre capacité de délibérer rationnellement et de choisir en connaissance de cause, c'est-à-dire en connaissant les exigences de l'éthique et en se connaissant soi-même. Doit-on pour autant toujours se méfier du choix spontané et préférer le choix mûrement réfléchi? La réponse était claire pour Socrate: « Une vie sans examen ne vaut pas la peine d'être vécue[3]. » Mais cela ne signifie pas que nous devons délibérer à propos de tout, en tout temps et sans fin, avec pour conséquence d'empêcher la décision en la repoussant sans cesse: la précipitation ne doit pas être remplacée par l'indécision.

On ne délibère pas sur ce qui ne dépend pas de nous, sur les choses ou les événements qu'aucune action ne peut modifier, tels la couleur de la Lune, le fait de mourir un jour, etc. Bien sûr, on peut réfléchir sur la question, en faire le sujet d'un poème ou tenter de repousser les limites de notre action, mais cela ne relève pas de l'agir moral. La délibération n'est pas non plus requise en tout temps. Par

---

3. Platon, 1965, p. 51.

Aristote et la délibération

Y a-t-il lieu de délibérer sur tous les sujets ? Tout est-il objet de délibération ? Ou bien, dans quelques cas, la délibération n'intervient-elle pas ? [...] Sur ce qui a un caractère éternel, par exemple sur le monde, sur le rapport de la diagonale au côté, nul ne consulte sur la question [...]. Il en est ainsi pour les autres événements qui s'effectuent sans régularité, comme les sécheresses et les pluies, ainsi encore pour les événements fortuits – comme la découverte d'un trésor [...]. Car rien de tout cela ne peut se faire par notre intervention. Mais nous délibérons sur ce qui dépend de nous et peut être effectué par nous, c'est-à-dire sur tout le reste [...]. Or chaque homme délibère sur ce qu'il croit avoir à faire.

Source : Aristote, 1989, p. 71-72.

QUESTION

Faites une courte liste de situations qui dépendent de nous et d'autres qui n'en dépendent pas. Croyez-vous que tout le monde serait d'accord avec votre liste ?

---

exemple, à mesure que l'on acquiert de l'expérience, on arrive plus rapidement et plus facilement à un résultat, presque par habitude. Mais il suffit que cet acquis soit à son tour remis en question pour que de nouveau on doive délibérer.

Comme on ne délibère pas de tout et à tout moment, on ne délibère pas indéfiniment sur une même question. L'effort consistant à peser ses raisons d'agir après les avoir clarifiées prend du temps, certes, mais pas tout le temps, car la vie oblige tôt ou tard à prendre une décision et ainsi limite la durée de la délibération. La durée de délibération est donc fonction des exigences de la situation dans laquelle nous nous trouvons ; tout excès est ici déraisonnable et n'est nullement un signe de sagesse.

La décision

Une délibération bien menée aboutit habituellement à une décision. On a alors fait notre choix, ce qui met un terme à la délibération, et on s'engage dans une action précise, définitivement. Nous pouvons utilement distinguer, comme René Simon, entre le choix et la décision : une fois que « le choix a été fait entre tel et tel membre de l'alternative, il s'agit de vouloir efficacement ce que l'on a choisi. La décision consiste dans ce vouloir[4] ». Le choix demeure encore proche de la délibération, alors que la décision se confond le plus souvent avec l'action.

Cette action peut cependant être réalisée de différentes façons, avec tel ou tel moyen, ce qui fait souvent une différence sur le plan moral. Revenons à la narration de Lise et supposons qu'elle sort de son dilemme en décidant d'intervenir au

---

4. Simon, 1993, p. 50.

moment de l'échange de la seringue. Elle pourrait par exemple retirer celle-ci des mains des deux individus en disant doucement «Hum! Hum!». Ainsi, dans une situation problématique, on doit non seulement délibérer pour savoir ce qu'on fera et pour quelles raisons morales, mais on doit aussi déterminer les moyens et les types d'action les plus adéquats.

En résumé, retenons que la délibération s'impose pour établir les faits, rechercher ses valeurs principales et fixer les raisons de ses choix. Elle durera le temps que la situation le permettra et sera d'autant plus exigeante que la décision à prendre sera importante et portera à consé-quence. Il se peut que l'on se trompe, car décider, c'est prendre des risques et en assumer la responsabilité. Dans ce cas, la délibération pourra reprendre une fois l'action accomplie : Avons-nous eu raison ? Ce choix était-il le meilleur dans les cir-constances ? Les moyens mis en œuvre convenaient-ils ? Ce questionnement est nécessaire pour intégrer les **leçons** de la décision à son expérience, pour en tirer des acquis et un savoir. Il montre qu'un travail important s'effectue aussi après la décision : la justification.

> **TABLEAU RÉCAPITULATIF**
>
> ## La délibération
>
> 1. La délibération est une démarche intentionnelle et réfléchie.
>
> 2. Les étapes de la délibération :
>   - reconnaître et clarifier les valeurs qui sont en jeu ;
>   - établir et vérifier les faits ;
>   - soupeser les raisons d'agir.
>
> 3. La délibération dure le temps exigé par la situation et porte sur ce qu'on peut changer.
>
> 4. Elle se conclut par le choix d'une option et la décision d'agir.

LA JUSTIFICATION DE LA DÉCISION

La justification

Comme nous l'avons déjà dit, la délibération est une démarche rationnelle, car elle fait appel au raisonnement des individus engagés dans l'action. La justifica-tion de la décision prise est en quelque sorte la suite de cette démarche rationnelle, la continuation du raisonnement pratique dans le contexte qui suit la décision. Comme la délibération, la justification implique le recours à des raisons, avec cette différence importante que ce ne sont pas ici des raisons d'agir, mais plutôt des raisons grâce auxquelles on peut argumenter en faveur du bien-fondé de sa propre décision.

Quelques malentendus concernant la justification

Les excuses

La justification est souvent considérée à tort comme un acte consistant à se justi-fier pour échapper au jugement des autres tout en diminuant sa propre respon-sabilité. Nous disons que ce n'est pas notre faute, mais celle du contexte, que nous ne savions pas et ne pouvions pas savoir, ou carrément que c'est une autre personne qui nous a entraîné à faire cela. Se justifier de cette manière revient à chercher des excuses pour se disculper.

Cette interprétation de la justification constitue un malentendu. La justification concerne le caractère raisonnable d'une décision, et non la valeur de notre personne ; en cherchant à nous justifier, nous prenons la critique formulée à l'endroit d'une de nos décisions comme une attaque personnelle, nous montrons notre manque d'assurance et cherchons à nous défiler. Une justification au sens moral comporte plutôt des raisons impartiales*, valables pour tous les cas semblables, alors que se défiler consiste à faire une exception dans son propre cas, à éviter l'effort de la vraie justification en s'inventant des circonstances atténuantes.

IMPARTIALITÉ
Qualité d'un jugement ou d'une raison qui est valable pour tous les cas semblables, sans parti pris pour autrui, sans exception pour soi-même.

La rationalisation

Une caractéristique fondamentale de la justification est qu'elle s'adresse toujours à quelqu'un. Quand nous cherchons des excuses, nous nous adressons aussi à quelqu'un, mais dans le but de recevoir son approbation. Plus précisément, une personne qui cherche à se justifier présente aux autres non pas tant les raisons qu'elle a de croire que sa décision est défendable que celles qu'elle croit que **les autres** considéreraient comme sensées. Il nous paraît souvent plus facile de présenter des raisons toutes faites qui peuvent gagner à coup sûr la faveur d'autrui que de reprendre publiquement la discussion sur nos valeurs et nos idéaux. On définit la **rationalisation** comme l'action consistant à cacher un manque ou un conflit interne en se servant de raisons, à sauver les apparences ou à sauver la face devant les autres personnes.

Le phénomène de la rationalisation demeure très proche de celui des excuses et des alibis, mais il est d'une plus grande gravité. La différence principale réside dans le fait que nous croyons à nos rationalisations, qui font ainsi partie de notre identité, alors que nous savons presque toujours que nos excuses sont des mensonges. Se justifier en cherchant des excuses, c'est se cacher et mentir à autrui ; rationaliser ses décisions en se racontant des histoires, c'est se cacher et se mentir à soi-même.

Les rationalisations relatives à une décision et à une conduite permettent de faire accepter par autrui des motifs et des actes qui autrement paraîtraient bien moins acceptables. Il n'est pas aisé de distinguer entre la justification qui fait appel à des arguments et la rationalisation qui recourt à des apparences de raison. Notre connaissance de nous-mêmes et notre propre expérience pourront toutefois bénéficier, en cette matière, des enseignements de la philosophie morale : après avoir dissipé les malentendus concernant la justification, examinons maintenant l'aspect positif de celle-ci.

La justification et l'argumentation

L'argument

Justifier une décision, c'est faire admettre comme valables nos raisons de croire qu'elle est la meilleure. Ces raisons ne peuvent convaincre autrui que si elles sont objectivement bonnes, c'est-à-dire non seulement pour soi, mais aussi pour toute autre personne. En ce sens, les raisons valables, même si elles sont nôtres, excèdent le domaine des préférences subjectives. Comme les valeurs morales, elles sont fondées sur une certaine objectivité. Ces raisons sont alors des **arguments**.

La justification consiste dans l'apport d'arguments susceptibles de convaincre tout un chacun, car ils s'adressent à la raison. Cette caractéristique – l'objectivité, l'impartialité – fait en sorte que le vécu immédiat de chacun, raconté par exemple dans une narration, est relégué au second plan par ce qui peut être commun à tous et permettre une entente. Cependant, l'expérience éthique ne disparaît pas, elle change simplement de forme pour revêtir celle de l'expérience de la raison pratique. Nous pouvons dire que cette expérience éthique de la raison est la recherche et l'échange d'arguments.

Les types d'arguments en éthique

On distingue quelques types caractéristiques d'arguments. Nous en décrirons trois parmi les plus fréquents : l'examen des conséquences d'une décision, le recours à une nature et l'appel à la justice et aux droits.

L'examen des conséquences

Le premier type d'argument est relatif aux **conséquences** de la décision. En effet, une **bonne raison** de pencher pour une décision est le résultat bénéfique qu'elle entraîne pour les gens. On reconnaît ici sans peine la figure de l'utilitarisme, qui fait de ce type d'argument un principe moral, celui de l'utilité (voir les p. 42-43). Les conséquences peuvent être fort diverses : favorables ou défavorables, importantes ou bénignes, proches ou lointaines, prévisibles ou imprévisibles, souhaitées ou involontaires, etc. Bref, elles sont susceptibles d'apporter un bien autant qu'un mal. Il appartient donc à la personne qui utilise ce type d'argument de montrer que les conséquences de son choix seront plus bénéfiques que nuisibles.

Plus encore, les résultats d'une action sont parfois bien difficiles à prévoir ; il faut donc que la personne qui justifie son action indique quelles sont les conséquences prévisibles, visées ou attendues de l'action. Il lui faut également tenir compte des effets de la décision non seulement sur sa propre situation, mais aussi, impartialement, sur celle des autres. Cela peut s'avérer difficile, car les gens concernés par une décision ou touchés par ses conséquences apprécient souvent de manière très différente les résultats : telle conséquence sera bénéfique ou avantageuse pour les uns, alors qu'elle sera défavorable ou sans effet pour d'autres.

La personne qui justifie une décision par l'argument des conséquences doit préciser quelles conséquences seront considérées comme bénéfiques, en quoi elles seront positives et combien de personnes en tireront profit. L'avantage de ce type d'argument tient au fait que les conséquences des actions appartiennent à la réalité concrète, contrairement aux intentions par exemple, et qu'elles paraissent objectives. Cependant, pour être convaincante, la considération des conséquences doit être impartiale.

Le recours à une nature

Le deuxième type d'argument souvent utilisé en éthique pour justifier une décision concerne la nature des choses. On peut dire qu'une décision est raisonnable et défendable parce qu'elle est naturelle ou respecte la nature des choses. Ce type d'argument ne conduit pas nécessairement sur le terrain de l'éthique environnementale (voir les p. 270-271) puisqu'on parle non pas des choses de la nature, mais bien de la nature des choses, c'est-à-dire ce qui fait qu'une chose est ce qu'elle est, son identité, son essence ou sa constitution interne.

Plus précisément, on recourt à une nature afin d'exprimer qu'il est **bon** que les choses soient ainsi et mauvais qu'elles soient autrement : il s'agit donc encore d'une évaluation, et non d'une étude scientifique de la chose. L'essence ou la nature d'une chose (le caractère des gens, une société, la vie animale, etc.) contient, selon ce type d'argument, un bien, une norme ou une règle et fait corps avec ceux-ci. Pour être morale, une décision doit respecter ce bien ou cette norme ; enfreindre une règle ou ne pas la reconnaître serait agir contre nature, d'une manière non naturelle, immorale. Nous sommes d'ailleurs familiarisés avec ce sens du mot « nature », car nous utilisons fréquemment l'expression « c'est naturel » au sens de « c'est normal » ou de « c'est bien ».

On dira aussi qu'il est ou qu'il n'est pas dans notre nature d'agir ainsi, que la décision dépend de notre caractère et que faire le contraire porterait atteinte à notre intégrité morale. Aristote et Thomas d'Aquin ont élaboré chacun une philosophie à partir, entre autres, de ce type d'argument : ce sont les théories qui nous invitent à réaliser notre nature humaine afin de parvenir au bonheur (voir les p. 7 à 9). D'autres théories définissent ce qu'il faut faire en fonction d'une **loi naturelle** ou de **droits naturels** (voir la p. 70). Dans tous les cas, pour être convaincant, il faut définir la nature à laquelle on se réfère.

L'appel à la justice et aux droits

Le troisième type d'argument a trait à la justice et aux droits. Une décision, une loi ou une institution justes traitent tous les gens sur un pied d'égalité et ne font de faveur à personne. Quand on ne retient que cette idée de généralité, on parle de **justice formelle**. Ainsi, une décision sera juste, et sera donc justifiée par ce genre d'argument, si elle ne montre aucune partialité à l'égard d'un membre quelconque du groupe concerné. Cela implique, bien sûr, de circonscrire ce groupe : les femmes au travail si on parle d'équité salariale, les animaux capables de ressentir et de souffrir s'il s'agit d'environnement, etc. Il faut aussi préciser en quoi une décision touche un membre de ce groupe : une rémunération équivalente pour un travail de même nature, l'interdiction d'infliger des souffrances inutiles à des animaux capables de ressentir, etc. Il ne serait pas juste de traiter un membre du groupe différemment des autres, car les cas similaires doivent recevoir un traitement identique. Tout le monde est égal devant la loi, disons-nous autrement pour exprimer notre idée de la justice.

L'exposé du chapitre 3 a montré que le concept de justice est complexe. Rappelons qu'il convient parfois de faire une entorse à l'égalité au nom de l'**équité** : puisque la loi est générale, il arrive que le traitement égal de cas qui étaient inégaux au départ renforce ou maintienne des inégalités. En ce cas, on pourra traiter inégalement des cas égaux afin de rétablir l'équité, comme on le fait avec la discrimination positive (entre deux candidatures d'égale valeur pour un emploi, on choisira celle du groupe sous-représenté ou traité inéquitablement). La justice comme équité représente une tentative en vue de se rapprocher d'une justice concrète, dans les faits et non seulement dans les lois.

L'appel à la justice implique aussi souvent l'idée de droits. On dira en effet, si une décision est injuste ou si on n'obtient pas notre dû, que nos droits sont lésés. Le terme « droit » exprime l'idée de rectitude et sous-tend une règle ou une norme à suivre. Plus précisément, lorsqu'une personne a un ou des droits, cela signifie que toutes les autres personnes ont le **devoir** ou l'obligation d'accepter ou de ne pas empêcher que ces derniers s'exercent. Droit et devoir vont ainsi de pair, qu'ils soient reconnus par des lois écrites ou simplement par la morale. La philosophie morale de Kant se base sur cette idée de devoir et d'obligation ; pour ce philosophe, il existe une loi morale qui nous commande de faire notre devoir, par respect pour notre humanité et celle d'autrui (voir la p. 40). Certaines théories de la justice (voir les p. 99-100) défendent une conception qui se rapproche de celle-ci.

> **TABLEAU RÉCAPITULATIF**
>
> ## L'argumentation en éthique
>
> 1. La décision se justifie devant autrui par de bonnes raisons : des arguments.
>
> 2. Il existe trois types d'arguments importants en éthique :
>   - l'examen des conséquences d'une décision ;
>   - le recours à une nature ;
>   - l'appel à la justice et aux droits.
>
> 3. Argumenter, c'est construire une chaîne cohérente d'arguments en vue d'une conclusion.

L'argumentation

On peut définir l'argumentation de la manière suivante : une suite d'arguments convergeant vers une même conclusion. Les arguments sont de bonnes raisons que nous pouvons échanger et partager avec les autres ; l'articulation de plusieurs d'entre eux de façon cohérente et leur maillage en une chaîne unique menant à la conclusion constituent une argumentation. C'est donc par une argumentation, et non par une narration ou une délibération, que nous justifions nos décisions. Une bonne argumentation repose sur les deux conditions suivantes : elle doit être formée d'arguments pertinents (de bonnes raisons) et elle doit les assembler et les organiser correctement, avec rigueur et cohérence.

L'argumentation se structure le plus souvent selon un seul des trois types d'arguments décrits précédemment. Il en est ainsi non parce que les différents types sont incompatibles, mais avant tout parce que l'un d'eux paraît plus convaincant ou convenable pour la décision en cause. Ainsi, on opte habituellement pour un type d'argument et on s'en tient à celui-ci.

Cela dit, une argumentation peut parfois être renforcée par le recours à un autre type d'argument. Il s'agira alors de veiller à ne pas prendre l'un pour l'autre.

Si quelqu'un argumente en se réclamant de la justice et veut renforcer son argumentation en en appelant à une loi naturelle, il devra s'expliquer à ce sujet et montrer comment le deuxième argument se lie au précédent. Sinon, malgré les meilleurs arguments, l'argumentation demeurerait déficiente ou réfutable. C'est toujours au prix d'un effort personnel que le raisonnement éthique commence à exister.

La justification de la décision prise, tout comme la délibération d'ailleurs, comporte certaines limites et peut être plus ou moins étendue selon le contexte. La justification n'est pas toujours requise, et on n'argumentera pas à propos d'une décision sur laquelle tout le monde s'entend. De même, on justifie une décision seulement s'il y a des raisons concrètes pour le faire. Par ailleurs, toute justification s'adresse à une personne, suppose un rapport avec elle et tend à l'établissement d'un certain accord. Mais, de même que la délibération permet rarement de vider une question, de même l'argumentation ne réussit pas toujours à convaincre totalement un public. Que devient la raison pratique dans les cas nombreux où le désaccord persiste?

L'analyse d'un texte argumenté

Les vieilles personnes souffrent souvent de solitude parce que leurs proches les ont abandonnées. Elles sont souvent malades, puisque le vieillissement les rend plus vulnérables. En outre, leur situation économique est peu enviable, car celles qui disposent de fortune sont rares et que leurs rentes sont pauvres. En effet, les régimes de pension privés étaient peu répandus il y a deux ou trois décennies.

Puisque les ressources sont rares, il faut compter sur le bénévolat pour leur apporter un réconfort. Ce recours est nécessaire, car les services sociaux sont débordés de travail. En effet, le vieillissement de la population commence à se faire sentir sur la demande de services. Dans l'avenir, il faudra accentuer les efforts parce que la moyenne d'âge de la population va continuer à augmenter.

En outre, le vieillissement de la population va accroître les coûts des services de santé parce que les personnes âgées représentent un très fort taux de maladies chroniques. Il faudra adopter des mesures énergiques bientôt, car trop peu a été fait jusqu'à maintenant pour affronter ce problème.

Source: Tremblay, Lacroix et Lacerte, 1994, p. 224.

QUESTIONS

1. Déterminez le problème dont parlent les auteurs.

2. Découvrez le ou les arguments invoqués dans le texte.

3. Définissez le type d'argument.

4. Si vous aviez à résoudre ce problème, quels types d'arguments feriez-vous valoir?

LE DÉSACCORD ET LE DIALOGUE

L'expérience de la raison partagée

Les limites inhérentes à la justification et le fait qu'une argumentation échoue laissent un vide dans nos rapports avec autrui ; nous ne nous entendons pas, et pourtant nous devons bien continuer à vivre ensemble. Que faire alors, sinon écouter ce que l'autre peut avoir à dire ? Si je prétends qu'il revient maintenant à l'autre personne de s'efforcer de comprendre mes arguments, les rôles pourraient s'inverser dans une autre situation. Je serais alors celui que l'argumentation laisse insatisfait, et je devrais faire l'effort demandé. Il y a donc lieu de poursuivre le raisonnement pratique dans et par le dialogue, la discussion, le débat. Le dialogue constitue une bonne manière de surmonter un désaccord éthique, tout comme la délibération répond à l'expérience éthique du manque et du conflit.

Le dialogue est ainsi l'**expérience de la raison partagée**, c'est-à-dire l'expérience de la raison pratique, qui est commune et publique. Chaque fois que nous avons fait appel à la raison jusqu'à maintenant, dans la narration, la délibération et la justification, ce caractère commun était déjà supposé. L'éthique n'est pas uniquement personnelle, comme une propriété privée ; même l'intimité la plus secrète porte la trace d'un rapport avec l'autre et des rapports sociaux. En effet, l'argumentation, la réflexion et la critique – et à plus forte raison la philosophie – ne s'exercent pas en solitaire, mais naissent et se développent dans la relation avec les autres, même s'il y a désaccord. Je ne peux avoir raison tout seul puisque la raison passe par la relation avec l'autre et le dialogue : **j'ai besoin d'autrui pour avoir raison**.

Le phénomène du désaccord

Le désaccord est autre chose qu'un échec de l'argumentation et de la raison pratique. D'abord, il est plus qu'une différence qu'il suffirait de respecter : il implique un engagement commun dans une même situation. Il peut surgir entre deux ou plusieurs personnes, entre des groupes à l'intérieur d'une société et entre des sociétés différentes. Enfin, le désaccord peut porter sur divers éléments, à savoir les faits pertinents d'une situation, les valeurs auxquelles les individus adhèrent, la compréhension des motifs ou des intentions, l'évaluation des conséquences.

Étant donné cette diversité de motifs, une des premières démarches du dialogue consiste à tenter d'expliquer le désaccord : Quelles sont ses sources ? Sur quels éléments précis porte-t-il ? Peut-il être amoindri ou contourné ? Le désaccord est en effet rarement total et insurmontable au point de nous faire douter de la raison d'autrui.

Le désaccord et l'erreur

Si la délibération ne débouche pas sur une décision assurée, l'argumentation ne pourra pas non plus atteindre le degré de vérité de la raison théorique ou des sciences. De même, le désaccord ne doit pas être attribué à une absence de rationalité, c'est-à-dire au fait qu'une des deux personnes en désaccord se trompe ou que sa décision est mauvaise. Pour le philosophe belge Chaïm Perelman, « la liaison établie traditionnellement entre désaccord et manque de rationalité s'explique par le lien étroit qui semble exister entre l'idée de raison et celle de vérité[5] ». Perelman fait ressortir les inconvénients de cette croyance, que des philosophes connus ont d'ailleurs défendue (René Descartes*) ou combattue (David Hume) : si l'on croit que la vérité en éthique est une, ou bien on devient dogmatique* en prétendant la détenir, ou bien on tombe dans le scepticisme* en affirmant qu'elle n'existe pas. Dans les deux cas, le désaccord signerait l'arrêt de mort de la raison en éthique, et par le fait même celui du dialogue.

La pluralité des solutions raisonnables

Il y a cependant une troisième option, qui est explicite dans le texte de Perelman. Entre l'unicité de la vérité et son absence et entre la rationalité ou l'irrationalité d'une décision se trouve l'idée de la pluralité des **réponses raisonnables** à un même problème. Cela ne revient pas à dire que tout se vaut, ni à tomber dans le relativisme* ou à tenir l'argumentation pour inutile. Il s'agit simplement de reconnaître que, dans tout problème éthique, il n'y a pas d'un côté une seule décision valable et de l'autre des décisions injustifiables. Plusieurs décisions peuvent être valables en même temps, c'est-à-dire raisonnables, pourvu qu'elles s'appuient sur un examen sérieux : « [...] deux décisions différentes, sur le même objet, peuvent être toutes deux raisonnables, en tant qu'expression d'un point de vue cohérent et philosophiquement fondé[6] ».

Le raisonnement pratique aboutit à des conclusions qui sont seulement suffisantes et convaincantes ; dans le contexte de l'agir moral, il conduit à des **décisions raisonnables**, justifiées certes, mais toutes imparfaites, même si certaines paraissent meilleures que d'autres. Cela montre à la fois les possibilités du dialogue, car l'absence de vérité indiscutable oblige à un échange de raisons, et sa nécessité, une décision ne pouvant être considérée comme raisonnable que si les raisons sont exposées.

Les conditions et les exigences du dialogue

Les accords existants

Le dialogue est possible et nécessaire en éthique malgré le désaccord, parce que celui-ci ne concerne le plus souvent qu'un sujet précis. Un désaccord n'entraîne pas une rupture des relations entre les personnes. Par exemple, si je décide d'informer mon employeur des manœuvres frauduleuses d'un collègue de travail, il se

DESCARTES, RENÉ (1596-1650)
Philosophe français pour qui une bonne méthode dans la pensée peut produire des vérités, des idées claires et distinctes.

DOGMATISME
Attitude consistant à ériger ses croyances en dogmes et à vouloir les imposer aux autres.

SCEPTICISME
Du grec *skepticos*, « observateur » : doctrine philosophique selon laquelle il est impossible de connaître la vérité, d'atteindre une certitude.

RELATIVISME
Position philosophique suivant laquelle les valeurs morales ne sont pas universelles, mais relatives aux individus, aux sociétés ou aux époques : à chacun sa vérité et ses valeurs.

---

5. Perelman, 1990b ; voir le texte à la fin de ce chapitre.
6. Perelman, 1990b, p. 427.

peut qu'un autre collègue n'accepte pas les raisons que je donne – à savoir que la malhonnêteté ne crée pas un bon climat de travail – et cherche à me faire céder aux siennes – à savoir que la loyauté envers l'employeur est moins importante que la solidarité entre collègues. Ainsi, nous échangeons nos raisons divergentes parce que nous croyons qu'il y a entre nous un certain nombre d'accords, malgré notre désaccord manifeste à propos de la dénonciation. Le dialogue revêt alors lui-même une valeur morale, car il assure le maintien de la relation.

L'écoute et la reconnaissance de l'autre

Rappelons que la délibération constitue un genre de débat avec soi-même où l'on doit être à l'écoute de ses motivations et de ses valeurs. Dans la justification, par ailleurs, nous donnons à autrui des raisons de croire à la justesse de notre décision, de bonnes raisons qu'il devrait en principe accepter lui aussi. De façon similaire, nous devons dans le dialogue être à l'écoute de nos valeurs et de nos raisons, bien sûr, mais surtout à l'écoute des valeurs et des raisons de l'autre. Voilà la condition principale du dialogue, dont les buts et les exigences le distinguent du simple bavardage.

Dans un dialogue, écouter signifie être bien disposé envers la parole et les arguments d'autrui : on prête intentionnellement attention aux raisons que l'autre avance, on est à la recherche d'arguments nouveaux qui pourraient nous convaincre et on peut même aider l'autre à mieux se faire comprendre de nous, par des reformulations et des questions comme « Est-ce bien cela que tu veux dire ? » En acceptant le dialogue, j'admets que mes meilleurs arguments ne sont peut-être pas si sûrs (ni ceux d'autrui d'ailleurs), que l'autre peut aussi me dire quelque chose d'important, soit pour moi et ma décision, soit pour la compréhension que j'ai de ses raisons. Le dialogue comporte le risque que les raisons d'autrui deviennent miennes, et je ne m'y engage que si j'accepte de prendre ce risque. Dialoguer, c'est être prêt à ce que les raisons d'autrui agissent sur moi, c'est risquer de voir changer mes valeurs et, dans certains cas, mon identité. En ce sens, on a besoin d'autrui pour avoir raison.

Dans le dialogue, l'écoute implique la **réciprocité**. En effet, chacun des interlocuteurs accepte le risque d'avoir à se rendre aux arguments de l'autre. Le dialogue ne se limite pas à un simple échange de paroles : il implique aussi un échange de valeurs morales qui suppose que nous considérons les autres comme des interlocuteurs de bonne foi et que seule importe la force des arguments (voir les p. 155-156). Quand nous avons des doutes sur l'existence de cette réciprocité, nous prenons de moins en moins le risque de faire confiance à l'autre. Il incombe à chacun des interlocuteurs de remplir les conditions du dialogue.

Reconnaître et surmonter les désaccords

Le dialogue porte sur les points de désaccord dans une situation donnée. De plus, c'est souvent par le dialogue que nous parvenons à découvrir les points sur lesquels la justification achoppe. Le dialogue ressemble en cela à une sorte de délibération à deux sur les raisons de décisions controversées. Le désaccord provient-il des faits retenus ou des valeurs morales en jeu dans l'évaluation que nous faisons d'un comportement ? Le désaccord concerne-t-il les raisons que nous avons de croire que notre décision est réfléchie et judicieuse ? Le dialogue porte sur des questions de ce genre et permet de les cerner.

Comme la délibération et la justification, le dialogue poursuit un **but** : surmonter le désaccord, c'est-à-dire convaincre l'autre ou s'entendre avec lui sur une nouvelle action. Dans l'exemple précédent, ce pourrait être de parler à notre collègue au lieu de le dénoncer au patron. Il arrive que le dialogue ne permet pas de nous rapprocher malgré un échange réciproque de raisons. Le dialogue paraît alors inutile ou déraisonnable, mais il a au moins l'avantage de clarifier la source du désaccord : nous savons sur quoi porte celui-ci et nous ne le laisserons pas s'étendre à des points sur lesquels il y a entente.

Le terme du dialogue

Au terme du dialogue, nous pouvons considérer comme raisonnable une décision différant de la nôtre sans nous ranger à l'opinion de l'autre, et nous pouvons souscrire à l'idée de Perelman :

> C'est alors que se manifeste la fécondité d'un dialogue permettant l'expression complète de chacun des points de vue opposés, permettant également d'espérer l'élaboration ultérieure d'un point de vue plus global [...]. Mais rien ne garantit ni la synthèse, ni son unicité, ni surtout la fin de ce processus[7].

Personne n'aime se faire dire quoi faire sur un ton de reproche. Le jugement sur la valeur morale de nos actions provient alors d'une autorité extérieure, et non de notre propre évaluation critique.

Rien ne garantit la fin du processus en ce sens que nous n'aboutirons jamais à une vérité définitive, indiscutable, rendant inutile toute reprise du dialogue. Mais la situation de désaccord dans laquelle se déroule le dialogue pourra aider à fixer un terme : au-delà d'un certain point, le dialogue peut cesser d'être constructif et, au contraire, devenir répétitif et encombrant, et même entraîner des désaccords extérieurs au sujet de discussion. Il y a dans l'agir moral un temps pour chaque chose, un temps qu'on ne peut mesurer d'avance, mais qui fait aussi partie des conditions d'une bonne délibération comme d'un bon dialogue.

Quelques malentendus sur le dialogue

Lorsque la condition de réciprocité du dialogue disparaît, la communication devient de moins en moins libre, l'échange de raisons perd sa dimension éthique

---

7. Perelman, 1990b, p. 427.

Un dialogue de Platon : « La République »

[...] Te contentes-tu, Socrate, dit-il, de paraître nous avoir persuadés, ou veux-tu nous persuader vraiment que, de toute façon, il vaut mieux être juste qu'injuste ?

Je préférerais, répondis-je, vous persuader vraiment, si cela dépendait de moi.

Tu ne fais donc pas, reprit-il, ce que tu veux. Car dis-moi : ne te semble-t-il pas qu'il est une sorte de biens que nous recherchons non pas en vue de leurs conséquences mais parce que nous les aimons pour eux-mêmes, comme la joie et les plaisirs inoffensifs qui, par la suite, n'ont d'autre effet que la jouissance de celui qui les possède ?

À mon avis, dis-je, il existe des biens de cette nature.

Mais quoi ? N'en est-il pas que nous aimons pour eux-mêmes et pour leurs suites, comme le bon sens, la vue, la santé ? Car de tels biens nous sont chers à ce double titre.

Si, répondis-je.

Mais ne vois-tu pas une troisième espèce de biens où figurent la gymnastique, la cure d'une maladie, l'exercice de l'art médical ou d'une autre profession lucrative ? De ces biens nous pourrions dire qu'ils ne vont pas sans peine ; nous les recherchons non pour eux-mêmes, mais pour les récompenses et les autres avantages qu'ils entraînent.

Cette troisième espèce existe en effet, dis-je. Mais où veux-tu en venir ?

Dans laquelle, demanda-t-il, places-tu la justice ?

Mais dans la plus belle, je pense, dans celle des biens que, pour eux-mêmes et leurs conséquences, doit aimer celui qui veut être pleinement heureux.

Ce n'est pas l'avis de la plupart des hommes, qui mettent la justice au rang des biens pénibles qu'il faut cultiver pour les récompenses et les distinctions qu'ils procurent, mais qu'on doit fuir pour eux-mêmes parce qu'ils sont difficiles.

Je sais, dis-je, que voilà l'opinion du plus grand nombre ; mais j'ai, ce semble, la tête dure.

Source : Platon, 1966, p. 107-108.

QUESTIONS

1. Quelles conditions du dialogue sont réalisées dans ce texte ?

2. Repérez les types d'arguments utilisés.

et se transforme en un calcul intéressé. Le dialogue, s'il a déjà existé, peut ainsi dégénérer en un échange qui n'appartient plus au domaine moral, mais qui tient davantage de la stratégie, une façon d'agir fréquente en politique, dans les sports d'équipe et en art militaire. Le dialogue ne pourra pas non plus évoluer de façon constructive si l'échange de raisons n'est qu'apparent, la parole et l'attitude étant moralisatrices. Examinons à tour de rôle ces deux obstacles.

La persuasion à tout prix

La justification est adressée à autrui dans le but de **convaincre avec des moyens rationnels**, et non par la force ou le mensonge. La démarche d'argumentation compte ici bien plus que son succès ; les meilleurs arguments ne s'évaluent pas selon leur efficacité, mais plutôt en fonction d'une situation idéale de parole, celle du dialogue librement engagé. Si on accorde moins d'importance aux moyens rationnels qu'à l'obtention d'un résultat à tout prix, on veut **persuader** autrui et non pas tenter de le convaincre. Dès lors, on ne s'adresse plus à la raison de l'autre personne dans une argumentation, mais on utilise ses faiblesses ou encore des caractéristiques de sa situation pour faire triompher nos vues et imposer notre volonté. La liberté et la réciprocité du dialogue rationnel sont remplacées par la manipulation et une relation de pouvoir qui permettent d'atteindre des fins déterminées.

Dans la réalité, il y a sans doute un constant mélange d'argumentation et de rhétorique*, car certaines manipulations verbales sont légitimes, par exemple en publicité, à l'intérieur de certaines limites. Mais le véritable dialogue mise sur la raison et la liberté d'autrui, même au risque de rester sans effet.

RHÉTORIQUE
Dans l'Antiquité, art de s'adresser aux foules pour les influencer, aujourd'hui compris comme propagande.

L'attitude moralisatrice

Adopter une attitude moralisatrice consiste à reprocher aux autres de ne pas être à la hauteur de la norme morale, que pourtant ils connaissent et acceptent, dans le but de les culpabiliser et de les manipuler. Le langage de la vertu prend alors un masque d'autorité.

Ce procédé est similaire à ceux des excuses et de la rationalisation (voir les p. 181-182) ; seulement, au lieu de mentir aux autres avec ses alibis ou de se mentir à elle-même avec des apparences de raison, la personne moralisatrice cherche à faire mentir les autres en les amenant à s'excuser ou à reconnaître que leurs arguments cachent autre chose. On dira qu'elle sermonne quelqu'un, qu'elle lui fait la leçon et, bien sûr, qu'elle fait la morale.

L'attitude moralisatrice instaure un dialogue non constructif, un dialogue de sourds, sans ouverture et sans attention à l'autre ; il est souvent présent dans le discours idéologique (voir la p. XIII). La personne moralisatrice fait comme si elle détenait la vérité en tout, car elle parle de haut et juge de loin, sans considérer les détails de la situation ni les contraintes pratiques entourant la décision. Ce genre de jugement porté de l'extérieur constitue un **préjugé**. Il y a ainsi dans l'attitude moralisatrice un refus de faire passer l'éthique par la **parole de l'autre**. La personne fuit l'expérience éthique déstabilisante du conflit en s'attachant uniquement à relever les manques des autres.

Le dialogue et la délibération collective

Nous terminerons cette section en abordant brièvement le domaine social et politique. Rappelons, sans reprendre toutes les explications des chapitres de la partie II, que le dialogue a aussi sa place dans les relations politiques. Quand, dans un groupe ou une société, le désaccord persiste, mais qu'il faut pourtant prendre **une** décision et **agir ensemble**, c'est-à-dire coopérer dans l'action malgré nos divergences d'opinions, « on comprend que l'on imagine toute espèce de procédures (telle que le vote à la majorité) qui permettent de trancher le conflit entre deux prises de position également raisonnables[8] ». Dans les situations où l'on ne peut obtenir quoi que ce soit sans le concours d'autrui, le dialogue peut être remplacé par d'autres mécanismes légitimes de règlement des conflits. La politique est le royaume des conflits sociaux, parfois violents, et le dialogue y est très difficile. Pourtant, c'est encore lui qui permet de s'entendre sur les mécanismes de règlement, les procédures de vote, les majorités requises ou les limites raisonnables à la persuasion.

Remarquons enfin que, dans ces situations de conflits politiques, la justification et la discussion peuvent toutes deux se placer aussi bien **avant** la décision qu'après. Dans le cas de la **délibération collective**, en effet, les justifications des différentes options ou des différentes politiques proposées sont la plupart du temps présentées par leurs partisans et défenseurs avant la prise de décisions collective et le vote[9]. On peut appeler **prises de position** ces argumentations précédant une décision de groupe ; c'est d'ailleurs le rôle des programmes politiques que de les fournir au public. Dans le domaine social et politique, l'ordre des dernières étapes que nous avons décrites dans ce chapitre paraît s'inverser, mais simplement parce que nous avons affaire à une multitude de groupes et d'individus ; pour chacun d'entre eux pris séparément, la démarche indiquée demeure souhaitable s'il veut présenter à l'assemblée délibérante une option, une position convaincante.

Conclusion

Dans ce chapitre, nous avons posé les bases de l'éthique appliquée en présentant le rôle de la raison pratique dans la décision et sa justification. La démarche que nous avons décrite et suggérée ne reprend pas tous les détails des divers types de décisions ni ne prétend régler le déroulement de toutes les décisions possibles. L'éthique dépend trop de l'engagement personnel et des diverses circonstances pour qu'on puisse donner des recettes et proposer une technique de décision.

TABLEAU RÉCAPITULATIF

Le dialogue rationnel en éthique

1. Le dialogue s'appuie sur des accords préexistants.

2. Il implique la reconnaissance de l'autre comme interlocuteur, donc une écoute.

3. Le dialogue permet de cerner les véritables points de désaccord et vise l'établissement d'une entente.

4. Il comporte des limites : il peut conduire à des compromis ou à des votes.

---

8. Perelman, 1990b, p. 427.
9. Perelman, 1990b, p. 427.

Ce chapitre avait pour but d'expliciter, en reconnaissant l'importance de l'expérience personnelle et les dangers de certains malentendus, un ensemble d'efforts nécessaires à la délibération, à la décision et à la justification de celle-ci dans un dialogue rationnel. Au terme de cette démarche, l'étudiant devrait être davantage en mesure de s'orienter dans les situations problématiques auxquelles il fera face dans sa vie personnelle, professionnelle et sociale. Ce chapitre prépare ainsi à la décision et à sa justification dans des contextes plus définis et plus complexes tels que ceux qui sont décrits dans les prochains chapitres.

EXERCICES

SYNTHÉTISEZ VOS CONNAISSANCES ET DÉVELOPPEZ UNE ARGUMENTATION

1. Narration d'un problème moral personnel : racontez clairement, de manière à être bien compris de vos interlocuteurs, un problème moral devant lequel vous êtes placé.

2. Expliquez la différence entre chercher des excuses pour se tirer d'affaire et présenter des excuses à quelqu'un pour le tort qu'on lui a causé.

3. Dans sa narration, Pierre raconte qu'il aime aider les autres de ses conseils. À votre avis, s'agit-il d'une rationalisation ? Pourquoi ?

4. Une attitude moralisatrice est incompatible avec un véritable dialogue ; trouvez des exemples qui démontrent cette affirmation.

REPÉREZ LES IDÉES ET ANALYSEZ LE TEXTE

« Désaccord et rationalité des décisions » (extraits)

En hommage au professeur Th. Kotarbinski

Si deux personnes, devant prendre une décision en face d'une même situation (choix d'un candidat, décision judiciaire, par exemple), décident différemment, peut-on prétendre que chacune a pu agir raisonnablement, ou faut-il au contraire affirmer que cela est impossible, et que l'une, au moins, d'entre elles, a dû agir d'une façon irrationnelle, suite à une connaissance imparfaite des faits ou sous l'impulsion de motifs non rationnels, tels la passion, l'intérêt ou le caprice ? C'est cette dernière éventualité, du moins quand il s'agit de décisions judiciaires, qui semble admise par

J. Roland Pennock quand il écrit : « Quand un tribunal est composé de plus d'un juge, il est à présumer que chacun des juges, s'il avait agi d'une manière entièrement rationnelle, serait arrivé, devant le même cas, à juger de la même façon. » Cette conclusion, qui semble conforme au sens commun, doit pourtant être confrontée avec le fait bien connu que la Cour suprême des États-Unis, qui est entourée d'un grand respect, et dont les membres sont connus pour leur compétence et leur intégrité, arrive bien rarement à des décisions unanimes. Au contraire, la plupart de ses décisions qui ont fait date dans l'histoire du droit américain, ont été prises à la majorité de 6 contre 3, ou même de 5 contre 4. Faut-il en tirer la conclusion que, dans chaque cas, les membres de la majorité ou de la minorité ont décidé d'une façon déraisonnable, et qu'il y a lieu de mettre en doute l'intégrité intellectuelle ou morale de la plupart des membres de la Cour, car les uns comme les autres se retrouvent tantôt du côté de la majorité, tantôt du côté de la minorité?

La liaison établie traditionnellement entre désaccord et manque de rationalité, au moins dans le chef de l'un des opposants, s'explique par le lien étroit qui semble exister entre l'idée de raison et celle de vérité. Or l'unicité de la vérité est garantie par le principe de non-contradiction : il est impossible que deux énoncés contradictoires soient vrais simultanément. Il en résulte que, si deux personnes répondent différemment aux questions : « Qui est le meilleur candidat ? », « X est-il coupable de meurtre ? », « Faut-il interpréter de telle façon le texte de la loi ? », « Telle politique doit-elle être suivie dans telles circonstances ? », l'une d'entre elles, au moins, se trompe, et, étant dans l'erreur, manque de rationalité. C'est, en tout cas, l'avis de Descartes qui s'exprime à ce propos très clairement dans ses *Regulae* : « Toutes les fois que deux hommes portent sur la même chose un jugement contraire, il est certain que l'un des deux se trompe. Il y a plus, aucun d'entre eux ne possède la vérité ; car s'il en avait une vue claire et nette, il pourrait l'exposer à son adversaire de telle sorte qu'elle finirait par forcer sa conviction. »

Selon Descartes, pour qui l'évidence constitue le critère ultime en matière de vérité, le désaccord est non seulement l'indice d'une erreur dans le chef de l'un des adversaires, mais encore la preuve de ce que ni l'un ni l'autre ne perçoit la vérité avec évidence. Il ne peut être question de décision en face d'une proposition évidente. Mais Descartes prétend en outre que le désaccord est signe d'erreur, et donc d'un manque de rationalité. La thèse de l'unicité de la vérité, et de la fausseté de tout jugement qui lui est opposé, lui semble un fondement suffisant pour l'affirmation

que, de deux hommes qui portent sur la même chose un jugement contraire, l'un au moins se trompe, et par là est déraisonnable. En effet, en partant de l'hypothèse que Dieu, dans son omniscience, connaît la solution de tous les problèmes, tant théoriques que pratiques, on arrive inévitablement à la conclusion que toutes les questions comportent une réponse vraie, celle que la raison divine connaît de toute éternité et que la raison humaine a pour tâche de retrouver.

C'est à cette dernière affirmation que s'oppose Hume, quand il distingue ce qui est de ce qui doit être, les jugements concernant ce qui est, susceptibles de vérité et de fausseté, des jugements de valeur et des normes, qui n'expriment qu'une réaction émotive et subjective ; la raison servant, pour lui, à découvrir la vérité ou l'erreur, et uniquement à cela – ce qui l'empêche de juger des normes et des valeurs – il n'existe pas de critère rationnel en matière d'action. L'idée même de raison pratique, capable de juger des fins elles-mêmes, étant un concept de philosophie indéfendable, nos choix et nos décisions se faisant, en fin de compte, en fonction de critères non rationnels, les désaccords en cette matière s'expliquent non pas par le fait que l'un au moins de ceux qui s'opposent est déraisonnable, mais parce que l'action de chacun est motivée différemment par des facteurs subjectifs et non rationnels. La raison est, certes, capable de nous éclairer sur les conséquences de nos actes, mais n'est pas à même d'évaluer ces conséquences, et donc de nous guider dans l'action. C'est bien la conclusion à laquelle aboutissent Hume et tous les positivistes.

[...]

C'est uniquement à partir d'un monisme philosophique, excluant comme erronée toute autre philosophie, qu'il serait permis d'assimiler les jugements de décision à des jugements vrais ou faux. Sans cela, il serait outrecuidant d'assimiler les divergences fondamentales en matière de valeurs, corrélatives de divergences philosophiques, à des divergences en matière scientifique, où existent des critères permettant de distinguer le vrai du faux. À défaut d'un accord sur les critères, on doit accepter le pluralisme des philosophies et des échelles de valeurs. C'est alors que se manifeste la fécondité d'un dialogue permettant l'expression complète de chacun des points de vue opposés, permettant également d'espérer l'élaboration ultérieure d'un point de vue plus global, qui tiendrait compte des thèses opposées en présence. Mais rien ne garantit ni la synthèse, ni son unicité, ni surtout la fin de ce processus par lequel se constituent les philosophies successives.

Dans la perspective du pluralisme, deux décisions différentes, sur le même objet, peuvent être toutes deux raisonnables, en tant qu'expression d'un point de vue cohérent et philosophiquement fondé. La thèse selon laquelle n'existe qu'une décision juste, celle que Dieu connaît, suppose l'existence d'une perspective globale et unique, et que l'on pourrait, à juste titre, considérer comme la seule conforme à la vérité.

Mais si l'on admet qu'à défaut d'un accord sur les critères, des jugements de valeur différents peuvent être raisonnablement portés sur un même état de choses, quand, pour des raisons pratiques, une ligne de conduite uniforme est indispensable, on comprend que l'on imagine toute espèce de procédures (telle que le vote à la majorité) qui permettent de trancher le conflit entre deux prises de position également raisonnables. Mais cela ne signifie pas que l'attitude écartée par une pareille procédure doive être disqualifiée et considérée comme déraisonnable. Seuls des arguments d'ordre philosophique peuvent conduire à la disqualification d'une prise de position philosophique. Quand, dans une communauté politique, ou devant un tribunal, il faut choisir entre plusieurs éventualités, également raisonnables, le critère de décision peut être reconnu par tous, pour des considérations d'opportunité, sans impliquer le moins du monde le caractère déraisonnable de la solution écartée.

Source : Perelman, 1990b, paragraphe 23, p. 420-422 et 426-427.

QUESTIONS

1. Montrez avec un exemple tiré du texte de Perelman que le désaccord n'implique pas l'erreur ou l'absence de rationalité.

2. Dans son texte, Perelman affirme que « deux décisions différentes, sur le même objet, peuvent être toutes deux raisonnables ». Expliquez en quoi cette affirmation peut s'appliquer au dialogue.

Lectures suggérées

ALBERONI, Francesco (1997), *La morale*, Paris, Presses Pocket.

BÉGIN, Luc, Georges A. LEGAULT et Louis RACINE (1991), *Éthique et ingénierie*, Montréal, McGraw-Hill.

DUHAMEL, André (1994), « L'éthique et ses malentendus », *Ethica*, vol. 6, n° 1, p. 71-88.

MALHERBE, Jean-François (1996), *L'incertitude en éthique*, Montréal, Fides.

PERELMAN, Chaïm (1990a), « Considérations morales », dans *Éthique et droit*, Bruxelles, Éditions de l'Université de Bruxelles, p. 307-428.

SANTURET, Josée (1993), *Le dialogue*, Paris, Hatier (coll. Profils philosophiques).

CHAPITRE 9

L'éthique de la science et de la technique

Introduction

On entend souvent dire que les progrès récents de la technologie entraînent un bouleversement de nos valeurs morales. Ainsi, les progrès de la génétique* rendent maintenant possible le dépistage de maladies : pourra-t-on refuser un emploi à un travailleur que son bagage génétique prédispose aux maladies industrielles ? En ce sens, il est juste de dire que le progrès technique amène des changements de valeurs. Pourtant, cette idée laisse dans l'ombre le fait que l'activité de recherche scientifique présente ses propres problèmes moraux : la manière dont sont produites les connaissances est aussi une pratique susceptible de susciter une expérience éthique. Ainsi, non seulement la technique crée des problèmes, mais elle constitue parfois elle-même un problème.

Dans ce chapitre, nous examinerons cette relation dynamique entre la science, la technique et l'éthique. Nous commencerons par faire l'historique de cette relation et décrire la genèse de la technoscience contemporaine. Nous examinerons ensuite ce qui, dans le processus de production de connaissances scientifiques, peut parfois poser problème et conduit à instituer le besoin d'une éthique de la recherche. La technoscience ne concerne cependant pas seulement les techniciens et les chercheurs ; elle oblige la société dans son ensemble à faire l'évaluation des nouvelles technologies, comme Internet, le clonage*, etc. Le progrès technologique représente-t-il toujours un bien pour l'humanité ? Ne risque-t-il pas au contraire de perdre cette humanité ? Pourquoi est-il ainsi tantôt célébré, tantôt critiqué ? Nous consacrerons la dernière section de ce chapitre à ces questions plus générales en exposant quelques interprétations philosophiques du phénomène

GÉNÉTIQUE

Du grec *gennêtikos*, « relatif à la génération ». Branche de la biologie qui étudie les gènes et leurs propriétés.

CLONAGE

Reproduction identique d'un animal ou d'une plante obtenue en insérant le matériel génétique d'une de ses cellules dans un de ses ovules dont on a enlevé le noyau.

de la technoscience. Ce survol devrait permettre à l'étudiant de se familiariser avec la dimension éthique de la science et de la technique et de pouvoir se prononcer sur la place grandissante qu'elle occupe dans nos sociétés.

LA TECHNOSCIENCE CONTEMPORAINE

L'idée que l'univers est à l'image d'un grand livre que l'esprit humain peut connaître est aussi ancienne que la philosophie occidentale. Les savants du temps de Galilée ajoutent à cette idée que ce livre est écrit en langage mathématique : c'est le début de la physique au sens moderne du terme.

GALILÉE (1564-1642)

Physicien et astronome italien, condamné par l'Église pour avoir défendu l'idée que la Terre tourne autour du Soleil. Il est un des pères de la science expérimentale moderne.

La science expérimentale moderne

Précisons au départ que la science dont nous parlons est la **science expérimentale moderne**. La science des Anciens (*scientia*, en latin) se confondait souvent avec la philosophie, parfois avec la sagesse (*sapientia*, en latin ; *sophia*, en grec) ; elle s'élaborait par la voie de l'observation minutieuse et de la méditation approfondie, et se transmettait par l'autorité acceptée d'une tradition commune. Par exemple, Aristote pensait que les planètes décrivaient des orbites circulaires parce que le cercle était, selon lui, une figure géométrique parfaite convenant aux cieux éternels ; cette idée inexacte a été véhiculée durant des siècles, sur la foi de la tradition et de la grande réputation d'Aristote. La science moderne abandonne ce modèle et révolutionne la recherche de la vérité à propos des phénomènes naturels. L'observation passive peut en effet s'appuyer sur des idées préconçues et empêcher de trancher entre des conceptions différentes. Pour départager les idées fausses et les idées vraies, l'observation doit devenir plus active : on posera des questions à la nature et on élaborera des dispositifs pour obtenir des réponses.

L'importance de l'expérimentation

La science moderne est ainsi **expérimentale** : elle avance différentes hypothèses pour expliquer les phénomènes observés et procède à des expériences pour décider laquelle est la meilleure. Par exemple, Galilée* contesta l'idée reçue selon laquelle les corps plus lourds tombent plus vite ; au lieu de chercher des appuis dans les textes des Anciens, il soumit sa critique à l'épreuve des faits en faisant tomber deux boulets de poids différents du haut d'une tour. La science moderne est donc plus critique : si le respect de la tradition fait obstacle à la quête du vrai, tant pis pour la tradition, elle a sans doute tort. La science moderne s'oppose ainsi aux traditions figées – pensons aux préceptes de Descartes dans le *Discours de la méthode* (1637)[1] – et conteste plusieurs dogmes de la religion, non toujours impunément, comme Galilée l'apprit à ses dépens lorsqu'il fut condamné par l'Église en 1633. L'ordre des valeurs temporelles se renverse, l'avenir prenant le pas sur le passé, et l'accent est mis sur la liberté de pensée et d'expérimentation. Dans l'esprit des gens, les valeurs de liberté et de progrès s'associent à la démarche scientifique, et s'ajoutent en cela à celles d'honnêteté et de rigueur qui existaient déjà.

---

1.   Voir la seconde partie du *Discours de la méthode*, 1996.

La capacité technique

Le caractère expérimental, actif et pratique de la science moderne change non seulement la conception de la recherche de la vérité, mais aussi sa pratique et ses visées, ce qui détache pour de bon la science de la philosophie. En effet, poser des questions à la nature au moyen d'une expérience, c'est intervenir dans le déroulement des phénomènes pour en venir à transformer cette nature. Le développement des connaissances scientifiques s'accompagne ainsi d'une extension de la technique, des moyens mis en œuvre pour comprendre et transformer les choses. La recherche fondamentale ou recherche pure, c'est-à-dire la poursuite désintéressée de la connaissance pour la connaissance, est désormais associée à des recherches appliquées, dont les retombées multiplient nos capacités de faire et de produire, et finalement influent sur la société et la vie des gens.

René Descartes
(1596-1650)

La connaissance scientifique devient ainsi utile, sinon utilitaire. Francis Bacon* disait déjà, en 1620, « savoir, c'est pouvoir[2] », une idée reprise à sa façon par Descartes, qui affirmait que la science moderne pourrait « nous rendre comme maîtres et possesseurs de la Nature ». Le progrès technique, c'est-à-dire celui des

BACON, FRANCIS
(1561-1626)

Philosophe et homme politique anglais qui a critiqué la philosophie inspirée d'Aristote et proposé une réforme des sciences en vue de leur utilisation sociale.

Descartes : « Nous rendre comme maîtres et possesseurs de la Nature »

[Les notions générales touchant la physique] m'ont fait voir qu'il est possible de parvenir à des connaissances qui soient fort utiles à la vie et qu'au lieu de cette philosophie spéculative*, qu'on enseigne dans les écoles, on peut en trouver une pratique, par laquelle, connaissant la force et les actions du feu, de l'eau, de l'air, des astres, des cieux et de tous les autres corps qui nous environnent, aussi distinctement que nous connaissons les divers métiers de nos artisans, nous les pourrions employer en même façon à tous les usages auxquels ils sont propres, et ainsi nous rendre comme maîtres et possesseurs de la Nature. Ce qui n'est pas seulement à désirer pour l'invention d'une infinité d'artifices qui feraient qu'on jouirait, sans aucune peine, des fruits de la terre et de toutes les commodités qui s'y trouvent, mais principalement aussi pour la conservation de la santé, laquelle est sans doute le premier bien et le fondement de tous les autres biens de cette vie.

Source : Descartes, 1996, p. 81-82.

QUESTION

Que pensez-vous de la conception de Descartes ? La science et la technique pourraient-elles poursuivre d'autres buts ?

SPÉCULATION

Recherche théorique et abstraite, parfois critiquée pour son inutilité pratique.

---

2. Bacon, 1986.

moyens et des pouvoirs d'intervention humaine sur le monde environnant, découle donc de la révolution scientifique du XVIIᵉ siècle. Les effets concrets de la recherche dans la vie des gens commencent dès cette époque à représenter le critère du progrès scientifique, qui tend alors à se confondre avec le progrès social, l'amélioration des conditions de vie et la satisfaction des besoins de la population. La science et la technique bénéficient depuis lors d'un préjugé favorable : toute découverte d'importance paraît d'emblée révolutionnaire et suscite des attentes nombreuses dans le public, ce qui justifie de nouvelles recherches et entraîne des applications encore plus nombreuses.

La technoscience

Ce portrait est celui de la science moderne classique, pourrait-on dire. Au XIXᵉ et surtout au XXᵉ siècle, la science et la technique connaissent deux autres transformations majeures, qui en accroissent encore l'importance et commencent à soulever bien des interrogations.

Le mariage de la science et de l'industrie

Poste de commande d'une aciérie moderne. De nos jours, la grande production industrielle fournit les matériaux pour les futurs progrès de la science, et celle-ci participe à son tour à sa croissance. Cette dépendance réciproque est une des bases de la technoscience.

La première transformation réside dans l'alliance entre la science, la technique et l'industrie. La révolution industrielle dépend en effet en bonne partie des progrès scientifiques et elle les stimule en retour : les connaissances scientifiques engendrent des façons de produire plus efficaces, des machines plus performantes et des moyens techniques supérieurs ; en contrepartie, l'industrie rend possible la fabrication d'outils de recherche plus perfectionnés. Nous pouvons même dire que la liberté de recherche et la liberté d'entreprise se sont si bien alliées que maintenant le progrès scientifique est l'un des principaux moteurs de la croissance économique. Non seulement nous dépendons maintenant largement des instruments techniques que nous mettons au point, mais de plus nous baignons dans un véritable **milieu technique**.

L'alliance de la technique et de la recherche fondamentale

VIH
Virus de l'immunodéficience humaine, agent de transmission du sida.

SIDA
Syndrome d'immunodéficience acquise, maladie mortelle qui se manifeste par une perte de résistance de l'organisme aux infections.

L'union de la science et de l'industrie suscite à son tour une alliance plus étroite entre la science et la technique, ce qui constitue la seconde transformation. Au XXᵉ siècle, la relation entre la recherche fondamentale et ses applications techniques n'est plus unilatérale, à savoir produire d'abord des connaissances scientifiques pures, pour ensuite seulement leur trouver des applications. Cette relation devient maintenant réciproque, puisque désormais on entreprend des recherches fondamentales dans le but d'en tirer une application déterminée. Par exemple, on fait des recherches en biologie moléculaire à la fois pour comprendre le fonctionnement du VIH* et préparer des moyens de lutte contre le sida*. Il y a davantage encore. Lorsque les applications techniques ne se réduisent plus à des retombées possibles, mais qu'elles dictent la conduite, les priorités et les visées de la recherche théorique, la relation science-technique s'inverse : la technique prend le pas sur la science. Nous parlons alors, pour signaler cette primauté de la technique sur la recherche, de **technoscience**.

La technoscience et son alliance avec le développement économique engendrent une véritable civilisation technoscientifique, constituant une pratique sociale dominante qui investit toutes les autres pratiques, y compris notre agir moral. Nous pouvons donc maintenant poser à propos de cette civilisation une question fondamentale : Que deviennent l'éthique, la décision et sa justification en milieu technoscientifique intense ?

UNE ÉTHIQUE DE LA RECHERCHE SCIENTIFIQUE

Les problèmes moraux liés à la recherche

Nous tenterons d'apporter un élément de solution à la question des problèmes moraux liés à la recherche en examinant ceux auxquels se heurtent les scientifiques dans leur pratique. Dans le contexte de la science et de la technologie, les professions et occupations sont multiples : ingénieurs, informaticiens, biologistes, psychologues et autres chercheurs en sciences humaines. Cependant, à la différence des membres des professions libérales (notaires, médecins, etc.), ces personnes ne sont pas directement au service du public, mais se consacrent à la recherche au sein de ministères ou d'industries. Cette particularité donne une idée des problèmes que nous aurons à traiter, qui se divisent en deux groupes : ceux qui sont dus à des facteurs externes, surtout la manière dont est organisée la communauté scientifique dans la société, et ceux qui relèvent de causes internes, particulièrement les méthodes scientifiques d'acquisition des connaissances.

L'organisation sociale de la recherche

La **fraude scientifique** est un exemple de problème relevant de l'organisation du milieu scientifique, un milieu marqué par la course aux subventions de recherche, par la nécessité d'obtenir rapidement des résultats concrets, par l'obligation de maintenir une bonne réputation et par la concurrence entre les chercheurs. La fraude peut prendre de multiples formes : plagiat*, signature d'un rapport collectif d'une recherche à laquelle on n'a pas participé, appropriation d'une découverte faite par un assistant, falsification des résultats d'expérience pour qu'ils confirment des recherches déjà menées. Ces diverses formes de fraude sont aisément identifiables : la fraude, par définition, est le contraire de la recherche de la vérité.

PLAGIAT
Action de voler le travail d'autrui ou de se l'attribuer faussement.

Pourtant, la recherche est parfois si complexe que la bonne pratique ou la faute professionnelle n'apparaissent qu'après un examen approfondi. Par exemple, un chercheur omet certains résultats parce qu'il les juge peu utiles pour la recherche, laquelle fut très coûteuse et pourrait permettre de sauver des vies. Est-ce juste ou correct ? Les chercheurs suivent habituellement des protocoles expérimentaux rigoureux ainsi que les règles de conduite propres à leur profession. Cependant, cela ne suffit pas parfois pour prévenir ou résoudre tous les conflits. C'est pourquoi les scientifiques auront aussi à décider, dans certaines situations problématiques, comment allier, d'une part, honnêteté, rigueur et vérité et, d'autre part, efficacité, rapidité et avancement de leur carrière. Le premier groupe de valeurs relève de la pratique scientifique, le second appartient au domaine économique, et nous avons vu que la pratique scientifique et le domaine économique étaient étroitement liés à notre époque : une recherche est aussi un investissement. Il n'y a rien de surprenant, donc, à ce que la pratique scientifique doive satisfaire à des exigences contradictoires et que les chercheurs doivent à l'occasion entreprendre une démarche éthique.

Les méthodes de recherche

Considérons maintenant le second type de problèmes moraux, qui relèvent de facteurs internes et sont liés aux méthodes d'investigation et de vérification en science. Ils concernent au premier chef les recherches comprenant des personnes devenues sujets d'expérience. Dans plusieurs cas, il est nécessaire de cacher certaines informations aux sujets d'expérience afin d'obtenir des résultats fiables et concluants. Les tests de médicaments sont un bon exemple de ce genre de protocole expérimental. Il s'agit alors d'administrer le médicament à un premier groupe, et un placebo à un second groupe. Il importe donc de ne pas révéler aux

Controverse au sujet d'un substitut de l'AZT testé dans les pays pauvres

L'AZT est un médicament qui permet d'éviter que le VIH ne se transmette de la mère à son enfant durant la grossesse. Sa production est toutefois complexe et son coût demeure élevé, de sorte que les pays pauvres, où l'épidémie est la plus forte, ne peuvent se le procurer. Les compagnies pharmaceutiques tentent donc de mettre au point un substitut moins cher. Ce produit est testé sur les populations à qui il est destiné : les femmes africaines. On administre ainsi le médicament en question à des femmes enceintes, et un placebo* à un groupe témoin. Des critiques s'élèvent : pourquoi tester le médicament sur des populations vulnérables ? N'est-ce pas violer les traités internationaux qui précisent que tout le monde a droit au meilleur traitement possible ? On répond que la procédure de test a reçu l'autorisation des pays africains concernés et que le but de toute l'opération est justement de produire le meilleur traitement disponible.

QUESTION

Indiquez quelles sont les valeurs morales présentes dans cette situation, et dites quelle serait votre position, comme citoyen informé, face à cette procédure de test.

PLACEBO
Substance neutre et inoffensive que l'on substitue à un médicament.

sujets du groupe témoin qu'on leur administre un substitut : on leur cache cette information précisément pour mieux connaître la vérité, c'est-à-dire les effets réels du produit. Les scientifiques se trouvent ici dans une situation semblable à celle de professionnels qui, par professionnalisme, enfreignent en apparence une règle morale ; c'est par exemple le cas du journaliste qui cache sa caméra. Comme ces professionnels, les chercheurs doivent respecter des codes d'éthique dans leurs expériences avec des sujets humains.

Les comités et les codes d'éthique de la recherche

À la différence des déontologies professionnelles, toutefois, ces codes relèvent non pas d'ordres professionnels, mais d'**institutions** nationales ou internationales. Depuis l'adoption du Code de Nuremberg, en 1947 (voir les p. 248-249), la recherche mettant à contribution des êtres humains est étroitement balisée. Le chercheur doit, par exemple, obtenir le consentement éclairé de la personne partout où il y a un risque pour le bien-être de cette dernière. Ainsi, même dans le cas banal d'un test de médicament, tous les sujets doivent être volontaires et être informés que le comprimé peut être un placebo. Toutes ces méthodes, ces protocoles et les bonnes pratiques en la matière sont d'ailleurs contrôlés et appliqués par des organismes spéciaux, les **comités d'éthique** de la recherche. Les chercheurs doivent présenter leur projet de recherche à ces comités, justifier le recours à des sujets humains (en précisant les risques possibles et les bénéfices attendus, par exemple) et, le cas échéant, être prêts à modifier leur manière de faire.

Le protocole du test de médicament dont nous venons de parler ne crée pas de problème tant que sont suivies les règles ou les normes indiquées. Mais que faire si la situation est compliquée ou si les normes ne sont pas claires ? Sur quoi se basera-t-on pour dire que les règles sont bonnes, qu'elles ne sont pas seulement le résultat d'une habitude ? Que faire si, dans une situation donnée, aucune norme ne peut s'appliquer ? Dans la communauté scientifique également, il ne suffit pas de se conformer aux pratiques admises et aux normes codifiées pour prendre une décision moralement valable. Il est parfois préférable de suivre l'esprit de la règle plutôt que la lettre. Les chercheurs doivent donc se servir de leur jugement, c'est-à-dire satisfaire aux exigences du raisonnement pratique. Personne ne peut leur dire comment allier la dissimulation d'informations nécessaires pour mener une expérience et le respect à l'égard des personnes qui sont sujets de recherche.

Un conflit typique

On trouve dans le protocole expérimental conçu par le psychologue américain Stanley Milgram au milieu des années 1960 un bon exemple de cette zone grise. Voici la description de l'expérience à laquelle ont été soumis les sujets[3].

---

3.   Voir la reconstitution de l'expérience dans le film d'Henri Verneuil, *I... comme Icare*, 1979. Milgram (1974) a aussi publié un compte rendu de ses recherches.

L'expérience de Stanley Milgram

Imaginez l'expérience suivante : à la suite d'une petite annonce, deux personnes se présentent à un laboratoire de psychologie effectuant des recherches sur la mémoire. L'expérimentateur explique que l'une d'elles va jouer le rôle de « maître » et l'autre, celui de l'« élève ». Le maître va soumettre des associations de mots à l'élève, et à chaque fois que celui-ci se trompera, il devra le sanctionner par une décharge électrique. [...] L'expérience commence, et à chaque nouvelle erreur de l'élève, le maître doit infliger une décharge d'une intensité supérieure à la précédente. Le maître est rapidement amené à des intensités importantes. À 75 volts, l'élève gémit. À 150 volts, il supplie qu'on arrête l'expérience. À 270 volts, sa réaction est un véritable cri d'agonie. Mais après 330 volts, on n'entend plus rien, l'élève est complètement silencieux. Si, pendant l'expérience, le maître désire arrêter, l'expérimentateur l'incite à poursuivre, avec une pression de plus en plus forte. Mais après quatre refus de la part du maître, il n'insiste plus et l'expérience est terminée.

Source : Leconte, 1997, p. 42.

QUESTION

Si vous aviez été le maître, à quelle intensité auriez-vous refusé de continuer l'expérience ? Après avoir pris connaissance des informations supplémentaires fournies ci-dessous, pensez-vous qu'un tel protocole expérimental est légitime ? Pourquoi ?

Voici maintenant les dessous de ce protocole : en réalité, aucun courant ne passait de la console à la chaise, aucune souffrance n'était infligée à l'« élève », qui en fait était un complice des expérimentateurs. L'objet de cette expérience n'était pas la mémoire, mais la soumission du « maître », le seul vrai sujet d'expérience, à l'autorité des scientifiques. La vérité lui était par ailleurs révélée à la fin de l'expérience. L'expérience de Milgram a montré que bon nombre de gens ordinaires étaient prêts à infliger de graves souffrances pour obéir à une autorité considérée comme légitime. Cette conclusion a stupéfié beaucoup de chercheurs, puisqu'elle remettait en cause la croyance en un altruisme spontané ou en une sympathie naturelle à l'égard d'autrui. On ne prête habituellement attention qu'à ces résultats, mais ce qui importe pour notre propos, c'est le caractère justifiable de la dissimulation dans un protocole expérimental.

À l'époque, le protocole de Milgram a provoqué des débats dans la communauté scientifique. Ce protocole, qui prétendait mesurer le degré de soumission à l'autorité (ici, celle de la science), n'abusait-il pas en effet de cette même autorité ? Est-il moralement acceptable de présenter au sujet (ici, le « maître ») une telle mise en scène, de le placer dans une situation de conflit pénible et de lui infliger ainsi une certaine souffrance, sinon une souffrance certaine, dans le seul dessein de vérifier une hypothèse, d'accroître les connaissances et, indirectement, d'être utile à la société ? La réponse n'est pas évidente : il faut analyser la situation (c'est-à-dire, ici, le protocole), envisager diverses manières d'agir (ne pouvait-on tester l'hypothèse de la soumission autrement?), prendre en considération les valeurs de chacun des acteurs et tenir compte de la capacité de justifier la décision prise.

L'expérience de Milgram a suscité une certaine prise de conscience éthique chez les scientifiques. Pour certains, ce protocole représentait un problème moral, alors que pour d'autres il n'en comportait aucun ; devant ce **désaccord**, des arguments ont été échangés, donnant lieu à une **délibération** collective, et une **décision** a été finalement prise, d'un **accord** relatif : ne procédons plus à de telles mises en scène. La démarche éthique (voir le chapitre 8) se retrouve donc dans le détail même du déroulement des expériences et de la démarche scientifique. Celle-ci est devenue une pratique sociale, et l'éthique est mise à contribution pour évaluer l'effet des technologies sur les citoyens. L'éthique de la technique est donc aussi une éthique publique.

UNE ÉTHIQUE PUBLIQUE DE L'ÉVALUATION DES NOUVELLES TECHNOLOGIES

Même si la population ne prend pas directement part à la décision d'entreprendre des expériences comme celle de Milgram ou n'est pas directement concernée par leur déroulement, elle pourrait très bien prendre collectivement position et décider que le jeu n'en vaut pas la chandelle. Les comités d'éthique de la recherche sont créés dans ce but, mais rien n'empêche les citoyens de s'interroger et de se prononcer. Puisque la technoscience est une pratique sociale dominante qui a des répercussions dans la vie des gens, elle appelle une délibération collective où s'affrontent diverses opinions.

Une question sociale

Les effets concrets de la technoscience sont tels, et l'évaluation des nouvelles technologies si complexe, qu'ils donnent lieu aussi sur le plan social à l'expérience éthique. Les citoyens et les groupes sociaux s'inquiètent et s'interrogent, examinent leur situation, prennent position en définissant des **choix de société**, en débattent, puis décident en fonction des circonstances. Dans ce nouveau contexte élargi à celui de la société et parfois à celui de la planète, les problèmes moraux typiques concernent les répercussions du progrès technique sur les valeurs, l'évaluation des nouvelles technologies et la difficulté constante de définir, car elle est cachée sous l'autorité sociale de la science, la démarche éthique publique propre à la démocratie.

On trouve de nombreux exemples de l'impact des moyens techniques sur les valeurs dans le domaine des communications et de l'autoroute de l'information. Il y a trente ans, le cyberespace n'était qu'un réseau reliant les ordinateurs des chercheurs et des militaires. Grâce aux progrès de l'informatique, dont l'apparition des microprocesseurs, et à ceux de l'industrie, qui ont amené les ordinateurs personnels à des prix abordables, les utilisateurs se sont multipliés à l'échelle de la planète. Ils ont des ordinateurs à la maison, car les réseaux ne connaissent aucune des frontières propres au téléphone, les interurbains étant gratuits, ou aux imprimés, qui sont soumis à des contrôles douaniers, à des lois sur la propagande haineuse ou l'obscénité. Dans ce contexte, que faire des sites Internet faisant la promotion du nazisme ou de l'antisémitisme*, de ceux servant aux pédophiles* ou de ceux diffusant du matériel pornographique ? Plusieurs pensent qu'une loi ou une réglementation s'impose et que la « NETiquette », c'est-à-dire l'autodiscipline et les contrôles volontaires concernant les contenus à éviter, ne suffit pas.

Des lois analogues sur la diffusion de la propagande antisémite et du matériel pornographique par des moyens traditionnels ont été établies, et elles sont encore difficiles à appliquer : comment définir en effet ce qui est indécent ou obscène ? En ce qui concerne le réseau Internet, de nouvelles questions surgissent : Comment appliquer une réglementation touchant les créateurs de sites ou les serveurs, c'est-à-dire les entreprises par qui transitent les données, qui peuvent se trouver dans n'importe quel pays du monde ? Ce débat a permis de voir que plusieurs valeurs s'affrontaient dans la société : liberté d'expression, protection du public et respect d'autrui, responsabilité de l'État, des entreprises et des utilisateurs.

Quand une nouvelle technologie a de grandes répercussions sur la vie sociale et suscite la controverse, la délibération porte en fin de compte sur le genre de société dans laquelle nous voulons vivre, malgré et avec nos désaccords sur de nombreuses valeurs importantes. Une controverse de même nature pourrait d'ailleurs apparaître au Québec, toujours à propos d'Internet : l'Office de la langue française a ainsi exigé, en 1997, que les publicités commerciales sur le réseau respectent la Charte de la langue française et accordent une place prédominante au français. Ici s'affrontent la liberté d'expression commerciale et la protection de

ANTISÉMITISME
Racisme envers les Juifs.

PÉDOPHILIE
Perversion sexuelle qui consiste en une attirance érotique pour les enfants.

Le racisme dans Internet

La Ligue internationale contre le racisme et l'antisémitisme demande l'adoption d'une recommandation internationale contre les propos racistes et antisémites dans Internet et la mise en place, sous l'égide de l'Organisation des Nations Unies, d'un organe de régulation spécialisé. La Ligue insiste sur la nécessité, pour les instances internationales, de combler le vide juridique qui prévaut sur la Toile. Elle demandera en particulier à l'ONU qu'une recommandation soit adoptée afin que les conventions signées par les États membres en matière de droits de l'homme s'appliquent aussi à Internet. La Ligue est à l'origine, avec l'Union des étudiants Juifs de France, d'une procédure pour obtenir qu'un site de vente d'objets nazis sur Yahoo soit interdit aux internautes français.

Source : D'après l'AFP, 2000.

QUESTION

Considérez-vous que le réseau Internet devrait être l'objet d'une réglementation de ce genre ? Justifiez votre réponse.

la langue et de la culture, et ce genre d'affrontement est de plus en plus fréquent à mesure que les échanges se mondialisent (voir les p. 220-221). Les exemples français et québécois ont toutefois deux points en commun, que nous retrouverons dans les autres éthiques sectorielles : la dimension internationale des problèmes et le caractère plus ou moins démocratique de leur discussion et de leur résolution. C'est ce dernier point que nous aborderons maintenant.

L'évaluation des technologies

Comment peut-on déterminer qu'une nouvelle technologie a des effets positifs et qu'elle ne présente pas de risques pour la population ? La science et la technique, avons-nous dit, bénéficient depuis longtemps d'un préjugé favorable : connaître semble toujours un bien, surtout quand le progrès scientifique s'associe à la croissance économique. Ce progrès a cependant connu bien des ratés depuis cinquante ans et a entraîné des catastrophes technologiques majeures. Il suffit de penser au village japonais de Minamata dans les années 1950 (pollution par le mercure et naissance d'enfants difformes), à la thalidomide* en Occident au début des années 1960, à Seveso en Italie en 1976 (évacuation de la population à cause d'une fuite de dioxine*), à Bhopâl en Inde en 1984 (une usine de la compagnie américaine Union Carbide laisse s'échapper un gaz toxique qui cause 2 000 morts), à Three Miles Island aux États-Unis en 1979 et à Tchernobyl en Ukraine

THALIDOMIDE

Tranquillisant mis sur le marché en 1960 ; utilisé lors de la grossesse, il a été responsable de la naissance d'enfants mal formés.

DIOXINE

Produit chimique d'origine industrielle et hautement cancérigène.

Le transport du plutonium russe au Canada

Le gouvernement fédéral a fait importer au Canada 15 kilos de MOX (*Mixed Oxyde Fuel*), contenant environ 500 g de plutonium russe (une substance radioactive hautement cancérigène), en vue de procéder à une expérience de retraitement dans un réacteur Candu. Le MOX est arrivé de nuit par avion à l'aéroport militaire de Trenton (Ontario), et a ensuite été acheminé en hélicoptère jusqu'à la centrale de Chalk River en Ontario. Énergie atomique du Canada soutient que l'expérience permettra de déterminer le meilleur moyen de disposer d'un produit que la Russie elle-même ne peut traiter ; il assure que toutes les précautions seront prises pour réduire les risques au minimum. Les municipalités concernées sont demeurées sceptiques, soulignant que le gouvernement des États-Unis interdit ce type de transport au-dessus de son propre territoire, parce qu'aucun contenant n'est totalement sécuritaire en cas d'écrasement ; les groupes pacifistes et environnementaux s'opposaient à cette méthode de transport, faisant valoir que le gouvernement avait renoncé au transport terrestre, moins dangereux, afin d'éviter les manifestations.

Source : Francœur, 2000.

QUESTION

Seriez-vous favorable à une méthode de transport de ce genre dans votre voisinage ? Pourquoi ?

en 1986 (deux accidents dans des centrales nucléaires), et à l'explosion de la navette spatiale Challenger en 1986. Ces accidents et leurs conséquences montrent que le progrès n'amène pas forcément un mieux-être et qu'il n'est pas toujours un bienfait. L'évaluation des technologies est un processus difficile et sujet à controverse, qui suscite l'éveil et la participation des citoyens et comporte une dimension éthique. Tentons de circonscrire cette dimension à l'aide d'un exemple.

L'adoption d'une nouvelle technologie dans le domaine nucléaire ou dans tout autre secteur, que le projet aboutisse ou non, est souvent l'objet de controverses. D'une part, les experts sont qualifiés et affirment à bon droit, études à l'appui, que la technologie en question est sûre et éprouvée. Les promoteurs ou les administrations publiques défendent les avantages économiques, médicaux et sociaux de cette technologie. D'autre part, les utilisateurs et les futurs bénéficiaires, de même que la population environnante, estiment avoir voix au chapitre et demandent à être entendus : bien qu'ils puissent bénéficier de cette technologie, ils en supporteront aussi les risques possibles, devront vivre avec une certaine inquiétude et, de plus, assumeront par leurs impôts une partie des frais engagés.

Dans de tels contextes, les décideurs publics et les experts recourent souvent à une méthode de décision appelée « analyse coûts-bénéfices ». Il s'agit de comparer les facteurs négatifs, c'est-à-dire les coûts de tous ordres résultant de l'adoption et de l'utilisation d'une nouvelle technologie, avec les facteurs positifs, c'est-à-dire les revenus escomptés par les promoteurs et les avantages pour la population. On reconnaît ici sans peine le calcul de l'utilité qui est au cœur de la philosophie morale utilitariste. Selon cette méthode de décision publique, les experts ne pourraient que prendre les décisions les meilleures, et le public n'aurait qu'à approuver des choix qui serviraient au mieux ses intérêts. Pourtant, cette méthode est fondée sur deux présuppositions assez vagues, à savoir que l'on peut définir objectivement ce qu'est un avantage ou un risque, et ensuite que des gens différents puissent accepter ces définitions. Or rien n'est moins évident, comme nous l'avons déjà vu dans la section traitant de l'argument de la prise en considération des conséquences (voir la p. 181).

Les deux présupposés de cette méthode nous fournissent l'occasion de faire deux remarques et aussi d'indiquer la place de la démarche éthique en ce domaine. La première remarque concerne le malentendu dont peut être l'objet l'éthique qui s'applique à la technologie ; la seconde a trait aux conséquences de ce malentendu sur le plan des politiques publiques.

Le malentendu technicien

RAYONS GAMMA
Gamma, troisième lettre
de l'alphabet grec.
Rayonnement pénétrant
et nocif émis par certains
corps radioactifs.

Les scientifiques, les techniciens et les experts peuvent très bien mesurer, quantifier et calculer, par exemple, l'intensité de rayons gamma* que libère un réacteur nucléaire ou la concentration en dioxine des fluides s'échappant d'un conteneur, et conclure que le fonctionnement ou l'entreposage sont conformes aux normes. Or les conclusions des experts peuvent avoir pour effet de causer du tort aux êtres humains, et la population peut les désapprouver. Dans ces cas, les normes de fonctionnement et les seuils de risque perdent leur caractère exclusivement technique et revêtent aussi une dimension morale, ce que la méthode coûts-bénéfices a tendance à ne pas prendre en considération. En matière de technologie, l'autorité de la science et de la technique est telle que l'on peut considérer ce genre de méthode pour des opérations objectives en oubliant qu'il comporte implicitement une évaluation morale : à x parties par million, la dilution de tel polluant y dans l'eau n'est **pas grave** pour la santé humaine ou animale. Mais mesure-t-on la **santé** en science ?

Le malentendu technicien est le malentendu le plus courant dans ce domaine. Il réside dans le fait que l'agir moral est confondu avec une pratique technique et que l'expérience éthique n'est pas reconnue quand elle se présente. À quoi donc celle-ci ressemble-t-elle ? À un conflit entre le caractère scientifique d'une norme et le jugement moral implicite que celle-ci comporte. La norme de risque doit être définie avec le plus de rigueur scientifique possible, mais aussi suivant une démarche éthique : on peut **mesurer** l'importance de la valeur « santé » exprimée par les gens, mais la science ne peut décider de cette importance. Le malentendu technicien conduit à prendre sans examen les normes techniques pour des valeurs morales. C'est précisément ce malentendu que doivent le plus souvent dissiper les citoyens qui entreprennent à leur tour d'évaluer une innovation ou un projet technique.

La démocratie et la technocratie

Notre deuxième remarque touche aux conséquences de ce malentendu pour l'éthique **publique**. Elle se résume à ceci : si nous croyons que le risque, la sécurité ou la santé se mesurent scientifiquement et que les experts peuvent seuls décider en connaissance de cause de la valeur d'une technique, nous venons d'abandonner la démocratie au profit de la technocratie*. En effet, notre civilisation technoscientifique établit une nette séparation entre les citoyens et les experts : un grand nombre de personnes ne détiennent aucun savoir spécialisé, et les spécialistes, n'étant par définition pas experts en tout, se trouvent dans la même situation que n'importe quel citoyen face aux spécialistes des domaines autres que le leur. Si ce clivage s'ajoute aux inégalités sociales et aux relations de pouvoir déjà existantes, alors le mot de Bacon, « savoir, c'est pouvoir », trouve une confirmation dans la technocratie.

TECHNOCRATIE
Système politique dans lequel les experts et les techniciens ont un pouvoir de décision plus grand que celui des élus et de la population.

Il s'agit toutefois seulement d'une possibilité, car si les citoyens privés de leur pouvoir de décision entreprennent une démarche d'éthique publique, protestent et s'organisent, ils peuvent changer les règles du jeu technocratique ou en chercher de nouvelles qui respectent la démocratie. Ainsi, on pourra en venir à admettre que la **perception** du risque par les personnes concernées **fait partie** de la définition du risque, et que l'on ne pourra connaître cette perception, et donc **évaluer** le risque, que si l'on écoute attentivement ce que ces personnes ont à dire.

La promotion de la démocratie est la formule retenue dans la démarche éthique collective en milieu technoscientifique. Cette promotion peut revêtir plusieurs formes. Par exemple, les scientifiques et les experts peuvent prendre

Le Mouvement universel de la responsabilité scientifique

Le MURS cherche à harmoniser le savoir (objet de la science), le pouvoir (phénomène de société) et le devoir (obligation de la conscience morale individuelle ou collective), et à favoriser par tous les moyens à sa disposition le dialogue entre les scientifiques, les décideurs et le grand public. Ainsi, forte de l'avis autorisé des spécialistes, l'opinion publique pourra alerter en temps utile les autorités et influencer leurs décisions.

Le MURS est une organisation indépendante, n'ayant aucun caractère gouvernemental, ethnique, politique ou confessionnel. Il a été créé en 1974 à l'issue d'un colloque international tenu à la Sorbonne, « Biologie et devenir de l'homme » :

1) parce que nous sommes tous responsables individuellement,

scientifiquement ou non, décideurs ou simples citoyens,

2) parce que nous sommes tous bénéficiaires dans l'immédiat du progrès des sciences et comptables des risques qu'il peut faire courir à l'humanité,

3) parce que toute responsabilité, pour exister comme pour s'exercer, exige information et réflexion, préludes nécessaires au dialogue d'où doit émerger la décision.

Source : Page d'accueil du MURS France : http://perso.wanadoo.fr/murs.france

QUESTION

Les comités d'éthique de la recherche ne rendent-ils pas ce genre d'organisation inutile ? Justifiez votre réponse en tenant compte du contexte social de la recherche scientifique.

conscience de l'écart qui sépare les citoyens et les spécialistes, et chercher à l'atténuer dans la mesure de leurs moyens, en organisant des débats publics ou en y prenant part, comme le fait le Mouvement universel de la responsabilité scientifique. Il est également possible de consulter les citoyens au moyen d'audiences publiques, de tables de concertation, de séances de conseils municipaux, etc. (voir les p. 275 à 278). Le défi consiste à retrouver, sous l'autorité de la science et du langage technique, la démarche éthique du dialogue rationnel qu'institutionnalisent les règles démocratiques. C'est en ce sens que l'on peut parler d'une éthique publique de l'évaluation des technologies.

QUESTIONS PHILOSOPHIQUES : PEUT-ON ET DOIT-ON SOUMETTRE LE PROGRÈS AU CONTRÔLE DE LA RAISON ?

Nous venons de voir que la démarche éthique en matière de technologie concernait aussi bien la communauté scientifique que la communauté des citoyens. La portée et l'influence de la civilisation technoscientifique sont cependant plus étendues encore, car cette civilisation touche à notre imaginaire, met en cause notre identité humaine et pose des questions fondamentales qui sont du ressort de la philosophie. Que devient notre conception de l'être humain à une époque où la technologie permet d'intervenir sur le code génétique et de transformer l'humanité? Jusqu'où irons-nous ou devrions-nous aller, et pourquoi?

Ces questions, on le voit, restent très générales et ne concernent pas directement des situations précises requérant une décision ou une prise de position. Elles hantent toutefois tout le domaine technologique et elles forment l'arrière-plan culturel et philosophique de la démarche éthique qui s'y rattache. Pour répondre à ces questions, il est nécessaire d'adopter une démarche philosophique et, dans le meilleur des cas, d'élaborer une **philosophie de la technologie**. C'est ce qu'ont entrepris de faire certains penseurs.

Le système technicien selon Jacques Ellul

Jacques Ellul, théologien* français, cherche à comprendre l'ensemble du phénomène technique et à en définir les principaux caractères. Selon lui, la technique ou la technologie, dans le monde contemporain, représentent non pas un simple prolongement de la technique traditionnelle, mais bien une mutation, un changement qualitatif[4].

Ellul résume en quatre points cette différence de nature. Premièrement, les différentes techniques forment maintenant un **tout** indivisible, chacune étant solidaire de l'autre; par exemple, la construction et l'entretien de la navette spatiale font appel à toutes les branches de l'industrie et à toutes les disciplines scientifiques. Deuxièmement, le phénomène technique est désormais **universel**, puisque les innovations ne sont plus confinées dans leur milieu social et géographique d'origine, mais gagnent toute la planète. Troisièmement, le système technicien est devenu **global**, en ce sens qu'il ne constitue plus un élément parmi d'autres de la civilisation, mais qu'il a au contraire englobé la civilisation tout entière: la plupart des activités humaines sont maintenant technicisées, qu'il s'agisse du sport, de la mort ou de la reproduction. Quatrièmement, il forme maintenant une entité **autonome** qui impose sa loi à l'économie, à la politique et à l'éthique: il évolue de façon indépendante, comme si l'orientation et les choix s'effectuaient d'eux-mêmes, automatiquement. Ces considérations conduisent à la caractéristique la plus troublante et la plus inquiétante du système technicien: il est marqué, selon Ellul, par une **absence de finalité**. Il devient son propre but et n'est déterminé par rien d'extérieur à lui. La technique aurait ainsi absorbé l'éthique.

THÉOLOGIE
Discours théorique sur la nature de Dieu et les dogmes religieux (voir les p. 20-21).

Gilbert Hottois: trois options face au progrès technologique

Le scientisme et la morale technicienne

L'interprétation du sens de la technique et du destin de l'éthique peut conduire à cette conclusion pessimiste qu'il n'est plus possible de maîtriser le progrès

---

4. Ellul, 1957.

technologique, si ce n'est que très partiellement et localement. En fait, la thèse prônant le développement à tout prix de la technique existe depuis le début du XXe siècle : tout ce qui est techniquement faisable mérite d'être tenté ou doit être fait. Pourquoi devrions-nous, comme société et comme civilisation, limiter les découvertes de la science et de la technique par des moratoires* ou des interdictions ? Nous nous priverions de biens et d'avantages nombreux, ce qui serait difficile à justifier auprès des bénéficiaires possibles.

Selon cette attitude, par exemple, même si nous ne voyons pas encore très bien à quoi servira la cartographie du génome* humain, pourquoi devrait-on empêcher la mise au point de nouvelles thérapies et refuser d'améliorer la vie des gens ? Quand il y a une possibilité d'agir, même lointaine, l'inaction ne constitue-t-elle pas une négligence ? Nous aurions ainsi une obligation morale de tenter tout ce qui peut devenir techniquement faisable. Le **libre essai de tout le possible** correspondant à cette attitude est la première voie qui s'ouvre à nous face au progrès technologique, selon le philosophe belge Gilbert Hottois[5]. Il s'agit bien d'une attitude morale, d'une **morale technicienne** mettant au premier plan la liberté d'expérimenter et assimilant le progrès scientifique au progrès social, sinon au progrès moral. Le postulat philosophique en est que du libre essai de tout le possible sortira nécessairement quelque bien.

Cette première voie que pourrait prendre l'humanité dans l'univers technologique, c'est-à-dire passer du pouvoir (ce qui peut être fait) au devoir (cela doit être fait), retient certainement plusieurs des valeurs les plus importantes dans nos sociétés, mais elle peut aussi dégénérer en idéologie. Dans la mesure où les valeurs défendues paraissent indiscutables ou naturelles, elles deviennent des mythes auxquels on croit aveuglément, comme le mythe du progrès continu ou celui de la science toute-puissante. Cette idéologie s'appelle **scientisme** : une valeur, celle de la connaissance et des activités qui lui sont liées, devient absolue et l'emporte sur toutes les autres. On comprendra aisément que cette voie ne favorise pas la démarche éthique, puisqu'une même solution est apportée à toutes les difficultés : à des problèmes techniques des solutions techniques ; pour remédier aux déficiences de la technique, concevoir davantage de technique.

Cette idéologie aggrave le malentendu technicien en le portant à la hauteur d'un système. Selon l'idéologie scientiste, la question du sens éthique de la technique est close, ce qui est contraire à la démarche éthique comme à la démarche philosophique. En philosophie, les questions fondamentales sont en quelque sorte insolubles et elles demeurent toujours discutables ; c'est d'ailleurs pourquoi les prises de position philosophiques ne peuvent à elles seules servir d'instrument de décision morale. Par contre, les idéologies permettent de donner une réponse simple et unique à ces questions et prétendent ainsi orienter l'agir.

La question de la place de l'éthique dans la civilisation technologique peut ainsi recevoir plusieurs réponses. Il est possible que les réponses globales de deux idéologies s'affrontent dans un dialogue de sourds et un combat pratique. En ce

MORATOIRE
Délai ou suspension d'un projet, d'une action.

GÉNOME
Ensemble des chromosomes des cellules reproductrices.

---

5. Hottois, 1984, p. 47-50 ; voir le texte à la fin de ce chapitre.

sens, une idéologie telle que le scientisme est avant tout un discours **contre**, un discours qui trouve sa raison d'être en repoussant un autre discours, plutôt qu'en tentant d'établir un dialogue.

La morale romantique et le rejet de la science

Mais à quoi ressemblerait une idéologie opposée au scientisme dans l'interprétation du phénomène technique? C'est, selon Hottois, la seconde voie dans laquelle peut s'engager l'humanité, à savoir le rejet de la technoscience et la **conservation de l'homme-nature**[6]. Cette idéologie est née en même temps que la technique, puisqu'on la trouve déjà dans le *Discours sur les sciences et les arts* (c'est-à-dire les techniques) de Jean-Jacques Rousseau* (1750), qui l'accusait de corrompre les mœurs et d'amener la dégénérescence de l'être humain. Cette attitude non seulement de prudence mais de refus de la civilisation technoscientifique fait prédominer l'humilité, l'authenticité, le respect de la nature et le sentiment sur l'orgueil de la connaissance, l'artifice de la technique, la domination de la nature et la primauté de la raison. C'est une **morale romantique** qui implique la méfiance à l'égard du progrès scientifique, qui serait axé sur la démesure et le désir de maîtrise absolu.

ROUSSEAU, JEAN-JACQUES (1712-1778)

Philosophe français, auteur du *Contrat social* (1762) et critique de la société de son temps au nom de l'égalité (voir les p. 89-90).

Le clonage humain

Le 16 août 2000, le gouvernement britannique a autorisé le clonage d'embryons humains à des fins thérapeutiques. Le clonage est une technique consistant à obtenir des exemplaires identiques d'un même être vivant, en introduisant le matériel génétique d'une de ses cellules dans un de ses ovules préalablement vidé de son noyau. Jusqu'à ce jour, il n'a été tenté avec succès que sur des animaux. Le gouvernement ne permettra le clonage que sur des embryons de quelques jours et il interdira toute tentative de clonage humain à des fins de reproduction. La population et les scientifiques restent divisés à ce sujet. Plusieurs soulignent que cette autorisation pourra permettre de faire croître *in vitro* des tissus pour soigner des maladies incurables ou éliminer les risques de rejets lors de transplantations. D'autres pointent du doigt les risques possibles liés à l'utilisation de cette technique et le fait qu'elle représente un pas de plus vers le traitement de la vie humaine comme un outil, un objet.

Source: Demongeot, 2000, p. A1.

QUESTION

À votre avis, le gouvernement canadien devrait-il imiter le gouvernement britannique? Justifiez votre réponse en vous référant à l'idéologie scientiste et à celle du rejet de la science.

---

6. Hottois, 1984, p. 50-53.

Cette morale se rattache à des mythes importants, fournissant des réponses globales aux questions fondamentales que pose à l'éthique le milieu technologique. La légende de Frankenstein[7] en est un : le savant qui porte ce nom recrée un être humain à partir de membres de cadavres ; l'être devient un monstre et, finalement, il tue son créateur. La leçon de cette histoire, et le cœur du mythe, est simple : la profanation des mystères de la vie par la science et la technique ne peut conduire qu'à notre perte, physique et morale. La morale romantique oppose à la science le mythe décrié notamment par les partisans du scientisme, celui de l'homme-nature, un être authentique non contaminé par l'artifice de la technique, et ainsi proche de **sa** nature et proche de **la** nature.

La nature dont on parle ici représente moins un fait qu'un bien ou une norme morale (voir la p. 182). L'intervention de la technique jusque dans nos gènes, notre mort et notre sexualité touche de puissants symboles et ravive constamment la nostalgie d'une nature intacte et pure, d'une morale perdue. Il s'agit d'une idéologie du laisser-faire : il faut laisser faire la nature en dédaignant le développement technologique, qui conduit à la catastrophe. Ici non plus la démarche éthique ne trouve pas sa place et la relation de l'éthique et de la technique n'est pas examinée, puisqu'une valeur devient un absolu et prend le pas sur les autres.

Le principe de précaution

L'idée essentielle est qu'il ne faut pas attendre la certitude scientifique avant de prendre des mesures d'interdiction ou de coercition. De nombreux textes juridiques internationaux et nationaux y font explicitement référence depuis 1987. La fameuse déclaration de Rio (1992) prévoit que les États signataires doivent « appliquer le principe de précaution, c'est-à-dire prendre des mesures pour éviter les impacts potentiellement dommageables [...], même lorsqu'il n'existe pas de preuve scientifique de l'existence d'un lien de causalité entre les émissions et les effets ». Le principe est entré dans le droit français avec la loi Barnier de 1995 : « L'absence de certitudes, compte tenu des connaissances scientifiques et techniques du moment, ne doit pas retarder l'adoption de mesures effectives et proportionnées visant à prévenir un risque de dommages graves et irréversibles à l'environnement à un coût économiquement acceptable. » « Prudence est mère de sûreté », dit un vieux proverbe. On ne saurait qu'encourager gouvernements et experts à lui donner de la substance.

Source : « Science et précaution », éditorial, *La Recherche*, n° 314, novembre 1998.

QUESTION

Comparez ce principe de précaution avec l'idée de prudence développée par Aristote (voir la p. 12) et le principe responsabilité exposé par Jonas (voir l'encadré suivant).

7. Shelley, 1997.

Il n'y a rien d'étonnant, donc, à ce que la morale technicienne et la morale romantique s'opposent constamment; elles ne donnent lieu ni à un dialogue constructif ni à des solutions pratiques. Aucune de ces idéologies ne permet de concrétiser la démarche philosophique et de proposer une interprétation éclairante du phénomène technicien.

Pour une éthique de la civilisation technologique

Le fait que ces idéologies s'opposent sur la question du sens de la technique ne signifie pas que la philosophie et l'éthique risquent de se trouver dans une impasse. En effet, une troisième voie demeure ouverte entre ces extrêmes, celle que Hottois nomme la **voie moyenne** de la gestion responsable[8]. Cette voie tend à éviter l'opposition des deux attitudes précédentes en proposant la précaution et la prudence inquiète : si nous avons nécessairement besoin de la technique, nous n'avons pas besoin de toutes les techniques possibles.

La troisième voie est donc celle du choix constamment repris, dans chaque situation, entre diverses possibilités selon des valeurs. C'est la voie la plus difficile, car il est de plus en plus malaisé de préciser aujourd'hui au nom de quelles valeurs nous effectuerons nos choix de société ou même notre choix d'humanité. La technoscience constitue un défi pour la philosophie morale traditionnelle, défi qui l'oblige à redéfinir l'articulation de l'éthique et de la technique, en admettant l'efficacité de la première et en préservant un sens pour la seconde. Plusieurs philosophes se sont engagés dans cette difficile troisième voie, tel le philosophe allemand Hans Jonas.

Hans Jonas
(1903-1993)

Hans Jonas et le principe responsabilité

Le pouvoir et le devoir

Hans Jonas part de l'idée que le pouvoir entraîne des obligations : lorsque nous avons la capacité technique de faire, c'est-à-dire de transformer les choses et les êtres, nous avons aussi la responsabilité morale de l'agir, c'est-à-dire d'être responsables envers autrui. Notre responsabilité augmente donc à mesure que s'accroît notre pouvoir technologique. Elle concerne aujourd'hui ce qui est devenu vulnérable à son influence, à savoir l'humanité dans son ensemble : quand l'humanité actuelle a le pouvoir d'effacer toute vie sur Terre (armes nucléaires et bactériologiques, pollution planétaire), elle devient responsable à l'égard des générations futures.

Les trois pouvoirs

Pour Jonas, ce pouvoir technique ne représente pas tout le pouvoir, et c'est en cela que la situation de l'humanité dans la civilisation technologique est paradoxale. Le diagnostic

→

8. Hottois, 1984, p. 54-55.

de Jonas rejoint celui d'Ellul : il y a d'abord le pouvoir technique de l'humain sur la nature, qui entraîne un autre type de pouvoir, et le pouvoir quasi autonome que le système technicien (la technoscience) a sur l'homme. Il manque à l'humanité un troisième pouvoir, celui de maîtriser et de diriger ce système technicien. Le paradoxe vient du fait que l'humanité domine technologiquement la nature au moyen d'un pouvoir qui moralement lui échappe en grande partie. Cette situation fait courir des risques considérables à l'humanité. Au moment où l'humanité peut se transformer techniquement elle-même, que doit-elle décider moralement de devenir ? Comment la responsabilité à l'égard d'autrui peut-elle garder tout son sens quand nous pouvons modifier génétiquement ou écologiquement la nature de l'humanité d'autrui ? Puisque la civilisation technologique menace, à plus ou moins long terme, non seulement l'existence, mais aussi la capacité éthique de l'humanité (la capacité de reconnaître et de respecter autrui), Jonas pense que nous **devons** nous soucier de l'humanité telle qu'elle sera demain.

Le principe responsabilité

Ce principe n'est pas évident pour la philosophie morale traditionnelle, qui ne tient habituellement pas compte des générations à venir, et ne l'est pas davantage pour les philosophies du devoir et de l'obligation, comme celle de Kant, par exemple, qui ne considèrent pas les conséquences de l'action d'un point de vue moral. Jonas propose donc une nouvelle formulation de l'impératif éthique kantien, une formulation qui prend en considération les conséquences de nos actions sur l'humanité future. Ainsi, il ne s'agit plus d'agir individuellement de telle sorte que nous puissions en même temps vouloir que la maxime de notre action devienne une loi universelle : il s'agit maintenant que l'humanité agisse collectivement « de telle façon que les conséquences de son action soient compatibles avec la permanence d'une vie authentiquement humaine sur la Terre[9] ». Cette nouvelle formulation est un impératif moral qui nous oblige à préserver une « vie authentiquement humaine » dans le futur, une vie qui conserve la capacité éthique de décider de façon autonome. Ce devoir, selon Jonas, est fondé dans l'être même de l'homme, qui mérite de continuer à exister en vertu même de sa nature. Le « principe responsabilité » constitue ainsi une réponse de la philosophie morale à la question de l'avenir de l'éthique en milieu technologique.

QUESTIONS

1. Comparez les pouvoirs dont parle Jonas avec la conception du système technicien selon Ellul.
2. Qu'est-ce qui distingue le principe responsabilité de l'impératif catégorique de Kant (voir les p. 37-38) ?

---

9. Jonas, 1990, p. 30.

Conclusion

Au terme de ce chapitre, l'étudiant devrait être plus en mesure de reconnaître le destin de l'éthique en milieu technique et scientifique. Nous avons montré que la technique, qui est une forme de pratique, se distingue de l'agir moral structuré par des valeurs et des normes : le pouvoir d'intervention technique modifie les choses, mais il reste soumis à une évaluation morale. La démarche éthique (voir le chapitre 8) conserve ici sa pertinence, particulièrement dans le domaine de la recherche et de l'utilisation des nouvelles technologies.

Selon Hans Jonas, la puissance technique d'intervention humaine sur la nature nous rend désormais responsables de ce qu'elle deviendra. Son avenir, et celui des générations humaines futures, reposent entre nos mains.

La recherche de la vérité est en effet elle-même un bien moral, mais elle a aussi un prix et ne peut s'effectuer de n'importe quelle manière ; de même, l'usage social des technologies, s'il répond à des impératifs d'efficacité et de rentabilité, n'efface pas le poids de la responsabilité, car il change la vie de l'individu, lequel a voix au chapitre. L'ampleur du phénomène technique dans la civilisation occidentale dépasse toutefois ces questions particulières et oblige à poser le problème général du **sens** de la technique : que devient l'humanité dans l'univers de plus en plus artificiel qu'elle se fabrique ? L'étudiant devrait maintenant être capable d'opter pour l'une des réponses données à cette question philosophique, et de présenter et de défendre une position argumentée en ce domaine.

EXERCICES

Synthétisez vos connaissances et développez une argumentation

1. Expliquez en vos propres mots ce qu'est la technoscience et montrez l'importance de ce phénomène aujourd'hui.

2. Trouvez deux situations ou deux cas d'utilisation d'une nouvelle technologie qui illustrent le malentendu technicien.

Repérez les idées et analysez le texte

« Éthique et technique » (extraits)

La question éthique est liée à la dimension du futur et à la technoscience d'une façon générale et concrète. Il est possible de l'énoncer de la façon suivante : « Qu'allons-nous faire de l'homme ? ».

[...]

Quelles sont les conditions d'une réponse qui serait en même temps un choix ?

Très formellement, trois voies sont ouvertes : a) le choix de l'essai de tout le possible technoscientifique quel qu'il soit ; b) le choix de la conservation de l'homme-nature ; c) la voie moyenne de l'essai de certains possibles technoscientifiques en fonction de critères à déterminer.

2. La première voie : l'essai libre du possible.

Le parti de tenter tout ce qui est possible ne coïncide pas avec l'affirmation que tout est possible. La question – faut-il ou non tenter telle expérience, pousser telle recherche ? – se pose continuellement avec des implications éthiques. Faut-il encourager les recherches sur la manipulation technoscientifique fine de la personnalité, par exemple en implantant dans le cerveau des auto-stimulateurs facilitant à volonté le sommeil, le courage, la tranquillité ? Est-il moralement concevable que « le computer dans la tête devienne une partie naturelle du cerveau d'une personne » ? Convient-il de poursuivre les recherches – et donc les manipulations – concernant le génome humain ? Et que penser des recherches, encore à la limite de la fiction quoique réalisées sur des primates, à propos de la transplantation – greffe de têtes ou de cerveaux ?

La tentation de l'essai de tout le possible est puissante. « Si aucune contre-mesure précise n'est adoptée, dès que quelque chose sera possible, il y aura quelqu'un quelque part pour exploiter cette possibilité » (A. Toffler, *Le choc du futur*, p. 234). Aux limites de l'impossible et de l'inutile, tout se fera au moins une fois. Je pense que tout ce qui peut être fait sera fait.

[…]

La principale justification philosophique du choix de l'essai de tout le possible tient dans le fait que cette tendance prolongerait l'évolution créatrice en exploitant de façon constructive la plasticité de l'espèce humaine, de la vie et, généralement, de l'être. Dans cette perspective, il est normal de voir quelquefois ressurgir certains aspects du chardinisme.

[…]

Le choix de l'essai de tout le possible répond également à la tentation de ce que l'on pourrait appeler « la créativité technoscientifique pour la créativité technoscientifique », c'est-à-dire pour le plaisir et la satisfaction qu'elle suscite en celui qui la pratique comme telle, et qui n'est pas sans rappeler la tentation de l'Art pour l'Art. Séduction « techno-poétique » qui manifeste clairement l'amoralité foncière de la technoscience. Cette perspective n'est évidemment tenable que pour autant qu'on admette que l'essence de la technique contemporaine ne s'épuise aucunement dans l'être-moyen ou l'être-instrument.

[…]

Il ne fait cependant aucun doute que cette première voie concrétise des lignes de force particulièrement puissantes de l'imaginaire contemporain.

3. La deuxième voie : la conservation de l'homme-nature.

[…]

La morale de la préservation rejoint des tendances qui sont soit carrément anti-technoscientifiques (retour pur et simple à la nature, communautés rurales, etc.) soit favorables à quelques techniques dites « douces » parce qu'elles ne bouleverseraient pas « l'ordre sage de la nature ». Car « toutes les choses naturelles connaissent une mesure dans leur taille, leur vitesse ou leur violence » ; or « la technologie ne reconnaît aucun principe d'autolimitation » et « toute activité qui ne respecte pas ce principe d'autolimitation est diabolique » (Schumacher, *Small Is Beautiful*, p. 153 et 161).

Quelles sont les motivations profondes (au-delà de la simple prudence) des attitudes de renonciation à l'égard des possibles technoscientifiques susceptibles de bouleverser l'homme-nature ?

Négativement, une sorte d'horreur sacrée à l'égard de tout ce qui menace de bouleverser les assises même de l'ordre naturel, tout particulièrement de la nature humaine. L'idée de brouiller les espèces naturelles supérieures, de produire des hybrides génétiques para-humains, de pousser la symbiotechnie de l'homme et de l'ordinateur, de développer l'art de la prothèse au-delà d'un certain seuil, peut paraître insoutenable.

Positivement, l'expérience et l'affirmation de la valeur de l'homme naturel-culturel. Cette expérience fondamentale de la dignité de l'homme se suffit à elle-même : quand bien même l'on aurait la conviction qu'à long terme l'humanité est destinée à disparaître ou à se transformer de fond en comble, choisir l'homme reste parfaitement cohérent, car, du point de vue éthique, une cause n'a pas besoin de pouvoir triompher pour mériter d'être défendue. L'expérience de la valeur intrinsèque de l'humain est tout à fait fondamentale pour le choix de la conservation de l'homme.

4. La voie moyenne.

Entre les deux extrêmes qui, comme toutes les limites, ont quelque chose d'abstrait, la place existe pour une gamme étendue de solutions moyennes qui reviennent cependant toutes à dire que certains possibles technoscientifiques sont acceptables sous certaines conditions. Le problème des critères, de leur choix, de leur justification et de leur application est ainsi posé. Concrètement, ce problème est très considérable ; seuls quelques contours formels peuvent être évoqués ici.

Le critère de sélection le plus libéral de l'expérimentation sur l'homme consiste à se contenter d'obtenir le consentement informé des sujets d'expérience. « Les sujets humains d'expérimentation doivent donner leur consentement informé ».

En réalité, cette condition est souvent très difficile à remplir. Les sujets potentiels n'ont pas nécessairement la compétence requise pour apprécier avec justesse l'information qu'on leur donne de bonne foi (ignorons ici la possibilité d'abuser le sujet en lui fournissant une information fausse, lacunaire ou orientée). Il paraît donc souhaitable d'appliquer la règle qui impose une prudence d'autant plus grande que le sujet est moins apte à apprécier critiquement et en connaissance de cause l'information.

Des problèmes plus insolubles encore se posent. Lorsqu'il s'agit d'une recherche authentique (dont les résultats sont au moins partiellement imprévisibles), l'information consistera, pour une part plus ou moins grande, à avouer qu'on s'avance à l'aveuglette et que le consentement est toujours un pari ou une folie.

Autre difficulté : de nombreuses recherches ne mettent pas en jeu des individus adultes. Ainsi en va-t-il pour tout ce qui concerne la procréation : « le futur enfant ne peut pas donner son consentement à la fertilisation *in vitro*, consentement requis pour toute expérience sur l'homme ». Et qu'en est-il des recherches concernant plus impersonnellement le génome humain et donc le destin de l'espèce ?

N'imposer comme condition d'expérience sur l'humain que l'obtention du consentement même informé (autant que possible) revient d'une façon générale à ne limiter la liberté (de l'essai du possible et de la recherche) que par la liberté (de l'individu). Il est vraisemblable que quels que soient le possible et le risque qu'il comporte, il se trouvera toujours un individu pour le courir et un autre pour le faire courir.

Le second grand critère de sélection est d'un tout autre ordre. Il s'énonce formellement comme suit : « Ne rien tenter qui ne soit pour le bien de l'homme et de l'humanité ». Sans entrer dans la discussion infinie relative à la nature de ce « bien » et à la légitimité de l'autorité qui le déterminera (ce débat, certes capital, n'est pas proprement lié à la question de la technique), deux remarques requièrent l'attention. La première est un rappel général : ce nouveau critère, quel qu'en soit le contenu particulier, nous replace dans un cadre anthropologiste : la technoscience n'a de sens et de légitimité qu'au service de l'homme et de l'humanité.

La seconde remarque doit être développée. On peut se demander si, à tenter un certain nombre de possibles technoscientifiques bénéfiques et humanistes selon toutes apparences, le cadre anthropologiste ne sera pas néanmoins, à moyen ou à long terme, forcé, débordé. Est-ce que le service technoscientifique du bien de l'homme n'est pas nécessairement truqué?

Source : Hottois, 1984, p. 47-51, 53-55 et 57.

QUESTIONS

1. La philosophie de la conservation de l'homme-nature se heurte selon Hottois à de nombreuses objections. Quelles sont celles qui vous paraissent valables? Justifiez votre réponse.

2. Selon Hottois, «certains possibles technoscientifiques sont acceptables sous certaines conditions». Discernez et expliquez les critères de choix qu'il dégage.

Lectures suggérées

DUMONT, François (1997), *L'intégrité scientifique en zone grise*, Québec, Deslandes.

HOTTOIS, Gilbert (1990), *Le paradigme bioéthique. Une éthique pour la technoscience*, Montréal, ERPI.

JONAS, Hans (1974), «Technologie et responsabilité. Entretien avec Hans Jonas», *Esprit*, vol. 42, n° 8, p. 163-184.

MOULIN, Suzanne (1990), *Contrôler la science? La question des comités d'éthique*, Montréal, ERPI.

PARENT, Karl et Louise VANDELAC (1999), *Main basse sur les gènes, ou les aliments mutants*, Montréal, Office national du film du Canada (vidéocassette VHS), 52 minutes.

STENGERS, Isabelle (1999), *Sciences et pouvoir. Faut-il en avoir peur?*, Bruxelles, Labor.

CHAPITRE 10

L'éthique des affaires

Introduction

À première vue, l'éthique et les affaires semblent être deux mondes à part : ne dit-on pas que l'argent n'a pas d'odeur, c'est-à-dire pas de morale, et qu'en affaires il faut mettre de côté les sentiments, c'est-à-dire nos tendances altruistes ? Le monde des affaires se présente non pas comme un service public, au même titre que les professions, mais comme une **entreprise privée**, destinée au profit personnel. Il semble y avoir entre morale et affaires une ambiguïté persistante. Nous consacrerons ce chapitre à l'examen de cette ambiguïté en posant également une question essentielle : que devient l'éthique dans le monde des affaires et de l'économie ? Au terme de ce chapitre, l'étudiant devrait être en mesure d'entreprendre une démarche éthique dans un milieu fortement marqué par cette ambiguïté.

Nous commencerons par brosser le tableau de l'économie capitaliste mondialisée d'aujourd'hui, afin de comprendre le contexte actuel des affaires. Nous aborderons ensuite les problèmes moraux typiques vécus par les gens travaillant dans le secteur de l'économie et de la finance, puis ceux qui sont propres aux personnes morales que sont les entreprises. Nous aurons alors l'occasion de dissiper certains malentendus entourant l'éthique dans ce domaine et de cerner l'ambiguïté fondamentale de l'éthique des affaires.

Cette ambiguïté donne lieu à des questions philosophiques fondamentales concernant la nature et l'importance de l'activité économique ainsi que la relation de l'éthique à l'économie. Est-ce que le raisonnement moral peut avoir sa place dans un milieu dominé par la rationalité économique ? Peut-on parler à bon droit de l'éthique dans l'économie ou d'une éthique économique ? Nous tâcherons de répondre à ces questions en examinant le point de vue des philosophes sur ce sujet.

L'ÉCONOMIE CAPITALISTE MONDIALISÉE

Les « affaires », au sens d'activités axées sur la recherche du profit, n'ont pas toujours existé, et le contexte actuel des affaires n'est plus celui du siècle dernier ou celui des années 1970. En fait, même l'économie en tant qu'activité humaine prédominante est un phénomène relativement récent. C'est avec l'apparition du capitalisme, du régime basé sur la propriété privée des capitaux, que l'économie cesse d'être domestique et devient **nationale**, et qu'elle est rattachée à la **production**, à la subsistance et à la spéculation.

Le libéralisme économique

Pourquoi le capitalisme est-il devenu si important aujourd'hui et comment se fait-il qu'il s'étende maintenant à l'ensemble du monde ? La réponse la plus commune est que le capitalisme convient le mieux à la nature des individus et qu'il répond à leurs besoins de la manière la plus efficace. Voyons cela de plus près.

L'économie de type capitaliste possède deux caractéristiques principales : les capitaux sont privés et laissés à la libre entreprise de leurs propriétaires dans un **marché libre**, et cette liberté d'entreprendre permet de produire d'autres capitaux et d'assurer la **croissance**. Le libéralisme économique (à ne pas confondre avec le libéralisme politique ; voir les p. 76-77) est la doctrine qui favorise le laisser-faire, défend la liberté d'entreprise individuelle et permet l'accumulation des capitaux.

Pour les premiers économistes, le marché était le système de la liberté naturelle : aucune loi extérieure, sinon celle du marché lui-même (contrats, concurrence, efficacité, compétitivité), ne vient troubler les échanges et la production (voir les p. 110-111). Dans ces conditions, et avec l'apport des sciences et des techniques modernes, l'activité économique fait plus que reproduire le capital, elle génère un surplus, le **profit** : celui-ci, lorsqu'il est réinvesti dans la production, accroît les capitaux. Dans le système capitaliste, l'activité économique se trouve dans un perpétuel accroissement, un développement incessant, que ce soit par la conquête de nouveaux marchés, l'amélioration de la productivité ou la création de nouveaux produits et services.

L'économie contemporaine

Ce portrait est toutefois incomplet. En effet, le libéralisme économique sous cette forme pure existe davantage en théorie qu'en pratique, et le modèle classique n'a presque plus cours aujourd'hui. Au cours du XXe siècle, ce modèle a subi deux transformations allant en sens contraire : l'**interventionnisme** de l'État à partir des années 1930 et 1940, qui allait à l'encontre de la doctrine du laisser-faire, et la **mondialisation** des échanges depuis les années 1980, laquelle va, au contraire, tout à fait dans le sens du laisser-faire.

L'intervention de l'État

Avec la première transformation, le système capitaliste, dans la plupart des pays où il est maintenant établi, devient un type d'économie **mixte**, c'est-à-dire à la fois libre, l'économie n'obéissant pas à un plan central de l'État, et socialisée, car elle est tout de même soumise à certaines contraintes de l'État. L'histoire a en effet montré que le marché libre laissé à lui-même ne permettait pas de faire coïncider l'intérêt de l'individu et l'intérêt général. Le système capitaliste est toujours en proie à de tenaces contradictions et engendre des inégalités considérables. La situation est aggravée par la récurrence des crises économiques, marquées par le ralentissement de la croissance, le chômage et les faillites.

Dès le XIXᵉ siècle, ces crises ont conduit les travailleurs à s'organiser et à protester ; la liberté d'entreprise a ainsi toujours été en butte à leurs revendications d'égalité et de justice sociale. Dans les cas les plus graves, comme lors de la Grande Dépression*, les gouvernements ont cherché à atténuer les effets de la crise et à relancer l'économie en finançant de vastes travaux publics, en assurant un revenu minimal aux chômeurs (l'ancêtre de l'assurance-emploi actuelle) et en nationalisant certains services. C'est ce que l'on a appelé l'interventionnisme de l'État, et plus tard l'État social ou l'État providence (voir les p. 96 à 99).

GRANDE DÉPRESSION
Crise économique mondiale qui a sévi au début des années 1930.

La mondialisation

L'intervention de l'État ne va toutefois pas jusqu'à supprimer l'économie de marché et la propriété privée des capitaux, comme en témoigne d'ailleurs la seconde transformation mentionnée plus haut. Depuis environ vingt ans, la multiplication des échanges et l'augmentation du flux des capitaux à l'échelle mondiale, de même que la concurrence accrue qui en découle, forcent de plus en plus les États providence à déréglementer pour assouplir leur intervention législative, à privatiser des secteurs nationalisés, à réduire leurs dépenses pour lutter contre le déficit public et, enfin, à ouvrir leurs marchés intérieurs aux produits étrangers par des accords de libre-échange. C'est cette expansion du libéralisme, du **néolibéralisme** à l'échelle mondiale que l'on appelle **mondialisation**. Le tableau actuel du capitalisme est donc le suivant : le progrès économique plus ou moins soutenu à court terme se fait à l'échelle mondiale et s'accompagne d'une intervention plus discrète de l'État. C'est dans ce contexte que prend place la vogue actuelle de l'éthique des affaires.

L'ÉTHIQUE DES AFFAIRES

Une éthique sectorielle comme celle des affaires concerne moins l'action d'individus isolés qu'une pratique sociale générale, ici le commerce, l'industrie ou la finance. En affaires, entre l'agir individuel et cette pratique sociale se situe la **pratique professionnelle**. Il suffit de penser au travail des comptables, bien sûr, et à celui des courtiers*, des gens d'affaires, des représentants, des vendeurs, des

COURTIER
Représentant ou intermédiaire qui s'occupe des transactions de ses clients.

publicitaires, etc., qui font tous partie d'entreprises, de bureaux et d'institutions financières plutôt que d'associations professionnelles. Ils gagnent leur vie et exercent leurs compétences sans avoir l'autonomie des professionnels, car ils travaillent dans des organisations ayant une structure complexe. Aussi, plusieurs des problèmes moraux auxquels ils font face concernent leurs relations avec cette structure ou avec ce que cette structure leur impose dans leurs rapports avec les clients, les investisseurs ou les consommateurs. Ces problèmes se règlent le plus souvent selon les habitudes et les usages propres au milieu, ce qui est une marque de professionnalisme. Contrairement à ce que l'on pourrait croire, il y a donc une morale en affaires, des conduites jugées acceptables et d'autres jugées répréhensibles, des actions louables et d'autres, condamnables.

Des valeurs morales importantes

En affaires, certaines **normes** et **valeurs morales** sont souvent invoquées ; elles ne sont sans doute pas particulières aux agents économiques, mais sont suffisamment liées à leur pratique pour qu'on puisse les distinguer.

En premier lieu, pour qu'une organisation fonctionne bien ou pour qu'une entreprise prospère dans une situation de concurrence, les employés doivent faire preuve de **loyauté** et de **dévouement**. D'une part, le bon employé sera loyal et n'offrira pas ses services à un compétiteur, ou ne divulguera pas certains secrets de l'entreprise qui l'emploie. D'autre part, il aura à cœur la réussite et la santé financière de l'organisation : ses buts professionnels coïncideront largement avec ceux de son employeur, qu'il s'efforcera de bien servir. Bien sûr, les valeurs de loyauté et de dévouement peuvent varier selon les individus ou les cultures, allant de la simple absence de malveillance du syndiqué américain jusqu'à la quasi-dévotion du travailleur japonais.

En second lieu, tout employé occupant un poste de direction devrait posséder des qualités personnelles (des vertus) telles que le **leadership** et l'**intégrité** pour inspirer la confiance, ou le sens de la justice dans ses rapports avec ses subordonnés. Un milieu de travail où règne la méfiance et où les motifs de récriminations à l'égard d'un chef de service trop dur ou trop faible sont nombreux ne favorisera pas les affaires ni ne satisfera les employés, qui seront alors dans l'impossibilité de réaliser leur potentiel.

Enfin, le but final de l'entreprise ou de l'organisation n'est pas de rendre son fonctionnement interne parfait ; celui-ci n'est qu'un instrument en vue de sa principale finalité, qui est de faire des profits en négociant avec ses clients ou en vendant ses produits aux consommateurs. La relation verticale employé-employeur est alors au service de la relation horizontale avec le milieu économique. La **qualité du service** apparaît comme une valeur importante dans les relations avec les clients, de même que la **fiabilité** à l'égard des fournisseurs, l'**honnêteté** dans les transactions, etc. Comme on le voit, en affaires on ne peut faire n'importe quoi n'importe comment pour obtenir de l'avancement ou accroître son profit ; en ce sens, la morale en affaires a précédé l'éthique des affaires (*business ethics*).

La morale en vigueur dans les domaines de la finance, de l'industrie et du commerce demeure le plus souvent implicite, mais elle est parfois définie dans l'énoncé de la mission ou les règles de discipline que se donne l'entreprise. La mondialisation du capitalisme a rendu plus ou moins floue cette morale, car les entreprises sont devenues beaucoup plus complexes, le personnel plus scolarisé, l'interdépendance plus poussée et les échanges avec des individus appartenant à d'autres cultures plus fréquents. Dans ce nouveau contexte, la relation tradition- nelle d'autorité et d'obéissance dans l'entreprise ainsi que la bonne réputation de ses dirigeants ne suffisent plus. L'accent est mis désormais sur la responsabilité et la créativité des employés, la concertation avec la direction et l'image publique. Les relations internes aussi bien que les relations externes des entreprises font moins appel à la discipline qu'à l'initiative, à l'autorité qu'à l'autonomie.

Des situations de conflits moraux

Ainsi, la manière dont les comportements s'évaluent en affaires a changé, et c'est ce changement qui a amené la **demande éthique**. Car les gens qui travaillent dans le monde des affaires connaissent aussi des situations problématiques mar- quées par l'expérience du manque et du conflit, des situations où la décision à prendre et les raisons de la prendre n'apparaissent pas clairement. L'éthique des affaires se fonde sur des expériences éthiques passées et a pour but d'établir de meilleurs modes de règlement des conflits, des moyens permettant de prendre de meilleures décisions. Que devient la démarche éthique pour les individus travail- lant dans ce milieu en perpétuelle évolution ? L'examen de quelques problèmes typiques aidera à répondre à cette question.

Certains problèmes sont semblables à ceux que doivent parfois affronter les professionnels dans leur pratique : **conflit d'intérêts**, **fraude** et **abus de confiance**. Il y a conflit d'intérêts lorsque l'exigence d'impartialité n'est pas rem- plie : quelqu'un utilise son pouvoir ou ses relations avec les clients pour servir ses propres intérêts, ceux d'un ami ou ceux d'un patron. Dans le domaine de la finance et des activités boursières, ce conflit prend le nom de « délit d'initié » : parce qu'il a accès à des informations privilégiées sur le marché et sur ses clients, l'agent d'af- faires peut s'en servir pour faciliter ses propres transactions et en tirer un avantage personnel. Il ne s'agit ici ni d'un vol ni d'un mensonge ; simplement, l'agent adopte un comportement contraire à l'exigence de transparence des marchés et à la con- vention selon laquelle les agents sont égaux entre eux. Le conflit d'intérêts est une opposition entre les intérêts professionnels et les intérêts privés chez une même personne. Ces types de problèmes sont les plus évidents et les plus prévisibles ; pour cette raison, on en connaît en gros la solution et ils figurent en bonne place dans les codes déontologiques ou codes d'éthique de ces milieux.

Certaines situations peuvent mettre en cause les valeurs de loyauté et de dévouement dont nous avons parlé. Par exemple, lorsqu'un employé ou un chef de service constate que les décisions de la direction ou les activités de l'entreprise contournent la loi, menacent la sécurité publique ou paraissent peu conformes à la morale en affaires, est-il tenu de les dénoncer publiquement ? Quand la loyauté

Le signalement

En 1993, le réalisateur de *60 Minutes*, la populaire émission d'affaires publiques du réseau de télévision américain CBS, persuade Jeffrey Wigand, biologiste en chef de la compagnie de tabac Brown & Williamson, de témoigner sur les pratiques de cette industrie, malgré l'accord de confidentialité qui le lie à son employeur. Wigand dévoile, lors d'une entrevue préenregistrée, que les compagnies savent depuis longtemps que le tabac crée une dépendance, bien qu'elles le nient publiquement, et que de plus elles cherchent à accroître cette dépendance. La compagnie de tabac congédie Wigand et menace de le poursuivre en justice ; Wigand perd sa réputation et sa femme demande le divorce. La compagnie intente une action juridique pour empêcher la diffusion de l'enregistrement, mais échoue, et celui-ci est finalement télédiffusé en 1994.

Source : D'après Mann, 1999.

QUESTIONS

1. Selon vous, Wigand avait-il l'obligation morale de dévoiler ces renseignements, malgré les conséquences pour lui et sa famille ?

2. La compagnie de tabac était-elle en droit de le poursuivre pour sa déloyauté ?

se heurte à d'autres valeurs, comme l'honnêteté et le respect des lois, ou contredit la loyauté envers le public, le fait de tirer la sonnette d'alarme constitue ce qu'on appelle un signalement (*whistleblowing*). C'est ce que fait l'employé d'une compagnie de tabac qui fournit au gouvernement ou aux médias les résultats de recherches secrètes démontrant la nocivité de la cigarette[1].

Mais si une dénonciation s'impose, pourquoi reviendrait-il à l'employé d'en porter le poids, alors qu'il risque l'intimidation, l'atteinte à sa réputation et le congédiement ? Cette tâche ne revient-elle pas aux forces policières et à leur escouade des crimes économiques ? Et pour compenser ces risques, l'employé qui sonne l'alarme serait-il en droit d'exiger une somme d'argent des personnes à qui il transmet l'information ? Toutes ces questions peuvent faire l'objet d'une démarche éthique.

L'encadré suivant fournit un exemple dans le domaine du commerce international. La fin poursuivie justifie-t-elle le moyen adopté, c'est-à-dire la corruption ? En affaires, la morale des uns diffère de la morale des autres : laquelle faut-il préférer ? Si les autorités de Pékin luttent aussi contre ces pratiques, peut-on dire qu'elles appliquent la morale chinoise en affaires ? Doit-on tenter d'obtenir la commande, ou bien respecter ses propres règles et principes ? De toute façon, quelle est la différence entre un bon vin offert lors d'un repas d'affaires et

---

1. Voir le film de Mann, 1999.

La commission

Dans un riche hôtel de Pékin, un homme d'affaires québécois explique comment s'obtiennent les commandes. « À un certain stade des négociations, les autorités nous laissent entendre que les choses seraient plus faciles si nous traitions par l'intermédiaire d'un ami de Hong-Kong dont elles nous donnent le nom. Nous signons alors un contrat en vertu duquel l'intermédiaire s'engage à faire débloquer la négociation grâce à ses "bons contacts", en échange d'une commission de 3 % à 5 %. Ensuite, nous ne touchons plus à rien, mais nous savons ce qui se passe... Tout le monde le fait. Si vous ne voulez pas jouer le jeu, vous n'aurez pas de commandes ! »

Source : Chartrand, 1997, p. 40.

QUESTIONS

1. Qu'est-ce qu'un pot-de-vin, et pourquoi cette pratique est-elle moralement répréhensible en affaires ?

2. À l'étranger, devrait-on appliquer les normes d'affaires de son pays ou, au contraire, suivre les coutumes locales ?

un pot-de-vin réclamé pour la transmission d'une offre ? Les réponses convenues d'avance et celles fournies par les codes d'éthique ne sont pas toujours d'un grand secours ; chacun doit alors décider par lui-même et présenter des arguments acceptables. Par exemple, la décision d'offrir la commission pourrait s'appuyer sur l'argument des conséquences : le contrat, s'il est signé, sera avantageux tant pour les Québécois que pour les Asiatiques sur le plan des emplois et des relations d'affaires. Mais on pourra aussi recourir à l'argument du droit pour défendre la décision contraire, et faire valoir qu'on ne peut par opportunisme faire fi de son intégrité personnelle et professionnelle en se rendant complice de manœuvres de corruption.

Comme le montre cet exemple, l'éthique ne consiste pas en un ensemble de valeurs morales que l'on devrait opposer aux valeurs économiques. Elle constitue plutôt un processus, une démarche réflexive par laquelle on clarifie les valeurs toutes faites, on les adapte et on les adopte pour soi, en étant prêt à en assumer les conséquences devant et avec autrui dans un dialogue. Que le monde des affaires paraisse sans morale ne change rien à la question : si les règles du jeu sont claires et reconnues par tous, la recherche d'un avantage commercial ou financier demeure légitime. Cependant, lorsque les règles s'embrouillent, viennent à manquer ou se contredisent au point où l'on ne sait plus quel jeu se joue, un nouveau mode de décision s'impose, soit celui qui répond aux exigences du raisonnement pratique.

UNE ÉTHIQUE DE L'ENTREPRISE

PERSONNE MORALE

Titre juridique d'une entité collective (entreprise, organisation) qui n'est pas une personne physique.

L'éthique des affaires concerne aussi et surtout un type d'acteur économique très particulier, différent des individus, employés ou professionnels : il s'agit de l'organisation comme agent collectif, ou de l'entreprise comme **personne morale***. Cela peut paraître étonnant. Comment en effet peut-on comparer une compagnie à un individu et la croire capable de délibérer ou d'avoir une éthique ? Celle-ci a pourtant sa place également, car si l'entreprise ne décide pas totalement par elle-même comme une entité autonome, sa direction ou son conseil d'administration le fait pour elle, et c'est déjà un problème moral que de savoir si les dirigeants sont responsables de tout ce qui se fait dans et au nom de leur entreprise.

Quoi qu'il en soit, les entreprises sont des agents économiques, des entités reconnues comme telles sur le marché, et leurs relations répondent aussi bien à des règles économiques qu'à des valeurs morales susceptibles d'entrer en conflit les unes avec les autres. De plus, l'activité économique s'insère dans l'ensemble de la vie sociale et politique : l'entreprise interagit aussi avec un milieu non économique, soit la société, la culture et l'État, d'où peuvent encore surgir des conflits de valeurs. Il y a donc place pour une étude spéciale de l'entreprise comme **agent moral responsable**.

La doctrine du laisser-faire

En fait, ce souci de l'éthique de la part des entreprises, dans la forme qu'on lui reconnaît en éthique des affaires, est relativement récent (années 1970) et fait lui-même l'objet d'un débat. Les partisans actuels d'un libéralisme économique pur et dur contestent depuis longtemps le fait que l'entreprise ait une finalité morale, sa seule fin consistant à faire des profits. Ils ne disent pas que l'entreprise doit user de tous les moyens pour accroître ses bénéfices, de manière totalement égoïste ; au contraire, ils affirment que la course aux profits constitue elle-même une responsabilité, puisque l'activité économique qui en résulte est bonne pour la société.

Dans cette optique libérale radicale ou **libertarienne** (voir les p. 78-79), il n'est pas nécessaire de vouloir le bien commun : grâce au marché, au jeu de l'offre et de la demande, le bien commun apparaîtra comme le résultat non intentionnel de la recherche du profit par chacun. Pas question, donc, de moraliser davantage sur l'économie ni d'imposer des finalités éthiques aux entreprises : il en résulterait des contraintes supplémentaires qui risqueraient de fausser le jeu du marché et d'empêcher la satisfaction spontanée de l'intérêt général. Il suffirait de respecter un minimum, c'est-à-dire les règles du jeu propres au marché, au commerce et au contrat que sont la transparence et l'absence de fraude.

L'État et l'intérêt général

Pourtant, le « marché parfait » correspond davantage à une doctrine ou à une idéologie qu'à une réalité, car l'activité économique basée sur les seules règles du jeu satisfait rarement l'intérêt général et entre souvent en conflit avec le milieu social. Nous avons déjà vu qu'elle ne répond pas au principe de l'égalité. Ajoutons que le marché libre ne peut établir comment seront construits et financés les biens publics, comme les routes, les écoles ou l'environnement : ce sont là ce que les économistes appellent des externalités* (voir la p. 274).

Ces insuffisances sont à l'origine de l'**intervention législative et économique de l'État** : lois antidumping et antimonopole, lois sur le salaire et les avis de congédiement, subventions pour attirer les investisseurs ou prêts sans intérêts pour les entreprises en difficulté, etc. Au nom de l'intérêt commun, l'État impose ainsi de l'extérieur un certain nombre de règles aux entreprises ; à première vue, ses interventions paraissent nuire au marché, mais, en définitive, elles l'aident à progresser dans de meilleures conditions. Le fait que l'entreprise respecte la loi ne constitue cependant pas une démarche éthique, car la simple conformité à la loi ne suffit pas pour établir la moralité d'une décision.

EXTERNALITÉS

En économie, effets économiques négatifs ou positifs extérieurs au marché.

La syndicalisation chez McDonald's

En août 2000, la Centrale des syndicats nationaux (CSN) déposait une requête en accréditation afin de représenter une quarantaine d'employés d'un restaurant de la chaîne McDonald's à Montréal. Le propriétaire du restaurant contestait cette demande devant le Commissaire du travail, au motif que la seule unité syndicale appropriée devrait aussi regrouper les employés des trois autres restaurants McDonald's dont il est le propriétaire, car ils ont les mêmes fonctions et les mêmes conditions de travail. La CSN faisait valoir que cela est une manœuvre destinée à rendre minoritaire la majorité des employés du restaurant qui se sont prononcés en faveur du syndicat, et que McDonald's conteste toujours par de telles tactiques les tentatives de syndicalisation.

En novembre 2000, le Commissaire donnait raison à la CSN, faisant ainsi des employés de ce restaurant le premier syndicat de la chaîne McDonald's en Amérique du Nord.

Source : Normand, 2000.

QUESTION

Pensez-vous que les lois du travail devraient favoriser la syndicalisation dans les entreprises de ce genre ? Justifiez votre réponse en présentant des arguments basés 1) sur la justice, 2) sur les droits, 3) sur les conséquences (voir les p. 180 à 184).

Le jeu du marché est-il compromis et la survie de l'entreprise est-elle en danger ? Les lois sont-elles respectées ? Plus encore, sont-elles justes et légitimes ? Cette dernière question nous amène à considérer non seulement les règles du jeu économique, mais aussi la politique économique et l'intervention de l'État. Encore une fois, la démarche éthique s'impose lorsque les valeurs, habituellement des guides pour l'action, se heurtent entre elles et ne nous permettent pas de trouver une solution. Voilà un cas où la décision la meilleure exige une délibération collective permettant la présentation des différents points de vue et la discussion de divers arguments. L'éthique, rappelons-le, n'est pas un répertoire de bonnes réponses à des problèmes moraux ; elle suppose un raisonnement qui permet de décider de façon juste dans des situations problématiques. Le milieu juridique, social et politique dans lequel évolue l'entreprise peut donc être l'objet de débats, de prises de position contradictoires et de décisions collectives qui toutes relèvent d'une éthique publique.

L'éthique et la responsabilité sociale de l'entreprise

Les marées noires provenant du naufrage de pétroliers constituent une menace, particulièrement pour les voies maritimes achalandées, comme la Manche (le bras de mer séparant la France de la Grande-Bretagne), et leur littoral. Le risque que se produisent de tels accidents est plus grand quand les propriétaires négligent l'entretien de leurs navires afin de ne pas réduire leurs marges de profit.

Les politiques économiques et les lois, même favorables, ne satisfont pas complètement les entreprises, surtout dans le contexte néolibéral actuel de la mondialisation, car elles constituent des interventions extérieures que les entreprises ne commandent pas. C'est pourquoi, dans les années 1960 et 1970, elles ont commencé à prendre leur situation en main en s'attribuant une responsabilité plus importante que le seul respect des lois du marché ou de l'État. Ce fut l'époque du discours sur la **responsabilité sociale des entreprises** : puisque l'activité économique a une influence sur la société et ses valeurs, il conviendrait de respecter un contrat implicite entre l'une et l'autre.

L'entreprise cherche à devenir un bon citoyen corporatif en corrigeant certains effets néfastes de ses activités (la pollution, par exemple) et en contribuant à la vie de la société par la commandite d'événements sportifs ou culturels, ou autrement. On court cependant un double risque ici : ces responsabilités et ces attentes pourraient être définies de manière à servir uniquement les intérêts des dirigeants, et l'engagement de l'entreprise pourrait ne viser qu'à renforcer son image. Nous voyons ainsi apparaître peu à peu, en faisant état de ce risque, l'ambiguïté de l'éthique des affaires ainsi que sa double motivation, à la fois économique et morale.

La vogue actuelle en matière d'éthique dans les entreprises tend maintenant à remplacer le discours sur la responsabilité sociale. Elle est issue du monde des affaires et elle ne répond pas véritablement à des pressions ou à des critiques de l'extérieur. En ce sens, l'**éthique de l'entreprise**, si l'on se fie à la popularité qu'elle connaît depuis peu, correspondrait à une nouvelle manière de faire des affaires et témoignerait d'une nouvelle culture d'entreprise. Cette nouvelle éthique trouve son expression dans l'établissement de codes d'éthique. Mais elle prend aussi la forme du mouvement pour la qualité totale, également appelé « approche client » ou « approche de l'amélioration continue ». Retrouverons-nous dans cette culture d'entreprise et ces nouveautés l'ambiguïté propre à ce secteur ? Voyons cela.

Les campagnes publicitaires Benetton

Les campagnes publicitaires de la firme Benetton, un important marchand italien de vêtements destinés aux jeunes, ont suscité de vives polémiques depuis les années 1990.

Les premières campagnes utilisent des images mettant en valeur la diversité ou les contrastes provocants et non le produit, qui n'apparaît pas : enfants de toutes couleurs, nourrisson de race blanche allaité par une Noire, etc. En 1989, l'expression « United Colors of Benetton » remplace la marque Benetton et elle suffira à identifier la firme dans ses publicités. Les campagnes suivantes exploitent les images fortes de l'actualité et ses drames : l'explosion d'une voiture piégée, un sidéen mourant entouré de sa famille, un soldat portant un fémur humain, etc. Les critiques disent que Benetton sème la confusion entre images publicitaires et photos journalistiques, ramenant celles-ci à celles-là. On rétorque que ces images contribuent au contraire à lutter contre l'intolérance, le racisme, le terrorisme ou la guerre.

Source : D'après Marion, 1995, p. 141-145.

QUESTIONS

1. Est-il légitime d'utiliser des images de l'actualité dans des publicités de vêtements ?
2. La provocation est-elle un moyen défendable en publicité ? Justifiez votre réponse.

Au Québec, environ le tiers des entreprises industrielles de plus de cent employés possèdent un code d'éthique[2]. Ces codes ont été conçus par des dirigeants, des cadres et des administrateurs, et ils s'appliquent non seulement à eux mais aussi aux subordonnés. Ils traitent des problèmes typiques dont nous avons donné quelques exemples et ils déterminent les vertus et les valeurs du milieu des affaires ou celles dont on souhaite l'adoption. Ces codes écrits sont relativement semblables d'une entreprise à l'autre et ils proposent des sanctions en cas d'infraction telles que la réprimande, l'amende ou le renvoi. En ce sens, ils ressemblent beaucoup aux codes volontaires des professions libérales. Le contexte est pourtant différent, car si les dirigeants ont autant d'autonomie que les membres des professions libérales, ce n'est pas le cas des employés : l'entreprise n'est pas une démocratie. Que devient l'éthique lorsqu'elle vise la responsabilisation mais apparaît comme une mesure de contrôle ?

La même question se pose pour ce qui est de l'entreprise : quand on dit que les codes d'éthique renouvellent la culture d'entreprise, est-ce qu'on ne confond pas la démarche critique qu'est l'éthique avec des mesures de bonne conduite telles que les mœurs ou la morale ? Les conditions particulières du milieu des affaires, comme la concurrence et la hiérarchie, favorisent en effet le conformisme (respecter le code pour éviter les ennuis) et le moralisme (faire la leçon

2. Dion, 1995, p. 113.

aux autres) dans la prise de décisions et la justification de celles-ci. Alors, l'éthique des entreprises devient en partie un travail de rationalisation, une couverture pour rendre légitime, c'est-à-dire faire accepter par le public, la recherche du profit à l'ère de la mondialisation. L'éthique des affaires serait un nouveau visage de l'idéologie néolibérale.

L'ambiguïté de l'éthique des affaires

Mais n'allons pas trop vite, car si l'éthique des affaires est véritablement ambiguë, cette critique peut se révéler partiale et unilatérale. L'utilisation optimale des ressources qui, dans un monde de concurrence, passe par la recherche du profit représente après tout un objectif légitime de l'activité économique. Les codes d'éthique n'ont pas pour but de critiquer le régime économique, ce qui relève plutôt de la politique, mais de le rendre **à la fois** plus humain et plus efficace.

L'éthique de l'entreprise rejoint en cela le principe actuel de la qualité totale. Cette expression désigne les efforts d'une entreprise en vue de répondre aux besoins du client par l'excellence en tout, et non par la seule absence de défauts. La qualité totale concerne, bien sûr, les produits offerts et les aspects techniques, mais elle a surtout des dimensions de gestion et de service, codifiées dans les normes ISO*. Si on admet que l'employé est celui qui connaît le mieux sa tâche et peut seul viser l'excellence, l'objectif de qualité totale implique une restructuration des relations hiérarchiques dans l'entreprise, l'engagement des équipes de travail dans leurs tâches, la créativité et l'innovation à la base. Ainsi, l'approche

NORMES ISO

Ensemble de mesures de la qualité dans la production et le service à la clientèle mis au point par l'International Standard Organization.

Le commerce équitable et les investissements éthiques

Depuis une dizaine d'années, un certain nombre d'entreprises font, en tout ou en partie, de l'éthique leur marque de commerce. Ainsi, on voit apparaître sur le marché des produits provenant d'un « commerce équitable » avec les pays du Sud, comme le « café équitable » : on certifie que le café est produit dans des conditions qui respectent les travailleurs, qu'une plus grande part des profits leur est retournée, ce qui explique qu'il se vende ici un peu plus cher. De même, des produits de placement spéciaux, se présentant comme des « fonds éthiques », offrent aux investisseurs à la fois un bon rendement et le respect de certains critères moraux concernant les conditions de travail, le respect de l'environnement, etc. Il s'agit dans tous les cas de conditions restrictives que les entreprises s'imposent elles-mêmes, convaincues de rencontrer ainsi un écho favorable auprès du public consommateur.

Source : D'après Dion, 1998, p. 12 à 20.

QUESTIONS

1. Comment feriez-vous pour convaincre vos proches d'acheter autant que possible des produits équitables ?

2. Quels critères moraux voudriez-vous que votre fonds éthique respecte, et pourquoi ?

de la qualité totale ou l'approche client constituent une réforme morale de la culture et du fonctionnement des entreprises, et c'est en cela qu'elles s'inscrivent dans la vogue en matière d'éthique.

Pourtant, l'objectif de qualité totale rappelle de nouveau l'ambiguïté de l'éthique des affaires. En effet, l'excellence visée ici n'est pas l'excellence dont parlait Aristote (voir les p. 10-11), qui concerne l'agir moral et dont la fin est inhérente à l'action, mais celle qui a trait au faire et au produire, dont la fin se trouve à l'extérieur, dans le produit ou le profit. L'éthique sous forme de codes et l'exigence de qualité totale risquent sans cesse de devenir des instruments de la rentabilité économique et de laisser croire que la démarche éthique se limite à cela : l'éthique, ça rapporte, comme on dit alors. Dans ce cas, l'éthique de l'entreprise ne serait pas une entreprise éthique. On ne peut parler d'éthique tant que la valeur économique de l'efficacité ou de la rentabilité est considérée dans l'absolu et n'est jamais soumise à un examen, à une délibération. Les questions éthiques et politiques peuvent-elles recevoir des réponses d'ordre strictement économique ? L'activité économique constitue-t-elle le prototype de toute activité humaine ?

Ces questions paraissent bien générales et, pourtant, elles se trouvent au cœur de bien des débats en éthique économique et sociale. Voici un autre exemple qui montre le paradoxe persistant de l'éthique des affaires.

L'Équipe Canada

Les premiers ministres des gouvernements provinciaux et fédéral ont entrepris en 1996, avec un groupe important de gens d'affaires, une tournée des pays du Sud-Est asiatique dans le but de conclure des ententes et des contrats. L'Équipe Canada s'est ainsi rendue dans des pays dont les gouvernements sont peu réputés pour leur respect des droits de la personne, comme la Chine et l'Indonésie, ce qui a suscité une controverse. Le premier ministre Jean Chrétien répondait alors aux critiques canadiens que les bonnes relations économiques, parce qu'elles procurent un avantage mutuel et inspirent la confiance, constituaient un meilleur moyen que les pressions politiques pour amener ces pays à respecter les droits de la personne.

QUESTIONS

1. Le commerce international devrait-il être subordonné au respect des droits de la personne ?

2. Comment l'éthique de l'entreprise et la mondialisation peuvent-elles se concilier ?

La réponse du premier ministre Chrétien est typique de la doctrine libérale : le libéralisme dans les échanges économiques ne peut que conduire à la libéralisation politique. La réponse canadienne a déjà été différente ; ainsi, le Canada a participé, dans les années 1980, au boycottage économique du régime raciste en Afrique du Sud. Quelles circonstances, quelles valeurs et quelles raisons nouvelles justifient ce changement dans la manière de voir ? Il ne s'agit pas d'affirmer que la décision de boycotter était la bonne et celle de l'Équipe Canada, la mauvaise.

L'éthique ne se réduit pas à un résultat, la décision, mais consiste plutôt en une manière d'aboutir au résultat, en un mode de décision. Ainsi, il est possible que ces deux décisions en commerce international répondent à une démarche éthique, comme il est possible aussi qu'elles n'y répondent pas. Elles nous obligent toutefois à considérer des questions fondamentales et plus générales : des questions de philosophie de l'économie et de philosophie politique.

QUESTION PHILOSOPHIQUE : L'ÉTHIQUE DES AFFAIRES, EXIGENCE ÉTHIQUE OU STRATÉGIE ÉCONOMIQUE ?

Le questionnement philosophique

Le secteur de l'éthique des affaires, nous l'avons déjà noté, est fondamentalement ambigu. Or l'éthique des affaires est une préoccupation et une discipline récentes, alors que l'ambiguïté dont nous parlons préoccupe depuis longtemps les philosophes. L'éthique des affaires amène un renouvellement dans l'examen de questions qui, parce qu'elles sont fondamentales, ont connu plusieurs formulations et tentatives de réponse. Les questions de ce genre se posent dans un contexte beaucoup plus large que celui de l'agir ici et maintenant ; elles concernent, par exemple, le sens à donner à l'activité économique, la place de la morale en économie, et elles touchent à la justification de la propriété privée dans le système de la coopération sociale. Le traitement de ces questions ne relève plus seulement de l'éthique appliquée, que ce soit dans sa dimension personnelle, professionnelle ou sociale ; en conséquence, il ne débouche pas directement sur une prise de décisions.

Lorsqu'on aborde les questions fondamentales de ce type, la démarche éthique se détache du domaine de la pratique et devient une démarche proprement **philosophique**, une démarche réflexive et critique par laquelle on cherche à satisfaire sa curiosité et son besoin de comprendre. C'est sur ce plan **théorique** que se situent les questions fondamentales, un point de vue qui était celui de l'examen des théories éthiques dans la première partie de cet ouvrage. En philosophie, on cherche une interprétation générale argumentée ou une justification rationnelle ultime aux questions fondamentales qui surgissent déjà des difficultés éprouvées dans l'agir ; on isole ces questions, et la recherche d'une réponse devient une activité spéciale et autonome. Dans cette dernière section, nous verrons comment la philosophie a traité l'ambiguïté de base de l'éthique des affaires et quelles idéologies entrent en jeu. Cet examen devrait aider l'étudiant à formuler et à défendre une prise de position philosophique personnelle sur ces questions fondamentales.

La légitimité de la propriété privée

La première des questions que nous traiterons relève de la philosophie politique et se trouve au cœur de plusieurs idéologies. Sa formulation est simple : La propriété privée est-elle légitime ? Qu'est-ce qui justifie la division entre propriétaires et non-propriétaires, travailleurs et patrons, décideurs et exécutants ? Bien sûr, cette question concerne la propriété des capitaux et des moyens de production destinés à l'activité économique, tels l'argent, les actions*, l'équipement et l'entreprise, et non pas la propriété des biens de consommation personnels. Elle concerne aussi la propriété des surplus ou des profits résultant de l'exploitation des capitaux : puisque l'activité économique exige la coopération de nombreuses personnes, pourquoi les profits vont-ils à un petit nombre de propriétaires ? Pourquoi cette appropriation **privée** d'une production **sociale** ?

ACTION
Titre de propriété des capitaux d'une entreprise.

Le recours au droit : la propriété par le travail

En un sens, cette question est aussi ancienne que la propriété privée elle-même, tout comme les inégalités de revenu et de pouvoir qui en découlent. À l'époque d'Aristote on se demandait ce qui justifiait l'esclavage, au Moyen Âge on remettait en question l'ordre social qui réservait les terres aux seuls seigneurs et aujourd'hui on discute des principes de justice sociale ou de justice distributive. La réponse s'appuyait autrefois soit sur la nature, soit sur la loi, soit sur la volonté de Dieu.

Au début des temps modernes, au moment de l'instauration du capitalisme, c'est aussi en ces termes que les philosophes ont commencé à justifier l'existence de la propriété privée ; mais les arguments mis en avant pour défendre ce système

---

La propriété privée selon Locke

Bien que la nature ait donné toutes choses en commun, l'homme néanmoins, étant le maître et le propriétaire de sa propre personne, de toutes ses actions, de tout son travail, a toujours en soi le grand fondement de la propriété ; et que tout ce en quoi il emploie ses besoins et son industrie pour le soutien de son être et pour son plaisir, surtout depuis que tant de belles découvertes ont été faites, et que tant d'arts ont été mis en usage et perfectionnés pour la commodité de la vie, lui appartien-nent en propre, et n'appartiennent point aux autres en commun.

Ainsi, le travail, dans le commencement, a donné droit de propriété, partout même où il plaisait à quelqu'un de l'employer, c'est-à-dire dans tous les lieux communs de la terre.

Source : Locke, 1984, p. 208-209.

QUESTION
Quels seraient les arguments du kantisme et de l'utilitarisme pour défendre la légitimité de la propriété privée ?

présentaient aussi des traits originaux. En effet, la propriété privée paraissait naturelle à un philosophe comme John Locke (voir les p. 24-25), parce qu'elle était fondée sur la liberté et le travail. Pour lui, elle découle du droit naturel de propriété de chacun sur sa propre personne : par son travail et ses efforts, l'individu incorpore dans les objets ou la matière qu'il travaille une partie de lui-même ou de sa personnalité. Les objets deviennent en quelque sorte des extensions de l'individu, puisqu'ils en portent la marque ; en conséquence, ils sont sa propriété exclusive, de la même manière que ses talents ou son caractère lui appartiennent. Une atteinte à la propriété privée équivaut à une violence faite contre la personne, que l'on transforme ainsi en un être qui ne se possède plus lui-même : c'est l'aliénation.

Ce genre d'argument, qui est encore utilisé aujourd'hui par des penseurs libertariens comme Nozick (voir les p. 78-79), présente toutefois certaines limites. S'il permet de s'opposer à la propriété qui résulte de l'héritage, comme la fortune des aristocrates, s'il justifie l'appropriation de ce qui n'est le produit ni du travail ni de l'exploitation par autrui, donc la colonisation, il semble appuyer aussi le droit de propriété des ouvriers industriels sur le produit de leur travail. Eux aussi, en effet, investissent une partie de leur personne dans l'objet travaillé ; leur effort collectif devrait ainsi conduire à la propriété collective. Mais Locke ne tire pas cette conclusion de son argument, comme les penseurs socialistes et collectivistes du XIXe siècle l'ont fait au nom de l'égalité et de la justice : Proudhon* dira ainsi que « la propriété, c'est le vol[3] », et Marx soutiendra que la propriété privée est le fondement de l'exploitation de l'homme par l'homme (voir les p. 130-131).

L'évaluation des conséquences : prendre des risques calculés

Un autre argument souvent invoqué consiste à dire que le propriétaire privé mérite de conserver sa propriété et les profits qu'il en tire parce qu'il assume des **risques**. En décidant d'investir ses capitaux dans certains projets, le propriétaire prend des risques, car il soumet sa propriété aux fluctuations du marché et s'expose ainsi à tout perdre. Suivant cet argument et dans ce contexte, un propriétaire mérite sa fortune.

Cet argument demeure proche du précédent, mais en diffère en ceci : le lien retenant le propriétaire à ses biens réside moins dans une activité (le travail) que dans une décision (le risque), plus précisément dans la capacité de décider en réduisant le plus possible les conséquences néfastes. L'investisseur habile prend un **risque calculé**. Mais l'argument du risque, parce qu'il est proche du précédent, comporte des faiblesses identiques : les non-propriétaires courent aussi des risques en se mettant au service des possédants. Certes, le risque diffère, puisqu'il s'agit du risque de perdre sa santé, son emploi ou sa vie, risque qui résulte non pas d'une décision personnelle, mais d'un accident, c'est-à-dire un **risque non calculé**. En fait, ce second type de risque peut être partagé, et c'est là la fonction des assurances, telles l'assurance-maladie, l'assurance-médicaments, etc. Mais pourquoi seul le premier type de risque justifierait-il la propriété privée ?

PROUDHON, PIERRE-JOSEPH (1809-1865)
Homme politique français. Critique du capitalisme, il souhaitait en corriger les abus.

---

3. Proudhon, 1966.

Il faut compléter l'argument par l'idée d'**efficacité** : si la propriété ne faisait pas corps avec la décision, les ressources ne seraient pas utilisées au mieux et l'activité économique ne pourrait engendrer autant de bénéfices. Selon cet argument, le pouvoir économique de décider est plus efficace lorsqu'il relève d'un petit nombre de décideurs, car autrement on ne pourrait donner de direction claire aux affaires. L'argument de l'efficacité justifie ainsi les inégalités de revenu puisqu'elles sont, dans cette optique, un moindre mal.

De plus, les inégalités constituent, selon cet argument, une source supplémentaire de motivation : si l'enrichissement personnel dépendait de la décision de tous, peu de gens feraient des affaires un choix professionnel ou un projet de vie personnel. L'efficacité économique ne serait pas compatible avec la propriété commune ou collective, comme l'a démontré l'échec des économies dirigées ou planifiées au XXᵉ siècle, celle de pays socialistes, comme la Chine, ou de pays qui ont été socialistes jusqu'à récemment, comme en Europe de l'Est. Certaines inégalités seraient donc économiquement nécessaires, ce qui nous ramène aux discussions sur la justice distributive soulevées par Rawls.

La valeur des arguments

Il importe de faire remarquer que cette ambiguïté ne provient pas d'un type d'arguments ou d'un type particulier de théories éthiques. On aura en effet reconnu, dans l'argumentation de Locke et de Nozick, un appel au droit : la propriété privée repose sur un droit naturel à la propriété de sa propre personne. L'argument des droits, parce qu'il soutient des devoirs correspondants, relève d'une approche **déontologique** : il concerne l'acte lui-même de posséder et de décider, et non pas ses conséquences. En philosophie, le meilleur exemple de cette approche demeure la philosophie morale de Kant (voir la p. 37). Par ailleurs, les arguments qui mettent l'accent sur le risque calculé et l'efficacité se fondent sur les conséquences : c'est parce que le risque et la décision amènent de meilleurs résultats que la propriété est déclarée légitime. L'argument des conséquences relève d'une approche **conséquentialiste**, dont l'exemple le plus célèbre est la philosophie utilitariste de Mill (voir la p. 42).

Une conclusion découle de ce rappel : le régime économique de la propriété privée peut être justifié rationnellement par des arguments déontologiques comme par des arguments conséquentialistes, et être défendu par les théories morales correspondantes comme celles de Kant et de Mill. L'ambiguïté de l'éthique des affaires ne dépend donc pas des types d'arguments ou de philosophies morales. Elle tient à ceci : le **meilleur** du point de vue économique n'est pas nécessairement le meilleur du point de vue moral, si bien qu'une décision justifiée moralement peut ne pas l'être économiquement, et vice versa.

Le but des idéologies est souvent d'évacuer cette ambiguïté pour présenter une doctrine unifiée et sans contradictions ; il y a alors un risque de prise de position extrême et de dogmatisme, puisque la démarche de questionnement propre à l'éthique et à la philosophie est abandonnée au profit de réponses globales. On rencontre ce type de positions (par exemple le libéralisme ou le collectivisme*)

COLLECTIVISME

Doctrine ou régime politique prônant la propriété collective des moyens de production (capitaux, terres).

non seulement en philosophie politique à propos de la propriété privée, mais aussi en philosophie de l'économie.

Le raisonnement moral ou la rationalité économique

Nous sommes ainsi amenés à traiter la deuxième question fondamentale, laquelle se trouve elle aussi au cœur des idéologies de notre temps. On peut l'énoncer de la façon suivante : L'exigence éthique peut-elle se réduire à une stratégie économique ? Cette question en apparence simple concerne la relation qui s'établit entre le raisonnement moral, donc la démarche éthique, et la rationalité économique du risque calculé. Elle constitue un problème philosophique important, car elle touche à notre compréhension de la raison pratique, laquelle semble divisée.

Cette ambiguïté a suscité des réflexions sérieuses de la part des philosophes et des économistes. Nous avons retracé au chapitre 8 les étapes caractéristiques de la démarche éthique, démarche qui montre le raisonnement moral à l'œuvre. La science économique procède aussi à l'examen de la prise de décisions, mais selon une autre optique, celle du calcul rationnel des avantages, œuvre de la rationalité économique (on dit parfois aussi « raison instrumentale »). En éthique des affaires, la décision la meilleure se situe donc dans la conciliation malaisée de deux types différents de rationalité. L'un est-il plus important que l'autre ? Cette question donne parfois lieu à des réponses unilatérales.

L'économisme

L'une des réponses proposées consiste à subordonner le raisonnement moral à la rationalité économique, en prétendant que le premier découle de la seconde. Même les comportements qui paraissent guidés par le souci des intérêts d'autrui et soumis à l'exigence d'impartialité seraient en fait le fruit d'un calcul rationnel. Il deviendrait finalement avantageux pour soi de respecter les intérêts d'autrui. Il n'y aurait aucune nécessité morale de modérer la recherche de son avantage personnel. Selon la rationalité économique, la prise de décisions est un calcul stratégique et non une démarche éthique. Dans cette optique, on comprend que l'éthique des affaires soit parfois considérée comme un investissement parmi d'autres ou comme une « technique de management[4] ».

Cette réduction de l'éthique à l'économique, même si elle est proche de l'utilitarisme et en provient sans doute, ne se confond pas nécessairement avec celui-ci : l'utilitarisme de Mill, par exemple (voir la p. 44), demeure une théorie proprement éthique. Ce genre d'interprétation, quand il prend la forme d'une idéologie, peut être nommé **économisme**.

---

4.   Van Parijs, 1991, p. 36 ; voir le texte à la fin de ce chapitre.

Le moralisme

La seconde réponse unilatérale est une réaction à cette tentative de réduction. Elle offre une interprétation opposée de la relation entre le raisonnement moral et le calcul stratégique : le premier devrait toujours l'emporter sur le second. Selon cette approche, la recherche rationnelle de l'avantage personnel s'oppose à l'exigence éthique si elle devient la principale motivation ou la finalité principale de nos actions. L'action devra par conséquent se soumettre à l'éthique et démontrer qu'elle aussi vise un bien, et non seulement l'accumulation des biens.

Cette interprétation prend le plus souvent la forme d'une attitude moralisatrice ou du **moralisme**. Elle s'est maintes fois appuyée sur la théologie morale, comme le rappelle Van Parijs[5] ; durant des siècles, l'Église catholique a considéré comme des vices l'appât du gain, l'envie, l'avarice et l'accumulation des richesses, quand elle ne condamnait pas tout simplement comme égoïste la recherche de l'avantage personnel.

On interprète parfois l'impératif catégorique de Kant dans cette optique, puisqu'il considère comme contraire à la dignité morale de la personne le fait de la traiter comme un moyen de réaliser ses projets : « Agis de telle sorte que tu traites l'humanité aussi bien dans ta personne que dans la personne de tout autre

---

L'interdiction de commandite d'événements culturels et sportifs par les compagnies de tabac

En 1997, le gouvernement fédéral (loi Dingwall) et celui du Québec ont adopté chacun une loi prévoyant interdire totalement, d'ici quelques années, la commandite d'événements sportifs et culturels, comme la course automobile et le Festival de jazz de Montréal, par les compagnies de tabac. Ils font valoir que la visibilité accrue des produits du tabac qui en résulte, et de surcroît dans un contexte de fête, encourage les jeunes à consommer des produits nuisibles à leur santé et dont le coût social est élevé (traitement des cancers, etc.). Les compagnies de tabac répliquent que cette intervention constitue une entrave à leur liberté d'expression et de commerce, qu'ils encouragent non pas le tabagisme, mais un usage responsable de leurs produits, et que de plus les gouvernements ne devraient pas se mêler des choix de vie des gens.

QUESTION

Est-ce que l'État peut restreindre l'activité économique au nom de la santé publique ? Montrez en quoi les lois adoptées sont justes ou non, au regard des idéologies marquant la place de la morale en économie (économisme et moralisme).

---

5. Van Parijs, 1991, p. 40.

toujours en même temps comme une fin, et jamais simplement comme un moyen[6]. » (Voir la p. 40.)

Kant affirme toutefois la **préséance** de la raison pratique sur la rationalité économique, et non son exclusivité ; il ne soutient pas que le calcul stratégique soit immoral en soi. La différence avec l'attitude moralisatrice réside dans le terme « simplement » ; cette nuance est nécessaire pour ne pas condamner d'emblée tout calcul stratégique. La rationalité économique ne représente pas la totalité de la raison humaine, dont le fondement est finalement d'ordre éthique : voilà la seconde position.

L'éthique, une démarche critique

Les deux positions constituent des interprétations unilatérales, car elles prétendent offrir une justification ultime au problème général de la relation entre l'éthique et l'économie. En ce sens, elles portent à croire qu'**une** doctrine philosophique (ou économique) épuise le sujet, règle la question fondamentale et rend toute discussion ultérieure inutile. Pour cette raison, une telle attitude est susceptible de nourrir les **idéologies**. La démarche philosophique et la démarche éthique ont ceci de commun qu'elles s'opposent aux doctrines toutes faites ou aux codes établis. Toutes deux se caractérisent par l'interrogation et le questionnement méthodiques, et toutes deux sont mises en branle par une expérience du manque et du conflit qu'elles n'épuisent pas.

Dans le présent contexte, l'ambiguïté de l'éthique des affaires provient de la difficile rencontre de deux usages apparemment opposés de la raison humaine. La tentation est grande de se débarrasser de cette ambiguïté en adoptant une position réductrice concernant l'activité économique. Mais une telle attitude ne favorise ni la prise de décisions dans le monde des affaires ni une meilleure compréhension de ce que devient l'éthique en économie.

Conclusion

Dans ce chapitre, nous avons montré ce que devient la démarche éthique dans le secteur de l'économie et de la finance. Il ressort de cette démarche que le monde des affaires n'est ni imperméable à l'éthique ni totalement soumis à ses impératifs : l'économie est un secteur d'activité relativement indépendant à l'égard de la morale et de l'État. C'est pourquoi nous avons insisté sur l'ambiguïté de l'éthique dans ce secteur et montré que des généralisations hâtives, telles que le profit est naturellement justifiable ou au contraire totalement illégitime, sont contraires à la réflexion éthique et philosophique. L'étudiant, après la lecture de ce chapitre, sera ainsi en mesure de comprendre les débats qui agitent le milieu des affaires et de prendre position d'une manière informée et critique.

---

6.   Kant, 1971, p. 150.

EXERCICES

SYNTHÉTISEZ VOS CONNAISSANCES ET DÉVELOPPEZ UNE ARGUMENTATION

1. Pour quelle(s) raison(s) le capitalisme semble-t-il la façon naturelle de produire des biens et services ?

2. Quelles sont les principales caractéristiques de l'économie capitaliste actuelle ?

3. Dites en quoi réside l'ambiguïté fondamentale de l'éthique des affaires.

REPÉREZ LES IDÉES ET ANALYSEZ LE TEXTE

« Le trilemme de l'éthique des affaires » (extraits)

Que peut, que doit faire l'éthique des affaires ? Quel est son statut ? Quelle peut être son utilité ? Pour tenter de répondre à ces questions, on peut envisager l'éthique des affaires successivement comme technique de management, comme théologie morale, comme théorie de la Justice.

La première réponse consiste donc à voir dans l'éthique des affaires un instrument parmi d'autres de la rentabilité d'une entreprise, une **technique de management** en un sens suffisamment large pour couvrir aussi bien la politique d'investissement que la gestion du personnel. Qu'elle imprègne les relations avec les employés ou les clients, avec les créanciers ou les pouvoirs publics, la pratique de vertus morales comme l'honnêteté, la fiabilité, l'équité ou la sollicitude peut souvent contribuer, parfois même contribuer massivement, à la performance d'une entreprise.

Cette contribution s'effectue à travers trois mécanismes distincts. En premier lieu, une conduite éthique donne au partenaire (au sens le plus large) le sentiment qu'il est décemment traité et induit de ce fait un **climat** de coopération. Une illustration paradigmatique de ce mécanisme est fournie par l'interprétation du rapport salarial comme une relation de don et contre-don que l'on trouve dans une des versions de la théorie micro-économique dite du salaire d'efficience : si les employés ont le sentiment d'être « équitablement » traités par leur employeur, et en particulier d'être payés plus que ce que d'autres seraient prêts à accepter pour occuper leur emploi, ils seront remplis d'un sentiment de gratitude qui s'exprimera dans une productivité élevée.

En deuxième lieu, une conduite éthique peut contribuer à la performance d'une entreprise en donnant d'elle une **image** attrayante aux yeux de partenaires potentiels. Une compagnie de taxis qui s'attire la réputation de fausser ses compteurs ou de faire faire à ses clients des détours inutiles compromet sa clientèle future. Une multinationale qui n'honore pas ses engagements à l'égard des États qui l'ont accueillie réduit l'empressement des autres États à lui faire des propositions alléchantes.

Tels qu'illustrés ici, ni l'effet-climat sur les partenaires actuels, ni l'effet-image sur les partenaires potentiels ne supposent que ces partenaires aient des « goûts éthiques », qu'ils poursuivent d'autres objectifs que leur intérêt personnel. Mais une conduite éthique peut aussi procurer des avantages à ceux qui la pratiquent parce que leurs partenaires effectifs ou potentiels sont parfois prêts à sacrifier leur intérêt personnel à la réalisation de certaines **valeurs**. Ainsi, l'*Ethical Shopper's Guide* renseigne les consommateurs sur les entreprises qu'il importe de boycotter si le sort des animaux de laboratoire ou l'abolition de l'apartheid leur tient à cœur ; les institutions spécialisées dans l'investissement éthique s'efforcent de placer l'argent de leurs clients de telle sorte qu'ils puissent à la fois toucher des intérêts décents et avoir la conscience tranquille ; et il arrive que des travailleurs fassent grève pour protester contre une mesure (d'interdiction des syndicats dans une branche étrangère d'une entreprise de distribution, par exemple) qui n'affecte en rien leurs intérêts mais heurte leur sens de la justice.

[...]

Théologie morale

N'est-il pas possible, pour commencer, de faire directement appel à une tradition éthico-religieuse pour guider son comportement dans la sphère des affaires comme dans la sphère privée ? S'agissant de la tradition évangélique, on risque certes de se heurter à quelques problèmes d'interprétation ou d'application fort épineux. Un homme d'affaires que comble le succès, par exemple, n'aurait-il pas de bonnes raisons d'être effrayé en songeant à la difficulté qu'aurait un chameau à passer par le chas d'une aiguille ? Comment faut-il appliquer au monde des affaires l'injonction de tendre l'autre joue ? Et le succès d'un homme d'affaires ne dépend-il pas pour une large part de son adresse à enfreindre la « règle d'or », à faire à d'autres ce qu'il espère que les autres ne lui feront pas ?

Mais nous pouvons ici faire abstraction de ces difficultés. Car il y a une autre raison – pas plus fondamentale, mais à elle seule décisive – qui suffit à rendre la théologie morale inapte à répondre à la demande actuelle en matière d'« éthique des affaires ». Certes, l'appel à une tradition religieuse peut inspirer des investisseurs, des chefs d'entreprise, des cadres, des employés, des ouvriers, des commerçants dans le choix de leur occupation et dans la manière dont, quotidiennement, ils la vivent. Mais dès qu'il s'agit de faire des choix au nom ou dans le cadre d'organisations dont ils ne sont pas les seuls maîtres, ou dans lesquelles d'autres ont des intérêts légitimes, il est nécessaire de **justifier**, d'argumenter. Et si, comme c'est le cas dans les entreprises de nos sociétés capitalistes occidentales, il n'y a pas de référence à une tradition unique, mais un pluralisme de conceptions de l'existence, cette justification tourne court, du fait qu'elle est sans force pour une partie significative des interlocuteurs auxquels elle s'adresse.

Théorie de la justice

S'interdire pareil recours n'implique cependant pas que l'on s'exclue de toute perspective éthique. Les théories contemporaines de la justice s'efforcent précisément de dire ce qu'il est encore possible de dire d'un point de vue éthique lorsqu'on fait abstraction de toute conception particulière de la vie bonne. Mais en s'efforçant d'interpréter l'éthique des affaires dans cette perspective, ne la réduit-on pas à un corrélat trivial de la philosophie politique ? La théorie de la justice s'adresse en effet au législateur plutôt qu'à l'agent économique. Une fois déterminées les lois justes, que peut faire l'éthique des affaires sinon en recommander le respect ?

[...]

Telle qu'elle est habituellement conçue, la théorie de la justice a pour cadre de référence la société globale. Mais ne doit-on pas considérer l'entreprise comme une micro-société (parfois géante, du reste), pour laquelle il est aussi possible et nécessaire d'élaborer une théorie de la justice **partiellement** analogue à la théorie de la justice globale et chargée d'aborder un certain nombre de problèmes propres ? Qu'est-ce que traiter équitablement ses employés, ses clients, ses fournisseurs, ses actionnaires, la communauté locale, les pouvoirs publics ? L'équité consiste-t-elle simplement à respecter, outre la loi, les termes du contrat explicitement passé avec les diverses parties concernées ? Ou y a-t-il des contrats qui, tout en étant légaux, ne sont pas équitables ? En outre – et ce n'est pas moins important –, dans les vastes zones que laissent indéterminées les termes explicites du contrat, n'y a-t-il pas des conduites qui sont équitables, et d'autres qui ne le sont pas ? Des questions d'équité ne se posent-elles pas, par exemple, au niveau de la politique d'embauche d'une entreprise, de ses politiques de promotion, de rémunération, de licenciement, tout en échappant, et pas seulement pour des raisons pragmatiques, au champ que la loi a pour tâche de régir au nom de la justice globale?

Quel peut être le contenu des principes de cette justice micro-sociale? On peut certes s'attendre à une analogie fondamentale avec les principes de la justice macro-sociale, dans la mesure où il s'agit sans doute dans chaque cas d'expliciter les implications de quelque chose comme une exigence d'impartialité. Mais la forme que prend cette exigence dans un cadre micro-social n'en est pas moins ses spécificités [*sic*]. Pour commencer, tous les *stakeholders*, tous ceux qui ont un intérêt légitime dans l'organisation, n'en sont pas **membres** au même degré, et les questions de recrutement et de licenciement ne sont que très imparfaitement analogues aux questions d'immigration et d'émigration. Ensuite, le maintien d'un profit positif, sinon la maximisation du profit, dote la poursuite de l'équité d'une *bottomline*, pour laquelle on ne trouve ici encore qu'un équivalent très approximatif dans les considérations d'efficacité économique qui interviennent nécessairement dans toute théorie défendable de la justice macro-sociale. Enfin, le fait que les décisions de l'entreprise soient contraintes par les clauses des contrats qui la constituent et des dispositions légales qui s'appliquent à elle impose à l'équité micro-sociale des contraintes qui ne sont que très imparfaitement analogues à celles qui s'imposent aux décisions des États du fait du caractère volontaire de la citoyenneté (on peut l'acquérir et y renoncer) ou de la résidence (on peut entrer et sortir du pays) d'une part, à l'existence d'un ordre juridique supranational, d'autre part.

Pratiquement pertinentes et intellectuellement captivantes, les questions que ces remarques soulèvent esquissent une piste prometteuse – la seule susceptible, à mes yeux, d'échapper au trilemme présenté dans cet article. Ce n'est qu'en se concevant comme une théorie de la justice micro-sociale que l'éthique des affaires peut éviter d'être réduite à une technique de management entièrement (et contreproductivement) instrumentalisée, à une théologie morale inutilisable en régime pluraliste, et à un simple appendice de la théorie de la justice macro-sociale.

Source: Van Parijs, 1991, p. 36-37 et 40-42.

QUESTIONS

1. À l'aide du texte, distinguez les bonnes et les mauvaises manières pour l'éthique de contribuer à l'efficience et à la rentabilité.

2. Pourquoi, selon Van Parijs, l'éthique des affaires ne peut-elle s'appuyer sur la tradition morale d'une religion?

3. Selon Van Parijs, l'éthique des affaires peut être considérée comme une «théorie de la justice micro-sociale». Expliquez.

Lectures suggérées

BONIN, Hubert (1991), «Morale et entreprise dans l'histoire», *Le Débat*, n° 67, p. 167-185.

DION, Michel (1998), *Investissements éthiques et régie d'entreprise: entre la mondialisation et la mythologie*, Montréal, Médiaspaul.

FORCESE, Craig (1997), *Commerce et conscience*, Montréal, Centre international des droits de la personne et du développement démocratique.

MANN, Michael (1999), *L'initié [The Insider]*, film avec Russel Crow et Al Pacino, 160 minutes.

MERCIER, Samuel (1999), *L'éthique dans les entreprises*, Paris, La Découverte.

ROCQUE, André (1995), «L'éthique des affaires: un concept problématique», *Philosopher*, n° 17, p. 45-61.

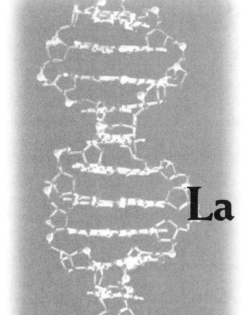

CHAPITRE 11

La bioéthique

Introduction

En tant qu'individus et comme collectivité, nous accordons une grande valeur à la vie et au bien-être physique, à la santé et à la diminution de la douleur, si bien que les découvertes de la médecine et les acquisitions en matière de soins de santé occupent depuis un siècle une place considérable dans notre société. C'est sans doute pour cette raison que la bioéthique a été la première éthique sectorielle à apparaître, il y a de cela trente ans, et qu'elle est de plus en plus sollicitée.

Ce chapitre est consacré à l'éthique dans le contexte médical et hospitalier. Nous commencerons par décrire brièvement le contexte général actuel de la pratique de la médecine et des soins de santé, en mettant en évidence les transformations considérables qu'elle a subies au fil du temps. Nous verrons ensuite ce que signifie le fait de prendre une décision moralement justifiée pour les gens qui travaillent quotidiennement dans le secteur de la santé, ce qui nous donnera l'occasion de mettre en lumière les valeurs morales privilégiées dans ce domaine et d'examiner quelques cas typiques.

La bioéthique ne se limite cependant pas aux problèmes avec lesquels les professionnels de la santé sont aux prises : elle s'étend aussi aux débats de société qui portent sur le système public des soins de santé. Ces questions philosophiques fondamentales sont souvent plus anciennes que la bioéthique elle-même. Elles portent, par exemple, sur la définition et la valeur de la vie, ou sur les limites à sa transformation par la technique médicale. Après la lecture de ce chapitre, l'étudiant devrait être davantage en mesure de prendre une décision ou de débattre une position de manière personnelle, informée et argumentée.

LA MÉDECINE, LA BIOMÉDECINE ET LE « BIOPOUVOIR »

La médecine ancienne et la médecine moderne

La médecine, c'est-à-dire l'art de guérir pratiqué par un groupe défini de personnes, apparaît en Grèce vers le Ve siècle avant l'ère chrétienne, donc en même temps que la philosophie occidentale. Bien sûr, toutes les sociétés humaines, avant cette époque et ailleurs dans le monde, connaissaient les guérisseurs, les sorciers et les sages-femmes. Mais c'est à cette époque seulement que se constitue un savoir à visée rationnelle, transmis à un groupe réservé d'initiés.

Hippocrate (460-377 av. J.-C.) est le fondateur de l'art de la médecine. Son nom est associé au serment que prêtent encore aujourd'hui les médecins avant d'entreprendre leur pratique (voir l'encadré de la p. 246). À cette époque, les connaissances s'acquièrent surtout par des observations répétées de même que par l'expérience et l'interprétation personnelles ; les maladies ne sont comprises qu'à partir de leurs signes visibles, les symptômes, et les instruments sont rudimentaires. C'est l'époque de la médecine des humeurs*, les traitements consistant surtout en saignées, en purgations, en lavements et autres bains ; il s'agit de fournir au mal une voie pour qu'il s'écoule hors du corps.

HUMEURS

Dans l'ancienne médecine, liquides, comme le sang ou la bile, qui déterminaient le tempérament d'une personne. On attribuait les maladies à leur déséquilibre.

Ce savoir et cet art se transforment à l'époque moderne (XVIe et XVIIe siècles) avec l'avènement des sciences expérimentales dans le domaine de la vie. La médecine des humeurs fait place à la médecine de la lésion : le mal provient de ce qui, dans le corps, s'est abîmé ou fonctionne mal. Les débuts de la médecine moderne sont marqués par une approche qui morcelle l'ensemble du corps vivant et qui objective la maladie, distincte du malade et réduite à sa dimension organique. La médecine moderne est également expérimentale ; par exemple, la pratique de l'autopsie se développe et permet de confirmer le diagnostic. Enfin, elle devient interventionniste et pénètre l'intérieur du corps : c'est la venue de la chirurgie. Comme on le voit, le savoir médical et la pratique de la médecine se transforment à mesure que la connaissance biologique devient une science exacte. L'efficacité de la médecine va ainsi de pair avec l'élargissement de son pouvoir **technique** sur le vivant.

La biomédecine et la biotechnologie

Le pouvoir technique de la médecine se transforme encore au XIXe siècle et surtout dans la seconde moitié du XXe siècle. Tout d'abord, la science médicale s'allie étroitement à d'autres savoirs et continue ainsi le processus d'objectivation de la maladie, qui réduit le vivant à la matière organique. Au XIXe siècle, par exemple, Louis Pasteur* découvre les vecteurs invisibles de certains maux, des micro-organismes appelés microbes, et conçoit un vaccin contre la rage ; la maladie, en conséquence, n'est plus seulement lésion mais aussi infection cellulaire. Durant la première moitié du XXe siècle, on associe la biologie, qui étudie l'infini-

PASTEUR, LOUIS
(1822-1895)
Biologiste français, fondateur de la microbiologie ; il découvrit les microbes responsables de plusieurs maladies.

ment petit, au domaine de la chimie, créant ainsi la biologie moléculaire. Puis, la découverte en 1956 de la structure de l'ADN* lance la génétique sur une nouvelle voie. Tous ces acquis marquent le passage de la médecine à la biomédecine et la rendent dépendante d'industries entières, comme les industries pharmaceutique et biotechnologique. Ainsi, la pratique de la médecine et le savoir médical font désormais partie de la **technoscience** (voir les p. 198-199).

ADN

Acide désoxyribonucléique ; molécule complexe structurant les gènes.

Le pouvoir social de la médecine

Une autre transformation de la médecine réside dans l'acquisition d'un **biopouvoir**. La médecine est depuis longtemps une profession privilégiée, dont le pouvoir et le prestige sont consacrés par les institutions qui l'entourent. Aujourd'hui, l'organisation moderne des soins prend la forme d'hôpitaux, de cliniques et d'instituts de recherche. Ces établissements rassemblent des personnes de professions variées, telles que des infirmières (la première école d'infirmières professionnelles a été créée au XIXe siècle par Florence Nightingale), des ergothérapeutes, des anesthésistes, etc. Enfin et surtout, le milieu hospitalier actuel n'existerait pas sans l'aide financière des contribuables et de l'État. Bref, la médecine et les soins de santé sont bien loin du modèle de la profession libérale d'antan, celui du médecin de famille ; ils sont désormais une affaire sociale et politique.

L'apparition de la bioéthique

Ce nouveau contexte est bien plus vaste que le contexte professionnel. C'est pourquoi les problèmes moraux qui en découlent dépassent la déontologie médicale ou infirmière, c'est-à-dire les devoirs et obligations du personnel médical. À l'heure des systèmes publics de santé, bon nombre de ces problèmes concernent aussi la population : ce sont des problèmes d'éthique publique et de justice sociale. Cette nouvelle réalité s'appelle la **bioéthique**.

La bioéthique n'est pas une éthique de la vie qui serait déjà présente dans les êtres vivants eux-mêmes ni une morale fondée sur la science de la vie appelée biologie. La bioéthique est l'éthique du domaine de la santé et elle traite des problèmes liés aux progrès de la technoscience appliqués au

La bioéthique

La bioéthique concerne l'ensemble des problèmes moraux du secteur de la santé. Son apparition est récente ; le terme a été créé à la fin des années 1960 par un spécialiste américain du cancer, Van Rensselaer Potter. Pour lui, la bioéthique devait être une nouvelle sagesse, « la connaissance permettant d'utiliser la science pour le bien social, à partir d'une connaissance réaliste de la nature biologique de l'homme et du monde vivant[1] ». Elle devait aussi être une éthique du vivant dans son ensemble, le vivant humain aussi bien que le vivant non humain, l'environnement. Mais très rapidement le terme « bioéthique » a été réservé au vivant humain, le domaine de l'environnement relevant d'une éthique sectorielle particulière. L'idée qu'avait formée Potter de faire le pont entre les sciences et les valeurs est toujours d'actualité en bioéthique.

---

1. Potter, 1971, p. 26.

contexte des soins de santé. Ce contexte est récent, et la pratique de la médecine ne va pas de soi ; de même, les difficultés morales et les conflits de valeurs qui en découlent sont nouveaux et exigent une réflexion éthique, car la morale traditionnelle ne suffit plus.

L'ÉTHIQUE EN MÉDECINE ET EN SOINS INFIRMIERS

Les principes moraux

La bienfaisance

Par définition, la pratique de la médecine depuis son origine semble évidemment **morale** : elle combat un mal, la maladie, deux notions parentes. Soigner les gens, les guérir et prévenir la maladie, bref vouloir leur bien-être physique, sinon moral, n'est-ce pas l'essence même de l'altruisme ? L'objet principal de la médecine et des soins infirmiers est de faire du bien aux personnes ; c'est pourquoi le professionnalisme en ce domaine repose d'abord sur le principe de **bienfaisance**. Ce principe est énoncé dans le serment d'Hippocrate, qui spécifie les devoirs du médecin à l'égard du patient.

Le serment d'Hippocrate

- Je regarderai comme mon père celui qui m'a enseigné la médecine, et partagerai avec lui tout ce dont il aura besoin pour vivre. Je regarderai ses enfants comme des frères.
- Je prescrirai aux malades le régime qui leur convient, avec le savoir et le jugement que je pourrai, et je m'abstiendrai à leur égard de toute intervention malfaisante et inutile.
- Je ne conseillerai jamais à personne d'avoir recours au poison et j'en refuserai à ceux qui m'en demanderont. Je ne donnerai à aucune femme des remèdes abortifs.
- Je conserverai ma vie pure et sainte aussi bien que mon art.
- Je ne pratiquerai pas d'opérations dont je n'aurai pas l'habitude, mais les laisserai à ceux qui s'en occupent spécialement.
- Lorsque j'irai visiter un malade, je ne penserai qu'à lui être utile, me préservant bien de tout méfait volontaire et de toute corruption avec les hommes et les femmes.
- Tout ce que je verrai et entendrai dans la société, pendant l'exercice ou même hors de l'exercice de ma profession, et qui ne devra pas être divulgué, je le tiendrai secret, le regardant comme une chose sacrée.

Source : Hippocrate, cité dans Hottois, 1993b, p. 118.

La visée éthique du principe de bienfaisance peut se résumer ainsi : veiller au bien du malade, éviter de lui causer du tort et préserver à tout prix la vie. Ainsi, le principe de bienfaisance concerne avant tout le résultat de l'action, ce qu'on réussit à faire ou à éviter pour autrui.

On peut s'étonner que ce devoir de bienfaisance s'énonce aussi sous sa forme négative : ne pas nuire. En effet, si on fait du bien à quelqu'un, comment pourrait-on en même temps lui faire du mal ? En fait, il se peut que, pour soigner un malade, on doive causer un désagrément, qui va du goût désagréable d'un sirop à la douleur causée par le traitement lui-même. Assurément, il vaut mieux subir ces maux que de rester malade : si on veut la fin (la santé), on doit endurer les moyens (les effets secondaires), et de deux maux il faut choisir le moindre. Et c'est bien cette fin que veulent les médecins et le personnel soignant, et non les inconvénients liés aux moyens : il n'y a pas de **malveillance** dans ce cas.

Il arrive cependant que des personnes estiment que les effets secondaires leur causent plus de tort que de bien ; par exemple, la perte des cheveux causée par la chimiothérapie ou l'amputation d'un membre afin d'éviter la propagation d'une infection ou la gangrène*. Bien que le médecin et l'équipe soignante connaissent le meilleur traitement et soient tentés de l'imposer, qu'en pense le malade ? Nous touchons ici à la limite ou au point faible du principe de bienfaisance dans le cadre de la relation de soins.

GANGRÈNE
Décomposition des tissus morts par manque d'irrigation sanguine.

L'autonomie

Il se peut que les médecins, les infirmières ou tout autre professionnel de la santé causent un mal non par manque de jugement, mais parce que le patient évalue tout autrement les moyens et les fins du traitement. La vie, la santé, la douleur, l'apparence physique, un handicap ont-ils tous la même valeur pour tous les gens ? Les médecins possèdent un savoir et un pouvoir d'intervention que les malades n'ont pas : si on est trop souffrant et qu'on ne peut se soigner soi-même, on se voit obligé de confier son sort à ceux qui peuvent nous aider à guérir. Il y a là une relation inégale potentiellement porteuse de rapports d'autorité, analogue à la relation des parents à l'égard de leurs enfants.

Dans le contexte médical et hospitalier, le respect du principe de bienfaisance peut paradoxalement produire un effet pervers plus ou moins conscient : le **paternalisme**. Le médecin, l'infirmier, le radiologue ou n'importe quel autre employé agissent de manière paternaliste lorsqu'ils déterminent ce qui est bien pour autrui ou qu'ils traitent les bénéficiaires comme des enfants. Chercher le bien des autres en négligeant leur opinion revient à les priver d'une partie d'eux-mêmes, de leur pouvoir de décider, de leur **autonomie**. Le paternalisme est un manque de respect envers autrui, puisqu'on le traite davantage comme un moyen de guérison que comme une personne libre de décider (voir au sujet de Kant la p. 40).

Soulignons qu'il s'agit de respecter la personne chez le patient, et non nécessairement ses volontés ou ses caprices, ce qui serait même une insulte à son intelligence. C'est moins le résultat désiré par le patient qui importe que la manière dont il formule sa demande, les motifs qui y conduisent : une volonté libre et informée. Mais comment savoir si les réticences d'un malade témoignent d'une simple crainte ou d'un refus plus ou moins clair s'expliquant par l'attachement à des valeurs différentes de celles du médecin ? La relation de soins, lorsqu'elle respecte l'autonomie du malade, implique l'écoute, le dialogue, la confiance et la patience. Il importe que le malade raconte son histoire et que les personnes soignantes le comprennent, afin qu'il puisse juger et décider par lui-même. Le respect du principe d'autonomie établit entre les malades et les professionnels une relation d'**égalité morale** même s'il existe, d'autre part, une inégalité de savoir-faire. Cette relation empêche que la bienfaisance ne dégénère en un paternalisme bien intentionné.

Les codes de déontologie

Les codes spécifient non seulement la fonction ou la valeur principale des professions, mais surtout les devoirs et les obligations spéciales qui s'y rattachent. Ils indiquent, en particulier, les pratiques et les situations susceptibles de créer un conflit entre la recherche du bien-être (bienfaisance) et le respect de la volonté des patients (autonomie). Dans le secteur de la santé, la transformation des codes en fonction des **droits des patients** apparaît surtout au XXe siècle et reflète les changements survenus dans la relation entre le médecin et le malade. Cette relation perd de plus en plus son caractère paternaliste et s'apparente à un contrat, où les deux parties s'entendent sur leurs droits et leurs devoirs respectifs.

On passe ainsi d'un régime axé surtout sur les conséquences bénéfiques à un régime prenant aussi en considération les droits du patient et la dignité de la personne. Cette tendance s'est accentuée après la Seconde Guerre mondiale, en réaction contre les crimes contre la personne dont les médecins nazis s'étaient rendus coupables en traitant certaines catégories de prisonniers comme de véritables cobayes. Ces excès ont été à l'origine de l'adoption d'une première déclaration internationale des droits des malades et des sujets d'expérience, le Code de Nuremberg (1947), qui statuait que « le consentement volontaire du sujet humain est absolument essentiel ».

Le Code de Nuremberg

Article premier :
le consentement volontaire

Le consentement volontaire du sujet humain est absolument essentiel. Cela veut dire que la personne doit jouir de la capacité légale pour consentir ; qu'elle doit être dans une situation telle qu'elle puisse choisir librement, sans intervention de quelque élément de force, de fraude, de contrainte, de supercherie, de duperie ou d'autres formes de contrainte ou de coercition. Il faut aussi qu'elle ait une connaissance et une compréhension suffisantes de toute la portée de l'expérience pratiquée sur elle, afin de pouvoir prendre une décision lucide. Avant que le sujet expérimental accepte, il faut donc le renseigner exactement sur la nature, la durée, et le but de l'expérience, ainsi que sur les méthodes et les moyens employés, les dangers et les risques encourus, et les conséquences, pour sa santé ou sa personne, qui peuvent résulter de sa participation à cette expérience.

Source : Cité dans Hottois, 1993b, p. 110.

QUESTIONS

1. L'obtention du consentement volontaire et le recours au contrat contribuent-ils à améliorer la pratique de la médecine ?

2. Que deviennent le paternalisme, la bienveillance et la bienfaisance dans ce contexte ?

Plusieurs autres déclarations internationales ont suivi (Tokyo, 1975 ; Manille, 1981). Elles interdisent, par exemple, les recherches mettant à contribution les populations vulnérables telles que les enfants et les prisonniers sans leur consentement éclairé, ou celles présentant plus d'inconvénients que d'avantages pour les sujets. Ainsi, aux principes de bienfaisance, de bienveillance et d'écoute s'ajoutent les devoirs d'informer, de bien expliquer et d'éviter toute forme de pression.

La prise de décisions n'appartient plus en dernier ressort au médecin mais au malade, qui a le droit de refuser un traitement ou de cesser de participer à une expérience s'il a des doutes sur son utilité. Dans certains cas extrêmes, le médecin et le personnel soignant, au nom du respect du patient et de ses valeurs, ne pourront même pas traiter ce dernier. Le refus des témoins de Jéhovah de recevoir des transfusions sanguines même au risque d'en mourir constitue un exemple classique. Les cas où il est impossible d'obtenir le consentement de la personne, à cause de son trop jeune âge ou de son état mental (par exemple l'inconscience, la confusion mentale, la sénilité), sont également difficiles à aborder.

Les codes et les situations problématiques

La déontologie dans le secteur de la santé revêt un caractère particulier étant donné la situation particulière de la clientèle, des personnes diminuées et vulnérables. On comprend donc que le code de déontologie de l'Association des infirmières du Canada (1980), par exemple, accorde beaucoup d'importance à la compassion, à la conscience et à l'engagement : l'activité de l'infirmière, lit-on dans ce code, « est un service de santé axé sur la personne[2] ». Mais jusqu'où peut et doit aller cette exigence d'altruisme ? Implique-t-elle que l'on doive risquer sa santé et sa sécurité ? Oblige-t-elle au sacrifice de soi ? On ne peut exiger que toutes les infirmières se dévouent comme Mère Teresa, mais seulement qu'elles prodiguent les meilleurs soins possible. Dans les situations difficiles, l'infirmière devra réfléchir, soupeser ses raisons d'agir et, le cas échéant, justifier rationnellement sa décision. Le code sert de guide à cette démarche éthique, mais il exige toujours un engagement personnel.

Un autre élément vient aussi compliquer l'expérience éthique en médecine et en soins de santé : l'existence d'un cadre collectif de coopération entre différents professionnels, c'est-à-dire l'**équipe** formée par le personnel soignant. Comment distinguer un problème moral d'une question administrative, une question éthique d'un conflit syndical ? Par exemple, si une infirmière doute de la valeur d'un traitement, devra-t-elle respecter une décision qu'elle trouve injustifiée, soumettre le cas à ses supérieurs ou s'occuper simplement d'assurer les soins qu'elle considère comme essentiels au bien-être du patient ? Dans tous les cas, la remise en cause des relations de pouvoir débouche sur une expérience éthique et conduit à réévaluer son propre rôle et celui des autres dans une structure hiérarchique.

---

2. Blondeau, 1986, p. 349.

Une grève illégale mais juste?

À l'été 1999, les infirmières et les infirmiers du Québec entreprennent une grève de plusieurs jours afin d'amener le gouvernement à négocier avec eux un nouveau contrat de travail. Le différend porte sur les salaires, les vacances, l'accessibilité aux postes et la sécurité d'emploi; le débrayage se produit dans un contexte de rationalisation budgétaire et de réorganisation du système de santé. Les infirmières soutiennent que les services essentiels sont assurés, mais le débrayage n'en est pas moins illégal; elles s'exposent donc à de lourdes amendes et à des peines sévères. Le syndicat des infirmières prétend avoir l'appui de la population; le gouvernement affirme qu'il ne cédera pas sous la pression et déplore le non-respect de la loi.

QUESTION

À votre avis, ces moyens de pression des infirmières sont-ils compatibles avec leurs devoirs professionnels? Si vous jugez que ce n'est pas le cas, présentez vos arguments en tenant compte de leurs droits comme travailleuses; dans l'affirmative, précisez à quelles conditions le recours à la grève peut être légitime.

Ainsi, que veut dire bien remplir son rôle: faire seulement les tâches qui nous incombent et nous taire, ou intervenir dans les affaires des autres quand cela paraît nécessaire?

Les établissements de santé disposent d'une série de procédures et de protocoles pour définir efficacement les relations entre les différentes catégories d'employés et entre celles-ci et la direction: table de concertation interne, conseil de discipline, etc. Les employés eux-mêmes sont regroupés en associations et en syndicats qui ont pour rôle de faire connaître leur point de vue et de défendre leurs intérêts. L'agir professionnel dans le secteur de la santé comporte donc une multitude de dimensions, soit les dimensions personnelle, professionnelle, syndicale, institutionnelle et même politique. L'éthique ne se ramène à aucune de ces dimensions et n'en réduit pas l'importance; elle est plutôt une entreprise de réflexion permettant l'examen critique de leur finalité et de leurs relations en cas de conflit.

Les comités d'éthique en milieu hospitalier

Le comité d'éthique est un autre acteur dans les établissements de santé. L'augmentation du nombre de ces comités au cours des vingt dernières années montre bien que les problèmes de bioéthique sont complexes et ne se réduisent pas à des questions de déontologie. En principe, le comité d'éthique n'est ni une vitrine de plus pour le pouvoir médical, ni une façade pour la direction des hôpitaux, ni une extension du comité de discipline, et pas davantage un instrument de consultation des usagers; cependant, il conjugue un peu tous ces aspects. Ces comités se composent surtout de médecins, mais aussi d'infirmières, de juristes, parfois d'un aumônier*, de philosophes et d'un représentant des citoyens. Ils traitent les cas problématiques qui débordent les cadres habituels de la déontologie et des pratiques de gestion ; ils ont le mandat de les examiner et de faire des recommandations. Leurs débats constituent, au mieux, l'occasion d'une expérience éthique ouverte et le lieu d'une délibération collective (voir la p. 151). L'encadré présente un exemple de leur manière d'intervenir.

AUMÔNIER
Ecclésiastique chargé des questions religieuses et spirituelles.

Dans cet exemple, la patiente ne peut décider par elle-même et, si elle n'a pas fait connaître ses volontés à cet égard, il revient à d'autres de trancher la question. Dans ce processus, le travail du comité d'éthique n'a rien de bien spectaculaire : il consiste surtout à faire le point et à rappeler quels sont les meilleurs critères moraux pour des cas semblables. Son travail est de fournir une aide à la décision et non de décider à la place de l'équipe soignante et de la famille. C'est plutôt celle-ci qui doit trancher la question et agir en lieu et place de Mme Estefan. Il ne s'agit pas ici d'une attitude paternaliste, puisqu'on n'impose pas une manière d'agir ; c'est plutôt l'incapacité de la patiente à décider qui force à prendre une décision à sa place.

La patiente comateuse

Madame Estefan est dans un état neuro-végétatif (coma) depuis deux mois à la suite d'une hémorragie cérébrale. Elle est alimentée et hydratée artificiellement par sonde. Les résultats des examens neurologiques laissent maintenant peu d'espoir quant à un retour à la normale. Le personnel soignant estime qu'il vaudrait mieux cesser d'administrer les soins essentiels et laisser mourir la patiente. Mais comment décider à sa place ? On consulte la famille, mais celle-ci n'est pas unanime. Le cas est soumis au comité d'éthique, qui est d'avis que rien n'oblige à maintenir la patiente en vie dans un tel cas, mais que la décision la meilleure devrait faire l'objet d'un consensus entre les proches et l'équipe soignante. Après maintes discussions, une entente est conclue. On décide alors de cesser de donner les soins. La patiente décède dix jours plus tard.

UNE ÉTHIQUE DU SYSTÈME PUBLIC DE SANTÉ

Les problèmes de bioéthique que nous venons d'examiner concernaient la pratique professionnelle, mais faisaient aussi référence aux établissements de santé, qui sont, au Québec, des **établissements publics**. D'abord parce que leur création résulte d'une décision gouvernementale, ensuite parce que leur financement est assuré par les impôts des entreprises et des particuliers, et enfin parce que la santé est non seulement un bien individuel, mais aussi un bien collectif, une valeur sociale. Dès lors, il faut compter sur la contribution de tous pour que chacun puisse bénéficier de soins de santé.

De plus, ce qui est moralement souhaitable, permis ou interdit en médecine dans ces établissements dépend aussi du jugement des citoyens et engage des prises de position collectives. De ce point de vue, les problèmes de bioéthique deviennent des questions d'éthique publique et de justice sociale. Quand les réponses à ces questions divisent les gens, quand le progrès médical ne fait plus l'unanimité comme projet de société, nous vivons l'expérience éthique du désaccord et de la confrontation d'opinions. Les problèmes les plus difficiles à résoudre dans ce secteur sont de cet ordre. Nous en examinerons quelques-uns dans la sous-section suivante.

Des questions de justice et de droits

Le système public de santé soulève divers problèmes traités dans les débats publics au moyen de plusieurs types d'arguments. Il s'agit le plus souvent d'arguments basés sur les droits et sur l'idée de justice. Depuis les années 1960, la santé est en effet devenue un **droit** et un projet social au Québec. Auparavant, la santé dépendait surtout de la chance ou de la charité : on pouvait compter sur les œuvres de charité, surtout religieuses, ou s'en remettre à la volonté divine. À partir de la Révolution tranquille*, on commence à concevoir la santé comme une responsabilité collective, un bien public à promouvoir par le biais de l'État. Dans ce nouveau contexte, il paraissait de plus en plus injuste que les gens fortunés puissent recevoir facilement des soins, alors que la majorité de la population ne pouvait y avoir accès. Les soins de santé ont donc fini par être considérés comme un droit individuel, au même titre que le droit à l'éducation ou le droit à la sécurité sociale (voir les p. 71-72).

Ce droit individuel oblige l'État et la collectivité à pourvoir aux besoins de la population et à lui fournir les services adéquats. L'important programme social qui en découle comprend trois grands principes : l'égalité d'accès, l'universalité et la gratuité. Ce programme nécessite des investissements qui représentent une part

RÉVOLUTION TRANQUILLE

Au début des années 1960, changements politiques qui dotèrent le Québec d'un appareil d'État moderne.

Des hôpitaux privés ?

Au Québec, le système public de santé est ouvert à tous, mais il est complexe, il coûte cher et il répond difficilement à tous les besoins. Ainsi, les listes d'attente pour les chirurgies d'un jour sont très longues, et les délais sont parfois si considérables que la maladie s'aggrave alors que le traitement aurait été plus simple, plus efficace, plus rapide ou moins douloureux s'il avait été entrepris au début. Des médecins et des gens d'affaires ont proposé de créer des hôpitaux privés, ce que la loi interdit actuellement. Le financement proviendrait des patients assez fortunés pour assumer la majeure partie des frais qui découlent de leur hospitalisation ou des soins reçus, et l'objectif de l'établissement serait de faire ses frais et même de réaliser des profits. Les partisans d'un tel système soutiennent que l'État ne peut empêcher ceux qui en ont les moyens d'obtenir les soins requis, au moment voulu, et dans l'établissement de leur choix, puisque de toute façon ils se rendent déjà dans les hôpitaux américains pour s'y faire soigner.

QUESTION

Conviendrait-il de modifier la loi sur la santé publique afin de permettre la création d'hôpitaux privés ? Justifiez votre réponse en précisant la valeur de la santé et en vous référant à une des théories de la justice exposées dans la deuxième partie du livre.

importante de la richesse collective. Le financement est assuré au moyen d'une assurance : chacun contribue par ses impôts à une caisse commune, administrée par l'État, dans laquelle il peut puiser en cas de besoin.

Mais comment sont fixés les montants de la prime et quelles sont les dépenses admissibles ? Ces questions nous obligent à aborder les difficiles problèmes du partage des charges dans la collectivité (qui paye et comment) et de la répartition des ressources médicales (quels besoins sont les plus urgents), c'est-à-dire des problèmes de **justice sociale** ou de justice distributive. La prime doit-elle être proportionnelle aux revenus ? Quel type de soins devrait-on privilégier : les soins exigeant une haute technologie, les soins d'urgence ou les soins de longue durée ? Doit-on tenir compte du coût de certains soins ? Les valeurs morales de liberté, de dignité, d'égalité et d'équité qui sont en jeu ici n'ont pas toutes le même poids dans le monde. Ainsi, aux États-Unis, le système de santé relève surtout du secteur privé, ce qui laisse davantage de liberté aux professionnels et aux investisseurs. Les problèmes de bioéthique apparaissent dans ce cadre social marqué par les droits, la justice et la considération des conséquences.

La répartition des ressources rares

La première catégorie de problèmes de bioéthique touche la répartition des ressources. Chacun doit recevoir son dû, c'est-à-dire des soins de nature à améliorer son état ; mais si en principe il n'y a pas de limites à ce que pourrait être ce dû, il y en a dans la pratique : les ressources ne sont pas illimitées et elles sont même souvent rares. Il importe donc de les utiliser au mieux, en faisant preuve de sagesse ; ainsi, il y en aura assez pour tout le monde. Bref, le système public de santé connaît les « circonstances de la justice » (il n'y a ni pénurie ni abondance), et son financement dépend de la situation de l'économie. En conséquence, si la situation économique change, la mise en application des principes d'universalité, de gratuité et d'égalité peut changer aussi. Cette situation générale engendre une tension persistante entre les idéaux de justice et les impératifs de la rentabilité, et elle soulève parfois des questions insolites.

C'est le cas de la valeur d'une vie humaine. Une vie n'a pas de prix, dit-on avec raison, car elle constitue une valeur **morale** et non une affaire comptable. Pourtant, cette vie **sans prix** entraîne des **coûts** si on doit intervenir médicalement pour la conserver. Comment affirmer la valeur morale de la vie dans un contexte de calcul économique des coûts ? On peut, bien sûr, se tirer d'embarras en adoptant des positions extrêmes. Par exemple, en soutenant qu'une vie doit être préservée à tout prix, même s'il en résulte une diminution des ressources pour autrui, ou en soutenant à l'inverse que les ressources ne doivent être utilisées que si on est assuré de rentrer dans ses frais. En refusant de considérer le calcul économique ou encore en ramenant tout à cet aspect, on évacue en fait la nécessité de choisir.

OBSTÉTRIQUE

Du latin *obstetrix*,
« sage-femme » : branche
de la médecine
qui s'occupe de
la grossesse et
de l'accouchement.

La Cité de la santé de Laval

Au début des années 1990, le service d'obstétrique* de la Cité de la santé de Laval connaissait un achalandage croissant. L'hôpital risquait de ne plus disposer des ressources suffisantes pour accueillir toutes les femmes désireuses d'y accoucher. En conséquence, la direction de l'hôpital, ne pouvant augmenter à court terme le budget du service d'obstétrique sans réduire celui des autres services, proposa soit de limiter les admissions aux seules résidantes de Laval, soit d'imposer des quotas aux médecins du service d'obstétrique. Les femmes de Montréal dont le médecin exerçait à Laval et ces médecins eux-mêmes se sont opposés à ces mesures.

QUESTIONS

1. À votre avis, laquelle des deux solutions proposées était la plus juste ? Pourquoi ?

2. Si aucune ne vous semble satisfaisante, imaginez une solution plus respectueuse de la justice et des droits de l'individu.

Les limites des libertés individuelles

La deuxième catégorie de problèmes de bioéthique à incidence publique concerne la finalité ultime de certains soins. Lorsqu'un traitement ou une intervention médicale risquent d'entraîner des effets indésirables pour la collectivité, on peut se demander si le droit à la **liberté individuelle** et le respect de la volonté du patient sont acceptables socialement, c'est-à-dire compatibles avec les valeurs reconnues par la loi, par exemple. De tels problèmes moraux se posent surtout au début et à la fin de la vie humaine, car la médecine actuelle est capable de préserver des vies menacées, comme celle des nouveau-nés gravement handicapés ou celle de personnes réduites à un état neuro-végétatif.

Ces situations nouvelles engendrées par la technologie médicale influent sur notre vision de la vie et de la mort. Ainsi, la mort n'est plus la cessation immédiate, simple et globale de la vie. Nous avons vu, dans l'exemple de la patiente comateuse, que la mort cérébrale est distincte de la mort cardiopulmonaire, car le fonctionnement de ces organes peut être assuré par des appareils. On distingue aussi la mort des organes ou des cellules, qui peuvent survivre un certain temps hors de l'organisme, pour la transplantation par exemple. La mort est devenue un long processus comportant différentes étapes qu'on appelle le **mourir**. Ce processus dépend de l'action humaine et, par conséquent, il implique des choix et une responsabilité, alors qu'autrefois on se soumettait à la nécessité naturelle ou à la volonté de Dieu.

Le cas de Nancy B. a fait l'actualité au Québec en 1992. Atteinte du syndrome de Guillain-Barré, cette jeune femme était paralysée et ne pouvait respirer sans l'aide d'un appareil. Parfaitement lucide, elle trouvait qu'il était insensé de passer le reste de ses jours ainsi branchée et demandait que l'on arrête le respirateur. Les parents, les médecins, l'hôpital et la Cour étaient tous du même avis : il fallait donner préséance à la liberté individuelle de refuser un traitement, même si la mort était l'issue certaine. Agir autrement aurait constitué une forme d'acharnement thérapeutique, c'est-à-dire une guerre médicale perdue d'avance, sans aucun profit pour la patiente, et un déni de ses droits, puisque le Code civil du Québec reconnaît le droit de refuser un traitement ou de faire cesser un traitement en cours.

La vie n'est pas une valeur absolue ; on peut la qualifier et dire que certaines manières de vivre sont indignes, inhumaines ou sans qualité aucune. Laisser mourir Nancy B. n'équivalait pas à la tuer, puisque la mort n'était pas le but recherché, mais plutôt une conséquence nécessaire du respect de sa volonté. Au nom de la liberté de choix, on a laissé une personne décider si sa **qualité de vie** était plus importante que sa vie biologique, et on a en outre amené les médecins et la direction de l'hôpital à respecter la décision de la malade et à cesser le traitement. Un précédent a ainsi été créé, et toute personne dans une situation semblable devrait, au nom de la justice, se voir reconnaître le même droit et la même liberté.

Mais il est rare que deux situations soient exactement identiques ; sur quoi pourrait-on se baser pour traiter d'une autre manière un cas très ressemblant ? La question s'est posée en 1993 quand une mère de 42 ans, Sue Rodriguez, réclamait qu'on l'aide à mourir dignement.

Nancy B. et Sue Rodriguez étaient toutes deux conscientes et lucides, et leur choix dépendait dans les deux cas de l'aide d'une autre personne. La loi et la déontologie médicale n'ont cependant pas traité les deux femmes de la même manière. Le Code civil du Québec garantit le droit au refus ou à la cessation des traitements, comme nous venons de le voir ; le Code criminel du Canada, cependant, interdit qu'une personne hâte la mort d'une autre personne, même pour des motifs de compassion. Ces deux lois sont-elles justes, ou y a-t-il entre elles une différence moralement significative conduisant à des cas de discrimination injustifiée ? (Voir l'encadré suivant.)

Le désaccord était profond parmi la population, les médecins et même les juges, puisque seulement cinq juges sur neuf se sont opposés à la demande de Sue Rodriguez. Les uns considéraient la loi canadienne comme trop sévère et incohérente : pourquoi refuser à une personne bientôt paralysée une aide pour mettre fin à ses jours, puisque le suicide, lui, n'est pas un acte criminel ? Selon certains, ce refus serait de la discrimination envers une personne handicapée et l'empêcherait de mourir dans la dignité. Fallait-il donc contester et changer la loi ? Non, disaient les autres, selon qui permettre l'aide au suicide dans ce cas risquait de mettre en péril la sécurité des autres personnes handicapées ; en effet, le rôle de la loi et des tribunaux consiste entre autres à protéger les êtres humains les plus vulnérables.

L'affaire Sue Rodriguez

Sue Rodriguez est atteinte de sclérose latérale amyotrophique, une maladie dégénérative qui paralyse progressivement les muscles et entraîne la mort. Elle souhaite jouir de la vie pendant les quelques mois qu'il lui reste, mais elle n'accepte pas de mourir étouffée lentement. Elle demande qu'un médecin mette en place un appareil qu'elle pourra actionner au moment voulu pour mettre fin à ses jours. Le Code criminel du Canada considère cependant l'aide au suicide comme un meurtre. La cause a été portée jusqu'à la Cour suprême du Canada, qui a maintenu l'interdiction. Quelques mois plus tard, un médecin inconnu a tout de même illégalement aidé Sue Rodriguez à choisir le moment de sa mort.

QUESTIONS

1. Si vous étiez infirmière ou médecin, que feriez-vous face à une telle demande ? Justifiez votre décision en vous appuyant sur les principes d'autonomie et de bienfaisance et en tenant compte du contexte médical et légal.

2. Que feriez-vous si vous étiez à la place des juges de la Cour suprême ?

Dans le premier cas, on invoquait l'argument des droits (la liberté de choix) et de la justice (l'égalité de traitement) et on faisait valoir le respect de la dignité de la personne (voir la p. 40). Dans le second cas, on utilisait l'argument du recours aux conséquences comme le fait l'utilitarisme (voir les p. 44-45) et l'argument de la pente glissante : si on accorde l'aide au suicide pour une personne lucide, on crée un précédent dangereux qui peut mener très loin en banalisant la valeur de la vie des personnes handicapées. La majorité a donc décrété que la protection du bien-être public et le risque d'abus l'emportaient sur la liberté individuelle de choisir et de mourir dignement. Cette affaire a relancé le débat sur l'euthanasie.

L'euthanasie, un choix justifiable ?

L'aide au suicide est en effet une forme d'euthanasie (du préfixe grec *eu-*, « bon », et *thanatos*, « mort »), l'acte de provoquer une bonne mort pour autrui : une mort douce, sans souffrances, une mort dont on choisit le moment et la manière, pour préserver la dignité. Causer la mort d'autrui, même si elle est bonne, douce et digne, n'est-ce pas toujours un acte moralement condamnable ? Et qu'est-ce que causer la mort ou aider à mourir dans un contexte médical et technologique ? Une série de distinctions ont été introduites pour clarifier cette question et déterminer les cas où l'euthanasie se rapproche ou s'éloigne moralement du meurtre.

Il y a d'abord la question du **consentement** de la personne dont la vie est en jeu. L'**euthanasie involontaire**, c'est-à-dire la mort provoquée sans l'accord de la personne, est la définition habituelle du meurtre. Mais peut-on décider de mettre fin aux jours d'une personne qui souffre beaucoup, mais qui est incapable de demander à mourir ? Le meurtre par compassion est-il légitime, et est-ce bien encore un meurtre ? Ces questions ont surgi à l'occasion d'un autre cas célèbre, l'affaire Latimer. L'interdit pesant sur l'euthanasie involontaire est encore plus lourd que celui portant sur l'euthanasie volontaire, c'est-à-dire à la demande expresse et répétée de la personne ; l'euthanasie involontaire est donc fortement condamnée par la loi et la déontologie médicale.

Il y a ensuite la question de l'**intention** des médecins et du personnel soignant. Lorsqu'un médecin ou une infirmière administre un produit destiné à calmer la douleur en sachant que celui-ci hâtera la mort du malade, on dit qu'il y a **euthanasie indirecte** (elle était directe dans le cas de Sue Rodriguez). La loi et la déontologie médicale permettent ces actes, car le but n'est pas de causer la mort, même si on la provoque : le fait de faire une chose n'est pas identique au fait qu'une chose arrive. On appelle parfois ce raisonnement l'argument du double effet, car un même résultat, ici la mort du malade, peut recevoir deux interprétations différentes, selon l'intention attribuée à la personne qui agit. Mais comment peut-on déterminer qu'une intention est bienveillante ? Cette évaluation

L'affaire Latimer

Robert Latimer, un agriculteur de la Saskatchewan, a asphyxié en 1993 sa fille de 12 ans au moyen des gaz d'échappement d'une voiture. Il ne supportait plus de la voir souffrir quotidiennement ; elle était en effet atteinte de paralysie cérébrale, pouvait à peine bouger et nécessitait des soins constants. Lors d'un premier procès, M. Latimer a invoqué le motif de la compassion, mais il a été condamné à l'emprisonnement à perpétuité sans possibilité de libération conditionnelle avant 10 ans

Certaines irrégularités commises lors de ce procès ont conduit à un deuxième procès, au terme duquel le juge a accordé une exemption constitutionnelle de la peine minimale obligatoire, condamnant l'accusé à une peine d'emprisonnement de un an. La Cour d'appel de la Saskatchewan a infirmé cette peine et rétabli la période minimale de 10 ans. Ce jugement a été à son tour porté en appel ; on invoqua qu'il représentait, dans les circonstances, un traitement cruel et inusité. La Cour suprême du Canada a décidé à l'unanimité, en janvier 2001, de maintenir la décision de la Cour d'appel en expliquant que le motif de la compassion ne peut justifier une diminution de la peine prévue pour un meurtre.

QUESTION

Quelle serait votre décision à la place des juges ? Comparez vos arguments à ceux que vous présentiez dans le cas de l'affaire Rodriguez.

n'est pas facile, car, ne pouvant lire dans l'esprit des gens, on ne peut qu'inférer une intention à partir de faits précis.

Il y a enfin la question de la **nature de l'acte** entraînant la mort : on parle alors d'**euthanasie active** ou **passive**. Ce dernier cas se produit lorsque le médecin ou le personnel soignant ne cause pas la mort par un acte délibéré, mais demeure passif et laisse la nature suivre son cours. Le cas de Nancy B. se rapprochait de l'euthanasie passive, puisqu'on mettait fin à un traitement qui seul empêchait la mort de survenir naturellement. La loi et la déontologie médicale admettent aussi ces cas, mais la distinction entre action et omission est ici subtile et parfois sujette à discussion.

Les lois évoluent moins vite que la biomédecine ; pour cette raison, on déplore souvent des vides juridiques et on réclame des lois pour régler des problèmes donnés. Certes, une loi clarifie parfois la question en déterminant ce qui est permis et ce qui ne l'est pas ; de plus, elle établit un critère général qui permet une égalité de traitement en évitant l'arbitraire du cas par cas. Mais la réclamation d'une nouvelle loi ou la critique d'une loi existante sont non seulement une affaire juridique, mais aussi une affaire morale : le conflit avec la loi constitue ainsi une expérience éthique qui consiste dans la recherche commune de raisons, le débat démocratique et la décision collective.

La décision la plus démocratique ne résoudra pas nécessairement tous les problèmes et n'épuisera pas toutes les questions fondamentales qu'ils comportent. La délibération oriente l'action, mais la recherche des raisons peut nous amener à nous interroger sur la valeur de la vie, le sens de la mort, la finalité du projet de la médecine scientifique et la légitimité de la manipulation du vivant. Ces questions relèvent de la philosophie et méritent d'être traitées comme tel.

QUESTION PHILOSOPHIQUE : L'ÊTRE HUMAIN EST-IL UNE PERSONNE OU SIMPLEMENT UN ÊTRE VIVANT ?

L'impact de la technoscience

TECHNOSCIENCE
Alliance de la science, de l'industrie et de la technique.

Certaines questions soulevées dans le domaine de la bioéthique sont les mêmes que dans celui de la technoscience* (voir les p. 198-199) : Doit-on moralement faire tout ce qui est techniquement possible ? Ou bien faut-il fixer des limites et restreindre ce pouvoir ? Or la manière dont la technoscience transforme nos valeurs morales dans le domaine de la bioéthique dépend des propriétés associées au vivant et à la vie humaine. On peut résumer la situation du rapport de l'homme avec sa nature d'être vivant de la manière suivante : les capacités techniques de transformer cette nature ont fait éclater la conception traditionnelle du vivant, selon laquelle un être vivant forme une entité animée par sa propre finalité. La vie est donc un processus continu dans le temps et intégré dans l'espace, qui tend à se conserver et à se reproduire. La transformation du vivant peut revêtir trois formes, soit la fragmentation, l'objectivation et la réduction.

La fragmentation du vivant

La première transformation est la **fragmentation** du vivant. Ce tout, qui auparavant était indécomposable, peut maintenant être décomposé artificiellement. Ainsi, la mort se décompose maintenant en plusieurs morts : celle des organes, celle du corps, celle du cerveau et enfin celle de la personnalité. On observe le même phénomène dans le domaine de la reproduction humaine. La contraception permet déjà de séparer la sexualité d'avec la reproduction, et on peut avoir des rapports sexuels sans faire d'enfants. Les nouvelles technologies de reproduction (NTR) apparues depuis vingt ans permettent désormais de fragmenter la fonction reproductive elle-même : on peut faire un enfant sans avoir de rapports sexuels.

L'insémination artificielle, la fécondation *in vitro* (la rencontre du spermatozoïde et de l'ovule à l'extérieur du corps) et le transfert d'embryons (les embryons obtenus sont implantés dans l'utérus et ceux qui restent sont congelés pour le cas où un autre essai serait nécessaire) sont utiles pour lutter contre la stérilité. Mais il en résulte une fragmentation de la paternité et de la maternité, et un enfant peut avoir plusieurs pères et mères. Le père social, c'est-à-dire celui qui prend soin de l'enfant, peut ne pas être le père génétique. De même, la mère génétique n'est pas nécessairement celle qui mène la grossesse à terme, laquelle à son tour n'est pas toujours la mère sociale. Qui sont alors les parents légitimes ? Le problème s'est déjà posé plusieurs fois dans les années 1980, entre autres aux États-Unis. Certains cas ont créé un précédent (voir l'encadré suivant).

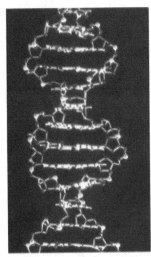

La découverte de la structure en double hélice de l'ADN (acide désoxyribonucléique) par F. Crick et J. Watson en 1957 a ouvert la voie à des recherches génétiques qui ont abouti au séquençage complet du génome humain en 2001. Si notre organisme est façonné par notre code génétique, est-ce à dire que notre vie l'est également ?

L'affaire Baby M.

En 1987, un couple américain dont la femme ne peut porter d'enfant décide d'avoir recours à l'insémination artificielle. Une seconde femme accepte, contre rémunération, de recevoir le sperme du mari, de porter à terme l'enfant, puis de le confier au couple. Mais, au cours de la grossesse, la mère porteuse change d'idée et désire garder l'enfant. Le couple la poursuit en justice et fait valoir qu'un contrat librement consenti a été rompu et que le père génétique a un droit de paternité sur l'enfant à naître. À qui faudra-t-il confier l'enfant à sa naissance ? La Cour du New Jersey statue en 1988 que c'est le couple qui aura la charge de l'enfant, et non la mère porteuse. L'affaire Baby M. fait date, car jusqu'alors la mère porteuse a toujours été considérée comme la mère légitime.

QUESTION

Tentez de justifier, en utilisant des arguments selon la nature, selon les droits et selon les conséquences, les décisions suivantes : 1) réalisation du contrat de gestation ; 2) remise de l'enfant à la mère porteuse ; 3) remise de l'enfant à un service d'adoption ; 4) interdiction de recourir aux NTR.

La fragmentation de la maternité et de la paternité ne risque-t-elle pas de priver la maternité, la paternité, la parenté, la descendance et la famille de tout leur sens, non seulement aux yeux de la loi, mais sur le plan moral ? Par exemple, une femme peut-elle faire porter un de ses ovules par sa propre mère, qui serait alors à la fois mère et grand-mère de l'enfant ? Quelles peuvent être les conséquences de ce phénomène sur le développement des enfants ainsi conçus ? Que faire des embryons surnuméraires si les parents n'en ont plus besoin ou s'ils meurent ? On le voit, la fragmentation technique du vivant conduit à des situations de fragmentation des valeurs, ce qui nous oblige à les redéfinir dans l'incertitude.

L'objectivation du vivant

La deuxième transformation du vivant par la technique est l'**objectivation** : on tend de plus en plus à considérer le vivant comme un objet. Il devient d'abord un objet de connaissance, ce qui est bon en soi selon les philosophes. La connaissance scientifique n'est cependant pas de nature contemplative ; pour l'obtenir, il faut des appareils et, par conséquent, une technique. L'objectivation du vivant consiste donc à faire de ce dernier l'objet d'un faire, d'une manipulation, d'une production ; on l'utilise, on en fait un instrument, une chose et même un produit industriel.

BREVET
Titre juridique protégeant les droits d'exploitation d'une invention.

L'objectivation du vivant consiste aussi dans le fait qu'il est possible de le faire breveter* comme une invention, de le commercialiser et d'en tirer profit. Par exemple, un groupe de chercheurs est parvenu à créer une nouvelle souche de bactérie n'existant pas dans la nature et capable de digérer certains déchets industriels. Ces chercheurs peuvent-ils être considérés comme les propriétaires de la bactérie ? Celle-ci est-elle encore un organisme vivant ou est-elle devenue un produit industriel, une micro-usine ? Devrait-on permettre la commercialisation des organismes génétiquement modifiés ?

La réduction du vivant

La fragmentation et l'objectivation du vivant entraînent une troisième transformation, la **réduction** du vivant. Nous savons déjà (voir les p. 244-245) que la médecine moderne tend à ramener les propriétés complexes du vivant à des propriétés plus élémentaires, qu'elles soient mécaniques, physiques ou chimiques. C'est le cas, par exemple, en génétique et en génie génétique. Il est aujourd'hui possible d'identifier le gène responsable de plusieurs maladies héréditaires ou les gènes qui prédisposent un individu à souffrir de divers maux. Si on découvrait un gène prédisposant à la maladie d'Alzheimer* ou la causant, devrait-on s'efforcer de diagnostiquer ce gène à la naissance ? Faudrait-il tenter de le modifier par manipulation génétique dès le stade embryonnaire ?

MALADIE D'ALZHEIMER
Trouble du système nerveux et de la mémoire.

Ces questions se multiplieront dans un proche avenir, puisque la carte du génome humain est maintenant décryptée. La connaissance du bagage génétique peut restreindre notre liberté ; ainsi, un employeur pourrait refuser d'engager une personne qui serait prédisposée à contracter une maladie industrielle.

Les organismes génétiquement modifiés (OGM)

Depuis 1995, le Canada fait la culture commerciale de plantes transgéniques, ou OGM, que nous consommons régulièrement puisque nous en achetons dans les épiceries sans le savoir. Il s'agit de plantes, tels le maïs, le soja, la pomme de terre, dans lesquelles on a inséré le gène d'un autre organisme vivant pour qu'elles en acquièrent une propriété. Ainsi, on a conçu une variété de tomates plus résistante au froid en introduisant le gène d'un poisson de l'Arctique.

À l'été 1999, on a testé au Canada une nouvelle variété de tabac qui, grâce à l'adjonction d'un gène humain, devrait produire un composé utile pour traiter un trouble intestinal grave, la maladie de Crohn. Par ailleurs, on essaie maintenant de greffer des organes de porc sur des humains sans provoquer de réaction fatale depuis qu'on a inséré certains gènes humains dans ces porcs.

QUESTIONS

1. Jugez-vous que la transgénie constitue une violence faite à la nature ?

2. Voyez-vous une différence morale entre le transfert de gènes d'une plante à une autre, l'introduction de gènes d'animaux dans des plantes et l'introduction de gènes humains dans des plantes et des animaux ? Dites de quelle théorie éthique votre réponse est la plus proche.

Le maïs est une des premières plantes qu'on a modifiée génétiquement pour la rendre plus résistante aux attaques de certains insectes. La crainte pour la santé humaine a poussé certains pays à interdire les OGM ; dans d'autres pays, on obligera les producteurs à signaler leur présence sur les étiquettes de leurs marchandises.

Toutes ces transformations que subit notre conception de l'être vivant comme un tout orienté deviennent problématiques lorsque cet être vivant est un humain. Non seulement la vie **a** une valeur, mais elle **est** une valeur, et la vie humaine va au-delà de la simple vie biologique. Or l'être humain, grâce aux biotechnologies et au génie génétique, peut modifier sa nature biologique dans le but de vivre mieux en remplaçant, semble-t-il, les normes de la nature par ses propres normes. Que devient l'éthique face à la vie humaine si l'espèce humaine est en mesure de modifier sa propre nature biologique ? De vieilles questions philosophiques resurgissent, qui remettent en cause notre propre conception de nous-mêmes.

Le statut moral de l'être humain

Une des questions philosophiques concerne le statut de l'embryon humain et le respect qui lui est dû. Cette question ne fait pas l'unanimité, comme en témoignent les désaccords persistants sur la question de l'avortement. Ces désaccords proviennent pour une grande part de l'ambiguïté des notions de vie et d'être humain : Parlons-nous de la vie humaine au sens génétique et biologique ou de la vie au sens personnel et moral ? On peut distinguer trois principales conceptions philosophiques dans les tentatives pour répondre à cette question[3].

---

3.   Keating, 1993, p. 321-324 ; voir le texte à la fin de ce chapitre.

La conception vitaliste

Selon cette conception, la personne humaine existe dès l'apparition de la vie biologique ou de l'espèce humaine au sens génétique ; pour cette raison, on la qualifie de **vitaliste** ou de **biologique**. Suivant ce point de vue, on doit respecter l'embryon humain dès sa formation et non pas le considérer seulement comme une matière biologique, car cette matière est déjà une personne. Ses partisans défendent l'idée du **caractère sacré de la vie** ; ils adhèrent souvent à des traditions religieuses, par exemple à la tradition chrétienne.

Cette conception ancienne a donné lieu à plusieurs interprétations. Certains théologiens chrétiens ont défendu l'idée d'une **animation immédiate** : Dieu aurait insufflé l'âme aux premiers humains qui se la transmettraient depuis, ou encore Il créerait une âme à chaque acte de fécondation. D'autres ont affirmé que l'animation, ou le fait de recevoir une âme, n'était pas immédiate, mais se trouvait à l'état de germe, en puissance. Cette position plus modérée était celle de Thomas d'Aquin (voir la p. 28) au Moyen Âge et est encore aujourd'hui celle de l'Église catholique. Il conviendrait alors de reconnaître des droits au vivant humain, même embryonnaire ; par conséquent, il est hors de question de faire des expériences sur les embryons.

La conception vitaliste présente cependant des difficultés. Ceux qui défendent l'idée de l'animation immédiate interdisent toute intervention sur le vivant, qui serait considérée comme un viol, et accordent à l'embryon les mêmes droits qu'aux personnes adultes. On sait pourtant que les embryons ne survivent pas tous : un œuf fécondé sur deux meurt avant la sixième semaine. Si la vie est sacrée, pourquoi Dieu lui-même la sacrifie-t-Il ? Chez ceux qui soutiennent l'idée de la « personne potentielle », on tolère une intervention raisonnable sur le vivant humain, mais il est difficile d'en déterminer les limites. L'idée de potentialité a en effet le désavantage de mettre sur le même pied ce qui est en puissance et ce qui est actualisé : « Il est absurde de traiter une personne potentielle comme une personne actuelle[4]. »

La conception relationnelle

Selon la deuxième conception philosophique, une personne est un être qui s'affirme comme tel face à autrui ou que les autres reconnaissent comme tel. Cette conception est axée sur l'appartenance à une communauté humaine plutôt que sur la seule appartenance génétique à l'espèce humaine ; on la qualifie pour cette raison de **relationnelle**. Être une personne humaine consiste à établir des relations avec d'autres personnes humaines : le statut moral dépend de la reconnaissance par autrui et par la société.

L'embryon n'a alors pas de droits par lui-même ou comme personne potentielle, mais seulement s'il s'inscrit dans les projets et les volontés des personnes actuelles. Par exemple, si les embryons congelés ne servent plus un projet

---

4. Keating, 1993, p. 322.

L'éthique du respect de la vie

L'éthique consiste en ceci que je ressens l'obligation de manifester envers toute volonté de vie le même respect que je manifeste envers la mienne. Tel est le principe fondamental de la morale basée sur la pensée. Conserver la vie, la favoriser est bon, détruire la vie, la léser est mauvais. [...] L'éthique du respect de la vie, qui a pour principe que favoriser la vie est bon, détruire et léser la vie est mauvais, aboutit à la religion de Jésus. Elle constate que la relation d'amour avec les autres êtres est la seule qui s'impose à la pensée. L'éthique, c'est le maintien de la vie, de la mienne comme celle des autres, à son plus haut point de développement. C'est là le but vers lequel il faut tendre.

Source : Schweitzer, 1952, p. 54-55.

QUESTION

Le principe du caractère sacré de la vie et celui de la qualité de vie sont-ils compatibles ? Décrivez des situations qui correspondent à votre point de vue.

---

parental, ils pourront être détruits parce qu'ils seront considérés comme des choses, comme un simple matériel biologique. Si la communauté légalise l'entreprise, ces mêmes embryons pourront faire l'objet d'expériences utiles, par exemple dans le but de produire un médicament.

La condition de reconnaissance présuppose cependant des facultés relationnelles complexes, comme le langage, la conscience, la volonté ou la rationalité ; en fin de compte, seul un être moral capable d'autonomie, c'est-à-dire un adulte « normal », serait une personne, ce qui implique que certains êtres humains actuels ne seraient pas des personnes. Cette idée, d'inspiration kantienne (voir la p. 32), va à l'encontre de bon nombre de valeurs morales admises : un enfant handicapé qui n'est plus reconnu par ses parents mérite-t-il toujours le respect ? De même, les êtres humains qui ne sont plus en relation avec autrui, comme les comateux ou les personnes âgées séniles, cessent-ils d'être des personnes ? Pourtant, on respecte même les cadavres, les corps de ceux qui **ont** été des personnes. La capacité d'entrer en relation est peut-être une condition nécessaire à l'obtention du statut de personne, mais elle n'est pas la seule[5].

La conception développementale

Les conceptions vitaliste et relationnelle semblent trop exigeantes, trop unilatérales ; elles fournissent des réponses simples à des questions complexes qui peuvent être facilement récupérables par des idéologies. Relativement à ces questions fondamentales, une troisième conception philosophique, en quelque sorte

---

5. Keating, 1993, p. 124.

intermédiaire, met l'accent sur le développement de l'embryon humain : il s'agit de la conception **développementale**, qui consiste à établir différents stades biologiques dans la croissance du vivant et à leur accorder une signification morale. Elle tient ainsi compte, à l'instar de la conception vitaliste, des propriétés naturelles du vivant, mais elle place leur portée morale dans la reconnaissance, comme le fait la conception relationnelle.

Dans cette perspective, l'être humain n'est pas une personne dès la fécondation, car l'ovule fécondé ne réussit pas toujours à s'implanter sur la paroi de l'utérus. S'il y parvient, le développement cellulaire s'amorcera. Cependant, l'embryon n'acquiert son individualité qu'au quinzième jour ; avant ce stade, l'œuf fécondé peut se diviser et produire plus d'un embryon. Ce **critère d'individualité** constitue un stade jugé significatif moralement ; plusieurs pays permettent donc l'expérimentation sur l'embryon de moins de quinze jours, mais pas après. Un autre stade considéré comme déterminant est celui de l'apparition du tube neural (système nerveux) vers la septième semaine. Ce **critère de sensibilité** signifie qu'à ce stade l'embryon pourrait ressentir des stimuli désagréables et en souffrir. La diminution de la douleur constitue en médecine un principe moral, celui de la bienfaisance, et nous savons que la capacité de ressentir est une des définitions possibles de l'utilité dans la théorie éthique utilitariste (voir les p. 42-43 et 282-283).

Selon la conception développementale, nos obligations s'étendent à mesure que l'embryon se développe. La question des stades n'équivaut pas à l'idée de potentialité, car on ne parle pas ici de personne en puissance, mais de stades effectifs du développement. Cette position philosophique demeure pourtant bien insatisfaisante, car chacun de ces critères prête à la critique : Les critères ne sont-ils pas arbitraires ? Pourquoi retenir ceux-là plutôt que d'autres ? Si de nouvelles découvertes venaient modifier notre connaissance des stades de développement, nos obligations changeraient-elles aussi ? La position développementale dépend ainsi étroitement du progrès biomédical et semble le légitimer.

Conclusion

Ces trois conceptions philosophiques constituent des tentatives pour répondre à des questions fondamentales en bioéthique : Qu'est-ce que l'être humain ? Selon quels critères est-il une personne ? Que signifie lui reconnaître une personnalité morale ? Les réponses à ces questions correspondent aux différentes conceptions de l'être humain élaborées dans d'autres branches de la philosophie, comme l'anthropologie*. La philosophie n'offre cependant pas en ces matières une vérité unique mettant fin à la discussion ; elle permet plutôt de l'amorcer vraiment, en connaissance de cause, c'est-à-dire en utilisant la raison, en examinant de façon critique les arguments et en s'engageant dans un dialogue ouvert.

ANTHROPOLOGIE
Du grec *anthropos*, « homme » : étude philosophique de l'être humain.

En bioéthique comme ailleurs, la philosophie ne fournit pas de méthode permettant d'éluder les prises de position raisonnables et d'en réduire le nombre ; elle se nourrit au contraire de leurs divergences et aide à les comprendre. Ce chapitre aura permis à l'étudiant de comprendre le sens de la démarche éthique dans le domaine de la santé et de défendre rationnellement une position dans un contexte pluraliste. Dans les sociétés démocratiques, il n'y a pas d'unanimité quant à la conception de l'être humain et à la valeur de la santé, même en philosophie ; par exemple, la santé est un bien extérieur pour Aristote, mais elle constitue le bien le plus fondamental pour Descartes. La philosophie morale ne peut apporter de réponses tranchées, mais elle invite à la recherche raisonnée et pacifique de solutions pratiques.

EXERCICES

SYNTHÉTISEZ VOS CONNAISSANCES ET DÉVELOPPEZ UNE ARGUMENTATION

1. En quoi la médecine actuelle diffère-t-elle de la médecine de l'Antiquité ?

2. Expliquez le but de la bioéthique en fonction de son contexte d'apparition.

3. Est-il juste que la loi québécoise actuelle oblige toutes les personnes majeures à souscrire une assurance-médicaments ? Présentez vos arguments en vous appuyant sur une des théories de la justice exposées dans la deuxième partie de cet ouvrage.

4. Devrait-on permettre la greffe de tissus fœtaux dans le cerveau des personnes atteintes de la maladie de Parkinson si cette intervention peut les guérir et si aucun autre traitement n'est efficace ? Abordez la question selon l'une des trois conceptions du statut moral de l'être humain et justifiez votre position en tenant compte des objections possibles.

REPÉREZ LES IDÉES ET ANALYSEZ LE TEXTE

« Statut de l'embryon » (extraits)

1. Tendance dite génétique : privilégier le potentiel

La première tendance met en évidence la *détermination génétique* du développement. Parce que la formation d'un nouvel individu, à partir du patrimoine génétique des parents, est le seul événement qui échappe à la continuité qui caractérise le développement embryonnaire, il faudrait conclure que l'être personnel est lié à la possession de l'identité génétique.

On peut distinguer deux versions de cet argument : la première met l'accent sur l'appartenance à l'espèce, la seconde sur la possession du potentiel génétique.

1.1 *L'appartenance à l'espèce comme fondement des droits de l'embryon*

La possession du patrimoine génétique caractéristique de l'espèce humaine atteste, de ce point de vue, de la nature humaine et donc personnelle de l'embryon. En effet, l'être personnel est conçu comme une réalité d'ordre substantiel inhérente à la nature humaine. On retrouve cette idée exprimée avec beaucoup de clarté chez J.T. Noonan, un des plus influents représentants de cette position.

L'être humain est donc une personne dès la conception.

Parmi les critiques adressées à cette position on peut relever deux objections principales. D'une part, la pertinence morale de l'argument est mise en doute : on objecte que l'appartenance à l'espèce *homo sapiens* ne saurait être moralement significative. Le respect dû à la personne reposerait plutôt sur le caractère raisonnable de l'être humain. D'autre part, on fait valoir que l'individualité biologique de l'embryon n'étant pas assurée avant la fin de la nidation, il ne saurait être une personne avant ce moment.

Cette objection se réclame souvent de la pensée thomiste. En effet, saint Thomas, à la suite de Boèce, définissait la personne comme « une substance individuelle de nature rationnelle ». L'embryon dont l'identité biologique n'est pas assurée ne saurait donc être une personne.

1.2 La possession du potentiel comme fondement des droits de l'embryon

Cette position peut être présentée comme une version modérée de l'argument génétique. Elle ne retient pas l'appartenance à l'espèce comme décisive, mais fait appel au concept de potentialité pour expliquer pourquoi on devrait traiter l'embryon comme une personne humaine.

La position du Comité Consultatif National d'Éthique français selon lequel l'embryon est une *personne potentielle* peut être assimilée à ce courant de pensée, dans la mesure où une valeur déterminante est accordée à la possession du potentiel, avant même son actualisation. Cependant, le Comité, pour appuyer sa position, prend aussi en compte les facteurs culturels, sociaux et relationnels. Cette qualification de l'embryon comme personne potentielle revendique un caractère strictement éthique. La biologie ne saurait donc, de l'avis du Comité, définir la personne et cela même si elle fournit à l'éthique des indications précieuses. De plus, il précise que le concept de personne potentielle est « fondé en raison ».

[...]

1.3 La critique de l'argument de potentialité

La discussion de l'argument de potentialité est le lieu d'un débat philosophique majeur. L'objection le plus souvent soulevée contre cette thèse est qu'il est absurde de traiter une personne potentielle comme une personne actuelle. Cette position impliquerait qu'on donne la même valeur à un gland qu'à un chêne ou qu'on accepte de traiter comme un président des États-Unis tout

président potentiel! Engelhardt a développé une critique très éclairante de l'argument de potentialité. Selon son analyse, l'idée de personne potentielle implique une conception substantielle de la personne. Engelhardt rejette cette conception et reprend à son compte les objections soulevées à ce sujet par Locke et Kant.

[...]

2. Tendance dite développementale : privilégier le développement effectif de la personne

Concevoir la personnalité comme une caractéristique complexe que l'être humain acquiert au cours de son développement conduit à s'intéresser de près au développement embryonnaire. Ainsi, Grobstein, dans sa description du développement, met en évidence les caractéristiques qui pourraient avoir éventuellement une signification éthique. Ces caractéristiques vont de la simple sensibilité à la conscience morale. Selon lui, c'est la conscience qui est la condition pour que des droits puissent être attribués à l'embryon. Mais dans le processus qui conduit à l'émergence de la conscience, la sensibilité apparaît comme la forme rudimentaire de ce que sera plus tard la conscience de soi réfléchie. C'est pourquoi la détermination du moment où l'embryon peut commencer à souffrir détermine le début de son être personnel.

Il faut se rappeler à ce sujet que pour l'utilitarisme, la question des droits et des intérêts est intimement liée. Si l'embryon n'a pas de sensibilité, il n'a pas d'intérêt à être protégé et, dans ce cas, on ne peut parler de droits de l'embryon.

Les indicateurs d'humanité développés par J. Fletcher ont certainement joué un rôle significatif dans le développement de cette thèse. En effet, dès 1972, Fletcher avait soumis à la discussion la première version de ses indicateurs d'humanité. La liste de critères comprenait quinze critères positifs et cinq négatifs. En 1974, tenant compte des critiques reçues, il en soumettait une seconde. Cette nouvelle liste privilégiait cette fois quatre critères : fonction néocorticale, conscience, capacités d'entretenir des relations humaines et de ressentir du bonheur. Le rôle cardinal était accordé à la fonction néocorticale.

Engelhardt présente, pour sa part, une thèse d'inspiration néo-kantienne qui conduit à une exigence maximale : c'est l'être humain en tant qu'il est effectivement un agent moral qui peut être dit personne au sens strict. Ce n'est donc pas l'appartenance comme telle à l'espèce humaine qui donne à l'être humain sa valeur, mais la conscience, la rationalité, le sens moral dont sont capables les membres de cette espèce. Si bien que des êtres qui n'appartiendraient pas à l'espèce humaine, mais qui présenteraient néanmoins ces caractéristiques, devraient être considérés comme des personnes.

[...]

3. Tendance dite relationnelle : privilégier la reconnaissance sociale

La tentative la plus significative à cet égard est sans doute celle réalisée par l'équipe de la revue *Études* en 1973 qui, refusant de réduire la personne à sa dimension biologique, met l'accent sur sa dimension relationnelle. Dans cette perspective, c'est l'insertion dans le langage, dans la vie interpersonnelle, et non la nature qui fait la personne. Ainsi, on mettra en évidence la nécessité d'un projet parental concret pour que l'être humain conçu puisse advenir à la personnalité. La personne est non seulement un être biologique, mais elle est essentiellement relationnelle. C'est pourquoi, par exemple, il peut être acceptable de ce point de vue d'utiliser des embryons surnuméraires à des fins d'expérimentations scientifiques. Ceux-ci, parce qu'ils ne sont pas inclus dans un projet parental (ils sont surnuméraires), n'accèdent pas à la dignité de personne. De la même manière, il est possible de légitimer l'avortement par l'absence de projet parental. On mettra alors en évidence les risques psychologiques auxquels on soumet l'enfant non désiré et non accueilli : sa personnalité risque d'en subir les conséquences néfastes.

À l'encontre de cette thèse, on peut formuler de nombreuses critiques. Soulignons d'abord qu'elle soumet l'accès à la dignité de personne aux aléas du désir parental et de ses capacités d'accueil. De la même façon, elle permet d'élaborer un concept de mort sociale : le comateux pourrait cesser d'être une personne au moment où il serait exclu de son réseau de relations sociales. La personnalité, parce que liée à la vie relationnelle des personnes, est dès lors contextuelle.

L'insertion dans l'échange interpersonnel est, certes, condition nécessaire pour le développement de la personnalité au sens psychologique du terme, mais elle n'est cependant pas la seule condition. Le chimpanzé, inséré dès son jeune âge dans la famille humaine, ne développera jamais la capacité de jugement moral propre à la personne. Cette capacité de développer une personnalité au sens psychologique du terme, si le contexte interpersonnel le permet, serait-elle sans signification morale ?

La personnalité au sens moral du terme n'exprime-t-elle pas une réalité irréductible à la personnalité au sens psychologique ?

Les conséquences pratiques de l'adoption de la thèse relationnelle sont nombreuses. Si, positivement, il faut retenir qu'elle s'accorde bien avec les mœurs d'une société pluraliste où, sous réserve de l'acceptation des règles minimales de la convivialité sociale, chacun peut agir selon sa propre conception de la vie et des valeurs qui en découlent, il faut néanmoins constater qu'elle permet de légitimer socialement une manipulation technicienne de la vie en réduisant l'embryon, non inséré dans une vie relationnelle, à un statut de pur matériau biologique.

Source : Keating, 1993, p. 321-324.

QUESTIONS

1. Dans ce texte, il est question d'accorder une protection morale et juridique à l'embryon parce qu'il serait une personne potentielle. Expliquez les raisons de cette conception et montrez-en les limites.

2. Selon la conception relationnelle, est-ce qu'un nouveau-né aurait droit à la même protection qu'une personne adulte ? Justifiez votre réponse.

3. Quelle conception du statut de l'embryon vous paraît la plus juste moralement ? Justifiez votre réponse.

Lectures suggérées

BAUDOUIN, Jean-Louis (1993), *Éthique de la mort et droit à la mort*, Paris, PUF.

BLONDEAU, Danièle (sous la dir. de) (1986), « Code de déontologie national – AIIC », *De l'éthique à la bioéthique : repères en soins infirmiers*, Boucherville, Gaëtan Morin.

BOITTE, Pierre (1997), *Pour une éthique de la santé publique dans une société vieillissante*, Montréal, Fides.

DURAND, Guy (1989), *La bioéthique. Nature, principes, enjeux*, Montréal, Fides.

HOTTOIS, Gilbert et Marie-Hélène PARIZEAU (sous la dir. de) (1993), *Les mots de la bioéthique. Un vocabulaire encyclopédique*, Montréal, ERPI.

PARENT, Karl et Louise VANDELAC (2000), *Le clonage ou l'art de se faire doubler*, film, Montréal, Office national du film du Canada.

CHAPITRE 12

L'éthique de l'environnement

Introduction

L'environnement, sujet à la mode, est le domaine de prédilection des bons sentiments. La publicité et l'industrie récupèrent allègrement les préoccupations environnementales, sur lesquelles elles fondent un discours moralisateur. Dans le présent chapitre, nous tentons d'échapper à ce discours en examinant ce que devient l'éthique environnementale. Mais tout d'abord, qu'est-ce que l'environnement ? Est-ce la nature ? L'écologie ?

Dans un premier temps, nous retracerons l'évolution de l'idée de nature dans la civilisation occidentale et l'apparition de l'intérêt à l'égard de l'environnement, ce qui nous permettra d'aborder quelques problèmes moraux courants dans la pratique professionnelle en ce domaine. Nous verrons ensuite pourquoi l'environnement est devenu une préoccupation sociale et dans quel sens tous les citoyens responsables peuvent devenir environnementalistes. En effet, nous assistons depuis une trentaine d'années à la politisation de la nature ; cette situation mondiale représente un défi éthique et politique majeur pour toute l'humanité. Comment en effet discuter et résoudre les questions pratiques lorsqu'elles en entraînent d'autres qui portent sur la place de l'homme dans l'environnement et sur la valeur qu'il accorde à la nature ? Ces questions impliquent des prises de position philosophiques fondamentales que nous examinerons à la fin de ce chapitre. Certaines d'entre elles reprennent d'une façon originale les théories éthiques exposées dans la partie I, alors que d'autres rompent avec cette tradition.

LA NATURE, L'ENVIRONNEMENT ET L'ÉCOLOGIE

La nature a existé bien avant l'apparition de l'espèce humaine, et celle-ci est elle-même le fruit d'une longue évolution du vivant. L'homme n'est pas au centre de la nature, mais bien plutôt un être vivant parmi d'autres : voilà ce que nous apprennent les sciences naturelles et biologiques. Pourtant, en pratique, l'être humain maîtrise les forces de la nature pour répondre à ses propres besoins et, d'un point de vue moral, il semble se considérer comme l'espèce la plus importante. Il y a là une situation paradoxale à laquelle on tente d'échapper en prétendant qu'autrefois les relations de l'homme avec la nature étaient harmonieuses.

L'évolution de l'idée de nature en Occident

Il ne reste de la civilisation florissante de l'Île de Pâques que ces rangées de statues, impressionnantes et mystérieuses. On croit que les habitants auraient progressivement utilisé tout le bois de l'Île, ce qui aurait ruiné leurs possibilités de survie.

Cette prétendue harmonie passée n'est pas nécessairement vraie. S'il y avait une harmonie à l'époque de l'Antiquité et de la Renaissance, elle reposait sur une nécessité contraignante : on ne pouvait rien faire contre la nature. Aujourd'hui, nous parlons de cette harmonie en fonction de décision humaine et de projet à réaliser. Par ailleurs, les sociétés traditionnelles aussi transformaient la nature. Par exemple, le territoire actuel du Liban a depuis longtemps perdu ses forêts de cèdres au profit de la construction navale. Il est vrai que ces transformations n'affectaient pas globalement la nature, qui conservait son pouvoir de ressourcement.

À l'époque moderne, la conception de la nature a changé avec l'apparition des sciences expérimentales et le développement de l'industrie. Tout d'abord, la science moderne apparue avec Galilée au XVIIe siècle vide le monde de ses finalités : la nature physique ne constitue plus un cosmos ou une création, mais un ensemble de forces mécaniques produisant le mouvement. Le monde perd de son enchantement et il devient pour l'homme un environnement neutre.

Ensuite, grâce à la révolution industrielle du XVIIIe siècle, née de la mise en application des découvertes de la science, l'économie cesse d'être une économie de subsistance : elle permet l'accumulation et la capitalisation d'un surplus en augmentation constante et elle devient une **économie de croissance**. La nature, cette source qui se régénère, est considérée comme une ressource pour l'industrie. Elle n'a plus pour l'homme une valeur en soi qui puisse l'aider à régler sa conduite, mais elle prend une valeur d'instrument qui se mesure à son importance pour les projets de l'homme.

La modernité amène donc une rupture de la continuité entre l'homme et la nature. Cette rupture est toujours actuelle, car l'appropriation, l'exploitation et la domination de la nature exigent sans cesse qu'on repousse et qu'on oublie la naturecosmos d'antan. Ce phénomène soulève des résistances, l'action de l'être humain sur la nature prenant aujourd'hui une dimension globale : l'homme pourrait bien détruire le potentiel régénérateur de la nature et ainsi périr avec elle.

L'intérêt actuel à l'égard de l'environnement

L'écologie

Cette crainte d'une possible catastrophe montre que la vie humaine dépend de la nature, source de vie. Au tournant du XXe siècle, les sciences naturelles consacrent la séparation de

Galilée (1564-1642) et des invités, à Florence.

l'homme d'avec la nature et les sciences biologiques en pleine émergence réinscrivent l'être humain dans le règne du vivant. La branche de la biologie qui étudie les rapports des êtres vivants avec leur milieu est l'**écologie**. Ce mot, créé en 1866 par le naturaliste allemand Ernst Haeckel, a la même racine que le terme « **économie** » (du grec *oikos*, « habitat », « demeure »). L'écologie était à ses débuts une économie de la nature, c'est-à-dire l'étude de l'organisation de l'habitat des êtres vivants.

L'ensemble de la nature est considéré comme la demeure de l'homme, et il revient à ce dernier de bien la garder. C'est ce que sous-tendent le concept d'écosystème, inventé par le biologiste Arthur Tansley en 1935 pour remplacer celui de milieu, et le concept de biosphère, créé par Vladimir Vernadsky en 1929 pour désigner la terre des vivants et non seulement la terre des hommes. Ces idées mettent l'accent sur le fait que le vivant est un ensemble d'éléments interdépendants ou qu'il constitue une totalité autorégulée*. Elles permettent de prendre conscience que l'être humain ne vit pas **sur** la Terre, mais **dans** la biosphère.

AUTORÉGULÉ
Se dit d'un organisme ou d'un appareil qui se règle de lui-même.

Les premières controverses

L'une des premières controverses environnementales, survenue au début du XXe siècle, témoigne du fossé qui se creuse entre le discours de l'écologie et celui de l'économie. Elle concernait la politique à adopter aux États-Unis à propos des forêts et opposait les « conservationnistes » et les « préservationnistes ». Les premiers s'inspiraient de la pensée de John Muir, le pionnier de la création des parcs nationaux ; selon eux, il fallait conserver de vastes zones libres de toute exploitation industrielle au nom de la préservation de la faune et de la flore. Les seconds reconnaissaient également la valeur de ces zones naturelles, mais seulement dans la mesure où il s'agissait de préserver leur potentiel de ressources pour l'industrie forestière. Cette controverse est tout à fait typique de la tension qui caractérise notre relation à la nature, comme l'attestent les débats ayant suivi en 1999 la diffusion du film de Richard Desjardins, *L'erreur boréale*.

L'éthique environnementale

L'éthique environnementale naît dans les années 1960 et 1970. Après quelques décennies de consommation de masse dans les pays industrialisés, les phénomènes de la pollution et des déchets deviennent manifestes aux yeux des citoyens. On commence alors à examiner l'effet de l'environnement sur les conditions de vie ainsi que les modifications d'ensemble qu'on lui fait subir. Bref, c'est au moment où se font sentir les conséquences globales de la transformation de la biosphère que se pose la question pratique de la décision : Que faire, comment agir et pourquoi ?

L'éthique de l'environnement porte sur la manière dont se posent et pourraient se résoudre les problèmes moraux relatifs à la relation de l'être humain au vivant non humain. Cette éthique sectorielle se distingue de l'écologie, la science des écosystèmes, et des mouvements militants qui s'en inspirent, comme l'écologisme et l'environnementalisme (voir les p. 275 à 280). Elle peut cependant concerner aussi bien les scientifiques que les militants, ce qui explique sans doute pourquoi une même personne peut être l'un et l'autre. Mais un spécialiste de l'environnement en technique de l'eau, par exemple, est-il moralement obligé de se soucier du sort de la planète ? Pour répondre à cette question, il faut examiner ce que devient l'éthique dans les professions et les occupations liées à l'environnement.

L'ÉTHIQUE EN ENVIRONNEMENT

Les professionnels et les environnementalistes

DÉONTOLOGIE
Du grec *deon*, « devoir »,
et *logos*, « savoir » :
code écrit, ayant valeur
légale, des devoirs et
des normes de conduite
des membres
d'une profession.

L'éthique en environnement ne se fonde pas sur une déontologie* particulière, comme la bioéthique est liée à la déontologie médicale. En effet, les gens qui travaillent dans le secteur de l'environnement ne font pas tous partie de la même association professionnelle, sans doute parce qu'aucun groupe en particulier (les biologistes, par exemple) n'a une expertise globale dans le domaine. Cette situation particulière entraîne une certaine manière d'aborder les problèmes moraux.

L'éthique en environnement semble être d'ordre public ou politique : c'est l'État et la société, et non un groupe professionnel en particulier, qui traitent ces sujets. À première vue, la présence et l'influence des groupes environnementalistes et écologistes viennent contredire cette affirmation : Ne sont-ils pas des spécialistes des dossiers environnementaux qui interviennent sur la place publique et dans les médias ? Assurément, mais leurs interventions relèvent de l'engagement envers une cause et non d'un savoir spécialisé. De plus, leur mode d'organisation est celui de mouvements militants, de groupes d'intervention ou de pression, et n'importe quel citoyen responsable peut en faire partie. Lorsqu'un avis scientifique est nécessaire, ces groupes peuvent faire appel à des spécialistes de la chimie ou de la santé pour fournir une contre-expertise. Il ne faut donc pas confondre les différents professionnels qui travaillent dans le secteur de l'environnement avec les environnementalistes.

Les aspects techniques et moraux des normes environnementales

À défaut d'un code d'éthique en matière d'environnement, on trouve au Québec comme ailleurs une multitude de normes environnementales pour mesurer et encadrer une large gamme de phénomènes : taux acceptable de SO_2 dans les gaz d'échappement des voitures, règles concernant le traitement des eaux usées, nombre et taille des truites que l'on peut pêcher en eau douce, quantité tolérable de BPC* dans le lait maternel, etc. Ces normes s'inscrivent dans des orientations générales souvent définies par des lois, comme celles portant sur la protection de la santé publique, des cours d'eau ou des animaux, ou sur la gestion d'une ressource comme la forêt. C'est le domaine de la protection qui cause le plus de difficultés aux personnes chargées d'appliquer les lois.

BPC
Biphényles polychlorés : produit toxique qui demeure longtemps dans la chaîne alimentaire.

Un chimiste, une biologiste ou une spécialiste des maladies industrielles font face à un conflit moral lorsque, par exemple, leur expertise technique cautionne des fins qu'ils désapprouvent ou que leur travail consiste à assurer l'application de normes qu'ils jugent trop permissives. Dans une expérience éthique de ce genre, le professionnel est partagé entre son savoir spécialisé et son souci d'autrui. Que signifie « bien faire son travail » dans ce cas ? Par exemple, une entreprise de recyclage place à l'extérieur de ses bâtiments de vieilles batteries d'automobiles, faute d'espace. Le terrain se contamine, mais le procédé est conforme aux normes en vigueur ; le vent, cependant, transporte parfois des poussières chez les voisins. Que devrait faire un inspecteur, le directeur de l'entreprise ou même un de ses employés ?

Il peut être tentant de s'en tenir aux normes et de dire que les affaires qui regardent la morale sont du ressort de l'employeur ou des politiciens. Une telle attitude peut être qualifiée de **conformiste** (on dit aussi parfois « légaliste ») : du moment qu'on se conforme à la norme ou que les autres s'y conforment, tout va bien. Mais cette norme conduit-elle au but recherché ? Couvre-t-elle tous les principaux aspects de la situation ? Le travail scientifique et technique devient ici semblable à une pratique professionnelle défendant certaines valeurs ; celles-ci peuvent être précisées dans un code ou avoir été définies lors de l'adoption de la norme environnementale.

Les situations de ce genre permettent de voir que, dans le secteur de l'environnement comme partout ailleurs, les problèmes moraux ne se démêlent pas aisément. Ils apparaissent dans toute leur étendue grâce à un effort d'interprétation, qui permet de les séparer des questions techniques ou administratives.

L'industrie et l'environnement

Outre les professionnels, d'autres catégories de personnes, tels les industriels et les agriculteurs, ont souvent à résoudre des problèmes moraux qui concernent l'environnement puisque leur secteur d'activité touche les ressources naturelles.

La conception économique classique

Traditionnellement, le but premier de l'industrie est d'utiliser une ressource de façon efficace et optimale et non pas de veiller à la protection de la nature. Dans la doctrine économique classique, les impacts environnementaux de l'activité industrielle ne sont pas comptabilisés, car ils représentent des à-côtés, des effets secondaires qui se situent en dehors du circuit de l'offre et de la demande. Parce qu'ils sont apparemment hors du marché, on les appelle des **externalités**.

Par exemple, l'eau de la rivière qu'utilise une usine pour refroidir ses appareils en sort plus chaude et peut-être chargée de polluants. Les citoyens ou les autres entrepreneurs installés en aval de la rivière devront traiter cette eau avant de l'utiliser, et donc engager des frais. Ces derniers ne peuvent ni figurer dans le bilan de l'entreprise ni être amortis par une hausse du prix des produits ; ils ne transitent pas par le marché et restent extérieurs au circuit économique. Autrement dit, dans le discours économique classique, l'environnement est un réservoir qui n'est pas soumis aux lois de l'économie, et il reste sans valeur tant qu'il n'entre pas dans le circuit de la production et de l'échange.

L'économie de l'environnement

L'association de l'écologie et de l'économie a donné naissance à une discipline plus récente : l'économie de l'environnement. Il s'agit de donner une valeur marchande aux coûts environnementaux en « internalisant » les externalités : désormais, les dommages sont comptabilisés sur le marché. Cette action peut prendre diverses formes : une « éco-taxe » gérée par l'État, des mesures de compensation des dommages correspondant au principe du pollueur-payeur ou la création de nouveaux marchés pour les résidus. Ces mesures varient selon les pays et sont plus ou moins contraignantes pour les entreprises ; beaucoup s'y soumettent davantage par stratégie de marketing, pour montrer une bonne image, que par conviction. De nos jours, l'éthique de l'environnement, pour l'industriel consciencieux, fait donc partie de l'éthique des affaires, dont nous avons déjà vu l'ambiguïté fondamentale (voir les p. 230 à 232). On parle alors de capitalisme vert.

Le Saint-Laurent : artère biologique ou autoroute maritime ?

Le gouvernement fédéral souhaite faire creuser de 30 cm le chenal de la Voie maritime entre Montréal et Québec, pour que les navires puissent transporter un plus grand nombre de conteneurs. Cela devrait permettre d'améliorer la position concurrentielle du port de Montréal, en perte de vitesse depuis que les navires un peu plus petits empruntent les écluses pour se rendre dans les Grands Lacs. Des groupes écologistes s'inquiètent des conséquences de ce projet. Le creusage remettrait en circulation dans l'eau les toxiques déposés dans les sédiments. De plus, l'augmentation du tonnage des bateaux accentuerait l'érosion des berges du lac Saint-Pierre, un important refuge d'oiseaux migrateurs, et risquerait d'accélérer le déclin de certaines espèces de poissons.

Source : D'après Francœur, 1996.

QUESTIONS

1. Comment les différents intervenants perçoivent-ils les effets de l'activité économique sur l'environnement ?

2. Quelle attitude vous paraît la plus justifiable ? Pourquoi ?

L'agriculture industrielle

L'agriculture industrielle répond aussi aux impératifs d'efficacité et s'évalue sur le marché. Les agriculteurs connaissent donc le phénomène des effets externes tels que la pollution agricole par le purin, les engrais, les pesticides, etc. Des normes environnementales régissent toutes ces activités, et l'agriculteur doit s'y conformer ; par exemple, il doit demander un permis pour l'utilisation de telle ou telle substance. Ces normes ne permettent pas nécessairement de comptabiliser tous les effets externes, comme l'appauvrissement du sol, ou les effets réels ou appréhendés des pesticides sur la santé humaine. L'agriculteur voudra peut-être aller plus loin et cultiver la terre ou élever son bétail sans faire usage de produits chimiques ; il fait alors de l'agriculture biologique, dont les produits sont souvent plus chers et les profits, moins élevés.

L'ÉTHIQUE ET LA POLITIQUE DE L'ENVIRONNEMENT

Comme nous venons de le voir, le domaine de l'environnement concerne tout le monde : l'agir prend la dimension d'une pratique sociale. La délibération devient publique, les arguments s'affrontent au sein de prises de position et la décision se prend collectivement. L'éthique est également liée au politique ; il est par conséquent nécessaire d'examiner les liens qui unissent l'éthique et la politique de l'environnement.

La délibération publique et la participation démocratique

En éthique et en politique de l'environnement, l'expression du désaccord, la confrontation des points de vue et les modalités de prise de décisions font partie intégrante des problèmes environnementaux. Lorsqu'un projet est collectif, l'agir requiert la coopération d'autrui, et il faut amener chacun des intéressés à prendre part à ce projet. La résolution des problèmes devient donc une entreprise collective où les arguments peuvent être exprimés et examinés dans un cadre institutionnel approprié. Il y aurait lieu d'établir un cadre qui permettrait à la voix de la nature de se faire entendre, car elle est concernée au premier chef.

Le caractère public des problèmes environnementaux conduit à améliorer les procédures de participation démocratique existantes, c'est-à-dire à accorder plus d'attention à l'opinion du public concernant son bien-être et celui de l'environnement. Il s'agit avant tout d'ouvrir un espace intermédiaire entre les individus et l'État, un espace de discussion, et d'établir dans ce cadre une certaine égalité entre les citoyens, d'une part, et les experts et les promoteurs, d'autre part. Le BAPE est un exemple de ce genre d'institution.

Le réchauffement de l'atmosphère dû aux gaz à effet de serre se poursuivra au début du XXIᵉ siècle, même si les principaux pays s'entendent pour en réduire les émissions. Un des effets à long terme du réchauffement est la désertification.

Le BAPE

En 1978, le gouvernement du Québec crée le Bureau d'audiences publiques sur l'environnement (BAPE). Cet organisme a pour fonction d'évaluer les impacts environnementaux et sociaux des grands projets industriels tels que la construction de barrages, l'agrandissement d'usines, le passage de lignes de transmission électrique, et de conseiller le gouvernement. Tous les groupes intéressés peuvent y énoncer leur position et la défendre devant les commissaires, pourvu qu'ils respectent les procédures, parfois contraignantes : prendre connaissance du dossier des experts, rédiger un mémoire, respecter les échéances. Ces audiences sont publiques et de nature strictement consultative ; cependant, le processus de consultation confère aux recommandations du BAPE une autorité morale suffisante pour qu'elles soient prises en considération.

Pourquoi un examen public ? Voici les raisons énumérées par André Beauchamp, un ancien directeur du Bureau : 1) la population concernée fait partie intégrante de l'environnement ; 2) les citoyens concernés connaissent l'environnement de l'intérieur ; 3) certains d'entre eux sont des experts ; 4) la consultation permet de dégager les différentes valeurs sous-jacentes à un projet[1]. L'examen public fait apparaître les désaccords et permet d'en préciser l'objet et d'en évaluer la gravité ; il peut aussi contribuer à les atténuer par le moyen d'une entente entre les parties (voir les p. 153 à 159 portant sur l'éthique de la discussion).

1. Voir Beauchamp, 1993.

Les accords internationaux

Les écosystèmes ignorent les frontières tracées par les humains. Par conséquent, la logique écologique et la logique politique coïncident rarement. S'il n'y a qu'une seule Terre et un seul écosystème (la biosphère), l'humanité, en revanche, demeure politiquement divisée à l'échelle internationale.

Les changements climatiques planétaires, comme l'effet de serre, sont un excellent exemple de situation problématique mondiale en ce début du XXIe siècle. Ces changements suscitent en effet des désaccords de tous ordres et particulièrement d'ordre scientifique, car on ne s'entend pas sur les faits, première étape de toute bonne délibération. Y a-t-il vraiment un réchauffement significatif du climat planétaire ? La cause est-elle naturelle ou humaine ? Une cause humaine entraînerait alors une responsabilité partagée. Un réchauffement global de quelques degrés seulement provoquerait probablement la fonte partielle des calottes glaciaires des pôles, ce qui hausserait de quelques dizaines de centimètres le niveau moyen des mers et suffirait à inonder les pays situés sur les plaines côtières et à ruiner la plupart des installations portuaires dans le monde.

La dimension morale de ce problème environnemental mondial réside en ceci : les différents pays contribuent inégalement à l'émission des gaz à effet de serre et ils en subiraient inégalement les conséquences néfastes ; les pays qui émettent le moins pourraient écoper davantage. Il s'agit ici d'un problème de justice environnementale internationale, comme l'ont montré les négociations entre les 160 pays présents à la conférence de Kyoto en décembre 1997.

La conférence de Kyoto

Au Sommet de la Terre tenu à Rio (Brésil) en juin 1992, les pays industrialisés avaient pris l'engagement de ramener avant l'an 2000 leurs émissions de gaz à effet de serre à leur niveau de 1990, puis à les réduire par la suite. Cet engagement n'ayant pas été respecté, la conférence de Kyoto avait pour but de conclure une nouvelle entente à ce sujet. Les États-Unis, responsables de 40 % des émissions, ne voulaient commencer à réduire leurs émissions qu'en 2010, et ils exigeaient que les pays en développement fassent leur part. Ces pays, peu industrialisés mais souvent fortement peuplés (comme la Chine, responsable de 30 % des émissions), désiraient plutôt obtenir une exemption, arguant qu'ils ne voyaient pas pourquoi ils devraient ralentir leur croissance économique pour compenser la surconsommation d'énergie des pays riches.

QUESTION

Avec des arguments concernant la justice et la démocratie, expliquez votre accord ou votre désaccord avec la position de pays comme la Chine ou les États-Unis dans ce dossier.

Cet affrontement révèle la caractéristique principale de la situation internationale : l'inégalité économique et politique entre les pays industrialisés du Nord et les pays en développement du Sud. Les problèmes environnementaux se rapportent ici encore à des questions d'égalité et de justice : Quelle doit être la contribution équitable de chacun ? Les désaccords en ces matières se prêtent davantage, à l'échelle internationale, au jeu de la rhétorique et de la stratégie (voir les p. 190-191) ; les accords y sont le plus souvent le fruit de compromis laborieux. Les négociations de ce genre laissent encore peu de place aux mécanismes de consultation démocratique des populations, tout d'abord parce que nombre de pays n'ont pas de traditions démocratiques, ensuite parce que de tels mécanismes n'existent pas encore vraiment à l'échelle mondiale.

La justice environnementale internationale exigerait-elle une sorte de démocratie à l'échelle planétaire ? On peut voir dans les activités des organisations non gouvernementales comme Greenpeace, Amnistie internationale et Médecins sans frontières les débuts d'une participation politique des citoyens en dehors des États. Ainsi, lors de la conférence de Rio en 1992, ces groupes avaient organisé un sommet parallèle à celui des représentants politiques officiels. Mais l'influence de ces forums demeure limitée et est parfois contestée, ce qui montre bien que la délibération collective et la décision démocratique à l'échelle planétaire posent encore des difficultés.

Dans la conception économique classique, les sources d'énergie non renouvelables sont une ressource pour l'économie de marché, peu importent les conséquences pour l'environnement. De nos jours se développe une économie de l'environnement comme celle de l'énergie éolienne.

L'écologisme radical

Actuellement, les solutions apportées aux problèmes environnementaux sont décevantes. Le plus souvent, elles ne font que gérer les conséquences de la transformation humaine de la biosphère, sans remettre en question l'activité économique mondiale et le type de société sous-jacent.

L'**écologisme radical** (*deep ecology*) examine cette question en profondeur, s'opposant ainsi à l'**écologisme modéré** (*shallow ecology*) qui ne remet pas en cause la domination de l'homme sur la nature. L'écologisme radical inspire une grande diversité de groupes, quelques-uns de nature religieuse, d'autres à tendance politique, comme Earth First ! aux États-Unis. Ce dernier propose, comme l'indique son nom, de placer la Terre au premier plan de nos préoccupations environnementales, avant les intérêts des êtres humains si nécessaire. Les écologistes radicaux prônent un changement global et profond de nos attitudes et de nos comportements à l'égard des êtres vivants, des écosystèmes et de la biosphère. Sans former un programme politique précis, ils énoncent des principes généraux à portée morale, comme le fait par exemple le philosophe norvégien Arne Naess, qui a créé en 1972 l'expression *deep ecology*.

Huit thèses de l'écologisme radical, selon Arne Naess

1. Le bien-être et l'épanouissement de la vie humaine et non humaine sur Terre possèdent une valeur inhérente ou intrinsèque*, une valeur en soi ;

2. La richesse et la diversité des formes de vie sont elles-mêmes des valeurs en soi ;

3. Les hommes n'ont pas le droit de réduire cette richesse ni d'interférer de façon destructrice avec la vie non humaine sauf pour satisfaire des besoins vitaux ;

4. L'épanouissement des cultures et de la vie humaine exige une diminution substantielle de la population humaine ;

5. La façon dont les hommes interfèrent aujourd'hui avec le monde non humain est excessive et nuisible, et la situation s'aggrave rapidement ;

6. Les programmes en vigueur doivent donc être modifiés. Les changements doivent affecter les structures économiques, technologiques et idéologiques de base. La situation qui en résulterait nous permettrait de faire une expérience plus joyeuse de la relation entre tout ce qui existe ;

7. Le principal changement idéologique consisterait à mettre en valeur la qualité de la vie plutôt qu'à rechercher un niveau de vie moyen toujours plus élevé ;

8. Ceux qui sont en accord avec les points précédents ont l'obligation, directe ou indirecte, de contribuer aux efforts qui visent à aboutir aux changements nécessaires.

Source : Naess, 1995, p. 24-28.

QUESTION

Appréciez l'idée énoncée dans la thèse n° 4 ci-dessus. Dans votre exposé, tenez compte des autres thèses de Naess.

INTRINSÈQUE
Qui est intérieur et essentiel à un être, par opposition à ce qui est extrinsèque ou extérieur, instrumental.

L'écologisme radical met l'accent sur l'interdépendance des vivants dans la communauté biotique* terrestre ; l'espèce humaine est donc une communauté qui fait partie de cette communauté plus grande. Il reprend ainsi les enseignements de l'écologie contemporaine, mais s'en sert pour appuyer une prise de position en éthique et en politique de l'environnement. Certaines de ces prises de position sont très controversées, par exemple la thèse n° 4 dans laquelle Naess recommande de réduire la population : De combien ? Et comment ? Le discours écologiste radical tend aussi à accroître la peur de la catastrophe afin de provoquer une prise de conscience ou d'encourager des actes de sabotage, par exemple mettre du sable dans les engins forestiers ou planter des clous dans les arbres pour empêcher la coupe.

Cette forme de militantisme, qui s'apparente à la désobéissance civile, se situe aux limites des procédures démocratiques habituelles. Est-elle défendable au nom de la valeur de la nature ? Cette pensée écologiste entend remettre en cause les présupposés moraux de l'exploitation humaine de la nature et rompre avec la

BIOTIQUE
Qui se rapporte à des organismes vivants, dans le domaine de l'écologie plutôt que dans celui de la physiologie.

tradition moderne occidentale à cet égard. Le fait d'accorder une valeur intrinsèque aux êtres vivants autres que l'homme va dans ce sens et soulève des questions philosophiques fondamentales.

QUESTION PHILOSOPHIQUE : UNE ÉTHIQUE DE L'HUMANITÉ OU DE LA TERRE ?

L'éthique anthropocentrique

Jusqu'ici, l'éthique de l'environnement relative au contexte professionnel et la politique de l'environnement fondée sur une éthique publique butaient sur la question de la valeur de la nature. Le présupposé moral et philosophique de l'éthique environnementale traditionnelle est que, paradoxalement, elle demeure **centrée sur l'homme**. Cette éthique ne se préoccupe véritablement que des intérêts des êtres vivants capables d'établir un rapport de réciprocité morale, donc des humains. Une telle éthique, pour laquelle la nature peut être **objet** de nos réflexions morales, mais non **sujet** de sa propre valeur, peut être qualifiée d'**anthropocentrique**, parce qu'elle est centrée sur l'homme.

L'humanité actuelle inclut les êtres vulnérables

L'expression « centrée sur l'homme » doit cependant être nuancée pour éviter les malentendus. Tout d'abord, nous reconnaissons jusqu'à un certain point une valeur en soi et une dignité méritant le respect à des êtres qui **deviendront** des personnes capables de relations humaines (fœtus humains), à des êtres qui **ont été** capables d'entretenir ces relations de réciprocité avec leurs semblables, mais qui ne le peuvent plus (les personnes séniles ou dans le coma), à des êtres qui **auraient pu** en devenir capables s'il n'y avait eu un accident ou un handicap, ou encore à des êtres qui ressemblent aux humains par certains traits (le chien, meilleur ami de l'homme). Le critère de réciprocité (ou de relation ; voir les p. 263-264) paraît trop fort pour caractériser l'éthique environnementale anthropocentrique exposée jusqu'ici, puisque nous avons du respect pour des humains qui ne sont pas capables de réciprocité, ainsi que pour des êtres vivants non humains qui sont tout de même nos amis. La classe ou la communauté des êtres dignes d'être **objets** de considération morale est ainsi plus large que celle des **sujets** moraux capables de montrer de la considération morale.

L'humanité élargie aux générations futures

L'humanité ne se limite donc pas aux adultes normaux ni à l'humanité actuelle : la classe des êtres vivants dont nous devons tenir compte dans nos délibérations morales peut être plus large que la classe des êtres humains actuels. Elle peut s'étendre à tous les humains qui vivront après nous, de la même manière que nous reconnaissons des droits aux humains vivant dans d'autres pays que le nôtre. Certains impacts durent des siècles et ils affecteront nos descendants ; c'est le cas des déchets nucléaires, de l'épuisement des ressources non renouvelables, etc. En incluant les générations à venir dans notre réflexion morale, nous posons de nouveau la question de la justice et de l'équité, mais cette fois dans le temps.

La reconnaissance morale des générations humaines à venir et les obligations qui en découlent constituent une innovation en philosophie morale. En effet, les théories éthiques exposées dans la première partie, à savoir celles de l'aristotélisme, du kantisme et de l'utilitarisme, ne considéraient la dimension temporelle qu'à court terme : la descendance (nos enfants) ou l'ascendance immédiates (nos parents). Parler des générations futures suppose que l'on intègre le long terme à la réflexion morale : des dizaines de générations, des centaines d'années.

L'équité et la justice

Dans ce contexte, l'**équité** et la **justice entre les générations** nous obligent à ne pas prendre avantage de notre situation temporelle en nous disant « premiers arrivés, premiers servis ». Il faut veiller aux intérêts des générations futures de façon qu'elles aient les mêmes chances que nous, même si pour cela nous devons restreindre notre consommation de ressources naturelles, cesser la surexploitation des sols, mettre fin aux activités qui engendrent la pollution et abolir les pratiques qui mènent à l'extermination de certaines espèces animales ou végétales.

La responsabilité

La question de la responsabilité à l'égard des générations futures paraît un peu extravagante, car elles ne sont pas là pour nous empêcher de leur nuire. Comment pouvons-nous savoir ce qu'elles voudront ? Le fait de tenir compte du bien-être d'êtres humains dont l'existence dépend finalement de nos décisions est paradoxal : leur existence n'est que potentielle tant que nos projets ne la rendent pas actuelle. Si ces générations ont un droit sur nous avant d'exister, est-ce celui de nous obliger à vouloir qu'elles existent ? Avons-nous le devoir positif de les faire exister ou seulement le devoir négatif de ne pas nuire à leur éventuelle existence ?

Le paradoxe disparaît si nous concevons l'humanité à long terme : adopter le point de vue de l'humanité, c'est adopter un point de vue impartial sur notre propre génération et admettre que nous avons une **responsabilité** envers cette humanité dont nous faisons partie. Cette responsabilité d'un genre nouveau touche à l'existence à venir autant qu'à l'action envers celle-ci. Le principe de responsabilité, établi par Hans Jonas (voir les p. 213-214), est une variante de l'idée de justice et d'équité intergénérationnelles. Sa dimension environnementale réside dans le fait qu'il faut veiller, par notre action, à préserver le cadre écologique de la vie humaine future sur Terre.

D'après l'hypothèse Gaïa, la Terre forme un vaste écosystème assurant lui-même le maintien des conditions les plus favorables à la vie.

Vers une éthique écocentrique

L'éthique environnementale anthropocentrique peut-elle inclure plus que les seuls humains, présents ou futurs? La classe des êtres vivants méritant notre considération morale peut-elle et doit-elle aller jusqu'à inclure les animaux? Plusieurs philosophes ont tenté d'élargir plus ou moins la communauté morale. Comme l'écrit Aldo Leopold, le maître à penser de plusieurs écologistes radicaux contemporains:

> Il n'existe pas à ce jour d'éthique chargée de définir la relation de l'homme à la terre, ni aux animaux et aux plantes qui vivent dessus. Cette extension de l'éthique, qui n'a été étudiée jusqu'à présent que par les philosophes, est en réalité un processus d'évolution écologique[2].

Ces tentatives mettent l'accent moins sur l'homme dans la nature que sur la nature incluant l'homme; pour cette raison, on peut leur appliquer le terme général « écocentrique ».

L'éthique animalière utilitariste

Une première étape pour l'élargissement de la communauté morale consiste à défendre une **éthique animalière**, c'est-à-dire à prendre en considération les animaux, tant ceux que nous entretenons et produisons dans les fermes d'élevage que les animaux de compagnie ou les animaux sauvages. Nous savons déjà qu'une variante de la théorie éthique utilitariste définit le bonheur en fonction de plaisirs obtenus et de peines évitées; il n'est donc pas étonnant que Mill dise, après Bentham, que la morale s'adresse à tous les hommes, « et point seulement à eux, mais, autant que la nature des choses le comporte, à tous les êtres sentants de la création[3] ». À notre époque, nombreux sont les philosophes utilitaristes qui ont développé ces intuitions dans le but de fournir de bonnes raisons morales de nous opposer à certains traitements que nous infligeons aux animaux.

Peter Singer, un philosophe australien contemporain, a saisi toutes les implications de cette idée. Il écrit:

> [...] la capacité d'éprouver de la souffrance et de la joie est une condition préalable pour avoir des intérêts quelconques. Une souris, par exemple, a un intérêt à ne pas se faire botter le long du chemin parce qu'alors, contrairement à une pierre, elle va souffrir[4].

Tous les animaux possédant un système nerveux central peuvent éprouver de la douleur; par conséquent, quand vient le moment d'agir, il est nécessaire de prendre en considération les intérêts des animaux, en particulier ceux des animaux supérieurs que sont les mammifères. Selon l'utilitarisme, l'action que nous

---

2. Leopold, 2000, p. 257; voir le texte à la fin de ce chapitre.
3. Mill, 1968, p. 58.
4. Singer, 1993, p. 30.

devons retenir est celle qui produira le plus grand bien ou le moins de souffrance pour le plus grand nombre, c'est-à-dire tous les êtres sentants. Par exemple, le plaisir humain de porter des gants en cuir devrait plus que compenser la souffrance animale inhérente à leur confection. Plus l'intérêt humain est accessoire et plus les douleurs animales sont vives, prolongées et ressenties par un plus grand nombre de bêtes, moins l'action devient moralement défendable ; au-delà d'un certain seuil, elle devient condamnable et devrait être interdite par la loi.

Selon Singer, la condition animale dans nos sociétés est telle qu'il est nécessaire de promouvoir un véritable mouvement de libération animale. Il s'agit, dans le registre de la capacité à éprouver plaisir et douleur, d'une question de justice et d'équité : nous ferions preuve d'**espécisme**, une discrimination selon l'espèce analogue au racisme et au sexisme, si nous ne tenions pas compte des intérêts des animaux simplement parce qu'ils ne sont pas de notre espèce. La morale exige ainsi que les conditions de piégeage, d'élevage et d'abattage causent le moins de douleur possible, et il conviendrait de rompre avec des habitudes qui nous procurent peu de plaisir pour ce qu'il coûte de souffrance aux bêtes. Pour cette raison, Singer s'est lui-même converti au végétarisme.

Toutefois, précise-t-il, épargner de grandes souffrances aux êtres humains ou sauver une vie humaine nous autorise moralement à sacrifier le bien-être ou même la vie des animaux. Par exemple, l'expérimentation animale ne sera pas en principe interdite, mais elle dépendra d'une évaluation des conséquences dans chaque cas. Cette évaluation comporte des difficultés, car il faut établir des comparaisons entre les souffrances et entre les espèces : Est-ce que vivre à l'étroit

L'affaire de la vache folle

En Angleterre, en 1996, les vétérinaires constatent que le bétail élevé dans les fermes industrielles est parfois frappé d'encéphalopathie spongiforme bovine, une maladie fatale qui s'attaque au système nerveux et se manifeste par des mouvements désordonnés : les vaches paraissent « folles ». Par la suite, les scientifiques découvrent que cette maladie est transmissible aux consommateurs de viande de bœuf. Le décès de quelques personnes a conduit le gouvernement britannique à procéder à l'abattage et à l'incinération de plusieurs dizaines de milliers de bêtes susceptibles de propager la maladie. Les années suivantes, quelques cas sont apparus en France, en Italie et en Allemagne. Pour éviter une épidémie, l'Union européenne a décidé en 2000 la destruction de deux millions de vaches laitières âgées de plus de trente mois.

QUESTION

Selon vous, la priorité devrait-elle porter sur le bien-être des animaux, la santé publique ou l'emploi ? Justifiez votre position en tenant compte de la perspective utilitariste de l'éthique animalière de Peter Singer.

dans une cage, pour un animal de laboratoire, se compare à la migraine que le médicament peut soulager ? L'éthique animalière utilitariste est très discutée. Par exemple, serait-il moralement permis de faire disparaître complètement des espèces animales considérées comme nuisibles aux humains, tels les rats et les moustiques, en utilisant un produit totalement indolore ? Pourrait-on traiter comme des choses les êtres vivants qui ne possèdent pas de système nerveux central et donc qui ne peuvent souffrir ? Doit-on également prendre en considération les souffrances que les animaux s'infligent entre eux ?

La déclaration universelle des droits de l'animal (1989)

1. Tous les animaux ont des droits égaux à l'existence dans le cadre des équilibres biologiques.
2. Toute vie animale a droit au respect.
3. a) Aucun animal ne doit être soumis à de mauvais traitements ou à des actes cruels ; b) Si la mise à mort d'un animal est nécessaire, elle doit être instantanée, indolore et non génératrice d'angoisse ; c) L'animal mort doit être traité avec décence.
4. a) L'animal sauvage a le droit de vivre libre dans son milieu naturel et de s'y reproduire ; b) La privation prolongée de sa liberté, la chasse et la pêche de loisir, ainsi que toute utilisation de l'animal sauvage à des fins autres que vitales sont contraires à ce droit.
5. a) L'animal que l'homme tient sous sa dépendance a droit à un entretien et à des soins attentifs ; b) Il ne doit en aucun cas être abandonné ou mis à mort de manière injustifiée ; c) Toutes les formes d'élevage et d'utilisation de l'animal doivent respecter la physiologie et le comportement propres à l'espèce ; d) Les exhibitions, les spectacles, les films utilisant des animaux doivent aussi respecter leur dignité et ne comporter aucune violence.
6. a) L'expérimentation sur l'animal impliquant une souffrance physique ou psychique viole les droits de l'animal ; b) Les méthodes de remplacement doivent être développées et systématiquement mises en œuvre. [...]

Source : Cité dans Chapouthier, 1992, p. 36-37.

QUESTIONS

1. Dites si les pratiques suivantes transgressent un de ces droits, et indiquez les conditions auxquelles il faudrait satisfaire pour qu'elles les respectent : la captivité dans des zoos, la stérilisation des chiens et des chats, l'industrie de la fourrure, le gavage des oies, l'élevage industriel, les courses de chevaux, l'expérimentation sur des animaux.

2. Un utilitariste comme Singer aboutirait-il aux mêmes normes de conduite ? Pourquoi ?

L'éthique biocentrique du droit des êtres vivants

Ces difficultés ont conduit certains philosophes à considérer que le critère d'inclusion dans la communauté morale était la capacité non pas de ressentir, mais de mener une vie. Tout animal, tout être vivant tend à survivre et à perpétuer son espèce ; il mérite par conséquent de pouvoir mener sa vie sans entraves. Selon le philosophe américain Tom Regan, qui s'inspire de l'éthique kantienne du devoir (voir la p. 37), le fait que les vivants ont un intérêt et un bien propres (être en vie, se nourrir, croître, se multiplier), et donc une dignité, doit obliger les humains à les respecter et à s'abstenir de les détruire inutilement[5]. Ce critère constitue une extension de la séquence éthique, puisque maintenant la communauté morale des vivants englobe aussi bien les arbres et les vers de terre que le plancton et les micro-organismes formant la biomasse. Cette éthique environnementale met ainsi l'accent sur les **droits** des êtres vivants, non seulement le droit à l'existence, mais aussi le droit d'être bien traité.

Qu'est-ce qu'« être en vie » pour les êtres vivants non humains ? Cette question concerne non seulement les êtres vivants individuels, mais également leur espèce, car leur vie, leur survie et leur reproduction se font à cette échelle ; en outre, elle concerne non seulement une espèce isolée, mais l'interdépendance des espèces dans un écosystème. Bref, un écosystème entier (un marais, une tourbière, la toundra, la forêt tempérée) forme un être vivant et a donc un bien propre. Nous devrions ainsi montrer du respect tant à l'égard des arbres que de la forêt et des autres êtres qu'elle abrite, et ce en vertu de leur propre droit à l'existence, en raison de leur **valeur intrinsèque**. En éthique **biocentrique**, droit et valeur ne sont pas conférés par les humains, mais existent par eux-mêmes et subsisteraient même si l'humanité n'existait pas. La vie sur Terre mérite en elle-même d'exister et de se maintenir dans l'existence ; voilà qui oblige les humains à réfléchir avant d'ériger un barrage, de limiter la croissance d'un troupeau de phoques ou de construire une nouvelle usine.

La prise en considération de ce critère biologique dans nos décisions pose des problèmes : dans le cas décrit dans l'encadré ci-contre, qui nous dit que la montagne ne serait pas « fatiguée » des arbres et qu'elle ne préférerait pas la présence des skieurs ? Par ailleurs, comment trancher en cas de conflit entre les droits de plusieurs espèces vivant dans le même écosystème ? Quelle espèce ou quel membre de telle espèce mérite davantage de survivre ?

Les arbres ont-ils un statut moral et juridique ?

En 1970, Walt Disney Enterprises voulait transformer la Mineral King Valley (Californie) en un grand centre de ski. Un groupe écologiste influent, le Sierra Club, s'opposait à ce changement de vocation de la montagne et avait intenté une poursuite pour l'empêcher. Le tribunal répondit que la demande était irrecevable, car les membres du Sierra Club ne subissaient pas eux-mêmes de dommages. On tenta alors de démontrer que la montagne et les arbres, eux, seraient détruits par ce projet et subiraient donc des dommages. Toute la question était alors de savoir si la Mineral King Valley était « sujet de droit » et si le Sierra Club pouvait être considéré comme le gardien de ces droits.

Source : D'après Stone, 1974.

5. Regan, 1983.

ÉRADICATION
Action d'arracher, de supprimer complètement.

VARIOLE
Maladie contagieuse qui laisse des traces permanentes sur la peau.

BIODIVERSITÉ
Variété des êtres vivants dans un écosystème qui favorise la stabilité de ce dernier.

HOLISTE
Se dit d'un point de vue qui met l'accent sur l'ensemble ou le tout.

L'éradication* du virus responsable de la variole* est sûrement un mal pour cette forme de vie, mais elle constitue un bien pour les humains. Que faire dans les cas moins caricaturaux, comme la préservation de l'écosystème des castors au lieu de l'aménagement d'une route, ou celle de la forêt amazonienne et de sa biodiversité* par rapport à la croissance économique?

L'éthique écocentrique de la Terre

Une dernière étape dans la séquence éthique est franchie lorsqu'on adopte, comme Aldo Leopold, une éthique de la Terre (*land ethics*): «L'éthique de la Terre élargit simplement les frontières de la communauté de manière à y inclure le sol, l'eau, les plantes et les animaux ou, collectivement, la terre[6].» En éthique écocentrique, ce sont les écosystèmes qui constituent le point de référence en matière de morale, et non les êtres vivants individuels composant les espèces qui y vivent. Ce point de vue holiste* signifie que la survie du système vivant importe plus que celle de ses parties individuelles, car celles-ci n'existeraient pas sans celui-là, alors que l'inverse n'est pas vrai. De plus, l'éthique écocentrique est une éthique de la vie (*bios*) dans un sens étendu, écologique, puisque la demeure (*oikos*) des êtres vivants inclut aussi des entités non vivantes, des substances comme les minéraux ou les gaz, et des entités non matérielles, comme la chaleur ou le rayonnement solaires. Une telle éthique paraît bien adaptée à la réalité écologique de l'interdépendance de tous les êtres vivants dans la biosphère.

La dimension morale de cette extension de la séquence éthique à l'échelle de la Terre est énoncée par Aldo Leopold de la manière suivante: «Une chose est juste et droite quand elle tend à préserver l'intégrité, la stabilité et la beauté de la communauté biotique. Elle est mauvaise ou incorrecte si elle tend autrement[7].» Ce raisonnement se fonde sur les conséquences néfastes ou bénéfiques, mais il ne s'insère pas dans un cadre utilitariste traditionnel; en effet, l'intégrité, la stabilité et la beauté résident dans les choses et non dans l'appréciation de ces choses. La nature a une valeur morale et esthétique intrinsèque, non seulement parce que les êtres sentants peuvent souffrir ou que les vivants ont un bien propre à réaliser, mais plus largement parce que toute la nature a une valeur en soi, est une chose bonne. L'éthique écocentrique emprunte aux éthiques prémodernes, comme celle d'Aristote, fondées sur la nature des choses. L'auteur nous encourage par ailleurs à adopter le point de vue de la nature et à «penser comme une montagne»: le sujet de cette éthique est la chose naturelle, non l'action humaine.

Cette réflexion conduit à une question philosophique essentielle: Une éthique qui met ainsi l'accent sur la nature écologique des choses et leur valeur en soi, plutôt que sur l'action humaine et ses raisons, **est-elle encore une éthique**? Porte-t-elle vraiment sur l'agir, la décision et la délibération, ou concerne-t-elle

---

6. Leopold, 2000, p. 258.
7. Leopold, 2000, p. 283.

L'hypothèse Gaïa

Le concept de la Terre Mère, ou Gaïa, ainsi que les Grecs la baptisèrent autrefois, est l'un des plus importants parmi ceux que l'homme a formulés tout au long de son histoire. Sur lui s'est fondée une croyance dont les grandes religions sont encore porteuses. L'accumulation d'informations relatives à l'environnement naturel et le développement de la science de l'écologie nous ont amenés à spéculer que la biosphère pourrait être plus que l'ensemble de tous les êtres vivants évoluant dans leur habitat naturel : terre, eau, air [...]. Les voyages spatiaux firent plus que modifier les perceptions de notre Terre. Ils fournirent une information relative à son atmosphère et à sa surface qui favorisa une compréhension nouvelle des interactions entre les parties vivantes et inorganiques de la planète. De celle-ci est née l'hypothèse suggérant que la matière organique, l'air, les océans, et la surface terrestre de la Terre forment un système complexe susceptible d'être appréhendé comme un organisme unique ayant le pouvoir de préserver les caractéristiques vitales de notre planète.

Source : Lovelock, 1986, p. 16-17.

QUESTION

Est-il possible d'édifier une éthique écologique écocentrique en s'appuyant sur l'hypothèse Gaïa ? Développez vos arguments et montrez que votre raisonnement est bien conduit.

---

plutôt la contemplation de la nature par l'être ? Il existe en éthique environnementale un débat philosophique important à ce sujet entre anthropocentristes et écocentristes. Ces derniers ne négligent-ils pas totalement la valeur de la vie individuelle ? Leur éthique, qui supprime la différence anthropologique*, n'efface-t-elle pas aussi toute référence humaine ? Et que serait une société écologiste régie par une éthique de la Terre ? Plusieurs estiment qu'elle ne pourrait protéger les droits et libertés individuels et qu'elle ne serait pas démocratique. Or la protection de la nature et la reconnaissance de sa valeur, même intrinsèque, ne sont-elles pas avant tout une affaire humaine à considérer entre humains ? Si une interprétation est nécessaire pour entendre la voix de la nature, il sera également nécessaire de s'entendre sur cette interprétation.

DIFFÉRENCE ANTHROPOLOGIQUE
Ce qui distingue l'être humain des autres animaux, ce qui le rend unique dans l'univers.

Conclusion

L'élaboration d'une éthique publique pour régler les désaccords paraît essentielle ; il faut garder l'esprit ouvert et appuyer nos prises de position philosophiques sur des arguments. Le débat philosophique en éthique de l'environnement concerne l'avenir de l'humanité et le sort que nous réservons à la nature. L'importance et la généralité de ces questions peuvent conduire à chercher dans une conception philosophique de l'environnement un guide immédiat pour l'action ou pour la prise de position partisane dans l'espace public. Nous risquons alors de tomber dans une forme d'**idéologie**, celle du progrès ou celle de la protection de la nature.

Au terme de ce chapitre, l'étudiant devrait être prémuni contre ces dangers et capable d'entreprendre une démarche éthique en ce domaine. En environnement comme ailleurs, la philosophie morale se distingue de l'idéologie en ce qu'elle encourage l'examen critique, même de ses propres idées, repousse les réponses toutes faites et évite les simplifications. Dans le contexte des questions environnementales vitales que nous avons examinées, l'éthique favorise l'ouverture et la relation avec autrui, que ce soit un humain ou un animal. L'étudiant est maintenant en mesure d'intégrer ces exigences à l'examen de ces questions et à ses prises de position.

EXERCICES

Synthétisez vos connaissances et développez une argumentation

1. Quelles différences voyez-vous entre l'idée de nature et celle d'environnement?

2. Pourquoi l'idée d'une nature pure et vierge est-elle si importante de nos jours?

3. Est-ce que toutes les personnes dont le travail touche de près ou de loin l'environnement devraient se soumettre à un seul code d'éthique environnemental provincial? Évaluez les avantages et les inconvénients d'un code unique.

4. Quelles procédures démocratiques permettraient la défense des écosystèmes? Justifiez votre réponse en faisant appel, par exemple, à l'équité.

5. L'équité entre les générations se justifie-t-elle mieux selon les principes de justice de Rawls (voir la p. 93) ou selon ceux de Nozick (voir la p. 117)?

6. Seriez-vous prêt à vous convertir au végétarisme pour favoriser le bien-être des animaux? Justifiez votre réponse à quelqu'un qui serait en désaccord avec vous.

Repérez les idées et analysez le texte

« Éthique de la terre » (extraits)

La séquence éthique
Cette extension de l'éthique, qui n'a été étudiée jusqu'à présent que par les philosophes, est en réalité un processus d'évolution écologique. Ses séquences peuvent être décrites en termes éco-logiques aussi bien que philosophiques. Une éthique, écologiquement parlant, est une limite imposée à la liberté d'agir dans la lutte pour l'existence. D'un point de vue philosophique, une éthique distingue entre des formes sociales et

asociales de conduite. Il s'agit de deux définitions différentes d'une même chose. Cette chose a son origine dans la tendance des individus ou des groupes interdépendants à mettre au point des modes de coopération. L'écologiste les appelle symbioses. La politique et l'économie sont des symbioses avancées où la compétition primitive du chacun pour soi a été remplacée, en partie, par des mécanismes de coopération pourvus d'un contenu éthique.

La complexité des mécanismes de coopération augmente en même temps que la densité de population et l'efficacité des outils. Il était par exemple plus simple de définir les usages asociaux des pierres et des massues à l'époque des mastodontes, que des fusils de chasse et des panneaux publicitaires à l'époque des moteurs.

Les premières éthiques se préoccupaient des relations entre individus : le décalogue mosaïque en est un exemple. Plus tard, il fut question de la relation entre l'individu et la société. La règle d'or est une tentative pour intégrer l'individu à la société ; la démocratie, pour intégrer l'organisation sociale à l'individu.

Il n'existe pas à ce jour d'éthique chargée de définir la relation de l'homme à la terre, ni aux animaux et aux plantes qui vivent dessus. La terre, comme les petites esclaves d'Ulysse, est encore considérée comme une propriété. La relation à la terre est encore une relation strictement économique, comportant des droits mais pas de devoirs.

L'extension de l'éthique à ce troisième élément de l'environnement humain constitue, si mon interprétation est correcte, une possibilité de l'évolution et une nécessité écologique. C'est la troisième étape d'une séquence où les deux premières ont déjà été atteintes. Les penseurs individuels, depuis l'époque d'Ézéchiel et d'Isaïe, ont établi que la spoliation de la terre n'est pas seulement un mauvais calcul, mais un mal. La société, cependant, n'a pas encore affirmé cette croyance. Je considère le mouvement écologique actuel comme l'embryon d'une telle affirmation.

Une éthique peut être considérée comme un guide pour faire face à des situations écologiques si neuves ou si complexes, ou impliquant des réactions si lointaines que le chemin de l'intérêt social ne peut être perçu par l'individu moyen. L'instinct animal est un guide qui permet à l'individu de faire face à de telles situations. Il se peut que l'éthique soit une sorte d'instinct communautaire en gestation.

Le concept de communauté

Toutes les éthiques élaborées jusqu'ici reposent sur un seul présupposé : que l'individu est membre d'une communauté de parties interdépendantes. Son instinct le pousse à concourir pour prendre sa place dans cette communauté, mais son éthique le pousse aussi à coopérer (peut-être afin qu'il y ait une place en vue de laquelle concourir).

L'éthique de la terre élargit simplement les frontières de la communauté de manière à y inclure le sol, l'eau, les plantes et les animaux ou, collectivement, la terre.

Cela paraît simple : ne chantons-nous pas déjà l'amour et les devoirs qui nous lient à notre sol patriotique, terre de liberté ? Oui, mais qui et quoi au juste aimons-nous ? Certainement pas le sol, que nous envoyons à vau-l'eau, au fil des fleuves. Certainement pas ces fleuves eux-mêmes, dont nous pensons qu'ils n'ont d'autre fonction que de faire tourner nos turbines, porter nos péniches et charrier nos déchets. Certainement pas les plantes, que nous exterminons sans ciller par communautés entières. Certainement pas les animaux, dont nous avons déjà exterminé bien des espèces, parmi les plus grandes et les plus belles. Une éthique de la terre ne saurait bien entendu prévenir l'altération ni l'exploitation de ces « ressources », mais elle affirme leur droit à continuer d'exister et, par endroits du moins, à continuer d'exister dans un état naturel.

En bref, une éthique de la terre fait passer l'*Homo sapiens* du rôle de conquérant de la communauté-terre à celui de membre et citoyen parmi d'autres de cette communauté. Elle implique le respect des autres membres, et aussi le respect de la communauté en tant que telle.

[...]

Le citoyen ordinaire d'aujourd'hui part du principe que la science sait ce qui fait tourner la machine communautaire ; le scientifique, lui, est convaincu du contraire. Il sait que le mécanisme biotique est si complexe que nous n'en comprendrons peut-être jamais pleinement les rouages.

Le fait que l'homme ne soit qu'un membre parmi d'autres d'une équipe biotique, c'est ce que montre une interprétation écologique de l'Histoire. Beaucoup d'événements, expliqués jusqu'ici uniquement en termes d'entreprise humaine, étaient en fait le résultat d'interactions biotiques entre les hommes et la terre. Les caractéristiques de celle-ci étaient au moins aussi déterminantes pour l'Histoire que les caractéristiques des humains qui y vivaient.

[...]

La conscience écologique

La conservation de la nature vise un état d'harmonie entre les hommes et la terre. En dépit d'un siècle de propagande, elle progresse encore à la vitesse de l'escargot ; et ce progrès lui-même se résume pour une bonne part en courriers à en-têtes pieux et en éloquence de congrès. Sur le terrain, nous faisons encore deux pas en arrière pour chaque pas en avant.

La réponse qu'on donne habituellement à ce dilemme c'est : « plus d'écologie à l'école ». Personne ne contestera le bien-fondé de cette proposition, mais est-il certain que ce soit seulement le **volume** d'éducation qui demande à être revu à la hausse ? Ou bien manquerait-il quelque chose aussi du point de vue du **contenu** ?

Il est difficile de décrire ce contenu en deux mots, mais, tel que je le comprends, il peut se résumer ainsi : obéissez aux lois, votez correctement, devenez membre de quelques organisations et prenez les mesures conservatoires qui vous semblent profitables sur votre propre terre ; l'État se chargera du reste.

Cette formule n'est-elle pas trop simple à appliquer pour produire un résultat qui en vaille la peine ? Elle ne définit ni le bien ni le mal, n'assigne aucune obligation, n'appelle à aucun sacrifice, n'implique aucun changement dans l'actuelle philosophie des valeurs. Pour ce qui est du bon usage de la terre, elle n'appelle qu'à l'intérêt bien compris. Où nous mènera une telle éducation ? Un exemple nous aidera peut-être à y voir clair.

En 1930, il était évident pour tout un chacun, sauf pour les individus écologiquement aveugles, que la couche arable du sud-ouest du Wisconsin glissait tout doucement vers la mer. En 1933, on expliqua aux fermiers que s'ils étaient prêts à adopter certaines pratiques sur une période de cinq ans, le public fournirait les équipes, ainsi que les machines et les matériaux nécessaires pour les mettre en œuvre. La proposition fut largement acceptée, mais à la fin de ce contrat quinquennal, les pratiques tombèrent vite en désuétude. Les fermiers ne retinrent que celles qui se traduisaient par un gain visible et immédiat pour eux.

[...]

L'aspect déroutant de situations comme celle-ci, c'est que l'existence de devoirs autres que ceux dictés par l'intérêt est considérée comme allant de soi dans les entreprises rurales communautaires telles que l'amélioration des routes, des écoles, des églises et des terrains de baseball. Elle ne va pas de soi, et n'est pas encore sérieusement prise en compte dans les débats, pour ce qui est de l'amélioration du comportement de l'eau qui tombe sur la terre, ou la protection de la beauté et de la diversité du paysage. L'éthique des usages de la terre est encore exclusivement gouvernée par l'intérêt économique, de la même manière que l'éthique sociale il y a un siècle.

En résumé : nous avons demandé au fermier de faire ce qui était en son pouvoir et en son intérêt pour sauver son sol, et c'est ce qu'il a fait ; cela, et rien de plus. Le fermier qui défriche une pente à 75 %, fait paître ses vaches dans cette friche et laisse ruisseler la pluie, les cailloux et le sol dans la rivière communale est encore considéré comme un citoyen respectable. S'il chaule ses terres et se livre à la culture en terrasses, il a encore droit à tous les privilèges et à tous les subsides prévus par la loi de district pour la Conservation du sol. Cette loi est une belle mécanique sociale, mais qui avance en cahotant sur deux cylindres parce que nous avons été trop timides, et trop anxieux d'obtenir un succès immédiat, pour expliquer aux agriculteurs l'étendue réelle de leurs devoirs. Un devoir n'a aucun sens sans conscience, et notre problème est d'étendre la conscience sociale de manière à y inclure la terre.

Aucun changement éthique important ne s'est jamais produit sans un remaniement intime de nos loyautés, de nos affections, de nos centres d'intérêt et de nos convictions intellectuelles. La preuve que l'écologie n'a pas encore touché à ces fondements de notre conduite, c'est que la philosophie et la religion n'en ont pas encore entendu parler. Dans nos efforts pour rendre l'écologie facile, nous l'avons rendue dérisoire.

Source : Leopold, 2000, p. 256-265.

QUESTIONS

1. Selon Aldo Leopold, «notre problème est d'étendre la conscience sociale de manière à y inclure la terre». Que veut dire, selon lui, cette extension, et pourquoi la juge-t-il souhaitable ?

2. «L'éthique de la terre élargit simplement les frontières de la communauté.» Expliquez ce que cela signifie pour Leopold et comment il justifie cette assertion.

3. Pour Leopold, l'intérêt humain bien compris ne semble pas suffire pour édifier une éthique de la terre. Dites en quoi consistent ces insuffisances et pourquoi il faut les dépasser.

Lectures suggérées

BEAUCHAMP, André (1993), *Introduction à l'éthique de l'environnement*, Montréal, Paulines.

BURBAGE, Frank (textes choisis par) (1998), *La nature*, Paris, Flammarion.

CHAPOUTHIER, Georges (1992), *Les droits de l'animal*, Paris, PUF (coll. Que sais-je ?, n° 2670).

DESJARDINS, Richard et Robert MONDERIE (1999), *L'erreur boréale*, film, Montréal, Cinéma libre et Office national du film du Canada, 68 minutes.

LARRÈRE, Catherine (1997), *Les philosophies de l'environnement*, Paris, PUF.

SUZUKI, David et Amanda McCONNELL (2000), *L'équilibre sacré. Redécouvrir sa place dans la nature*, Montréal, Fides.

Bibliographie

ACHBAR, Mark et Peter WINTONICK (1997), *Manufacturing Consent. Noam Chomsky and the Media*, film, Montréal, Office national du film du Canada, 168 minutes (sous-titré en français).

AFP (2000), « Le racisme sur Internet », *Le Devoir*, 23 août.

ALBERONI, Francesco (1997), *La morale*, Paris, Presses Pocket.

APEL, K.O. (1987), *L'éthique à l'âge de la science* [1973], trad. de R. Lellouche et I. Mittman, Lille, Presses Universitaires de Lille.

ARISTOTE (1977), *La politique* [vers 350 av. J.-C.], trad. de J. Tricot, Paris, Vrin.

ARISTOTE (1989), *Éthique de Nicomaque* [vers 340 av. J.-C.], trad. de J. Voilquin, Paris, Garnier-Flammarion.

ARVON, H. (1983), *Les libertariens américains*, Paris, PUF.

BACON, Francis (1986), *Novum organum* [1620], trad. de M. Malherbe et J.-M. Pousseur, Paris, PUF (coll. Épiméthée).

BALAUDÉ, J.-F. (1996), *Les théories de la justice dans l'Antiquité*, Paris, Nathan.

BAUDART, Anne (1996), *La philosophie politique*, Paris, Flammarion (coll. Dominos).

BAUDOUIN, Jean-Louis (1993), *Éthique de la mort et droit à la mort*, Paris, PUF.

BEAUCHAMP, André (1993), *Introduction à l'éthique de l'environnement*, Montréal, Paulines.

BÉGIN, Luc, Georges A. LEGAULT et Louis RACINE (1991), *Éthique et ingénierie*, Montréal, McGraw-Hill.

BENTHAM, Jeremy (1980), « Introduction aux principes de la morale et de la législation » [1789], dans C. Perelman, *Introduction historique à la philosophie morale*, Bruxelles, Éditions de l'Université de Bruxelles.

BLONDEAU, Danièle (sous la dir. de) (1986), « Code de déontologie national – AIIC », *De l'éthique à la bioéthique : repères en soins infirmiers*, Boucherville, Gaëtan Morin.

BOITTE, Pierre (1997), *Pour une éthique de la santé publique dans une société vieillissante*, Montréal, Fides.

BONIN, Hubert (1991), « Morale et entreprise dans l'histoire », *Le Débat*, n° 67, p. 167-185.

BOSS, Gilbert (1990), *John Stuart Mill : induction et utilité*, Paris, PUF (coll. Philosophies, 28).

BURBAGE, Frank (textes choisis par) (1998), *La nature*, Paris, Flammarion.

Cahiers de recherche éthique (1994), n° 18 : *L'égalitarisme en question*.

CHAPOUTHIER, Georges (1992), *Les droits de l'animal*, Paris, PUF (coll. Que sais-je ?, n° 2670).

CHARTRAND, Luc (1997), « Une société de plus en plus corrompue », *L'Actualité*, vol. 22, n° 8, 15 mai.

CICÉRON (1965), *Des lois* [vers 50 av. J.-C.], trad. de C. Appuhn, Paris, Garnier-Flammarion.

« Code de déontologie national – Introduction » (1999), dans D. Blondeau (sous la dir. de), *Éthique et soins infirmiers*, Presses de l'Université de Montréal.

CONSTANT, Benjamin (1997), « De la liberté des Anciens comparée à celle des Modernes », dans *Écrits politiques*, Paris, Gallimard.

DELATTRE, Michel (1991), *Le devoir*, Paris, Quintette (coll. Philosophie, 20).

DEMONGEOT, Maryelle (2000), « La Grande-Bretagne ouvre la porte au clonage d'embryon humain », *Le Devoir*, 17 août, p. A1.

DESCARTES, René (1996), *Discours de la méthode* [1637], Montréal, CEC.

DESJARDINS, Richard et Robert MONDERIE (1999), *L'erreur boréale*, film, Montréal, Cinéma libre et Office national du film du Canada, 68 minutes.

DIOGÈNE, Laërce (1980), *Vies, doctrines et sentences des philosophes illustres* [début III⁰ siècle], Paris, Garnier-Flammarion.

DION, Michel (1995), « Les codes d'éthique des entreprises manufacturières au Québec », *Ethica* (Rimouski), vol. 7, n° 1.

DION, Michel (1998), *Investissements éthiques et régie d'entreprise : entre la mondialisation et la mythologie*, Montréal, Médiaspaul.

DODD, C.H. (1979), *La morale de l'Évangile*, Paris, Plon.

DUHAMEL, André (1994), « L'éthique et ses malentendus », *Ethica*, vol. 6, n° 1, p. 71-88.

DUMONT, François (1997), *L'intégrité scientifique en zone grise*, Québec, Deslandes.

DURAND, Guy (1989), *La bioéthique. Nature, principes, enjeux*, Montréal, Fides.

DWORKIN, Ronald (1995), *Prendre les droits au sérieux* [1977], trad. de Françoise Michaud, Paris, PUF.

ELLUL, Jacques (1957), *Le système technicien*, Paris, Calmann-Lévy.

ÉPICTÈTE (1998), « Manuel » [vers 110], dans *L'art de vivre. Les stoïciens et Épicure*, trad. de G. Leroux, Montréal, CEC.

ÉPICURE (1998), « Lettre à Ménécée sur la morale » [vers 300 av. J.-C.], dans *L'art de vivre. Les stoïciens et Épicure*, trad. de G. Leroux, Montréal, CEC.

FORCESE, Craig (1997), *Commerce et conscience*, Montréal, Centre international des droits de la personne et du développement démocratique.

FRANCŒUR, Louis-Gilles (1996), « Le Saint-Laurent : artère biologique ou autoroute maritime ? », *Le Devoir*, 10 juin.

FRANCŒUR, Louis-Gilles (2000), « Les MOX russes sont arrivés », *Le Devoir*, 26 septembre.

FRIEDMAN, Milton (1971), *Capitalisme et liberté* [1962], trad. de A.M. Charno, Paris, Robert Laffont.

FRIEDMAN, Milton (1980), *La liberté du choix*, Paris, Belfond.

GAUTHIER, René-Antoine (1973), *La morale d'Aristote*, Paris, PUF.

GOYARD-FABRE, Simone (1990), « La légitimité », *Revue de théologie et de philosophie*, n° 122, p. 235-252.

HABERMAS, Jürgen (1973), *La technique et la science comme idéologie* [1968], trad. de J.R. Ladmiral, Paris, Denoël.

HABERMAS, Jürgen (1978a), *L'espace public* [1962], trad. de M. de Launay, Paris, Payot.

HABERMAS, Jürgen (1978b), *Raison et légitimité* [1973], trad. de J. Lacoste, Paris, Payot.

HABERMAS, Jürgen (1986), *Morale et communication. Conscience morale et activité communication-nelle* [1983], trad. de C. Bouchindhomme, Paris, Cerf.

HABERMAS, Jürgen (1987), *Théorie de l'agir communicationnel* [1983], trad. de J.-M. Ferry et J.-L. Schlegel, Paris, Fayard, 2 tomes.

HABERMAS, Jürgen (1988), «Être résolument moderne », dans *À quoi pensent les philosophes ?*, revue *Autrement*, n° 102.

HABERMAS, Jürgen (1992), *De l'éthique de la discussion* [1991], trad. de M. Hunyadi, Paris, Cerf.

HABERMAS, Jürgen (1997a), *Droit et démocratie. Entre faits et normes* [1992], trad. de R. Rochlitz et C. Bouchindhomme, Paris, Gallimard.

HABERMAS, Jürgen (1997b), « La légitimation par les droits de l'homme », *La revue nou-velle*, Bruxelles, tome 105, n° 4, p. 78-87.

HAYEK, Friedrich von (1981), *Droit, législation et liberté* [1973], tome 2 : *Le mirage de la justice sociale*, trad. de R. Audouin, Paris, PUF.

HAYMAN, Ronald (2000), *Nietzsche : les voix de Nietzsche*, trad. de C. Cler, Paris, Gallimard (coll. Les grands philosophes).

HOBBES, Thomas (1971), *Léviathan* [1651], trad. de F. Tricaud, Paris, Sirey.

HORKHEIMER, Max (1978), « La théorie critique hier et aujourd'hui » [1973], dans *Théorie critique*, trad. de L. Ferry et coll., Paris, Payot.

HOTTOIS, Gilbert (1984), « Éthique et technique », dans *Pour une éthique dans un univers technicien*, Bruxelles, Éditions de l'Université de Bruxelles.

HOTTOIS, Gilbert (1990), *Le paradigme bioéthique. Une éthique pour la technoscience*, Montréal, ERPI.

HOTTOIS, Gilbert (1993a), « Déclarations internationales », dans Gilbert Hottois et Marie-Hélène Parizeau (sous la dir. de), *Les mots de la bioéthique. Un vocabulaire ency-clopédique*, Montréal, ERPI.

HOTTOIS, Gilbert (1993b), « Déontologie et éthique médicale », dans Gilbert Hottois et Marie-Hélène Parizeau (sous la dir. de), *Les mots de la bioéthique. Un vocabulaire ency-clopédique*, Montréal, ERPI.

HOTTOIS, Gilbert et Marie-Hélène PARIZEAU (sous la dir. de) (1993), *Les mots de la bioéthique. Un vocabulaire encyclopédique*, Montréal, ERPI.

HUME, David (1983), *Enquête sur l'entendement humain* [1748], trad. de A. LeRoy, Paris, Flammarion.

HUME, David (1991), *Enquête sur les principes de la morale* [1751], trad. de P. Baranger et P. Saltel, Paris, Garnier-Flammarion.

HUTCHESON, Francis (1980), « Recherche sur l'origine de nos idées de la beauté et de la vertu » [1725], dans C. Perelman, *Introduction historique à la philosophie morale*, Bruxelles, Éditions de l'Université de Bruxelles.

JONAS, Hans (1974), « Technologie et responsabilité. Entretien avec Hans Jonas », *Esprit*, vol. 42, n° 8, p. 163-184.

JONAS, Hans (1990), *Le principe responsabilité. Une éthique pour la civilisation technologique* [1979], trad. de J. Greisch, Paris, Cerf.

KANT, Emmanuel (1967), *Théorie et pratique* [1793], Paris, Vrin.

KANT, Emmanuel (1971), *Fondements de la métaphysique des mœurs* [1785], trad. de V. Delbos, Paris, Delagrave.

KANT, Emmanuel (1986), « Projet de paix perpétuelle » [1795], « Sur un prétendu droit de mentir par humanité » [1797], dans *Œuvres philosophiques*, tome III : *Derniers écrits*, Paris, Gallimard (Bibliothèque de La Pléiade).

KANT, Emmanuel (1990), *Critique de la raison pure* [1781], Paris, Gallimard (coll. Folio).

KANT, Emmanuel (1991), *Qu'est-ce que les Lumières ?* [1784], trad. de J.-F. Poirier, Paris, Garnier-Flammarion.

KEATING, Bernard (1993), « Statut de l'embryon », dans Gilbert Hottois et Marie-Hélène Parizeau (sous la dir. de), *Les mots de la bioéthique. Un vocabulaire encyclopédique*, Montréal, ERPI.

KEYNES, John M. (1999), *The End of Laisser-Faire* [1926], trad. de F. Cotton, Montréal, Comeau et Nadeau.

KYMLICKA, Will (1999), *Théories de la justice*, Montréal, Boréal.

LAMBERT, Roger (1994), *La justice vécue et les théories éthiques contemporaines. Initiation aux débats contemporains sur la justice et le droit*, Sainte-Foy, Presses de l'Université Laval.

LARRÈRE, Catherine (1997), *Les philosophies de l'environnement*, Paris, PUF.

LAURENT, Alain (1991), *Solidaire, si je le veux : pour une éthique de la responsabilité individuelle*, Paris, Les Belles Lettres, 325 p.

LECONTE, Jacques (1997), « Soumission à l'autorité », *Sciences humaines*, n° 72, mai.

LÉNINE (1970), *L'État et la révolution*, Pékin, Éditions en langues étrangères.

LEOPOLD, Aldo (2000), « Éthique de la terre », dans *Almanach d'un comté des sables* [1949], trad. de A. Gibson, Paris, Flammarion.

LOCKE, John (1984), *Deuxième traité du gouvernement civil* [1689], trad. de D. Mazel, Paris, Garnier-Flammarion.

LOVELOCK, James E. (1986), *La Terre est un être vivant. L'hypothèse Gaïa* [1979], trad. de P. Couturiau et C. Rollinat, Paris, Éditions du Rocher.

MACHIAVEL, Nicolas (1980), *Le Prince* [1513], trad. de Yves Lévy, Paris, Garnier-Flammarion.

MALHERBE, Jean-François (1996), *L'incertitude en éthique*, Montréal, Fides.

MANN, Michael (1999), *L'initié* [*The Insider*], film avec Russel Crow et Al Pacino, 160 minutes.

MARION, Gilles (1995), « Éthique et publicité : les campagnes Benetton-Toscani », dans Fred Seidel (sous la dir. de), *Guide pratique et théorique de l'éthique des affaires et de l'entreprise*, Paris, Eska.

MARX, Karl (1969), *Le capital* [1867], Paris, Garnier-Flammarion.

MARX, Karl (1972), *Critique du Programme de Gotha* [1875], Paris, Éditions sociales.

MARX, Karl (1993), *Le capital* [1867], Paris, PUF.

MARX, Karl et Friedrich ENGELS (1966), *Manifeste du parti communiste* [1847], Paris, Éditions sociales.

MARX, Karl et Friedrich ENGELS (1968), *L'idéologie allemande* [1845-1846], trad. de H. Augier et coll., Paris, Éditions sociales.

MERCIER, Benoît et André DUHAMEL (2000), *La démocratie : son histoire, ses fondements et ses pratiques*, Le Directeur général des élections du Québec.

MERCIER, Samuel (1999), *L'éthique dans les entreprises*, Paris, La Découverte.

MERRIEN, François-Xavier (1997), *L'État providence*, Paris, PUF, 124 p. (coll. Que sais-je?, n° 3249).

MILGRAM, Stanley (1974), *Soumission à l'autorité : un point de vue expérimental*, trad. de E. Molinie, Paris, Calmann-Lévy.

MILL, John Stuart (1968), *L'utilitarisme* [1861], trad. de G. Tanesse, Paris, Garnier-Flammarion.

MILL, John Stuart (1993), *Autobiographie* [1870], trad. de G. Villeneuve, Paris, Aubier.

MOULIN, Suzanne (1990), *Contrôler la science ? La question des comités d'éthique*, Montréal, ERPI.

NAESS, Arne (1995), « Huit thèses sur l'écologie profonde », trad. d'Alain de Benoist, *Krisis* (Paris), n° 15.

NAGEL, Thomas (1993), « Justice », dans *Qu'est-ce que tout cela veut dire ? Une très brève introduction à la philosophie* [1987], trad. de Ruwen Ogien, Paris, Éditions de l'Éclat.

NIELSEN, Kai (1985), *Equality and Liberty*, Totowa (N.J.), Rowman and Allenheld.

NEILSEN, Kai (1987), « Marxism and the moral point of view », *American Philosophical Quarterly*, n° 24, p. 295-306.

NIELSEN, Kai (1990), « Radical egalitarian justice », *Social Theory and Practice*, vol. 5, n° 2.

NIELSEN, Kai (1994), « Faire foi de l'égalité » [1986], trad. de R. Duval, *Cahiers de recherche éthique* (Montréal), n° 18.

NIETZSCHE, Friedrich (1977a), *La naissance de la tragédie* [1872], trad. de M. Haar, Paris, Gallimard.

NIETZSCHE, Friedrich (1977b), *Par-delà bien et mal. Prélude d'une philosophie de l'avenir* [1886], trad. de C. Heim, Paris, Gallimard.

NIETZSCHE, Friedrich (1992), *La généalogie de la morale* [1888], trad. de C. Heim, Paris, Gallimard.

NORMAND, F. (2000), « La CSN entre au McDonald's de la rue Peel », *Le Devoir*, 24 novembre.

NOZICK, Robert (1988), « Justice distributive : la théorie de l'habilitation », dans *Anarchie, État et utopie* [1974], trad. d'E. d'Auzac de Lamartine, Paris, PUF.

NOZICK, Robert (1993), *The Nature of Rationality*, Princetown (N.J.), Princetown University Press.

NOZICK, Robert (1995), *Méditations sur la vie*, Parie, Odile Jacob.

NUSSBAUM, Martha (1993), « Justice pour les femmes », trad. de J. Kempf, *Esprit*, mai, p. 54-72.

O'NEILL, Louis (1994), *Initiation à l'éthique sociale*, Montréal, Fides.

PARENT, Karl et Louise VANDELAC (1999), *Main basse sur les gènes, ou les aliments mutants*, Montréal, Office national du film du Canada (vidéocassette VHS), 52 minutes.

PARENT, Karl et Louise VANDELAC (2000), *Le clonage ou l'art de se faire doubler*, film, Montréal, Office national du film du Canada.

PERELMAN, Chaïm (1972), *Justice et raison*, Bruxelles, Presses de l'Université de Bruxelles.

PERELMAN, Chaïm (1990a), « Considérations morales », dans *Éthique et droit*, Bruxelles, Éditions de l'Université de Bruxelles, p. 307-428.

PERELMAN, Chaïm (1990b), « Désaccord et rationalité des décisions » [1966], dans *Éthique et droit*, Bruxelles, Éditions de l'Université de Bruxelles.

PETRELLA, Ricardo (1996), *Le bien commun. Éloge de la solidarité*, Bruxelles, Labor.

PIOTTE, Jean-Marc (1999), *Les grands penseurs du monde occidental. L'éthique et la politique de Platon à nos jours*, Montréal, Fides.

PLATON (1965), *Apologie de Socrate* [vers 396 av. J.-C.], trad. d'E. Chambry, Paris, Garnier-Flammarion.

PLATON (1966), *La République* [vers 380 av. J.-C.], trad. de R. Baccou, Paris, Garnier-Flammarion.

POTTER, V.R. (1971), *Bioethics. Bridge to the Future*, Englewood Cliffs (N.J.), Prentice-Hall.

PROUDHON, Pierre-Joseph (1966), *Qu'est-ce que la propriété?* [1840], Paris, Garnier-Flammarion.

RAWLS, John (1987), *Théorie de la justice* [1971], trad. de C. Audard, Paris, Seuil.

RAWLS, John (1995), *Libéralisme politique* [1992], Paris, PUF.

ROCQUE, André (1995), « L'éthique des affaires : un concept problématique », *Philosopher*, n° 17, p. 45-61.

ROUSSEAU, Jean-Jacques (1966), *Du contrat social* [1762], Paris, Garnier-Flammarion.

ROUSSEAU, Jean-Jacques (1971), *Discours sur les sciences et les arts* [1750], Paris, Garnier-Flammarion.

REGAN, Tom (1983), *The Case of Animal Rights*, Berkeley, University of California Press.

RESCHER, Nicholas (1966), *Distributive Justice : A Constructive Critique of the Utilitarian Theory of Distribution*, Indianapolis, Bobbs-Merrill, 163 pages.

ROSANVALLON, Pierre (1981), *La crise de l'État-providence*, Paris, Seuil.

SAINT AUGUSTIN (1965), *De la vraie religion* [390], cité dans *La lumière intérieure*, textes choisis et traduits par J.-C. Fraisse, Paris, PUF.

SAINT THOMAS D'AQUIN (1984), *Somme théologique* [de 1266 à 1274], I-2, question 62, Paris, Cerf.

SANDEL, Michael (1998), *Le libéralisme et les limites de la justice* [1982], trad. de Jean-Fabien Fpitz, Paris, Seuil.

SANTURET, Josée (1993), *Le dialogue*, Paris, Hatier (coll. Profils philosophiques).

SCHWEITZER, Albert (1952), cité dans C. Roy (sous la dir. de), *Une anthologie*, Paris, Payot, p. 54-55.

« Science et précaution », éditorial, *La Recherche*, n° 314, novembre 1998.

SEN, Amartya (1991), « La liberté individuelle : une responsabilité sociale », trad. de M. Canto-Sperber, *Esprit*, mars-avril, p. 5-25.

SFEZ, Lucien (1984), *Leçons sur l'égalité*, Paris, Presses de la Fondation de Sciences Politiques.

SHELLEY, Mary (1997), *Frankenstein ou le Prométhée moderne* [1917], trad. de Paul Couturiau, Paris, Gallimard (coll. Folio).

SIMON, René (1993), *Éthique de la responsabilité*, Paris, Cerf.

SINGER, Peter (1993), *La libération animale*, trad. de D. Rousselle, Paris, Grasset.

STENGERS, Isabelle (1999), *Sciences et pouvoir. Faut-il en avoir peur?*, Bruxelles, Labor.

STONE, Christopher (1974), *Should Trees Have Standing?*, Los Altos, Kaufmann.

SUZUKI, David et Amanda McCONNELL (2000), *L'équilibre sacré. Redécouvrir sa place dans la nature*, Montréal, Fides.

TAYLOR, Harriet (1992), *De l'assujettissement des femmes* [1869], trad. de M.-E. Cazelles, Paris, Avatar.

TREMBLAY, Robert, Jean-Guy LACROIX et Lise LACERTE (1994), *Le texte argumentatif et les marqueurs de relation*, Montréal, Cégep du Vieux-Montréal.

VAN PARIJS, Philippe (1991), « Le trilemme de l'éthique des affaires », *La Revue nouvelle* (Bruxelles), vol. 93, n° 1.

VAN PARIJS, Philippe (1997), *Refonder la solidarité*, Paris, Cerf (coll. Humanités).

WALKER, Ralph (2000), *Kant*, Paris, Gallimard (coll. Les grands philosophes).

WILLIAMS, B. et J.J.C. Smart (1997), *Utilitarisme. Le pour et le contre* [1993], trad. de H. Poltier, Genève, Labor et Fides.

Index

Nous reconnaissons l'aide financière du gouvernement du Canada par l'entremise du Programme
d'Aide au Développement de l'Industrie de l'Édition (PADIÉ) pour nos activités d'édition.

Gouvernement du Québec – Programme de crédit d'impôt pour l'édition de livres – Gestion SODEC.